生态旅游发展与管理

Ecotourism Development and Management

钟林生 陈 田 主编

中国社会出版社
国家一级出版社 全国百佳图书出版单位

图书在版编目(CIP)数据

生态旅游发展与管理 / 钟林生，陈田主编. --北京：中国社会出版社，2013.3

ISBN 978-7-5087-4302-8

Ⅰ.①生… Ⅱ.①钟…②陈… Ⅲ.①生态旅游—经济发展—研究—中国
Ⅳ.①F592.3

中国版本图书馆CIP数据核字（2013）第016921号

书　　名：生态旅游发展与管理
主　　编：钟林生　陈　田
责任编辑：魏光洁
助理编辑：武瑾瑾

出版发行：中国社会出版社　　邮政编码：100032
通联方法：北京市西城区二龙路甲33号
电话：编辑部：（010）66026807
邮购部：（010）66081078
销售部：（010）66080300　（010）66085300
（010）66083600
传　真：（010）66051713　（010）66080880
网　　址：www.shcbs.com.cn
经　　销：各地新华书店

印刷装订：中国电影出版社印刷厂
开　　本：170mm×240mm　1/16
印　　张：27.5
字　　数：420千字
版　　次：2013年3月第1版
印　　次：2014年3月第2次印刷
定　　价：55.00元

目　录

序　言

生态旅游是以可持续发展为理念，以保护生态环境为前提，以统筹人与自然和谐为准则，并依托良好的自然生态环境和独特的人文生态系统，采取生态友好方式，开展的生态体验、生态教育、生态认知并获得心身愉悦的旅游方式。据国际生态旅游协会（TIES）估计，在国际市场上，自然生态旅游收入以每年10%～12%的速度增长，在整个旅游产业中扮演着可持续发展理念创新者与引领者的角色。而且世界已有不少国家如澳大利亚、老挝、保加利亚等制订了生态旅游的全国发展战略或政策。

生态旅游在我国持续充当生态文明思想的传播者、可持续发展理念的引领者、旅游产品开发的创新者、旅游社区利益的维护者、旅游环境保护的示范者等多重角色，发挥了积极作用。自“生态旅游”概念1990年代初正式引入我国后，经过20余年的发展，我国已初步形成了包括自然保护区、风景名胜区、森林公园、水利风景区、地质公园、湿地公园在内的生态旅游地体系。这些生态旅游地在有效保护自然资源、促进国家生态文明建设的同时，有力地推动了我国生态旅游的发展，例如2011年全国森林公园接待游客达到4.68亿人次，直接旅游收入达376.42亿元。各地也充分利用生态旅游所具有的品牌效应进行宣传促销，推出多个生态旅游节庆、商贸活动。

国家相关管理部门非常重视生态旅游的发展，2008年10月，国家旅游局和环境保护部联合发布了《全国生态旅游发展纲要》，2011年6月，国家标准《国家生态旅游示范区建设与运营规范》正式实施，2012年10月，国家旅游局和环境保护部联合出台《国家生态旅游示范区管理规程》，并正式在全国范围启动国家生态旅游示范区申报创建工作。国家林业局也多次组织林业系统自然保护区生态旅游工作座谈会。而且，继1999年被国家旅游局、国家环保总局、国家林业局、中国科学院定为“中国生态环境游年”之后，2009年又被国家旅游局定为“中国生态旅游年”。2011年3月发布的《中国国民经济和社会发展第十二个五年规划纲要》中更是明确提出了要“全面推动生态旅游”。

当前，我国生态旅游发展进入了一个新的历史机遇期，建设生态文明与美丽中国，构建资源节约型、环境友好型社会，这为生态旅游发展提供了良好的氛围；我国已明确将旅游业建设成为战略性支柱产业和人民群众更加满意的现代服务业，为生态旅游发展提供了有力的政策支持；我国经济持续发展，人民收入不断增加，旅游消费需求快速增长，为生态旅游发展提供了有力的市场支撑；为应对全球气候变化，我国各行各业都要推进节能减排工作，生态旅游作为低碳理念的传播者，将发挥其在全社会推广低碳教育的作用，这为生态旅游发展赋予了新的责任；新一轮西部大开发、中部崛起、东北振兴、东部率先发展和主体功能区战略的实施，以及加大对革命老区、民族地区、边疆地区和贫困地区扶持力度，将有力地推进生态旅游发展。

为把握新的历史机遇，了解国内外生态旅游发展态势，探讨我国生态旅游的建设与管理途径，进而促进旅游业的可持续发展，2012年3月，在国家人力资源和社会保障部、中国科学技术协会的支持下，中国生态学学会、中国科学院地理科学与资源研究所联合举办了全国专业技术人才知识更新工程“生态旅游建设与发展高级研修班”，来自全国各省（市、自治区）负责旅游工作的管理人员、旅游景区管理人员、高等院校、科研院所相关学科领域高层次专业技术人才等，共计56人参加了培训。中国工程院李文华院士、中国科协学会学术部朱雪芬副部长、中国生态学会刘世荣理事长、中国科学院地理科学与资源研究所刘毅所长、中国生态学会旅游生态专业委员会孙玉军主任分别在开班仪式上致辞。培训期间，中国旅游研究院院长戴斌教授、中国科学院地理科学与资源研究所副所长葛全胜研究员、北京林业大学张玉钧教授、中国科学院地理资源所刘家明研究员、北京第二外国语大学邹统钎教授、中国生态学会旅游生态专业委员会钟林生秘书长和水利部水利风景区办公室詹卫华处长，分别进行了题目为“中国旅游业发展态势与科研需求”、“旅游业发展新因素、新课题”、“生态旅游环境保护”、“生态旅游规划”、“借鉴国际生态旅游经验，建设生态旅游景区”、“生态旅游态势与国家生态旅游示范区”、“水利风景区生态旅游实践”的专业讲授。结业式上，中国生态学学会陈利顶秘书长和中国生态学学会旅游生态专业委员会陈田副主任与学员们互动交流。

本论文集共收录论文 38 篇，除“生态旅游建设与发展高级研修班”部分学员的论文外，还特别邀请了一些长期从事或关注中国生态旅游发展的专业人士撰写论文。内容涉及我国生态旅游发展现状、不同生态旅游地类型建设与管理模式、一些地区生态旅游开发建设经验以及生态旅游发展新热点探索。可供社会各界关心中国生态旅游发展的专家学者、管理工作者、企业家和研究生参考。

本论文集出版得到了国家自然科学基金面上项目“高海拔地区生态旅游开发模式及生态风险评价研究”（批准号：41171435）和环境保护部生态环境保护专项课题“全国生态旅游现状调查与评估”的资助。

大力推进中国特色生态旅游实践研究具有重要的时代背景和深刻历史意义，是我国旅游升级转型的必然要求。我国丰富的生态旅游资源、广泛的生态旅游市场潜力以及良好的发展机遇与基础寓示着生态旅游美好的发展前景。殷切期望论文集的出版能为我国生态旅游建设与管理提供理论支撑。由于时间和编者知识所限，书中所收集文稿难免挂一漏万，不足之处恳请读者批评指正。

编　者

中国生态旅游发展现状与对策建议

钟林生[1]，王婧[1,2]，陈田[1]
（1. 中国科学院地理科学与资源研究所，北京 100101；
2. 中国科学院大学，北京 100049）

【摘要】：自上世纪90年代以来，中国生态旅游发展迅速，市场规模不断扩大，生态旅游景区不断增多，尤其是生态旅游发展理念，已经得到普遍的认可和广泛的应用。本文基于全国性调查，采用定性与定量相结合的方法从生态旅游地、生态旅游者、管理者等角度，系统的分析了我国生态旅游发展所取得的成绩和存在的问题，并提出了针对性的解决策略。本文认为中国生态旅游发展必须结合运用各种手段和形式，关注生态旅游利益相关者，探索出有中国特色的生态旅游发展途径。

【关键词】：生态旅游；发展现状；对策；中国

1. 引言

近20多年来，随着人们环境意识的日益增强和可持续发展战略的广泛实施，生态旅游得到了迅速发展，已成为21世纪旅游业的重要方向。据国际生态旅游协会（TIES）估计，在国际市场上，自然生态旅游收入以每年10% -12%的速度增长。而且世界已有不少国家如澳大利亚、老挝、保加利亚等制订了生态旅游的全国发展战略或政策。生态旅游的出现和兴起，反映了人类在开发利用自然资源过程中对自身文明发展与生存环境演变的历史规律性的认识和理解，反映了国际社会对人类社会实现可持续发展的共同愿望，顺应了时代发展促进旅游的大趋势。

我国由于幅员辽阔，地貌、气候类型复杂，生物多样性丰富，开展生态旅游活动极具资源潜力。生态旅游在推动我国可持续发展理念普及、改善旅游产品结构、加强环境教育与旅游环境保护、促进生态文明建设、推动旅游产业节能减排、增加旅游社区居民收入等方面发挥了重要作用。因此，生态旅游在我国得到高度重视，继 1999 年被国家旅游局定为“中国生态环境游年”之后，2009 年又被定为“中国生态旅游年”。2011 年 3 月发布的《中国国民经济和社会发展第十二个五年规划纲要》中更是明确提出了要“全面推动生态旅游”。

生态旅游在我国蓬勃发展过程中，也逐渐出现一些突出问题，诸如生态旅游内涵与特点把握不到位，技术标准欠缺，一些自然型旅游景区以生态旅游之名行破坏生态之实，生态旅游项目盲目上马，生态旅游开发规划没有真正贯彻保护优先的原则，部分旅游景区城市化、商业化和人工化倾向明显，致使不少生态旅游目的地的可持续发展受到威胁，生态旅游的综合效益没有得到全面发挥，造成了重大的经济损失和环境代价。如据媒体报道，按世界遗产标准的要求，庐山拆了价值 2000 万元的建筑和商业设施，峨眉山为整治环境花费近 1 亿元。

而且，全国生态旅游发展正面临着新的形势，建设生态文明，构建资源节约型、环境友好型社会，基本形成节约能源资源和保护生态环境的产业结构、增长方式、消费模式，是科学发展观的重要组成部分，这为生态旅游发展营造了良好的氛围；我国已明确将旅游业建设成为战略性支柱产业和人民群众更加满意的现代服务业，为生态旅游发展提供了有力的政策支持；我国经济持续发展，人民收入不断增加，旅游消费需求快速增长，为生态旅游发展提供了有力的市场支撑；为应对全球气候变化，我国各行各业都要推进节能减排工作，生态旅游作为低碳理念的传播者，将发挥其在全社会推广低碳教育的作用，这为生态旅游发展赋予了新的责任。

基于此，在国家环境保护部自然生态司与国家旅游局规划财务司支持下开展本研究，旨在了解我国目前生态旅游发展各方面的情况和存在的问题，总结我国引入生态旅游概念以来的经验与教训，对我国生态旅游未来发展提出建议措施，从而为规范我国生态旅游发展提供依据，制定我国生态旅游政策和推动旅游资源与环境保护提供理论支撑。

2. 研究方法与生态旅游界定

本研究综合运用问卷调查、实地调研、专家座谈、部门访谈等途径收集数据[1]，采用定性与定量相结合的方法从生态旅游地、生态旅游者、管理者等角度分析生态旅游发展现阶段基本状况。其中针对生态旅游地的调查问卷共设计了70项问题，调查范围涉及全国27个省（直辖市、自治区）的自然保护区、森林公园、风景名胜区、湿地公园、水利风景区、地质公园等生态旅游地，共计有效问卷1110份。针对生态旅游者的问卷共设计了29项问题，调查以网络（www. tom. com）形式开展，调查的6556位游客覆盖全国34个省（直辖市、自治区、特别行政区）。针对生态旅游管理者的问卷共设计了25项问题，调查了覆盖全国15个省（直辖市、自治区）的省地两级环保、旅游部门的管理者92份。

生态旅游概念引入中国之后，各专业学者的定义表述有所不同，但对其理念的认知有一定的共识，认为生态旅游要保护旅游对象、要谋福利于当地社区、要实践环境教育等[2]。基于这些基本共识，本研究认为生态旅游是在自然区域进行的，注重公众的生态环境教育，并在保护旅游生态环境的同时促进地方社会经济的发展。

3. 全国生态旅游发展取得的成绩

20世纪80年代，中国生态旅游作为一项事业发展以来，在推动旅游领域的可持续发展一直充当引领者和创新者的角色[3]，发展迅速，取得了显著的成绩，受到与生态旅游资源管理相关政府部门（包括旅游、林业、建设、环保、农业、水利等）的关注与重视。

3.1 生态旅游目的地体系初步建立

经过近30年的发展，我国已初步形成了以自然保护区、森林公园、风景名胜区、湿地公园、地质公园和水利风景区等经营管理单位为载体的多类型的生态旅游目的地体系[4]。至2011年底，我国建有国家级自然保护区335处，国家级地质公园208处，国家级风景名胜区208处，国家级森林公园746处，国家湿地公园试点145处，国家水利风景区475处[5-9]。同时，为了推进生态旅游精品建设，在有关地方实践探索的基础上（如云南省的普达措国家公园），国家旅游局、环境保护部开展了国家公园的试点工作，并在2008年11月，将黑龙江汤旺河国家公园列为第一家国家公园试点单位。而且积极推进生态旅游示范区建设，2007年7月，国家旅游局、原国家环保总局将首个“国家生态旅游示范区”称号授予深圳市的东部华侨城。另外，一些有特色并与环境相适应的地方文化，与自然生态旅游资源有机地结合在一起，充实了生态旅游地的内容。

3.2 生态旅游市场规模日趋扩大

目前我国尚没有针对生态旅游市场的专门统计，一般将到自然型旅游地的游客视为生态旅游者，我国这类游客数量正飞速增长。各地也充分利用生态旅游所具有的品牌效应进行宣传促销，推出了多个以生态旅游命名的节庆、商贸活动。另外，各种专业型生态旅游市场正在兴起[10]，观鸟旅游、探险旅游、自驾车游等越来越受市场青睐。

3.3 生态旅游产业体系逐步完善

生态旅游产业主要是由为生态旅游者提供产品与服务的一系列旅游企业所组成的，主要包括绿色饭店、生态旅游商品、生态旅游企业和生态旅游交通等。近些年随着生态旅游理念的宣传与普及，生态旅游产业的特色逐渐体现并趋于多样化，如中国饭店协会于2000年底开始策划在全国范围内开展绿色饭店工程，各地依托生物多样性资源以及民族文化资源发展生态旅游商品，如吉林省内36家森林生态旅游景区景点和部分旅行社及相关单位组成森林生态旅游企业联盟，青藏铁路全线设立了33个野生动物通道。

3.4 生态旅游环境保护能力有所提升

生态旅游作为强调资源节约型、环境友好型的旅游发展模式，大多数生态旅游地能够有效处理旅游发展与环境保护之间的关系，实现了两者的双赢，促进了中国旅游行业的环境保护工作。近年来，各地普遍加强旅游开发建设项目的环境管理和旅游区生态环境保护的日常监督管理，加大资金投入，实施环境整治、基础设施建设等工程项目，使环境保护能力有所提升。

3.5 生态旅游法规政策逐成体系

2008 年国家旅游局与环境保护部联合下发了《全国生态旅游发展纲要(2008～2015)》。其他生态旅游地相应主管部门也制定一系列法规政策来加强管理，如 2006 年 9 月 6 日国务院颁布《风景名胜区条例》，1994 年 9 月 2 日国务院颁布《中华人民共和国自然保护区条例》。为促进生态旅游健康持续发展，国家有关部门逐步推进生态旅游的标准化工作，2006 年国家林业局正式出台《自然保护区生态旅游规划技术规程》（GB/T 20416－2006)，2011 年 6 月，国家旅游局、环境保护部联合编制的《国家生态旅游示范区建设与运营规范（GB/T26362－2010)》，2012 年 10 月，国家旅游局与环境保护部联合发布了《国家生态旅游示范区管理规程》和《国家生态旅游示范区建设与运营规范（GB/T26362－2010）评分实施细则》。在国家标准出台之前，各地也相继出台了有关考核标准，如山东省旅游局与环保局制定了《山东省生态旅游示范区考核验收规定》，浙江省旅游局制定了浙江省《生态旅游区建设与服务规范》（DB33 / T634－2007）等。

3.6 生态旅游教育与科研对实践形成一定支撑

中国的生态旅游教育始于 1990 年前后，目前设置生态旅游专业的院校至少有 10 所以上，设置了生态旅游课程的院校近 100 所。另外，一些高等院校、科研院所，如中国科学院地理科学与资源研究所、北京大学、北京林业大学等设有生态研究方向的硕士与博士点。近年来国家自然基金批准立项的生态旅游相关研究达11项，另有一项国家社科基金，共计资助额度达到268.5万元。经中国期刊网（www.cnki.net）检索显示，截止到2010年，我国以“生态旅游”为关键词的中文核心期刊文献有2000余篇；据不完全统计，正式出版的生态旅游学术书籍60余部。

3.7 各类组织与社区居民支持生态旅游

中国生态学会于2001年12月成立了旅游生态专业委员，自成立以来，先后在全国各大省市开展了实地调研、学术论坛、咨询报告等活动。国际上多个著名非政府环保组织，如保护国际（CI）、世界自然基金会（WWF）、大自然保护协会（TNC ）等，通过不同项目，积极推进我国生态旅游的发展。生态旅游地与当地居民的关系也较为和谐，95%的调查区当地居民对生态旅游持支持态度，另有4%的持中立态度。而且生态旅游提高了当地居民的经济收益，57.8%的被调查地周边社区居民收入提高了1倍以上。

3.8 结合中国国情发展生态旅游

生态旅游概念引入中国之后，在基本认可国际通用生态旅游理念的同时，结合中国的实际，在实践中不断促进和完善有中国特色的生态旅游理念[11-13]，主要体现在三个方面：一是基于中国人均旅游资源的需求与实际占有之间缺口很大，城乡二元结构突出的事实，认为中国不可能将大量的生态旅游资源仅仅提供给少数游客；二是由于中国历史悠久，很多的地域产生了与生态环境密切相关的文化，认为中国的生态旅游要关注所在自然地区的文化生态；三是把生态旅游理念跟中国的政治理念紧密结合，比如提出了生态旅游是科学发展观的有效体现，生态旅游是和谐社会里的和谐产业，生态旅游是生态文明的最佳实践。

4. 全国生态旅游发展存在的问题

由于中国发展生态旅游时间短，理论基础薄弱，生态旅游地开发在较大程度上仍沿袭了传统大众旅游开发与管理的思想和方法，在诸多方面明显呈现出生态旅游理念贯彻不深入的特征，影响着生态旅游综合效益最大限度地发挥[14]。据本次调查分析，当前我国生态旅游发展存在的主要问题主要有 8 个方面。

4.1 多头管理与相关制度缺失

近年来，国家有关部门在保护和合理利用自然资源、促进生态旅游健康发展方面做了大量工作，但地方政府往往是从如何利用资源发展经济的角度发展生态旅游，对生态保护方面的规定执行较差。而且由于一个景区分属不同部门管理，各行政部门出台各自法规政策，难免出现条块分割、政出多门的问题。此外，管理体制问题作为生态旅游地“阻碍生态旅游发展重要因素”选择比例达 60%，可见各生态旅游地管理者对理顺体制的意愿强烈。另外，数据统计发现，仍有 25.5% 的调查区尚未建立生态旅游相关管理制度。与此同时，在调查中还发现了对游客控制认识不足、管理人员数量缺乏、普遍素质偏低、事故预防体系需进一步完善等管理问题。

4.2 生态旅游开发对资源存在破坏现象

据调查，出现随意开山炸石、随意取土取沙，在岩壁上乱涂乱画、乱建坟墓现象的生态旅游地比例分别为 6%、9%、10%、7%，在树干上乱涂乱画、随意放牧、滥挖草药及观赏植物等现象的比例分别为 14.7%、14.9%、10.5%。调查中发现向河流直接倾倒垃圾和排放废水现象达 15%，燃油机动船只跑油、漏油、滴油情况 6%，随意改造自然水系现象 6%。17% 对当地文化遗址未采取有效的保护措施。

4.3 旅游基础设施的生态兼容性被忽视

调查发现，各生态旅游地基础设施建设在逐步完善，但依然沿袭大众旅游建设模式，以游客需求为标准，生态兼容性被忽视。调查发现，环保游览车的使用率仅为 1/3；虽然 88% 的景区内道路经过科学规划，景观协调是主要的考虑因素，但动物通道被占用、迹地处理不当、路面生态材料采用率低等诸多问题仍没有很好的解决；超过半数的餐饮设施布局在自然景区内；11%生态旅游区尚未利用中水，20%的中水利用率不足60%，被调查的各生态旅游地生态建材使用率达55%，节水措施、无公害清洁剂、自然光照明的使用率分别为58%、41%、62%。

4.4 环境解说系统重形式轻内涵

在环境教育方面，虽然70%的生态旅游地已经建立了生态旅游景区必不可少的解说系统，但作为环境教育一个重要载体的博物馆或展厅在全国仅有半数的生态旅游地建立，而更加专业的专门读物、专家解说仅在20%左右，反映出我国生态旅游解说系统重形式（配备基本解说媒体形式）轻内涵（专业化层次低），对环境教育的内容和形式缺乏系统、专业的认知，对生态旅游者的环境教育往往重环境保护的倡导，轻正确环境行为的告知。另外在调查中发现29.4%的景区认为其解说内容有误，甚至有0.8%认为其有明显错误。

4.5 相关环保法规与环境管理措施执行不到位

自然保护区开展生态旅游应严格限制在实验区范围内，但调查结果显示，已有17.3%调查区生态旅游活动开展在缓冲区，甚至13.7%调查区旅游活动开展在核心区，这种情况将严重危害我国自然保护区的生态环境，更有悖于自然保护区成立和生态旅游开展的初衷。

调查还显示出目前环境影响评价、环境监测、偶发生态事件预案、游客数量控制等有效的环境管理措施的执行率却很低，4%的调查区尚未做过环境影响评价，51%的调查区至今未建立环境监测系统，24%的调查区没有建立完整的偶发生态事件预案。健全的环境管理措施是生态旅游健康发展的保障，而我国当前各生态旅游地的环境管理措施极其欠缺，为旅游环境和资源保护埋下了隐患。

4.6 游客环保意识较薄弱

在生态旅游者方面，调查发现我国的生态旅游者年龄主要集中在30～39岁段，并拥有较高的文化素养，具备了生态旅游者的年龄和基本素养特征。但发现游客偏爱中短途游程、短时间停留、集体结伴出游方式，旅游项目方面选择比例较高的有乡村旅游、观光旅游（选择比例分别为63.26%、64.44%），这些与传统大众旅游的特征十分类似。

而且在调查中发现游客对旅游目的地资源保护的态度十分消极。当问及发展观光游憩是否比资源保护的更重要时，37.26%的游客表示无所谓，仅有38.27%的游客表示强烈反对，且有7%的游客认为发展观光游憩更为重要。当问及是否愿意捐款于旅游环境保护和污染治理工程时，37.72%的游客愿意捐1~20元，而这也是最高比例，可见游客对于旅游目的地资源保护的支持度不高，且不愿意共同承担资源保护的责任。

4.7 生态旅游人才数量不足且素质有待提高

在问及阻碍生态旅游发展因素时，66%认为是缺乏相关人才。在调查中，许多方面也体现出生态旅游对专业人才的迫切需求，如对生态旅游进行规划的专业人才，从事环境教育的科普人员，具有生态旅游知识的管理人员，兼具导游知识和自然背景的导游人才等。

从从业人员素质来看，29.5%的景区从业人员75%以上的接受过生态旅游培训，11.3%的景区从业人员未接受过生态旅游培训，即大部分生态旅游区的从业人员生态旅游知识十分有限，整体素质不高，且尚有11.1%的旅游区未配备导游。

4.8 社区发展过多关注经济效益

在社区参与方面，生态旅游获得了良好的经济效益和极高的居民支持率，但同时忽视了生态效益、社会效益和经济效益的协调发展，经济效益一项独大的局面普遍存在，尤其在当地特色文化传承方面做得不够。当地居民对生态旅游管理参与方式多样，且参与程度也较浅，并没有实际的决策权或参与决策权，仅有50.8%被调查生态旅游地社区居民一定程度参与规划，当地社区居民参与的生态旅游经营项目主要有出售当地纪念品、导游、交通工具出租等，因此，还是如传统大众旅游一般，停留在被动参与旅游发展的局面中。

5. 中国生态旅游发展目标与对策

大力发展生态旅游，是我国旅游产业升级转型的需要，是我国走低碳发展道路的需要，是建设生态文明的需要，是贯彻落实科学发展观的需要。针对中国生态旅游发展状况，必须运用多种手段和形式，使生态旅游利益相关者在认识和行动上取得一致，探索有中国特色的生态旅游发展途径，促进中国生态旅游的健康持续发展。

5.1 我国生态旅游发展战略目标

建立高质量的生态旅游基地、多层次的景点网络和健康高效的运行机制，形成全球有重要影响力的系列生态旅游目的地，注重国内外经验的有效结合，力求创立世界生态旅游发展的中国模式；扩大和规范生态旅游市场，培育深层次、高质量的生态旅游活动，满足生态旅游者认识自然、体验自然与享受自然的多层次需求；促进生物多样性保护与社会经济发展的有效结合，实现自然保护地生态、社会、经济多重目标的有机统一；通过推进全国生态旅游发展，全面发挥各类型保护区域在保护、科研、教育和可持续发展方面的作用，优化我国旅游产品结构，推动我国旅游业节能减排，为我国旅游产业的可持续发展，实现世界旅游强国的宏伟目标贡献力量。

5.2 生态旅游发展对策

5.2.1 健全生态旅游相关法规与标准

努力推进生态旅游发展法制化、规范化和程序化进程。（1）建议对现有相关法律（如《环境保护法》《草原法》《森林法》等）和专门法规（如《风景名胜区管理条例》《自然保护区条例》《规划环境影响评估条例》等），以及即将出台的《生态补偿条例》等进行修改、补充、完善，加入生态旅游的相关内容，确定生态旅游统一法律法规框架，并确保其公信力及权威性。（2）利用国际上认可的原则制订适合中国国情的认证方案、生态标识以及旨在保证生态旅游可持续发展的自愿性活动，以鼓励经营者参与这些活动，促进旅游者对它们的认知。同时，认证制度应当反映区域的实际，并提供财政上的支持，使中小企业可以参与这些活动。(3)生态旅游政策要紧密结合现行的旅游政策与环境保护政策，以提高政策的可行性与执行率。

5.2.2 构建生态旅游相关部门协调机制

针对生态旅游目的地分属不同部门、不同层级管理多头的现状，建议推进多部门纵向、跨区域横向管理网络。(1) 在党中央、国务院统一领导下，加强发展生态旅游工作的宏观指导。(2) 建立由国家旅游局与环境保护部牵头的，国家林业局、住房与城乡建设部、水利部、国土资源部、农业部等部门参加的生态旅游部际协调机制，以及根据需要建立的以生态旅游区域范围（而非行政范围）为界的管理机构，创新工作手段，提高工作水平，加强对生态旅游的指导与服务。就标准制定、资质认证、资源保护、景区管理、开发建设等问题研究制定统一的规章，为规范生态旅游管理提供制度保障。

5.2.3 积极培育生态旅游市场

国家旅游管理机构在针对国内外旅游市场的整体促销战略和活动中，要包括中小型生态旅游公司以及以社区为基础的和以非政府机构为基础的生态旅游经营活动。支持与鼓励区域性网络的成立，共同致力于将生态旅游产品推广到全国乃至国际的市场。鼓励、引导和规范观鸟、漂流等专项生态旅游活动的开展，扩大其市场认可度。

5.2.4 建设低碳化基础设施

建议各景区在基础设施完善过程中，应努力按照生态化与低碳化原则建设，如生态旅游区内道路采用绿色生态廊道，交通工具采用电瓶车、电瓶船，尽量配备生态型厕所，利用太阳能、沼气、风力、生物能、浅层地能等可再生资源减少污染和能耗。环境解说系统可以帮助游客提升游憩体验，增强体验自然的机会，同时可帮助管理者进行有效的资源管理。建议邀请专业人员拟定解说内容，科学反映生态旅游区的自然与文化价值。因地制宜采取各类解说方式，以实现游客的最佳体验。

5.2.5 推行生态旅游示范区

认真实施国家标准《国家生态旅游示范区建设与运营规范》，选择不同生态环境和资源禀赋类型的区域，建设生态旅游示范区，提高区域可持续发展能力，引导当地群众脱贫致富。选择具有典型性、代表性的城镇、乡村，建设生态旅游扶贫实验区，探索推进地方可持续发展的模式，促进新农村建设。抓住经济增长方式转变和产业结构调整带来的机遇，推广绿色节能技术，建设一批生态旅游发展示范企业。适应全球气候变化，着眼于低碳技术的应用，制定与低碳旅游相关的技术标准。

5.2.6 强化旅游环境监管

进一步加强旅游资源生态评估，确保生态旅游区生态环境容量、旅游承载力、环境保护措施达到国家相关标准。在新建、扩建资源开发项目时，严格执行环境影响报告制度，提交环境影响评价文件。运用法律手段，加大执法力度，严格执行现有保护区管理制度中有关核心区禁止游客进入的规定。鼓励生态旅游区建立健全环境监测系统。积极探索建立碳汇景区与碳排放地的碳交易机制，使生态旅游景区得到补偿，提高景区保护自然环境、发展生态旅游的积极性。

5.2.7 加强生态旅游科学研究

研究和推广一批成熟的先进技术，包括风能、太阳能、生物质能等自然清洁能源在景区的利用技术、可降解材料的运用、污染物处理、植被修复等环境科学技术。利用科学技术延伸生态旅游产品的深度开发，挖掘景区科学内涵，增加景区科普教育功能。加强生态旅游基础科学研究，将与生态旅游相关的科研项目纳入国家科技支撑计划，通过政策引导高校、科研机构与生态旅游景区开展科研项目合作，为生态旅游发展提供技术支持。必须将我国的生态旅游与国际交流结合起来，努力识别全世界生态旅游成败的决定因素，通过出版物、实地考察、培训性研讨会和技术援助项目等方式借鉴外国的先进经验和最佳做法，广泛开展国际交流，争取国际合作和国际资助。

5.2.8 开展生态文明教育

加强对生态旅游管理者、从业人员、旅游者和社区居民环保知识的教育和普及，增强环保意识，形成对生态环境保护的良好的社会舆论氛围和价值观念。建设生态环境教育基地，推行文明、科学、健康的旅游行为，采取多种方式提倡低碳旅游方式，加强规章制度建设，对旅游者的行为进行必要的约束，避免游客对生态环境造成不利影响。引导当地居民生活与生态保护目标相一致，尤其要实施针对儿童和年轻人的教育计划以增强其对自然保护、可持续利用、地方与土著文化及其与生态旅游的关系的认识。采取合适形式对游客进行其自身责任的宣传教育，帮助游客对生态旅游区优美的人文自然景观进行深刻的理解，让游客增强生态旅游自然人文环境保护和维系当地居民生活的责任，引导游客减少对旅游资源或设施的破坏，保证生态旅游更加健康的发展。

5.2.9 制订生态旅游发展优惠政策

国家对旅游产业的扶持政策要向生态旅游倾斜，在旅游产业建立生态补偿机制，以引导旅游业向生态旅游方向发展。国家支持老少边穷地区资金要强化“造血”功能，支持有条件的地区发展生态旅游产业。建立生态旅游发展基金，构建多元化的融资渠道，鼓励景区使用环保节能技术，支持绿色企业的创办与经营。采取市场促销优惠、贷款利率优惠、建立生态旅游发展基金等激励措施，提供技术、财政和人力资源开发方面的支持，促进旅游经营者采纳生态旅游的原则，使其经营活动在环境、社会和文化方面更加负责任，使生态旅游区能够以一种可持续的方式起步、增长与发展。在实施生态旅游过程中，对于贯彻生态旅游理念、不断提高环境保护和生态旅游质量并且成绩显著的住宿设施、交通设施、导游以及生态旅游区进行表彰与宣传。

5.2.10 充分发挥利益相关者作用

建立合理的利益协调和分配机制，真正使政府、当地社区、旅游企业、保护地、旅游者、非政府组织、学术界及相关机构、媒体等生态旅游利益相关者分别扮演好调控者、参与和受益者、执行者、执行监督者、实践者、协助者、研究指导者、宣传监督者的角色，并促使他们共同努力，相互协作。在不同层面建立生态旅游组织，共同推动生态旅游发展，在发挥中国生态学会旅游生态专业委员会作用的同时，建议恢复成立中国旅游协会生态旅游分会，条件成熟时，成立独立法人的全国性生态旅游行业组织或学术团体。在生态旅游发展过程中，可采取多种有效方式确保社区居民利益，规划与管理的方案制订应全面征求社区居民的意见；鼓励社区居民参与生态旅游经营活动；雇用当地居民参与生态旅游管理；建立当地居民生产与生活资源旅游使用的补偿机制；提供培训机会旨在提高当地居民职业技能，提供他们的参与能力。

5.2.11 加强从业人员培训

必须加强各类人员的培训，加快生态旅游人才体系建设，有针对性地加强生态旅游的培训工作。（1）启动面向各类人员的综合培训计划，建立一支具备旅游先进理念，善于经营管理的生态旅游从业人员队伍。（2）借鉴国际经验，建立生态导游认证体系。（3）以各教育机构和研究机构为主体，完善生态旅游的专业教育。

5.2.12 建立多样化资金支持机制

建议各级政府采取多样化资金支持措施，缓解资金紧张现状，促进生态旅游发展和自然生态环境保护。（1）加大生态旅游区环境保护投入并监督资金用途。（2）制定生态旅游区旅游收费政策和优惠税收政策。（3）建立吸引企业、非政府组织以及私人投资和捐助机制。（4）促进各旅游区建立合理的游客容量和收费标准。（5）建立生态旅游发展基金，构建多元化的融资渠道，鼓励景区使用环保节能技术，支持绿色企业的创办与经营。

参考文献

［1］李亨．旅游调查研究的方法与实践．北京：中国旅游出版社，2005.

［2］杨桂华，钟林生，明庆忠．生态旅游（第二版）．北京：高等教育出版社，2010.

［3］郭来喜．中国生态旅游——可持续旅游的基石．地理科学进展，1997，16（4）：1－10.

［4］钟林生，王婧．我国保护地生态旅游发展现状调查分析．生态学报，2011，31（24）：7450－7457.

［5］中华人民共和国水利部，http：//www. mwr. gov. cn/zwzc/hygb/slb-gb/201203/t20120306_ 315077. html（2012/8/31）.

［6］国家林业局，http：//www. forestry. gov. cn/portal/main/s/225/content－510788. html（2012/8/31）.

［7］中华人民共和国住房和城乡建设部 http：//www. mohurd. gov. cn/zxydt/201001/t20100128_ 199489. html（2012/8/31）.

［8］中华人民共和国国土资源部 http：//www. mlr. gov. cn/zwgk/tjxx/201205/t20120510_ 1095276. htm（2012/8/31）.

［9］中华人民共和国环境保护部 http：//sts. mep. gov. cn/zrbhq/zrbhq/201208/P020120824531200801316. pdf（2012/8/31）.

［10］黄向，保继刚，沃尔·杰弗里（Wall Geoffrey）．中国生态旅游机会图谱（CECOS）的构建．地理科学，2006，（5）：629－634.

［11］刘家明．生态旅游及其规划的研究进展．应用生态学报，1998，9（3）：327－331.

［12］杨桂华，王跃华．生态旅游保护性开发新思路．经济地理，2000，20（1）：88－92.

［13］刘德谦．中国生态旅游的面临选择．旅游学刊，2003，（2）：63－68.

［14］宋瑞．生态旅游：全球观点与中国实践．北京：中国水利水电出版社，2007.

Development Situation and Strategies of Ecotourism in China

ZHONG Linsheng[1]，**WANG Jing**[1,2]，**CHEN Tian**[1]

（1. *Institute of Geographic Sciences and Natural Resources Research*, *CAS*, *Beijing* 100101 *China*；2. *University of Chinese Academy of Sciences*, *Beijing* 100049 *China*）

Abstract：Ecotourism in China has developed quickly since 1990s with broadening market scales, increasing eco－scenes, and especially the concepts of ecotourism were widely approved and applied. Based on the nation – wide survey on ecotourism, this paper systematically analyzed the current achievement and existing problems during its development and proposed the targeted strategies for Chinese ecotourism. Using various means and forms, focusing on stakeholders and seeking an approach with Chinese characteristics has been considered effectively for Chinese ecotourism development.

Key words: ecotourism; development situation; strategies; China

中国森林生态旅游发展的战略思考

李洪波①[1]，郝飞

（华侨大学旅游学院，福建泉州，362021）

【摘要】：文章在分析中国森林生态旅游现状的基础上，从战略发展目标、战略发展任务的角度阐述了中国森林生态旅游发展的方向，提出了三个战略发展目标，五个战略发展任务，分别为：森林生态旅游是生态文明建设的重要载体，建设我国生态旅游主体，挖掘森林生态旅游中的生态文化；进行全国森林生态旅游资源区划，建立全国及省市地方森林生态旅游规划体系，创建县域森林生态旅游综合体，建立多元化、多层次立体式的经营机制，设计森林生态旅游产品体系。文章认为，在全国旅游大发展的背景下，在各主管部门的重视下，中国的森林生态旅游将有一个良好的发展前景。

【关键词】：森林生态旅游；生态文明；生态旅游产品体系；自然保护；战略发展

1. 引言

森林是地球上最重要的生态系统之一，也是陆地上重要的景观体系。森林不仅为自然生态系统提供了基本的生存环境，同时也为人类的生产生

① 李洪波（1960—），男，安徽芜湖人，华侨大学教授，从事旅游文化、旅游企业管理、生态环境研究。

活提供了基本的物质基础。人类对森林资源的利用由直接的生产对象发展到保护对象审美对象，表达了人们生产方式和生存理念的转变。

森林生态旅游是以森林生态系统所构成的景观资源为旅游对象而展开的各类旅游活动。森林生态旅游以森林及其中的自然物及自然现象为主要资源要素，融合区域内人文、社会景观，旅游者通过与自然的接近，达到了解自然、享受自然生态功能的好处，产生回归自然的意境，从而自觉保护自然、保护环境的一种科学、高雅、文明的旅游方式。

2. 中国森林生态旅游发展现状

从形制上说，我国森林生态旅游主要以森林公园、自然保护区以及湿地公园为主体进行运营。而森林公园是目前我国森林生态旅游运营的核心形制。我国的森林公园多数源于过去的国有林场。森林公园的建立是我国经济体制改革成功的缩影，同时也体现了我国自然资源利用观念的重大变化。

经过近 30 年的建设，我国已经建立了各级森林公园 2583 处，其中国家级森林公园 746 处。截至 2010 年，全国森林公园共接待游客 3. 96 亿人次，旅游收入 294. 94 亿，带动社会综合旅游收入超过 200 多万人。与此同时，全国已经建立林业自然保护区 2035 处，其中国家级自然保护区 247 处，湿地公园 213 处，另外还建立了一批植物园、野生动物园等其他类型的旅游景区。从黑龙江的北极村到海南的尖峰岭，我国森林公园跨越了寒温带、温带、暖温带、亚热带、热带等 5 个气候带，几乎囊括了中国所有类型的森林景观资源，我国的森林生态旅游的基本框架已经形成。

但由于我国的生态旅游业开发时间较短，人们对旅游与环境之间的关系尚缺乏科学理解，管理与运营经验欠缺，森林生态旅游的发展大多还停留在一般性的观光阶段，强调对旅游资源的开发而忽视了旅游活动本身对环境的影响和资源的破坏，使我国森林生态旅游业面临一系列生态及社会问题。

3. 中国森林生态旅游战略发展目标

3.1 森林生态旅游是生态文明建设的重要载体

党的十七大报告第一次提出“建设生态文明”，并且将以此作为全面建设小康社会的一项主要目标。“生态文明”建设的提出证明了国家对环境与发展不平衡的重新认识，具有重大的现实意义。

生态文明是人类社会发展演化的必然结果，是人类社会最优秀的文明形式之一，也是人类文化的主要展现形式，这种文化表现在人与自然、发展与环境、人与人之间的关系上的本质转变，但是任何一种文化展示和获取都必须有一个载体。其一，森林生态旅游的结合了生态、经济和社会三个条件，其活动的基础是森林生态环境，辅之于森林文化（自然文化，生态文化）等其他要素。

森林生态旅游服务于整个社会系统，涉及不同的机关利益主体，且旅游业关联性强，可以形成以生态经济为主要形式的森林经济综合体。

森林生态环境是森林生态旅游发展的物质基础，反之，森林生态旅游则为生态环境基建设提供经济和社会教育服务并反作用于森林生态环境，森林生态旅游的发展与林业生态经济与社会的共同发展实现互补、共赢。

其次，生态文明是现代林业可持续发展的终极目标，传统林业是对森林资源的直接利用，人类对资源利用的速度远大于森林生态系统自我恢复的速度，甚至使其处于不可修复的状态。实现森林资源的可持续利用，首先要转变资源利用模式。森林生态旅游不仅是区别于大众旅游的先进旅游方式，也是林产业链延伸的最佳选择。森林生态旅游是传统林产业的“休闲化”转变。森林生态旅游活动的资源利用模式，应作为实现林产业可持续发展的载体。

因此，将森林生态旅游作为现代林业实现生态文明战略目标的载体具有十分重要的现实意义，完全可以体现实现生态文明所要求的各种先进性要素。

3.2 建设我国生态旅游主体

3.2.1 资源内涵丰富、形态多样

从我国森林生态旅游活动开展的状况而言，几乎涵盖了所有资源类型和生态旅游发展所需要的基本要素。森林生态系统所构成的景观中不仅含有森林、动物，同样具有丰富的水景、山地、草地、文化等不同类型的景观资源，构成了生态旅游活动的环境。除此之外，自然保护区、森林公园以及湿地公园强调的自然保护理念，自然教育理念，更符合生态旅游的基本要求和理念。

3.2.2 理念确定，初具规模

从我国建设第一个国家级森林公园开始，大多数国有和集体林场也逐渐改制为不同级别的森林公园。“公园”形制不仅代表了林业体制改革的突破，更意味着森林资源的“旅游化”，同时也表明了林业部门扩宽森林资源利用幅度，将旅游作为发展方向的理念已经确定。至2010年，仅森林公园就接待游客3.96亿人次，旅游收入294.94亿元，形成了相对完善的旅游服务设施体系。目前，全国森林公园拥有旅游道路5.47万公里，旅游车（船）2.52万辆（艘），接待床位62.66万张，餐位113.6万个。除了一般性的观光项目外，还开发了一批有特色的旅游产品，如滑雪，户外运动等。

无论从当前旅游状况，旅游地分布以及经营现状来看，森林生态旅游都可以发展成为我国生态旅游的主体。

3.3 挖掘森林生态旅游中的自然文化（生态文化），创建自然保护新构架

生态旅游的大众化趋势一直是一个不断被提起和讨论的问题，这不仅是一个经济增长与综合发展的问题，也是一个发展与环境平衡的问题。大众化旅游中的许多理念与生态旅游的理念是相悖的。大众旅游的活动形式主要以观光为主，强调横向扩展，吸引更多数量的游客，以获取更大的经济利益，而资源的利用则比较单一，流于表面，游客体验较少，满足的是一般性的娱乐需求，缺少文化内涵的发掘。实际上，我国现阶段，多数森

林旅游地也是处于同样的状况。

生态旅游中最重要的两个理念是：培养自然保护的意识，体验自然文化（生态文化）以及感受地方文化。因此，森林生态旅游开发的重点应是：依存良好的自然环境，结合地方传统文化，拓展和设计具有深层次文化内涵的旅游产品，做到对资源的综合利用。自然保护不是某一些人和某一些机构特有的任务和责任，而是全社会的。森林生态旅游是实现全社会自然保护格局的最佳方式，同时也可以实现林业经济发展的新的突破。

从我国森林生态旅游主体来看，已经形成了自然保护区，森林公园，湿地公园，植物园等多种不同的景区类型。根据各类型景区性质不同可以形成森林生态旅游的基本架构。实现多渠道、多种形式的自然保护框架已经成为可能。在此基础上，建立以自然保护区为核心，以森林公园、湿地公园、植物园等主体，以森林生态旅游为媒介的我国自然保护区全社会化体系。这样不仅能够将保护工作推向社会化，又拓展了新的产业发展，真正做到了社会、经济及环境三大效益的最大化。

4. 中国森林生态旅游战略发展任务

4.1 进行全国森林生态旅游资源区划

我国地域辽阔，地形地貌多样，动植物区系复杂，不同地带性植物特征区别很大，所形成的景观自成体系。从旅游资源利用的角度来说，不同区域的森林生态旅游资源在利用的时间和空间上是要有所区分的。

从空间上来讲，以地带性植物的特点为依据进行区划，找出区域共性，由于不同植物分布区的自然条件不同，形成了不同的景观，森林（植物）外貌形态也有较大区别，在此基础上所形成（产生）的森林文化（生态文明）的形式和内容也就大相径庭。例如热带雨林的结构复杂郁闭度很高，森林茂密，通透性差，其内部很难开展旅游活动，所形成的地域文化相对细腻，技术性强。而分布于我国的温带森林，则是另外的一种景观，森林透视性较好，较容易开展林中旅游活动，且文化形态又不同，地域文化表现出豪迈，粗犷的特点。从时间上看，可以关注不同地区在经济发展上的差异，制订不同的森林生态旅游发展计划。

大区划还可以更进一步的确定我国不同区域森林生态旅游的发展方向，进而理清我国森林生态旅游事业的发展任务。

与此同时还应关注三类森林生态旅游的资源主体。我国目前的森林生态旅游运营形成了以森林公园为主，湿地公园和自然保护区为辅的格局。三类主体的资源禀赋和管理目的是有区别的，在未来我国生态旅游发展中承担的角色和任务也是不同的。将不同类型的形制融入大规划当中，可以更精确地表达森林生态旅游发展的目标。

4.2 建立全国及省市地方森林生态旅游规划体系

建立全国及省市地方森林生态旅游规划体系是全国森林生态旅游发展的基本前提。在大区划工作的前提之下来进行国家层面的森林旅游发展规划，国家林业局和国家旅游局已经联合启动了这项工作。在此基础上，各地可以开展地方性森林生态旅游规划，最终形成多层次的规划体系。

4.3 创建县域森林生态旅游综合体

一般而言，森林资源保存良好的地区，相对区位较偏远，人类活动影响少，整体地区经济发展相对落后，地方经济发展受区位和资源赋存因素影响重；加之森林管理实行的是条块管理，业务上与地方容易脱节，优质的森林景观资源有时没有被真正纳入地方经济发展框架中，即使开展了森林旅游也仅限于林业业务部门，经济规模较小，产业形态单一；再者林业部门由传统的业务经营范围向旅游转型需要过程，这样在旅游业经营过程中，可能会出现既缺少人力资源多元化配置，又没有足够的资金支持，不能够充分利用森林景观资源的优势。如何将森林生态旅游与地方经济发展相结合，将森林生态旅游纳入地方经济发展框架中，利用地方经济发展平台，以优质的旅游资源为吸引点促进地方经济发展，同时将森林生态旅游推上一个新平台，成为地方旅游发展的龙头，是森林生态旅游发展的一项重要任务。以县域为基础建立以森林生态旅游为主体的旅游综合体，是解决森林生态旅游开发与地方经济发展问题的一种可行方式。

县域森林生态旅游综合体是指以县域空间为依托，以县域内森林旅游资源为基础，与全县其他类型旅游资源，如传统文化等相结合，以森林生态旅游为主线，将传统林产业延伸至生态旅游产业，拓展森林文化内涵，最终形成县域经济、社会、文化全面发展的新路径。县域单位既有一定的空间和人口规模，又有经济总量，是比较合适的选择。当然，创建县城森林生态旅游综合体，应该是因地制宜，可以在有条件的地方先进行试点，再将经验推广。首先，应进行县域森林生态旅游试点标准的制定。

4.4 多元化、多层次立体式的经营机制

我国多数主要的森林旅游区的管理多以行政管理方式为主，或以非统一管理方式为主，控制性不强。管理机制上的改革及突破是提升森林生态旅游的重要任务。在现有的行政管理制度下应建立多元化、多层次立体式的经营机制是目前完善管理机制的重要任务。

4.4.1 多元化

鼓励多种运营模式进入森林生态旅游的经营中来。

第一，直接经营模式。即直接由管理机构建立经营机构进行旅游开发和经营活动，采用的是转变传统的运作方式，基本收入由政府负责，而公益性的管理费用如森林培育、防火、病虫害防治等，可以以单项项目向国家申请专项拨款。

这种完全统一管理运营的模式，有利于资源环境的保护，但由于主管部门的主要业务并非旅游业，所以经营过程中可能会缺少专业性。这种模式适用于以旅游业作为当地支柱性产业的重点生态旅游地，如自然保护区、主要森林公园及湿地公园等。这些保护区域对自然资源禀赋的要求较高。

第二，授权经营模式。即行政主管部门把管理权和经营权分离，将经营权授予有能力的旅游公司进行统一经营管理。行政主管部门主要行使行政执法权，负责该类园区的规划制定、监督管理和协调以及森林日常的环

境维护等工作，并不介入具体的经营管理，其经费来源主要由政府拨款。而经营企业虽不拥有资源，但可以拥有经营性资产，负责景区内的旅游服务设施的建设、运营和游客管理等。双方形成两个层次的管理体系。这一模式可以适合于除重点生态旅游地以外的一般性森林公园、湿地公园及自然保护区的经营开发。

第三，特许经营模式。即管理部门统一进行规划设计，在此基础上引入竞争机制，通过竞争投标将部分项目授权与不同的经营者进行委托经营。各经营者是旅游资源经营的主体，在产权授权范围内自主经营。同时，管理部门则主要负责监督及规划管理，并在合理合法的情况下向经营者收取一定数量的资源使用费，用以维护园区的基本生态环境。特许经营可以拓宽融资、经营渠道，可以引进竞争机制及经营管理模式，对资源有更充分的综合利用。

4.4.2 多层次

我国森林公园、湿地公园及自然保护区已经形成了国家级、省级及地方级三级行政管理体系。管理机制也相对完整。行政管理不能够完全充分的使用经营权，使森林资源得到充分的利用。森林生态旅游是林产业的延伸，是森林资源得到更充分利用的主要产业模式。通过发展旅游可以拓展产业的产业链，可以为地方经济发展创造新的增长点。

因此，建立多层次经营体系势在必行。选择不同类型的森林生态旅游园区进行经营体制改革试点，将规模旅游公司统一经营作为第一层次，将特许经营机构权作为第二层次，而把当地居民的生活型的小型经营设立为第三层次，这样形成以现有三个行政管理层次和三个经营管理层次的多层次、立体式的森林生态旅游管理体制。

4.5 设计森林生态旅游产品体系

森林景观是综合性的，它所展示的功能和作用也是多样的。虽然有区域差异，但在森林中，同时拥有不同的景观资源类型，这一点是共性的。除了各类森林景观外，常见的景观类型有：河流、山地、湖泊、冰川、绿洲以及各类生活其中的动物等。森林所提供的不仅是外在的审美功能，还孕育了许多独特的民俗、民风等文化资源。森林生态系统所形成的自然环境对人的身心具有医疗作用。

森林作为生态旅游资源，自成体系，完全可以形成完整的旅游产品谱系，以满足不同市场的需求。在全国森林生态旅游区划和发展规划完成的基础上，应该建立国家层面的森林生态旅游产品体系，作为森林生态旅游开发的参考依据。产品应体现出区域差异性和类型差异性。各具体地方则可依据本地特色进行相应的调整和修改，以凸显当地特色。森林生态旅游的产品谱系的设计必须以森林为核心。我国的旅游业正处于从一般观光型向休闲度假型的转变过程中，产品设计应具有前瞻性，针对森林生态旅游产品而言，应以森林休闲和森林医疗养生为核心，以地方文化为基础，辅之以其他类型产品进行设计。

根据森林资源的一般性特点，可以形成如下产品类型：

① 森林生态观光类产品：包括观光森林自然景观、人文景观，属于一般性的观光旅游活动产品；② 休闲度假类生态旅游产品：包括林中住宿、休憩游戏等；③ 医疗养身旅游产品：包括森林浴、森林医院、山珍食疗等；④ 特殊类型森林生态旅游产品：包括森林探险、登山、越野、丛林生存扩展等；⑤ 国民自然教育森林生态旅游产品：包括自然博物馆、森林课堂等；⑥ 生态（林）文化类生态旅游产品：包括自然宗教、森林民族民俗、民风、传统自然知识等。

5. 结语

本文以战略发展的视角对我国森林生态旅游的发展进行了阐述，提出了其战略发展目标和发展战略任务。我国的森林生态旅游经过多年发展，虽然还存在着一些问题，如：产品单一，体制需要理顺，以及经营管理人才不足等问题，但是其发展的势头是令人鼓舞的。随着国家对旅游业发展的重视，这些年我国居民生活水平的提高，旅游需求的增加，旅游发展呈多元化趋势，我国森林旅游每年以18%左右的建设增长等情况，都说明我国森林生态旅游迎来了一个发展的转折点。

2011 年全国森林旅游工作会议上已经明确了我国今后的发展目标：力

争到2015年，森林旅游景区类型进一步多元化，年森林旅游人数达到8.7亿人次，社会综合产值达到5000亿元；到2020年，形成以森林公园为主，湿地公园、自然保护区为辅的森林生态旅游发展格局，年森林旅游人数达到14亿人次，社会综合产值达到8000亿元。

依靠优质的环境和资源，与相关部门合作，加上有力的政策保障，我国森林生态旅游必然会有一个良好的发展前景。

参考文献

［1］杨华．我国森林旅游资源管理体制改革研究［J］．中国林业经济，2010年5月，第3期（总第102期）．

［2］易爱军，刘俊昌．我国森林旅游产业的现状及发展对策［J］．中国林业经济，2010年5月，第3期（总第102期）．

［3］张舰杨，礼嘉．我国城市森林公园制度设计［J］．现代农业科技，2011年第13期．

［4］于冬璇，刘兴双．论森林文化旅游产品体系构建［J］．林业调查规划，第35卷第6期2010年12月．

［5］何丽芳．试论森林公园的生态文化教育价值［J］．湖南林业科技，2011年第38卷第2期．

［6］刘世勤，屈作新．中国2000~2009森林旅游发展的实证分析［J］．南京林业大学学报（人文社会科学版），第10卷第3期南京林业大学学报（人文社会科学版），2010年9月．

［7］贾治邦局长在全国森林旅游工作会议上的讲话．2011年11月18日．

［8］国家林业局、国家旅游局关于加快发展森林旅游的意见．林场发【2011】249．

［9］国家旅游局王志发副局长．抓住机遇 加强合作全力推动森林旅游大发展大繁荣．全国森林旅游工作会议上的讲话，2011年11月18日．

Some Thinking on the Strategy of the Forest Ecotourism Development in China

LI Hongbo, HAO Fei

Abstract: The paper analyzed the present situation of forest ecotourism development, and explained the direction of forest ecotourism development in China. The authors proposed three aims and five tasks for the forest ecotourism development, which were: forest ecotourism is an important carrier for constructing ecological civilization, building up the main body of ecotourism of China, establishing new nature protection structure; working on the forest ecotourism resource zoning of China, establishing China' s forest ecotourism planning system, creating county forest ecotourism complex, founding diversification and multilayer management system and designing the product system. The authors argue that China' s forest ecotourism will have a bright future.

Key words: forest ecotourism, ecological civilization, ecotourism product system, nature protection, strategy development

中国草原旅游的实践与研究进展①

刘敏②[1]，钟林生[2]

（1. 北京联合大学旅游学院　100101　北京；
2. 中国科学院地理科学与资源研究所　100101　北京）

【摘要】：草原是重要的旅游目的地。本文对我国草原旅游的目前研究情况和实践情况进行系统的归纳与梳理，客观认识草原旅游的发展现状及研究情况，有益于理论指导实践，从而推动我国草原旅游的可持续健康发展。我国草原旅游从20世纪70年代开始，经历了政府接待、积极推进和质量提升3个阶段。学者从20世纪90年代中期开始对草原旅游进行了广泛的研究。实践中，草原旅游发展中存在着同质竞争较为严重、产品文化内涵尚需挖掘、生态保护亟待重视、旅游设施配套及服务水平尚需提升等问题。据此本文提出打造精品草原旅游区、丰富草原旅游产品、加强草原环境保护、提升服务接待水平与重视社区参与的发展建议。

【关键词】：草原旅游；发展阶段；存在问题；发展建议；研究综述

1. 引言

草原生态系统是以各种多年生草本占优势的生物群落与其环境构成的

---

① 基金项目：国家自然科学基金（40901069）资助。

② 刘敏（1978—），女，内蒙古额济纳旗人，博士，副教授，主要研究旅游地理和景区经营资产价值评估。E-mail：ejina@163.com

功能综合体，是最重要的陆地生态系统之一。据世界资源研究所全球生态系统试点分析小组 2000 年的研究数据，世界草原总面积约 5250 万 km^2，占陆地总面积的 41%（南极洲和格陵兰除外）。与此同时，我国拥有各类天然草原近 4 亿公顷，占陆地国土面积的 41.7%，占全国植被面积的 64%，占世界草原总面积的 13%，是仅次于澳大利大的世界第二大面积的草原大国。

草原具有强烈的景区吸引力，因此世界上草原丰富的国家都进行了相应的旅游开发。如乌干达采用国家公园的形式，使草原旅游资源得到较好保护，同时与文化和草原背景上山地、水体资源结合开发[1-3]，获得很好的经济收益[4]，尤其依托 Murchison Falls、Queen Elizabeth 和 Mount Elgon[5-6]国家公园开展草原旅游。巴西[7]、澳大利亚[8]、南非[9-10]等国开展草原旅游，以观赏野生动物为主。我国的草原旅游主要集中在内蒙古、新疆、青海、四川、甘肃、西藏等地。由于我国的开发历史和环境等原因，草原上大型野生动物较少，大型野生动物观赏为主体活动的草原旅游较少，与国外的开发模式有所不同。因此，我国草原旅游的开发引起了学者的关注和深入思考。

10 余年来我国学者对草原旅游进行了广泛探索与研究。本文从 CNKI（中国期刊网）以“草原旅游”和“草原 + 生态旅游”为主题进行搜索，剔除过短的文献、书评及报道性文献，共检索到 96 篇相关文献，主要集中在 1996 ~2012 的 13 年间，其中学位论文 4 篇，专业期刊论文 92 篇。这些草原旅游研究文献从不同方面对草原旅游进行研究，涉及旅游资源[11-19]、产业发展[17-31]、生态环境[32-38]、文化提升[39-43]及纪念品设计[44]、景观公路[45]等不同方面。总体上文献涉及的领域较为广泛，发表的期刊分为较广。其中《干旱区资源与环境》和《内蒙古财经学院学报》期刊的载文数量较高，也体现研究区域和作者所在地的鲜明地域特色。经历 10 余年的研究历程，一些文献的引用频率较高（表 1），成为草原旅游研究领域的重要文献；从中也可看出草原旅游资源开发和生态保护领域的研究受到较多的关注。此外，一些区域草原旅游研究的论文也较多，其中，内蒙古作为草原的集中分布区及草原旅游主要发展区，具有一定的典型性，相关研究论文较为集中。但是总体上，缺乏对中国草原旅游现状的全景式扫描。因而，对我国草原旅游的目前研究情况和实践情况进行系统的归纳与梳理，客观认识草原旅游的发展现状及研究情况，有益于理论指导实践，从而推动我国草原旅游的可持续健康发展。

表1　草原旅游被引用频率较高的相关论文

作者	论文题目	发表刊物/年份	被引频次	下载频次
钟林生，牛亚菲，刘家明，等	内蒙古草原旅游资源及其开发研究	干旱区资源与环境/2005	31	733
刘敏，石学勇	体验经济与内蒙古草原旅游开发	干旱区资源与环境/2004	30	434
郝晓兰	内蒙古草原生态旅游开发模式研究	干旱区资源与环境/2004	28	600
邹宇	旅游产品的体验化设计与创新：以内蒙古草原旅游产品体验化开发为例	北方经贸/2005	27	1025
马林	内蒙古草原生态旅游开发战略探讨	干旱区资源与环境/2004	27	563
刘敏，陈田，钟林生	草原旅游文化内涵的挖掘与提升：以内蒙古自治区为例	干旱区地理/2006	25	742
卫智军，杨静，韩国栋	草原旅游对草地影响与管理	内蒙古草业/1999	25	191
吕军，刘丽梅	草原旅游发展的生态环境影响研究	干旱区资源与环境/2005	24	393
郝晓兰	论内蒙古旅游精品带动战略的实施	内蒙古财经学院学报/2000	15	261
那守海，张杰，马海燕	内蒙古克什克腾旗草原文化旅游资源及其开发对策	国土与自然资源研究/2004	13	334

数据来源：根据cnki以“草原旅游”为主题进行检索，检索时间2012－8－17　21：00

2. 我国草原旅游的发展历史

我国草原广泛分布于东北的西部、内蒙古、西北荒漠地区的山地和青藏高原一带，东西绵延约4500km，南北横亘于北纬28°～51°N之间，跨越约23个纬度，蜿蜒万里，十分广阔。从行政区来看，主要分布在西藏、黑龙江、云南、吉林、辽宁、内蒙古、宁夏、甘肃、青海、新疆、陕西、河北、山西和四川等省区。依托于良好的资源条件，主要草原分布区逐渐吸引游客，形成基本的旅游接待，并逐渐形成旅游产业。从我国的草原发展历史虽然早期也有关于草原的游记等相关记载，但相对大规模的草原接待源于20世纪70年代末。从20世纪70年代末开始，我国的草原旅游发展可以分为3个阶段：

第一，政府接待阶段。20世纪70年代末，处于对外接待的需要，内蒙古自治区在首府呼和浩特周边选择了2处较近的草原进行开发和接待。1978年，位于包头市达茂旗境内的希拉穆仁草原景区对外开放接待；1979年，位于乌兰察布盟（今乌兰察布市）的格根塔拉草原旅游景区对外开放。初期的草原旅游以政府接待为主，游客主体是因公来内蒙古的国内外人员，客源单一，需求量少。没有专门的旅游接待机构和服务设施，餐饮住宿以政府宾馆或招待所为主。

第二，积极推进阶段。随着各地到20世纪90年代，全国知名的草原区，如内蒙古的锡林郭勒、呼伦贝尔、河北省的张北地区、新疆、甘肃等地逐渐进行旅游开发。如1983年地处呼伦贝尔草原腹地呼和诺尔湖畔开始建设呼和诺尔草原接待点，1994年依托呼伦贝尔草原九曲十八弯的莫勒格尔日开始建设的金汗帐草原。这个时期的草原旅游业基本是建设接待设施和餐饮设施，提供简单的娱乐活动。

第三，质量提升阶段。1999年，内蒙古自治区党委、政府下发了《关于加快旅游业发展的决定》（内党发［1999］2号文件），明确旅游业的重要产业地位及今后20年的旅游业发展目标。这是对内蒙古草原旅游发展的极大助力。2003年，内蒙古自治区进行旅游总体发展规划编制完成。通过规划，对内蒙古草原旅游资源进行了全面摸底式调查，并且编写了专题报告《内蒙古草原生态旅游开发研究》，对内蒙古的草原旅游实践及相应的研究具有极大的推动作用。随后，随着整个旅游业的发展，草原旅游呈现全面发展的势态。内蒙古、新疆等北方草原集中省区的草原旅游点全面建设，积极提升；与此同时，南方一些草山区也在积极开发草原旅游。总体上，草原旅游市场一直持续升温，旅游旺季由通常的7、8、9月扩展至半年左右。总体上，草原旅游显示出较强的吸引力。

3. 草原旅游发展现状

3.1 草原旅游资源状况

我国草原类型有18个大类，依据面积大小依次为：（1）高寒草甸类占全国草地的16.22%；（2）温性荒漠类占11.47%；（3）高寒草原占10.59%；（4）温性草原类占10.46%；（5）低地草甸类占6.42%；（6）温性荒漠草原类占4.82%；（7）热性灌草丛类占4.44%；（8）山地草甸类占4.26%；（9）温性草甸草原类占3.70%；（10）热性草丛类占3.62%；（11）暖性灌草丛类占2.98%；（12）温性草原化荒漠类占2.72%；（13）高寒荒漠草原类占2.44%；（14）高寒荒漠类占1.92%；（15）高寒草甸草原类占1.75%；（16）暖性草丛类占1.69%；（17）沼泽类占0.73%；（18）干热稀树灌草丛类占0.22%。为划分草地类型及零星草地占草原总面积的9.55%[11]。从草原本身的分布面积看高寒草甸类、温性荒漠类、高寒草原类、温性草原类的面积较多。由于旅游资源是从吸引力的视角切入，所以除了我国草原本身的分布面积外，草原的景观美感、负载的其他人文景观的丰富性及组合程度都成为草原旅游资源构成的重要因素。

3.2 草原旅游经营状况

景区是三大旅游企业主体之一，也是草原旅游目的地中间组织的核心和决定客流的主要因素。由于我国草原面积较大且类型多样，不同区域的草原旅游景区资源基础不同，根据自然地理及行政区划，中国草原一般可划分为5个大区，即东北草原区、蒙宁甘草原区、新疆草原区、青藏草原区和南方草山草坡区。本文对5个旅游区内的代表性草原旅游景区进行梳理（表2）。

表 2　我国主要草原旅游景区状况

草原旅游区	草原旅游景区/等级	所在位置
东北草原区	金汗帐蒙古部落草原旅游景区/2A	内蒙古呼伦贝尔市
	呼和诺尔旅游景区/4A	
	白音胡硕草原旅游区	
	通辽市朱日河草原旅游景区/2A	内蒙古通辽市
	乌兰毛都草原	
	扎鲁特山地草原景区	
	辉腾淖尔草原旅游	
	赤峰市乌兰统布草原	内蒙古赤峰市
	贡格尔草原及达里湖/2A	
	达拉哈草原旅游景区	
	赤峰市巴林右旗蒙古部落/A	
	大庆市杜尔伯特蒙古族自治县草原赛马场/2A	黑龙江大庆市
蒙宁甘草原区	金莲川草原（元上都为世界文化遗产）	内蒙古锡林郭勒盟
	蒙古汗城草原旅游景区/3A	
	锡林九曲草原旅游景区	
	赛汗塔拉草原旅游景区	
	白音锡勒草原旅游区（MAB）	
	内蒙古格根塔拉草原旅游中心/4A	内蒙古乌兰察布市
	内蒙古辉腾锡勒草原区/3A	
	希拉穆仁草原旅游区/3A	内蒙古包头市
	鄂尔多斯草原旅游区/3A	内蒙古鄂尔多斯市
	丰宁京北第一草原/4A	河北省丰宁县
	张北坝上草原	河北省张家口市
	北京中坤康西草原旅游景区/A	北京延庆县
	甘肃夏河桑科草原/2A	甘肃省甘南藏族自治州
	关山草原/省级风景名胜区	陕西省宝鸡市

续表

草原旅游区	草原旅游景区/等级	所在位置
新疆草原区	那拉提草原旅游区/5A	新疆伊犁州
	巴音布鲁克草原/4A	新疆巴音郭勒蒙古族自治州
	巴里坤湖草原	新疆哈密市
青藏草原区	金银滩草原旅游区/4A	青海省海晏县
	红原－若尔盖草原旅游景区	四川省阿坝藏族自治州
	康定草原	四川省甘孜藏族自治州
	那曲羌塘草原/国家自然保护区	西藏那曲县
南方草山草坡区	湖南仰天湖草原风景旅游区	湖南郴州市
	湖南龙山县八面山南草原	湖南湘西州

资料来源：根据国家旅游局及相关网页整理

目前我国的草原旅游景区、景点近百家，总体的产业发展形势较好。总体上我国的草原旅游发展呈现如下特点：第一，区域集聚性。目前已经形成呼伦贝尔、乌兰察布、锡林郭勒、伊犁、夏河等较为集中的草原旅游集聚区。第二，已经形成一定的地域影响力。由于我国草原分布区具有一定的地带性，所以一些草原分布区已经在市场中形成了稳定的草原旅游地形象，例如呼伦贝尔、锡林郭勒、那拉提、坝上等都成为具有极高的知名度的草原旅游区。第三，产品丰富性。随着我国草原旅游的不断发展，逐渐形成草原观光、度假休闲、民俗体验、生态旅游、科学考察、节事庆典、草原越野等系列产品。第四，产业逐渐形成。随着草原旅游的发展，由最初的基本接待到逐渐产业要素齐全的旅游地；并且构建了依托城市与主要草原旅游点之间较为便捷的交通联系。

3.3 草原旅游现存主要问题

第一，同质竞争较为严重。由于草原旅游的经营门槛较低，所以出现在相邻的区片形成产品雷同的多个草原旅游点进行同质竞争的状况。如辉腾锡勒辉腾锡勒已经建成旅游景点 18 处，即黄花沟生态公园旅游接待中心、铁旅黄花旅游度假村、青松度假村、辉腾锡勒外事旅游中心、草原明珠电力度假村、风电场旅游接待中心、天骄战车旅游接待中心、巴音锡勒草原旅游区、铁骑旅游接待中心、达延汗金帐府等。再如呼伦贝尔莫日格勒河边3km左右聚集着农行旅游点、巴尔虎艾里、莫日格勒生态园、牧马人旅游点、草原之家旅游点、巴尔古今游牧人家、福满园旅游点、安达旅游点、吉祥草原旅游点、塔林贺希格游牧人家、金帐汗蒙古部落11家草原旅游接待点。这些草原旅游点提供的服务相同，依托的地域景观相同，很容易出现恶性竞争。

第二，产品文化内涵尚需挖掘。与其他具有大片草原的国家不同，我国草原上大型野生动物的数量较为有限，不能依托野生动物观赏开展野生动物园的开发模式，因此在草原静态观光的基础上必须增加动态的活动开发。草原上负载的文化内涵的开发就成为非常重要的开发方向。随着信息传播的加快和游客成熟度的提升，草原旅游现有单纯的迎宾仪式、祭祀仪式、歌舞表演并不能满足游客的全面文化需求和深层文化体验。因此，如何深入挖掘草原旅游的文化内涵，提供多样化的文化体验将是草原旅游亟待破解的难题。

第三，生态保护亟待重视。由于草原景观的均一性，草原旅游开发过程中游览区与生活服务区没有清晰的功能分区，并且均布局在草原景观的核心区，由此对草原景观带来一定的破坏；此外草地生态系统的脆弱性，在经历游客密集的踩踏活动和大量的生活垃圾集中丢弃情况下，难以自身恢复，出现了退化，部分草地甚至出现沙化。如常年举办赛马节的珠日河草原就出现草原旅游接待地草原沙化，将草原接待设施进行了移动。

第四，旅游设施配套及服务水平尚需提升。一方面由于草原旅游的季节性较强，设施的利用率受到一定影响，且服务人员多以短期招聘为主，服务水平难以系统提升，另一方面草原旅游地所处的区位大多距离城市有较远的距离，所以服务设施和服务水平难以和城市旅游地及成熟的旅游区相比，与来自城市的旅游者的日常生活标准也有一定的差距，需要进一步从人员素质及卫生条件等方面进行提升。

4. 草原旅游发展建议

以辽阔、坦荡、悠远为景观特征的草原，吸引着众多旅游者。其上的草原动植物及其他景观、文化习俗，共同组合成为综合旅游吸引物，凸显出强大的市场号召力。未来的草原旅游向着更加人性化、生态化的方向发展。本文对草原旅游的发展有如下建议：

第一，打造精品草原旅游区。在已有的草原景区基础上，通过外部营销和内部资源整合，建设不同类型草原的精品景区。进一步改造景区的接待设施，提升旅游接待水平，达到游客的需求，尤其是对草原感兴趣的南方游客的需求。并且在景区内能够对垃圾、污水进行集中处理。第二，丰富草原旅游产品。在已有产品基础上发展三个方向：一是活化文化，向节庆发展。我国草原缺少大型野生动物，而且草原地区现遗存下来的地表遗迹很少或因体量规模过小而彻底残破，已经缺少旅游吸引物所要求的必要的价值要素，使得草原地区已无法具备旅游目的地最关键的吸引物价值。因此，在国内草原旅游开发中，草原节庆因其具有社交、娱乐的鲜明特色，以及文化承传与交流的综合展示的特点而应受重视。草原节庆的主题策划要抓住草原文化精髓，以突出文化上的差异。草原节庆应包含多维的感觉刺激、丰富的情感内涵、广泛的群体参与性和深入的主客交流要素，促进游客进行参与，并且获得深入的文化体验。二是向大尺度空间娱乐发展。草原的辽阔与博大成为重要吸引力，同时也正因为其辽阔与博大，在视觉上容易出现长距离的景观相似，因此在游客的惯常交通工具的路程上经常会感觉到视觉疲劳，因此可以向空间活动发展，如热气球、小型滑翔机等特殊交通方式的旅游项目。这些项目不仅可以让游客饱览草原的景观，还能带来新鲜感。此外，应该加强娱乐产品的供给。三是向度假发展。转变现有的观光旅游向度假旅游发展，当然需要首先配套相应的设施。第三，加强草原环境保护。由于草地生态系统的脆弱性，所以草原旅游开发必须把生态环境保护放在首位。在草原旅游区的开发过程中需要通过项目的设计让游客的踩踏范围有效集中；并且适当进行人工修复；对垃圾污水等进行统一处理等。第四，提升服务接待水平，重视社区参与。要提升现有的草原旅游点服务水平，需改善目前草原旅游点雇佣服务人员季节性工作的特点，因此，需将周边的社区发展与草原旅游有效融合，进而提升牧民的地方自豪感，成为草原旅游点的利益主体和草原文化的展示者，进而提升整个服务水平。社区参与到草原旅游的开发中，还将解决草原旅游节设施的维护和修复问题。从充分发挥各方长处的角度考虑，需要开发商、政府与社区的共同介入。

参考文献

［1］Uganda Ministry of Tourism & Trade and Industry. National Tourism Policy for Uganda［J/OL］. http：//www. visituganda. com/stories/tourism_policy2004. pdf，2006.

［2］Lepp A，Holland S. A comparison of attitudes towards state led conservation and community based conservation in the village of Bigodi，Uganda［J］. Society and Natural Resources，2006，19（7）：609－623.

［3］Lepp A. Residents' attitudes towards tourism in Bigodi village，Uganda［J］. Tourism Management，2007，28（3）：876－885.

［4］Uganda Tourist Bureau. National Parks and Safaris［J/OL］. http：//www. visituganda. com/parks. html，2004.

［5］Martin P. Early Miocene grassland ecosystem at Bukwa，Mount Elgon，Uganda［J］. ComptesRendusPalevol，2002，4（1）：213－219.

［6］William M A，Mark I. Who is on the gorilla' s payroll Claims on tourist revenue from a Ugandan National Park［J］. World Development，2003，31（1）：177－190.

［7］Liana A，Marcia G，Alberto N R Jr，et al. Survey of visitors to a National Park in the savannah region of northeast Brazil：Practices，incidents and hazardous situations［J］. Travel Medicine and Infectious Disease，2007，5（1）：1－6.

[8] Deng J, King B, Bauer T, et al.. Evaluating natural attractions for tourism [J]. Annals of Tourism Research, 2002, 29 (2): 422 - 438.

[9] Sylvie B, Hitesh M. Ecotourism and ecological restoration [J]. Journal for Nature Conservation, 2006, 14 (3 - 4): 233 - 236.

[10] Colette F, Berendien L. Determinants of selection of full - service airlines and low - cost carriers: A note on business travellers in South Africa [J]. Journal of Air Transport Management, 2006, 12 (2): 98 - 102.

[11] 陈富裕，陈佐忠，张蕴薇．草原旅游理论与管理实务［M］．北京：中国旅游出版社，2007：62 - 66.

[12] 陈佐忠．略论锡林郭勒草原生态旅游资源和发展生态旅游的问题与对策．干旱区资源与环境，1996，10（4）：58 - 66.

[13] 朝洛蒙，巴特尔．锡林郭勒草原旅游资源开发与可持续发展［J］．干旱区资源与环境，2004，18（S3）：18 - 22.

[14] 朱琳，赵英伟，刘黎明．我国草地旅游资源及其合理开发保护［J］．商业研究，2004，(14)：169 - 172.

[15] 钟林生，牛亚菲，刘家明，等．内蒙古草原旅游资源及其开发研究［J］．干旱区资源与环境，2005，19（2）：105 - 110.

[16] 刘敏，陈田，钟林生．草原旅游资源深度开发研究：以内蒙古自治区为例［J］．资源开发与市场，2006，22（4）：388 - 390.

[17] 向宝惠，唐承财，钟林生．金银滩草原旅游资源保护与利用探讨［J］．青海社会科学，2009，(5)：68 - 72.

[18] 艾琳，卢欣石．中国草原生态旅游资源及可持续开发利用［J］．中国草地学报，2009，31（2）：96 - 101.

[19] 虞敬峰，冯晓华．新疆草原旅游资源可持续开发研究［J］．资源开发与市场，2011，27（10）：934 - 937，961.

[20] 刘敏，石学勇．体验经济与内蒙古草原旅游开发［J］．干旱区资源与环境，2004，18（5）：128 - 131.

[21] 刘敏．草原旅游深度开发研究：以内蒙古自治区为例［D］．陕西师范大学硕士学位论文，2004.

[22] 李远．我国南方草原旅游开发及其可持续发展研究［J］．生态

经济，2004，20（S1）：197－200.

［23］马林．内蒙古草原生态旅游开发战略探讨［J］．干旱区资源与环境，2004，18（4）：65－71.

［24］郝晓兰．内蒙古草原生态旅游开发模式研究［J］．干旱区资源与环境，2004，18（6）：112－117.

［25］邹宇．旅游产品的体验化设计与创新：以内蒙古草原旅游产品体验化开发为例［J］．北方经济，2005，13（16）：41－42.

［26］刘丽梅．草原旅游发展的几点思考［J］．内蒙古财经学院学报，2005，26（3）：92－95.

［27］吕君，刘丽梅．中国草原旅游发展研究［J］．世界地理研究，2005，14（2）：96－101.

［28］郝晓兰．草原旅游景区发展中面临的主要危机及其管理对策［J］．内蒙古师范大学学报：哲学社会科学版，2007，36（3）：135－139.

［29］郝晓兰．基于利益相关者理论的草原旅游发展研究：以锡林郭勒盟为例［J］．内蒙古大学学报：哲学社会科学版，2010，42（2）：86－90.

［30］刘俊清．内蒙古草原生态旅游开发研究［J］．干旱区资源与环境，2010，24（9）：140－144.

［31］周永振．旅游季节性视阈下内蒙古草原生态旅游可持续发展探析［J］．国土与自然资源研究，2012，（3）：75－76.

［32］卫智军，杨静，韩国栋．草原旅游对草地影响与管理［J］．内蒙古草业，1999，13（3）：34－37.

［33］任志远，宋保平，张红．关山草原旅游风景区开发中生态环境保护与建设［J］．中国沙漠，2000，20（1）：87－90.

［34］吕君，刘丽梅．草原旅游发展的生态环境影响研究［J］．干旱区资源与环境，2005，19（3）：110－114.

［35］吕君．草原旅游发展的生态安全研究［D］．华东师范大学博士学位论文，2006.

［36］吕君，刘丽梅．草原旅游发展中社区居民环境意识水平的调查分析［J］．中国农村经济，2008，24（1）：40－49.

[37] 刘丽梅，吕君．草原旅游发展中旅游管理部门环境意识的调查研究［J］．中国人口·资源与环境，2008，18（2）：160－165.

[38] 李佟．草原旅游景区生态位评价模型及其应用研究：以内蒙古格根塔拉草原旅游景区为例［D］．江西师范大学硕士学位论文，2011.

[39] 刘敏，陈田，钟林生．草原旅游文化内涵的挖掘与提升：以内蒙古自治区为例［J］．干旱区地理，2006，29（1）：156－162.

[40] 谷彦彬，刘新和．论草原旅游纪念品中蒙古族原生文化元素的体现［J］．内蒙古师范大学学报：哲学社会科学版，2008，37（4）：126－132.

[41] 艾琳，卢欣石．草原旅游业中非物质文化遗产资源利用初探［J］．草业科学，2009，26（9）：1－6.

[42] 艾琳，卢欣石．草原生态旅游非物质文化遗产资源的保护性开发研究［J］．干旱区资源与环境，2010，33（1）：189－195.

[43] 葛宏．论传统草原文化保护与草原旅游发展．［J］．内蒙古大学学报：哲学社会科学版，2011，43（2）：21－25.

[44] 谷彦彬，刘新和．论草原旅游纪念品中蒙古族原生文化元素的体现．内蒙古师范大学学报：哲学社会科学版，2008，37（4）：126－132.

[45] 邢燕．草原旅游公路等级划分影响因素研究［D］．内蒙古农业大学硕士学位论，2010.

Grassland Tourism Practice and Review of China

Liu Min[1]，**Zhong Linsheng**[2]

（1. *Institute of Tourism*，*Beijing Union University*，*Beijing*100101，*China*；
2. *Institute of Geographical Sciences and Natural Resources Research*，*CAS*，*Beijing*100101，*China*）

Abstract：This paper attempts to generalize grassland tourism research and practice of China. That can be an objective understanding of grassland tourism development status and research. Grassland tourism in China starting in the 1970s, experienced a government reception, actively promote and enhance the quality of the three stages. The research began in the 1990s. Related research involved the wider field. There are four problems in grassland tourism practice. First is the homogeneity more serious competition; followed by product cultural connotation needs mining; once again the urgent emphasis on ecological protection; the last tourist facilities and services needed to enhance. Sowe propose the following development proposals: First, build quality grassland tourist area; rich grasslands tourism products; strengthen grassland environmental protection; enhance the level of service and reception, with the emphasis on community involvement.

Key words: grassland tourism; stages of development; problems; development proposals; review

中国湿地公园发展现状与展望

张玉钧①，孙旭鹏

（北京林业大学园林学院，北京 100083）

【摘要】：湿地是地球三大生态系统之一，具有重要的生态价值，但是近年来却不断遭到破坏。实践证明，湿地公园是保护湿地生态系统最好的方式。我国湿地公园自2005年开始发展迅速，但是高速的发展也带来了概念不清、监测管理水平薄弱等问题。本文介绍了湿地公园的三大支柱——湿地保护与恢复、科普宣教和生态旅游，以及它们目前在国内的开展情况及存在的问题。通过分析，笔者认为建立进入退出机制、开展我国湿地公园发展规划、进行动态管理、强调保护和社区共管、做好试点示范工作，有利于我国湿地公园的发展。

【关键词】：湿地公园，湿地生态旅游，发展建议

湿地与森林、海洋一起并称为地球三大生态系统，它不仅保证了人类的生产生活，而且在维持生态平衡、保持生物多样性和珍稀物种资源以及涵养水源、蓄洪防旱、降解污染调节气候、补充地下水、控制土壤侵蚀等方面均起到重要作用，因此湿地被誉为“地球之肾”。随着我国人口持续增长，社会经济迅速发展，全国湿地面积减少、功能退化的趋势在加剧。尤其是城镇周边的湿地，由于面积相对较小，人为干扰较大，破碎化严重，采取何种方式保护这类湿地，使其发挥湿地功能是相关部门和专家一

---

① 张玉钧（1965—），男，内蒙古奈曼旗人，留日博士，北京林业大学园林学院教授，主要从事生态旅游与生物多样性保护方面的研究。

直在探索的问题。

1. 中国湿地公园的发展

湿地公园是湿地保护体系的重要组成部分，是开展湿地生态旅游最重要的形式和载体，也是解决湿地保护与开发矛盾的有效途径[1]。湿地公园作为湿地保护与合理利用的一种新模式，在美国、日本、澳大利亚等国家已经取得成功经验，并得到广泛认可。国外的经验表明：建设发展湿地公园，可以抢救性的保护现有湿地，恢复退化湿地，扩大湿地面积；可以有效发挥湿地降解污染、净化水质、保护生物多样性的功能；可以充分利用湿地的景观、文化等资源，为人们提供观光、休闲、生态旅游等服务，展示湿地文化，传承湿地文明；也可以借助湿地公园的平台，更好开展湿地宣传教育活动，提高人们湿地保护的意识。

1.1 中国湿地公园发展现状

湿地公园既不是一般意义上的城市公园，也不同于自然保护区，更不是传统意义上的风景名胜区。它兼有湿地保护恢复、物种及其栖息地保护、生态环境教育和科普、生态旅游等功能，体现的是“在保护中利用，在利用中保护”的双赢思想，是湿地与公园的复合体[2]。

2004 年，湿地公园作为一种湿地保护形式被正式纳入国务院办公厅《关于加强湿地保护管理的通知》之中。2005 年 2 月 2 日国家林业局批准了第一个国家湿地公园试点——杭州西溪国家湿地公园，由此湿地公园步入建设阶段。到 2011 年底，已建立国家湿地公园试点 199 个，所在区域包括 28 个省、市、自治区。具体分布情况见图 1。其中东部有 41 处，中部 90 处，西部 64 处，可以看出，湿地公园的分布并不与经济发展条件呈正相关，这主要是因为东部地区经济虽发达，与此相对应的却是湿地减少与破坏，适宜建设国家湿地公园的湿地反而相对较少。中西部地区虽在经济上较东部差，但湿地保存总体却较东部地区好。

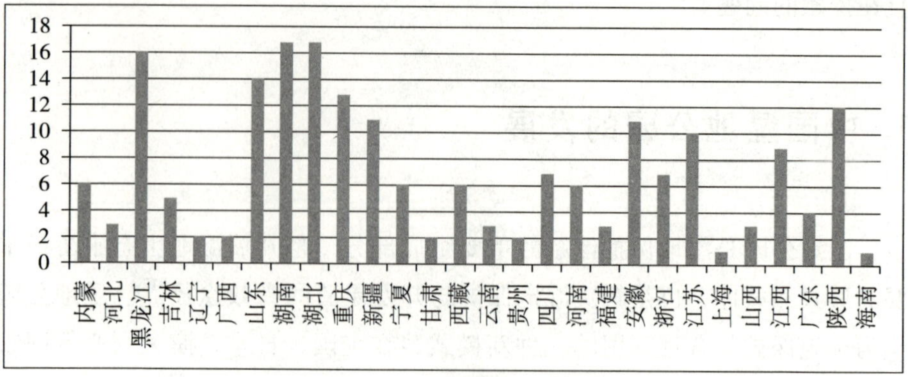

图 1　国家湿地公园在各省级单位的分布情况

1.2 湿地公园建设管理中存在的问题

我国湿地公园的发展速度和建设规模都强于其他国家，但是，中国湿地公园处于发展初期，社会对其认识和了解还处于初级阶段，过快过大的发展模式并非有利于湿地的保护。具体存在的问题有：

1.2.1 湿地公园分类混乱，缺乏全国性发展规划

湿地公园分类体系缺失，不同的政府部门下有不同的湿地公园类型，缺乏明确的分类标准。湿地公园发展规划编制工作滞后，全国还没有一个湿地公园发展规划。

1.2.2 湿地公园湿地保育的理念不够突出

湿地公园是以保护湿地系统为核心，国家湿地公园在规划中要求必须有保育区，但是在实际运营过程中，保育区的功能不够突出，保育的手段也不够严格，保育区未能封闭保护，易受到不同程度的人为干扰。

1.2.3 监测体系不够完善，不能实现对湿地公园的动态管理

由于资金或者人才的缺乏，目前很多湿地公园未能建设评价体系，动态监测体系指标缺乏，不能及时地对水生态指标、土壤生态指标、生物多样性以及以鸟类为代表的种群动态变化过程进行检测，监测体系的缺失影响了湿地资源的可持续利用[3]。

1.2.4 湿地公园后期缺乏管理

由于国家近年来大力推广湿地公园的建设，不少政府部门将建设湿地

公园作为面子工程，积极申请建设湿地公园，但是湿地公园申请成功后，在实际建设和营运过程中缺乏相应的管理和人才培养，造成湿地资源闲置甚至被破坏。

2. 湿地保护与修复

2.1 湿地保护与修复工作的原则

2.1.1 以系统的观念进行湿地保护和修复工作

湿地是一个完整的生态系统，湿地的各个环节相互影响，对其中某一环节进行保护的时候，一定要考虑到保护工作对整个系统的影响，并从根本上找到合适的保护手段。

2.1.2 突出地域特色

每个地方的湿地资源都具有该地域的特点，在进行保护和修复时，应因地制宜的采取措施，例如采用本地物种进行植物恢复，以保证湿地的地域特色。

2.1.3 最小干预原则

湿地公园的建设是为了最大程度的保护湿地原有的生态环境，在进行保护和修复工作时，应将人类行为对湿地的影响和干预程度降到最小。

2.2 湿地公园保护和修复工作的对象和方法

湿地公园保护和修复工作的对象主要包括湿地水资源、湿地生物、湿地生态功能、湿地文化和湿地景观五部分[3]。

2.2.1 湿地水资源保护

对于湿地水资源的保护主要包括湿地水量和水质两方面。

（1）水量是湿地存在的基础，我国水资源分配不均，北方普遍缺水，南方湿润区也面临水质性缺水的问题[4]，对水的保护，是湿地公园的重中之重。为保护湿地水量，可采取季节性保护、筑坝蓄水、保护周边森林绿地、调蓄洪水等方法。

（2）水质是湿地质量的保证。水质的保护和恢复，主要采取控制外来污染源、通过植物等方法提高水的自净能力以及柔性生态驳岸等方法。

2.2.2 湿地生物保护

（1）湿地植物主要包括沉水植物、浮水植物、挺水植物和湿生植物。湿地植物是湿地环境的体现，保护湿地植物不仅是对生物多样性的保护，也保护了湿地景观。保护湿地植物采取的主要方法有控制水深、水质和水底泥土质量，控制外来物种的入侵，管理游客行为等。

（2）湿地动物主要包括湿地鸟类、底栖动物、兽类、鱼类和两栖爬行类，其中主要代表是湿地鸟类。对于湿地动物的保护主要采取的措施有：保护水质，营造良好的湿地生态环境，鸟类招引，季节性开放、禁渔禁猎等。

2.2.3 湿地生态功能保护

湿地生态功能主要有供给功能、调节功能、文化功能和支持功能。湿地的生态功能是人类赖以生存的根本，它决定着人类的生存质量，也影响着人类的文化发展和传承。因此，改善湿地生态环境，维持湿地生态平衡，设计文化底蕴深厚、体验性强的湿地科普活动，让人们了解湿地的价值，是保护湿地生态功能的基本措施。

2.2.4 湿地文化保护

湿地文化不仅包括文化遗产遗迹，还包括乡土民俗和对湿地的认知。保护湿地不仅要保护物质的湿地，更要保护精神的湿地。通过湿地生态旅游和科普宣教活动的设计，使人们了解、传承湿地文化，并调动周边居民保护湿地的热情。

2.2.5 湿地景观保护

（1）有湿地动植物、湿地系统复合组成的湿地生态景观系统，不仅成为了动植物重要的栖息地，也构成了良好的湿地生态景观，是开展科普宣教和生态旅游的重要支撑。对湿地生态景观的保护不仅要注意湿地景观的独特性和地域特色，还要考虑其栖息地和功能性及可持续发展性。

（2）湿地文化景观是人类与湿地和谐共生的体现，因此在保护中遵守修旧如旧以及合理利用的原则，保证湿地文化景观的原始原貌。

3. 湿地公园科普宣教活动的开展

《国家湿地公园总体规划导则》（2010）将科普宣教规划列为专项规划，并提出“科普宣教规划是以宣传湿地功能价值、普及湿地科学知识、弘扬湿地文化为主要目标”；科普宣教规划要“根据湿地公园的自身特点和宣传教育对象，明确科普宣教的主要内容、建设重点和展示布局[5]。”

3.1 科普宣教开展的原则

3.1.1 保护和修复湿地优先

湿地公园的所有规划与建设，都应以保护与修复湿地生态为前提。也就是说科普宣教规划以保护湿地生态系统结构和功能的完整性，防止湿地退化，维护湿地生态过程为原则。

3.1.2 以人为本

科普宣教规划设计的对象是人，所以科普宣教内容的规划与设计要以人的尺度、人的感受、人的接受形式为主，以人的需求为中心。而且接受科普宣教的人群类型不一，应该针对不同的人群设计不同的活动。

3.2 湿地公园内科普宣教活动的形式和内容

3.2.1 博览展示

博览展示是指在一定的空间环境中，采用视觉传达的手段，借助一定的展具设施，将信息和内容展示于公众面前，达到传达信息，沟通交流的科普宣教功能。具体的手段有湿地相关知识与法规展示、湿地生境展示、湿地动植物展示、生态技术展示、湿地文化展示[6]。这些展示方法大多采用实景展现或者复制再现的方法，配合解说牌、电子屏和人员解说的方式，使游客更加了解湿地，获得更多的湿地知识。

3.2.2 参与体验

体验性的活动能够加深游客对于科普宣教内容的理解，目前湿地公园开展的参与体验活动主要有湿地场景体验、知识探索体验和湿地文化体验三种。通过体验活动如参与农事活动、制作标准、水净化处理体验等，游客可以更深刻地感受到湿地的价值，并自觉地参与到保护湿地的队伍中。

3.2.3 解说系统

解说系统的作用有两点，其一是使游客在游览的过程中潜移默化地接受科普知识教育和历史文化教育，提升环境意识；其二湿地公园中存在一些游客不易于接受和理解的内容，需要配合解说体系以便帮助其了解相关内容。湿地公园的解说主要分为人员解说、出版物解说和解说牌解说。

4. 湿地公园内生态旅游的开展

湿地公园生态旅游的宗旨是：在保护湿地的自然、文化资源的前提下，提供给生态旅游者高质量的旅游经历，并促进湿地公园所在社区的可持续发展[7]。湿地公园内的生态旅游主要以湿地生态旅游为主。

4.1 湿地生态旅游的内涵和特点

鲁铭[8]将湿地旅游定义为：以湿地为资源基础的旅游活动，具有强烈湿地环境保护意识的一种旅游开发模式。丁季华[9]认为：以具有观赏性和可进入性的湿地作为旅游目的地，对湿地景观、物种、生态环境、历史文化等进行了解和观察的旅游活动；这种旅游活动开展不应改变湿地原有的生态系统，同时还应创造经济发展机会，让当地在财政上收益。笔者认为，湿地旅游是指以湿地生态系统为依托，以湿地资源为基础，具有环境教育、自然科普、休闲娱乐等多种功能，能够实现环境、经济、社会三种效益的一种旅游形式。

湿地生态旅游的特点表现为：保护第一的开发原则；旅游过程具有教育性；旅游产品具有较高的参与性；建设和管理上具有较高的专业性；湿地生态旅游是负责人的旅游。

4.2 我国湿地公园开展的生态旅游活动

湿地公园是以保护湿地生态系统为核心，因此湿地公园内只有部分地区可以开展旅游活动。以国家湿地公园为例，湿地公园规划准则内要求将公园划分为保育区、恢复重建区、科普宣教区、合理利用区以及管理服务区。其中旅游活动集中在科普宣教区和合理利用区。目前湿地公园内开展的旅游活动类型主要有湿地生态观光休闲旅游、湿地生态文化旅游、湿地生态娱乐旅游、其他旅游活动包括购物旅游、宗教旅游、节事旅游[10]。

4.3 湿地公园生态旅游存在的问题

4.3.1 旅游活动的设置相对单一，不能突出特色或者地方文化

湿地公园的旅游活动设置未能和当地的文化内涵和地域特色相结合，各地湿地公园开展的旅游项目大同小异，不能突出地域特色。

4.3.2 部分湿地公园游乐化倾向严重

湿地公园的主体是保护湿地生态，湿地公园是以生物需求为主要考量，人类作为其他生物的配角，营造出真正适合生物栖息的环境。湿地旅游的开展也是在此基础和前提下的。但是现实中，部分湿地公园为了寻求利益，游乐化倾向严重，甚至有水上乐园的趋势。

4.3.3 旅游的专业化程度不够

湿地生态旅游具有专业性强的特点，但是在实际运营中，很多管理者并不具备足够的专业水平，例如观鸟等一些专业性要求比较高的旅游活动大多流于形式，不能给游客提供高水平的服务，也对生态环境产生了一定的负面影响。

5. 中国湿地公园发展建议

5.1 设置进入和退出机制

设置湿地公园的进入和退出机制，可以参照世界遗产地管理，允许考核后符合建设目标要求的湿地公园挂牌，但是挂牌后仍要继续评审，后续建设不符合要求的仍然可以取消挂牌。

5.2 编制国家湿地公园发展规划，有序推进湿地公园的建设

我国湿地资源丰富，但是建设湿地公园所需的人力物力等资源庞大，为了避免资源的滥用以及发展的不均衡，应该从国家层面编制我国湿地公园发展规划，有重点地合理地进行湿地公园的建设。

5.3 提高湿地公园建设水平，实现湿地公园动态管理

国家出台科学合理的湿地建设规划、评价准则等，评审中严格按照规定进行评审，并且评审具有持续性。此外，建设湿地监测数据库，要求挂牌的湿地公园定期上报监测数据，实现对湿地公园的动态管理。同时建立湿地公园环境影响评估和生态风险预警，对湿地公园建设中各种旅游开发项目对湿地造成的生态影响做出评估和生态风险预警。

5.4 强化湿地公园湿地保育和湿地恢复的功能

湿地公园的建设要突出湿地保育和恢复功能，提高湿地的生态环境。保育区和恢复区的选址要科学合理。保育工作要在相对封闭的环境中进行，任何与保育和恢复无关的建设或者旅游活动的设置都不得开展在保育和恢复区域。

5.5 做好湿地公园试点示范工作

作为试点单位，主管部门应该严格要求其建设和管理符合国家湿地公园要求，起到带动其他湿地公园发展，满足生态环境要求和旅游者需求的作用。

5.6 政府引导多渠道投资，建立有效的社区共管机制

湿地公园的建设周期长、投资大、见效慢，政府应实施政策导向，做好湿地公园的管理、协调和服务工作。同时多渠道筹集资金，促进湿地公园的建设。扩大社区共管参与，重视社区的产业结构调整和经济发展，最大限度地吸纳社区居民参与湿地公园的建设和旅游服务，并鼓励居民参与到决策层面。

参考文献

[1] 孙楠，李洪远，孟伟庆. 湿地公园设计理念及方法探讨 [J]. 生态环境，2008，1：440－442.

[2] 黄成才，杨芳. 湿地公园规划设计的探讨 [J]. 中南林业调查规划，2004，23 (3)：26－29.

[3] 但新球，但维宇，冯银等. 湿地公园保护设计：对象·内容·技术 [J]. 中南林业调查规划，2011，30 (4)：30－33.

[4] 国家林业局. 国家湿地公园总体规划导则（林湿综字 [2010] 7号）[Z]，2010.

[5] 刘倩. 湿地公园科普宣教规划设计研究 [D]. 南京林业大学，2011.

[6] 李文英. 我国湿地公园建设管理现状与展望 [J]. 中国城市林业，2010，8 (3)：50－52.

[7] 汪辉，韩建玲. 湿地公园生态旅游的内涵、特点与一般原则 [J]. 南京林业大学学报，2008，8 (4)：141－144.

[8] 鲁铭. 湿地旅游可持续发展研究 [D]. 华中师范大学，2002.

[9] 丁季华，吴娟娟. 中国湿地旅游初探 [J]. 旅游科学. 2002，(2)：11－14.

[10] 杨艳. 湿地国家公园的建立及其生态旅游开发模式研究——以江苏盐城海滨湿地为例 [D]. 南京师范大学，2006.

Present Status and Prospect of Wetland Park in China

ZHANG Yujun, SUN Xupeng

(*School of Landscape Architecture, Beijing Forestry University, Beijing* 100083, *China*)

Abstract: Wetland, which is one of the earth' s three ecosystems and has great value in ecology, has been continuously undermined in recent years. It has been proved that building wetland park is the best way to protect wetland. Since 2005, wetland parks have developed rapidly. However, problems such as confusion of wetland parks' conceptions, the weakness in monitoring and management come at the same time. This paper introducedthe three pillars of wetland parks: protection and restoration of wetland, science and education popularities and ecotourism. Both the development situation and problems existed of the three pillars in our country currently are introduced. Through analysis, the author pointed out some methods which were conducive to the development of wetland parks, namely to establish enter - exit mechanism and wetland parks development planning of China, to start dynamic management, to put emphasis on community and set pilot parks as good examples to others.

Key words: wetland park; wetland ecotourism; development proposal

中国海洋海岛旅游发展战略探讨

向宝惠①[1]，王灵恩[2,3]

（1. 中华女子学院管理学院，北京 100101；
2. 中国科学院地理科学与资源研究所，北京 100101；
3. 中国科学院大学，北京 100049）

【摘要】：随着旅游业的发展和海洋产业的蓬勃兴起，海洋海岛旅游业近些年来得到了稳步的发展并逐渐受到各界的关注。本文阐述了我国海洋海岛旅游的发展现状与存在问题，在分析我国海洋海岛旅游发展面临的机遇与挑战的基础上探讨了我国海洋海岛旅游发展的生态化战略、国际化战略、特色化战略、精品化战略与系统化战略，并提出了我国海洋海岛旅游的发展措施，以期对我国海洋海岛旅游的健康、快速发展提供借鉴和参照。

【关键词】：海洋海岛旅游；旅游资源；战略；中国

1. 引言

海洋海岛旅游是指在一定社会经济条件下，以海洋海岛为依托，以满足人们的精神和物质需求为目的而进行的海洋游览、娱乐、体育活动和疗养等活动以及由此产生的现象和关系的总和。21 世纪是海洋世纪，海洋已

① 向宝惠（1974—），女，云南宣威人，硕士，讲师，主要从事旅游管理与旅游规划方面的教学与研究工作。

经成为世界旅游发展最快的地区之一[1]。同时，作为海洋产业的新起之秀，海洋旅游业正展现出其蓬勃的生机。迄今为止，海洋旅游业已是海洋产业中的重要一支，与海洋石油、海洋工程并列为海洋经济的三大支柱产业。同时，我国海洋海岛旅游的发展方式较为粗放，各自为战、“小打小闹”者居多，缺乏拳头产品与垄断品牌，区域联动与协调不够，严重制约着海洋海岛旅游的进一步发展。

国内外学者在海洋海岛旅游规划与开发[2-7]、区域合作[8-9]、海洋海岛旅游影响[10-12]与可持续发展[13]等方面做了大量的研究。其中，Lamb，J. B & Willis，B. L（2011）研究了在热带海洋公园海洋海岛旅游活动与珊瑚礁流行病之间的关系，并以大堡礁为例进行了定量分析[14]；Bell，CM 等（2011）通过对夏威夷 Molokini Shoal 海洋保护区不同游客密度下 712 名游客的感知和态度分析，研究了海洋保护区容量、游客拥挤和管理的一致性问题，认为管理措施必须根据实际适宜容量进行改进[15]；Smallwood，CB 等（2011）以澳大利亚宁格路海洋公园为例，研究了海洋公园的休闲利用模式[16]；Moksness，E 等（2011）通过构建生态和社会经济系统评价模型对挪威海上休闲垂钓旅游的生态和社区影响进行了研究[17]。国内一些作者对我国海洋海岛旅游资源开发存在的问题、对策与可持续发展[18]，低碳旅游在海岛旅游发展中的应用[19]，海岛旅游业的人才培养[20]和气候变化对海岛旅游业的影响[21]等方面也进行了探讨。本文将深入分析我国海洋海岛旅游资源现状、海洋海岛产业发展及其存在问题，探讨海洋海岛旅游的发展战略及具体的发展策略，以期为我国海洋海岛旅游的综合开发与整体突破提供借鉴和参考。

2. 海洋海岛旅游资源状况

我国有长达 1800 多 km 的大陆海岸线和 1400 多 km 海岛岸线，总海岸线长达 3.2 万 km；沿海有大小岛屿 5600 多个，岛屿总面积 8 万多 km^2，管辖的海洋面积达 300 多万 km^2。沿海海峡、海湾众多，岸线曲折，岬湾交错，岛屿星罗棋布，且海域跨越温带、亚热带和热带，气候条件多种多样，具有发展海洋海岛旅游的众多优势；目前我国沿海共有国家级海洋自然保护区19处，地方级52处；国务院批准的11个国家级旅游度假区中有6处属于海洋滨海型：大连金石滩、青岛石老人、上海横沙岛、福建湄州岛、北海银滩、三亚亚龙湾；另外，我国沿海地区共1500多处旅游娱乐景观资源，16个国家历史文化名城和沿海港口城市群，25个国家重点风景名胜区，130个全国重点文物保护单位。我国沿海各省份海洋海岛旅游资源概况与特点如表1所示。

表1　中国沿海各省海洋海岛旅游资源概况

省份	岛屿个数	大陆海岸线长（km）	旅游资源特点
辽宁	265	2100	以海滩景观为主，伴有沙丘景观、植被景观和野生鸟类景观，其中植物资源品种多达500种以上，占整个海岛植物种类的61.4%；海岛均属于基岩岛，岸线蜿蜒曲折，港湾资源也丰富，水域平稳；古城遗址遗迹景点丰富。滨海区域共有旅游资源地72处，景观300多个[22]
河北	132	599	滨海地貌景观多样，旅游资源具有较高的历史文化、观赏和休疗养价值[23]
天津	1	153.3	自然资源、海防史迹和现代滨海城市风貌与娱乐资源相对集中，缺乏天然海岸风景[24]
山东	326	3121.9	海岸线绵延曲折，海岸带地形地貌奇特，沙滩众多，海水水质优良，名胜古迹，民俗风情丰富多彩
江苏	17	954	湿地生态旅游资源优势明显
上海	13	211	资源类型丰富、数量大，但结构及分布不均衡；人文旅游资源数量多，比重大，特色突出
浙江	3061	6486.2	岛屿众多，人文景观以名城、古刹、园林为主
福建	1546	3752	海滨沙滩和海蚀地貌景观丰富；人文景观以宗教祠庙、古代海防建筑和渔乡风情为主
广东	759	3368	红树林、前海珊瑚礁面积较大；沙滩条件较好，自然景观保存较好
广西	651	1595	以海蚀景观、海积景观、珊瑚礁景观、火山喷发景观为主，海滩观光、红树林等植物资源丰富
海南	231	1823	生物资源丰富，水产基地，气候条件适宜，热带风光旖旎

注：（1）表中数据不含台湾、香港和澳门所属岛屿；（2）全国海岛总数中已删除归属有争议而重复计算的岛屿

3. 海洋海岛旅游产业现状与问题

3.1 我国海洋海岛产业现状

我国海洋海岛旅游经济的发展速度远远高于国民经济平均增长速度（表2），2011年，海洋产业全年滨海旅游收入增加值为6258亿元，占全国主要海洋产业总产值的33.4%，超过海洋交通运输业成为我国海洋产业的第一支柱。同时，我国旅游业较为成熟的省市大多分布于沿海地区，而滨海旅游在其旅游发展中扮演重要角色。海洋旅游业在海洋产业和旅游业中发挥着越来越重要的地位。

表2　2003－2011年我国滨海旅游业增加值及其占海洋产业总产值的比重

年份	2003	2004	2005	2006	2007	2008	2009	2010	2011
占海洋产业总产值的比重（%）	24.92	26.24	29.74	25.6	31.08	28.08	28.7	31.2	33.4
滨海旅游业增加值（亿元）	1110	1382	2031	2400	3242	3438	3725	4838	6258

3.2 存在问题

由于我国海洋海岛旅游业起步较晚，因此在其快速发展的同时，也存在诸多问题：（1）资源开发深度不够。目前，海洋海岛旅游资源开发多是粗放型的浅层次开发，海洋海岛旅游项目多停留在海洋观光、海水浴以及一些基本的海滩游乐项目，缺乏深度开发的度假休闲项目、专题旅游项目，海洋旅游资源优势没有深入挖掘与充分发挥，旅游产业链不够完善。（2）产品同质化，景区缺乏特色。旅游资源开发没有优势互补，各地景区雷同，同构化现象严重，不能形成旅游资源的综合优势和规模效益。（3）资源配置不合理，缺乏总体规划和统筹布局。虽然近年来国家海洋局、旅游局等部门对海洋海岛旅游逐渐重视，但由于管理、资金、组织等原因，对海洋海岛旅游资源的投入缺乏整体意识与统筹布局，没有统一的规划和指导方针，制约了海洋海岛旅游业的全面开发和协调发展。（4）管理体制有待创新。我国海洋海岛旅游“多头化”管理现象严重，丰富的旅游资源人为地分割于不同的部门，直接影响旅游资源的统一规划、开发和利用，导致资源的破坏性开发与环境破坏。

4. 我国海洋海岛旅游面临的机遇与挑战

4.1 机遇

当前我国海洋海岛旅游开发正迎来前所未有的历史机遇：（1）国家海洋战略的确立为我国海洋海岛旅游发展提供了坚实的政策保障。在国家“十二五”规划中明确提出陆海统筹、制定和实施海洋发展战略，发展海洋经济。海洋海岛旅游是海洋产业的重要组成部分，国家海洋战略的确立是海洋海岛旅游开发的政策保障，同时海洋海岛旅游开发也是国家制定和实施海洋战略的具体体现[25]。2011 年 11 月，我国首次无人岛拍卖，浙江象山大羊屿以“旅游开发用岛”使用权拍卖成功。国家海洋战略的实施和政策支持为我国海洋海岛旅游的开发和发展提供了空前的机遇。（2）中国旅游市场逐步成熟和开放为发展海洋海岛旅游创造了优越的环境。经过 30 年的发展，中国旅游市场日渐成熟和开放，在行业管理、开发模式、市场营销等方面积累了丰富的经验。这一方面为海洋海岛旅游的发展提供了借鉴，有利于充分发挥后发优势，另一方面客观上为海洋海岛旅游的发展提供了公平竞争、轻松开放的优越环境。（3）海洋海岛旅游的开发与发展适应了我国旅游业转型升级的需要。海洋海岛地区大多自然条件独特、生态系统脆弱，是发展生态旅游和低碳旅游的最佳领域，同时，海洋海岛旅游产品属于参与性、体验性较强，旅游消费层次较高的高端旅游产品，适应了目前客源市场对旅游产品的需求。

4.2 挑战

我国海洋海岛旅游的发展也面临着各方面的挑战。一是海洋海岛旅游的开发投资大，进入成本高。海洋海岛旅游项目和基础设施的建设、开办业务手续办理、经营管理等成本要比陆上项目多得多，难度也大得多，如修建旅游港口、开辟海上旅游航线和购置游船、从业人员劳动力价格等[26]。资金投入大、项目审批难度高使许多投资主体对发展海洋海岛旅游望而却步。二是季节性强，经营成本高。除海南岛外，我国沿海海洋海岛旅游资源多分布于亚热带和温带地区，冬季气温低，全年适游期较短、旅游季节性强，客源不稳定，旅游设施利用率低，增加了海洋海岛旅游业的经营成本。如何开发反季旅游产品，降低旅游季节性是海洋海岛旅游发展面临的重要挑战。三是依附性强，风险大。一方面，海洋海岛旅游活动由于受海上自然天气状况的影响大，多变或恶劣的天气会干扰海洋海岛旅游活动的开展甚至对旅游设施带来破坏性影响；另一方面，海洋海岛旅游，特别是海岛多数淡水、食物等资源缺乏，对陆地依赖性强，易受各种因素干扰。各种不稳定性和依赖性加大了发展海洋海岛旅游的风险和挑战。

5. 中国海洋海岛旅游发展战略

5.1 生态化战略

生态化战略是海洋海岛旅游应对全球变化，实现可持续发展的必然选择。全球变化特别是全球变暖会导致海平面上升、现有海岛面积减小，对海洋海岛旅游具有重大的影响。以低碳环保为理念的生态旅游正是在这种背景下兴起并成为海洋海岛旅游的发展趋势。在海洋海岛旅游规划开发的过程中，以保护目的地的原生自然生态与文化生态为前提，保护与开发并重，开发出适应消费者需求的生态旅游产品；同时提高目的地的经营管理水平，根据景区现状，因地制宜，努力探索生态化的管理模式；在客源市场营销方面，加强生态理念的宣传，努力培养负责任的海洋海岛生态旅游者。

5.2 国际化战略

国际化战略关键是立足自身资源、区位优势开发出具有自身特色、满足国际市场需求的海洋海岛旅游产品。同时海洋海岛旅游的国际化还包括三个方面：（1）海洋海岛旅游市场定位国际化。进一步扩大国内市场的同时，发挥区位优势，努力开拓日本、韩国、美国等发达国家的客源市场。（2）主题功能与产品包装国际化。海洋海岛旅游产品开发过程中产品主题、包装，设施功能等逐步与国际接轨，以迎合国际客源市场的需求。（3）市场营销国际化。加大国际客源市场的营销力度，采用现代化、专业化的营销方式。

5.3 精品化战略

海洋海岛生态系统非常脆弱，特别是一些保存较好的生态敏感地区，承载力极为有限。在开发海洋海岛旅游资源的过程中，应实施精品化战略，“精打细算”，注重海洋海岛旅游资源的深度开发，避免粗制滥造的低档次重复开发建设；同时，从细处着手，营造精品化的旅游环境，为游客提供精品化的服务。

5.4 特色化战略

特色化战略是指在我国海洋海岛旅游资源开发过程中因地制宜、扬长避短，考虑南北差异和区域旅游系统的分工与协作，发挥自身优势，达到优势互补，实现总体效益最优。海洋海岛目的地首先客观评价自身资源，找出自身资源优势，然后根据自身优势准确把握目的地在更大区域中的功能分工与定位。实施特色化战略，实现海洋海岛旅游的差异化错位发展是优化我国海洋海岛旅游空间结构，提高海洋海岛旅游综合实力的明智之举。

5.5 系统化战略

中国海洋海岛旅游应是一个高效、有机的系统，发展过程中要协调内部各要素之间的关系，包括海洋海岛旅游内部产业结构、南北空间结构等；同时我国旅游业作为一个整体系统，海洋海岛旅游是这个整体系统中极为重要的子系统，在优化海洋海岛旅游内部结构的同时应注意与系统总体之间、各子系统之间的关系，特别是与内陆旅游之间的关系。只有实施系统化战略，从整体着眼发展海洋海岛旅游，做到南北协调、内外互补、整体优化，系统内部要素自由流通与最优组合，才能实现我国海洋海岛旅游的长远、可持续发展。

6. 中国海洋海岛旅游发展措施

6.1 积极制定海洋海岛旅游发展的扶持政策

加大对我国沿海海洋海岛地区发展旅游业的政策扶持和激励，鼓励沿海地区发展旅游业。对项目可行、规划完备、效益明显的项目优先扶持；进一步规范和加强对我国海洋自然保护区的建设和管理，为发展海洋海岛旅游保留原真的生态本底；同时加快建设我国海洋公园体系，推动我国海洋海岛旅游业的产业转型与战略升级；促进海洋海岛旅游业管理的标准化、规范化，制定适用于海洋海岛旅游的旅游资源评价标准与体系；推行体制改革，协调沿海地区各部门之间的利益，充分调动各部门发展海洋海岛旅游的积极性。

6.2 科学指导海洋旅游建设与规划

抓紧编制全国性、区域性与地方旅游规划，使开发建设具有前瞻性、合理性、科学性。规划首先要对我国海洋海岛旅游进行总体区划与功能定位，使各地区之间分工明确、优势互补。同时处理好各地区海洋旅游业与海产养殖、港口等其他海洋产业之间的关系。另外还要兼顾海岛开发建设与环境保护，以指导海洋海岛旅游的科学开发与发展。

6.3 审时度势发展高端旅游产品

海洋海岛旅游资源开发必须走精品路线，目标市场定位瞄准高端客源市场，准确把握海洋海岛旅游客源市场高端需求，发展海钓、游艇、海底探险、海底摄影等高端专题旅游产品和高级度假休闲旅游产品等，做到人无我有、人有我优。进一步完善海上运动设施，因地制宜建设国际海洋旅游港、豪华游船国际航线、豪华游轮、国际空港等以吸引国际高端客源。

6.4 注重不同地区的开发时序

我国海洋海岛旅游的发展要有层次、有格局，开发建设分清主次、把握缓急，既不要错失良机，也要避免急功近利。根据各个海岛的资源条件、历史文化特点等，确定其主要功能，既要保留和发挥其地方特色，又要注意与其他区域的协调，形成海洋海岛旅游有机体系；同时以点带面，确定一批优势、垄断性的资源优先开发、率先突破，起到龙头带动作用，以免不分主次的无序开发；暂时不具备开发条件的资源或区域要加强保护，保留其生态环境和旅游资源的原始特色；借鉴国外成熟海洋海岛目的地开发模式，防止盲目开发。

6.5 紧密结合和谐海岛社区的建设

社区是海洋海岛旅游发展的背景环境与载体，海洋海岛旅游的发展离不开整个海岸海岛地区的和谐环境，同时其发展又能反过来推动目的地和谐社区的建设。制定社区居民参与机制，让其参与到海洋海岛旅游从规划、开发决策到经营管理监督的各个环节；餐饮、住宿，供水、供电、通讯等旅游设施与基础配套设施的建设要与社区共享，兼顾海岛居民的切身利益，让其充分享受到旅游发展给当地带来的益处，以调动社区居民参与海洋海岛旅游的积极性和主动性。

6.6 始终坚持可持续发展理念

保护海洋海岛旅游资源环境是海岛旅游业可持续发展的前提，旅游资源的开发建设要严格按照规划进行，保护优先；要注意海洋海岛地区生态环境的保护，加强对海岸带、防护林以及红树林和珊瑚礁等生态系统的保护，进一步规范海洋保护区建设和管理，给未来的发展预留足够的余地和空间；建设项目对当地环境造成破坏和损失的，按照“谁建设、谁治理，谁受益、谁补偿”的原则落实责任；各景区、港口要建立和完善污水与废弃物的处理设施，规范排污口与废物回收设施的设置；奖罚并举，严格控制陆源污染物、船舶污染物和养殖污染物的排放，实行主要污染物排海排放总量控制；开发生态旅游产品，倡导低碳旅游方式。

6.7 加快培养海洋旅游专业人才

培养高层次、职业化、国际化的旅游从业人员，坚持内部培养与外部引进相结合。重视旅游从业人员的在岗培训，应坚持院校培养与在岗培训相结合的方针。加强行业队伍建设，提高从业人员素质，提升行业服务水平；完善旅游从业人员岗位培训制度，努力培养一批适合国际旅游市场需要的职业经理人；依托旅游院校资源，推广“订单式”培养，培养更多“科班”出身的旅游专业人才；建立激励约束机制，为其提供理想的生活、工作环境，真正把人才“引得进、留得住”。

参考文献

[1] 陆林. 国内外海岛旅游研究进展及启示 [J]. 地理科学，2007，27 (4)：579 -586.

[2] Eugeni Aguilo. The persistence of the sun and sand tourism model [J]. Tourism Management，2005，26 (2)：219 -231.

[3] Leatherman S P. Beaching rating：a methodological approach [J], Journal of Coastal Research，1997，13 (2)：253 -258.

[4] Reidar J Mykletun. Positioning an island destination in the peripheral area of the Baltics：a flexible approach to market segmen tation [J]. Tourism Management，2001，22 (5)：493 -500.

[5] T Ramjeawon. Evaluation of the EIA system on the Island of Mauritius an development of an environmental monitoring plan framework [J]. Environmental Impact Assessment Review，2004，24 (4)：537 -549.

[6] 李占海，柯贤坤，周旅复. 海滩旅游资源质量评价体系 [J]. 自然资源学报，2000，15 (3)：229 -235.

[7] Simon Jennings. Coastal tourism and shoreline management [J]. Annals of Tourism Research，2004，31 (3)：899 -922.

[8] 文吉，魏清泉．旅游区域联合开发研究－以粤西海岛旅游旅游开发为例［J］．人文地理，2004，19（4）：22－25.

[9] 沈陆澄．生态、海岛、城市——广东南澳县总体规划探索［J］．规划师，2004，20（10）：45－48.

[10] Riaz Shared. Small island tourism economies and country risk ratings [J]. Mathematics and Computers in Simulation, 2005, 38 (4): 557－570.

[11] 宣国富，陆林，章锦河等．海滨旅游地居民对旅游影响的感知——以海南省海口市及三亚市实证研究［J］，地理科学，2002，22（6）：741－746.

[12] 岑博雄．北海涠洲岛生态旅游开发的基本思路［J］．旅游学刊，2003，18（2）：69－72.

[13] 李金克，王广成．海岛可持续发展评价指标体系的建立与探讨［J］．海洋环境科学，2004，23（1）：54－57.

[14] Lamb, JB&Willis, B. L. Using Coral Disease Prevalence to Assess the Effects of Concentrating Tourism Activities on Offshore Reefs in a Tropical Marine Park [J]. Conservation Biology, 25 (5): 1044－1052.

[15] Bell, CM &Needham, M. D & Szuster, BW. Congruence Among Encounters, Norms, Crowding, and Management in a Marine Protected Area [J]. Environmental Management, 2011, 48 (3): 499－513.

[16] Smallwood, CB &Beckley, LE & Moore, SA &Kobryn, H. T. Assessing patterns of recreational use in large marine parks: A case study from Ningaloo Marine Park, Australia [J]. Ocean & Coastal Management, 2011, 54 (4): 330－340.

[17] Moksness, E& Gjosaeter, J, etc. Effects of Fishing Tourism in a Coastal Municipality: a Case Study from Risor, Norway, Ecology and Society, 2011, 16 (3): 11.

[18] 贾鸿雁．我国的海洋旅游文化资源及其开发［J］．中国海洋大学学报（社会科学版），2006，2（2）：8－11.

[19] 王辉，宋丽，郭玲玲．低碳旅游在海岛旅游发展中的应用与探讨——以大连市海岛旅游为例［J］．海洋开发与管理，2010，27（5）：

75 - 79.

[20] 王晓萍. 海岛旅游业新型人才培养的特点与策略 [J]. 浙江国际海运职业技术学院学报, 2009, 5 (2): 53 - 55.

[21] 陈金华. 全球气候变化对海岛旅游地的影响与启示 [J]. 国土与自然资源研究, 2010, 1: 63 - 64.

[22] 李平. 海洋旅游可持续发展战略研究 [J]. 海洋开发与管理, 2000, 03: 7 - 11.

[23] 杜丽娟, 韩晓兵, 刘芳圆. 河北省滨海旅游资源特征与旅游业发展思路 [J]. 2000, 16 (2): 65 - 67.

[24] 王庆生, 李志刚, 陶文杰. 天津滨海新区旅游业发展的战略思考 [J]. 城市经济, 2009, 01: 36 - 42.

[25] 吴普. 把握发展机遇, 推动海洋海岛旅游发展 [J]. 中国旅游报, 2011, 03: 1 - 3.

[26] 董玉明. 中国海洋旅游的产生与发展研究 [J]. 海洋科学, 2007, 27 (1): 26 - 29.

The Development Strategy of Marine Tourism in China

Xiang baohui[1] Wang lingen[2,3]

(1. *Management school of China women' s University*, *Beijing* 100101, *China*; 2. *Institute of Geographic Sciences and Natural Resources Research*, *CAS*, *Beijing* 100101, *China*; 3. *Graduate University of Chinese Academy of Sciences*, *Beijing* 100049, *China*)

Abstract: With the development of tourism and marine industry, marine tourism has developed steadily and attracted focused public attentions in recent years. This paper outlines the concept of marine tourism. Based on the analysis of the status and problems of Chinese marine tourism, development strategies such as ecotourism development strategy, international strategy, characteristic strategy, quality strategy and systematic strategies are discussed; Finally, the article discussed the development measures of marine tourism: including 1) actively developing related policies contribute to the development of marine tourism; 2) scientifically guiding the construction and planning of marine tourism; 3) grasping the market demand and developing high – end marine tourism products; 4) Different strategies in different regions; 5) focusing on the social effects of the ocean tourism development, combining the marine tourism development with the construction of a harmonious island, encouraging and innovating community involvement; 6) adhere to the concept of sustainable development; 7) speeding up the training of marine tourism staff. This paper is expected to benefit development of Chinese marine tourism.

Key words: marine tourism; tourism resources; strategy; China

中国水利风景区发展现状与前景探析

连泽俭①[1]，沈黎②[2]

（1. 水利部综合事业局，北京 100053；2. 浙江富阳市水利水电局，浙江富阳 311400）

【摘要】：随着时代的发展和社会的进步，中国现代水利所进行的兴利除害事业，不仅要满足人民群众生存和经济发展的基本需求，而且还要为物质文明、精神文明、政治文明、社会文明和生态文明等“五大文明”建设作出应有的贡献。水利风景区的存在和发展，恰恰顺应了时代的要求，它不仅以工程设施保障了防洪安全、饮水安全、粮食安全和经济安全，而且还以其恢宏的构架成为亮丽的滨水景观，在为人们提供宜居环境的同时，创造了可以休闲、观光、旅游和度假的空间。

【关键词】：水利风景区；旅游资源；发展

1. 水利风景区概念

1.1 定义

水利风景区，是指以水域（水体）或水利工程为依托，具有一定规模

---

① 连泽俭（1986—），水利部综合事业局工程师，从事水利风景区建设与管理工作。

② 沈黎（1971—），浙江省富阳市水利水电局工程师，从事水利风景区建设与管理工作。

和质量的风景资源与环境条件，可以开展观光、娱乐、休闲、度假或科学、文化、教育活动的区域。水利风景资源是指水域（水体）或水利工程以及与其相关联的岸地、岛屿、林草、建筑等形成的自然与人文吸引物。水利风景区可分为水库型、湿地型、自然河湖型、城市河湖型、灌区型和水土保持性六种类型。[4]

1.2 发展历程

上世纪80年代，一些基层水管单位为解决运行管理经费不足、队伍不稳等问题，尝试利用水利风景资源，开展水利旅游，取得一定成效；90年代后期，随着改革开放深化和经济快速发展，水利旅游开发之风渐盛，但因各地情况不同、认识不一，发展参差不齐，一些地方甚至出现了争抢资源、掠夺开发、污染环境、影响水工程安全运行等问题。为科学合理地开发利用和保护水利风景资源，水利部于2001年7月成立了水利部水利风景区评审委员会；2009年9月，成立“水利风景区建设与管理领导小组”，负责水利风景区的建设与管理工作，相继出台了《水利风景区管理办法》、《水利风景区评价标准》、《水利旅游项目管理办法》、《水利旅游项目综合影响评价标准》等法规和技术标准，研究编制了《水利风景区规划编制导则》；指导各地结合水利工程建设与管理，建设了一大批风光文化各异、水利特色鲜明的风景区。

1.3 发展要求

以党的十七届六中全会、中央水利工作会议和2012年中央1号文件精神为指导，深入贯彻落实科学发展观，积极践行可持续发展治水思路，以水域（水体）和水利工程为依托，以弘扬优秀水文化为导向，积极推进水利风景资源科学开发、合理利用、有效保护，充分发挥水利风景区在涵养水源、保护生态、改善人居环境、拉动区域经济发展等方面的重要作用，实现水利工程经济效益、社会效益和生态效益的有机统一，推动水利风景区建设又好又快发展。

1.4 发展目标

“十二五”时期，依托山水风景资源丰富、自然文化特点突出的国家重点水利工程和其他水利工程，重点兴建一批亲水性强、效益显著的水利风景区，为人们休闲度假、观光旅游和水利科普等提供好场所，在全国逐步形成以重要江、河、湖、库、渠为主体框架的水利风景区结构和由国家级、省级和一般水利风景区组成的整体布局。到2020年，结合水利工程建设、河湖生态修复、水环境综合整治等重点水利工作，着力推动水利风景区建设和管理，使水利风景区基本覆盖全国主要河流、湖泊和大中型水利工程，更好地发挥水利风景区改善城乡水环境和促进人水和谐的重要作用。

2. 水利风景区建设与发展现状

截至目前，我国已批准设立了十一批、共475家“国家水利风景区”，以年均近50家的速度递增，并且越来越多的地区把水利风景区的申报提上了议事日程，推荐优秀景区加入到水利风景区评定中来。

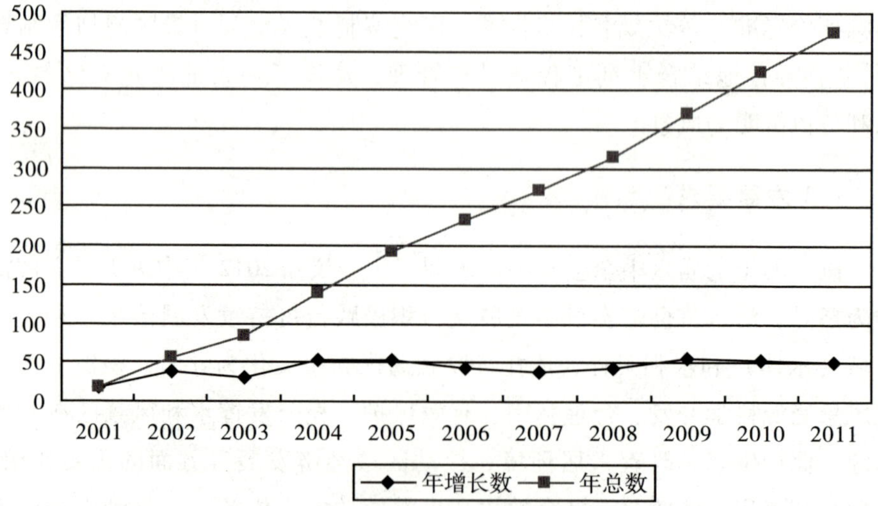

图1　国家水利风景区发展规模年际变化

国家水利风景区目前已覆盖了除港澳台地区外的所有省、市、自治区，并出现了近千家“省级水利风景区”。从地区发展格局来看，华东地区是水利风景区发展较快的区域，拥有 148 家国家级水利风景区；华中、西北、华北、西南、东北地区发展势头良好；华南地区水利风景资源丰富，后发优势大。

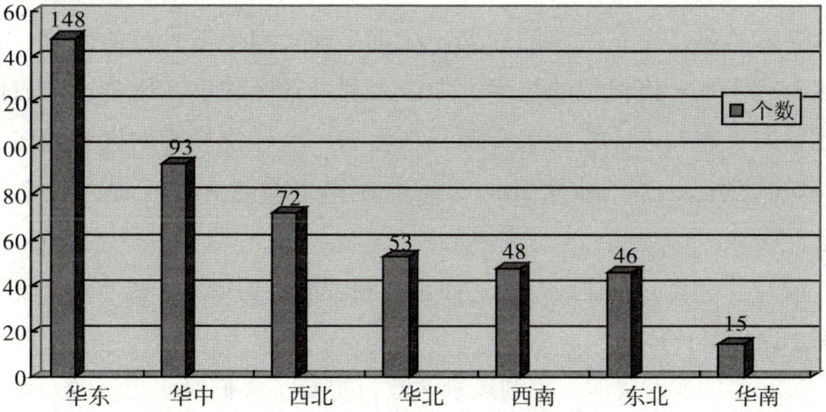

图 2　国家水利风景区地区分布情况（2011 年）

在已经批准设立的 475 家国家级水利风景区中，水库型水利风景区 275 个，占 58%；自然河湖型水利风景区 90 个，占 19%；城市河湖型水利风景区 68 个，占 14%；水土保持型水利风景区 16 个，占 3%；灌区型水利风景区 12 个，占 3%；湿地型水利风景区 14 个，占 3%。从类型发展格局来看，水库型水利风景区是发展速度最快，也是数量最多的一种类型；自然河湖型水利风景区多年来一直稳步增长；城市河湖型水利风景区近年来也发展迅速；而水土保持型和灌区型水利风景区增速较缓，数量较少。

3. 建设水利风景区的重大意义

随着人民群众物质文化和精神文化需求的不断增长，人们对水利风景区建设的要求日益迫切。加强水利风景区建设管理，对于促进生态文明建设、推进民生水利发展、传承传播水文化、加快水管单位改革发展、拓宽水利服务领域等方面具有重要的现实意义。

（1）水利风景区建设，有利于水意识的增强和水观念的转变，引导社会建立人水和谐的生产生活方式，推进了生态文明建设

加强水资源保护和水环境治理，是水利改革和发展赋予的新领域，也是生态文明建设的重要组成部分。在水利风景区的建设和开发中，要引入并着力推广生态旅游的理念，注重水利工程生态景观的修复，采取诸多有利于水环境保护的技术。加强水利风景区建设，促进水利旅游发展越普遍、越深入，接受水资源、水生态、水环境教育的人就越多，群众保护水生态、节约水资源的意识就越高，就越有利于提升生态文明理念。

（2）水利风景区建设是促进民生水利发展重要措施，是水利部党组治水新思路的具体体现

近几年的实践证明，水利风景区建设提高了人们对水土资源、水利工程、水文化、水景观等方面的价值认识，规范了水利风景资源和人文资源开发利用行为，促进景区建设走上“科学开发，合理利用，有效保护，人水和谐”的良性发展轨道。水利风景区建设，坚持以人为本，满足经济社会发展需要，通过对水利风景资源进行科学合理有序开发和保护，能够保障水利工程的安全以及防洪、灌溉、洪水、发电、水资源调配等功能的充分发挥，而且为人民群众提供优美的休闲、娱乐、科普、观光以及居住环境，实现生态、经济、社会效益的良性互补，让人民群众更好地享有水利发展成果。

（3）水利风景区建设为水文化传承传播提供了载体

水利风景区的建设与管理，提升了水工程的文化承载力和文化品位，拓宽了水利的生态服务功能，提高了水利行业的社会地位，是实现水资源可持续利用的重要措施，极大地丰富了可持续发展治水思路和民生水利的内涵，推动了传统水利向现代水利转变的进程。水利风景区都具有丰富的水文化内涵。人们在享受现代水利、优美环境景观、陶冶情操的同时，能够进一步了解我国悠久的治水历史和水利科学知识，感受了当代水利事业的巨大成就和水文化的深刻内涵，从而达到认识水利、热爱水利、宣传水利的目的，提高全民族的水利资源保护和综合利用意识，使水利风景区成为水利宣传教育的示范基地。

（4）水利风景区建设拓宽了水利服务范围，提升了水利影响力

从近几年的实践看，水利风景区建设与管理，顺应了社会发展的需求，满足了人民精神生活的需要，赢得了社会各界的理解、支持和积极参与。水利风景区建设已经从水利系统走向了社会，成为地方党委政府推动当地经济社会发展的一个重要抓手，在社会上产生了积极而深远的影响。一些地区把水利风景区的建设开发作为生态旅游的龙头，举地方政府之力搞景区建设，水利的社会服务功能和经济支撑作用进一步得到强化。中央各大新闻媒体每年都对水利风景区工作进行跟踪报导，民政部连续多年专门组织文艺演出，讴歌山水风光，慰问水利风景区工作者。水利部门的辛苦和努力赢得了社会各界的普遍赞誉，行业影响力和社会地位不断提升。

4. 前景与展望

当前和今后一段时期，是加快建设民生水利，实现水利跨越式发展的关键时期，也是水利风景区工作抢抓机遇，实现又好又快发展的难得时期。

（1）党的十七届六中全会为水利风景区建设发展指明了方向

陈雷部长在传达贯彻党的十七届六中全会精神时明确提出，要把水文化建设融入水利改革发展顶层设计之中，注重从文化的角度反思人与自然的关系，积极引导社会建立人水和谐的生产生活方式，促进经济发展方式转变；注重从满足人们日益增长的物质和文化需求的角度来谋划水利发展，大力推进民生水利建设，为人民群众带来更多更好的实惠，促进人的全面发展。水利风景区作为水文化的重要载体和重要组成部分，将充分利用这一难得的发展机遇和有利时机，在水利工程规划、设计、建设中，重视水文化元素的融合，重视水利工程文化内涵和文化品位的提升，不断展现治水兴水的文化魅力。

（2）中央1号文件和中央水利工作会议精神给水利风景区建设发展带来了历史机遇

中央1号文件和中央水利工作会议明确提出，“力争通过5年到10年

努力，从根本上扭转水利建设明显滞后的局面，基本建成水资源保护和河湖健康保障体系”，重点建立水利投入稳定增长机制，加大公共财政对水利的投入，今后十年水利建设投入将达到4万亿元，掀起新一轮水利建设高潮。水利部党组也把水资源保护和河湖健康保障体系作为今后需要着力构建的四大体系之一，要求全面加快水利基础设施建设，加强重要生态保护区、水源涵养区、江河源头区、湿地的保护。水利大投入、大建设这一历史机遇和构建四大体系目标的正式提出，为水利风景区快速发展创造了广阔的发展空间。

(3)《关于加快发展旅游业的意见》为水利风景区发展注入了新动力

国务院发布《关于加快发展旅游业的意见》（国发［2009］41号），提出要把旅游业培育成国民经济的战略性产业和人民群众更加满意的现代服务业。意见肯定了水利在旅游发展中的重要作用，明确要求旅游要和水利等相关行业融合发展，充分体现了旅游业快速发展的大趋势及其重要性。意见要求全国旅游业年增长幅度为12%以上，据有关专家学者研究，全国的旅游景区中涉水的、即属于水利风景区或水利旅游项目审批管理范畴的至少占一半以上。如此看来，意见的出台，为水利风景区发展再一次打了强心针，也给各级水利部门提出了更高的要求。

水利风景区建设与管理的生动实践，体现了科学发展观以及可持续发展治水思路的基本要求，开拓了物质文明、精神文明和生态文明建设的重要途径，推动了水利资源的科学开发、合理利用和有效保护，是广大水利工作者对人类文明和社会进步的重要贡献。

参考文献

［1］水利风景区管理办法．水综合［2004］143号．

［2］水利风景区发展纲要．水综合［2005］125号．

［3］关于印发水利旅游项目管理办法的通知．水综合［2006］102号．

［4］何文垣．转变观念 与时俱进 努力开创水利风景区建设管理工作新局面．北京：水利部综合事业局2002.

[5] 水利风景区评价标准. 水国科［2004］129号.

[6] 李晓华. 关于水利风景区建设、开发与管理的几点思考和建议. 中国水利, 2001（11）：2－3.

Present Situation and Prospect of Water Parks in China

LIAN Zejian[1], **SHEN li**[2]

(*Bureau of Comprehensive Development*, *Ministry of Water Resources*, *Beijing* 100053, *China*; *Fuyang Bureau of Water Conservancy and Power*, *Fuyang* 311400, *China*)

Abstract: As the development of the times and social progress, the profiting and disinfestation causes of modern water conservancy in China not only sufficinge the basic needs of the masses' survival and economic development, but also contribute to the ecological civilization which is the fifth civilization in China. The existence and development of the water recreation areas conform to the requirements of the era, when the water Park protect the safety of flooding, drinking water, food and economic security, at the same time they create leisure, sightsee, travel and vacation space for people.

Key words: water recreation area; tourism resource; development

荒漠生态旅游资源及开发评价研究①

刘敏②[1]，石金莲[1]，李朝阳[2]

（1. 北京联合大学旅游学院 100101 北京；2. 石家庄学院 050035 河北石家庄）

【摘要】：荒漠是陆地生态系统中最为脆弱又非常重要的子系统之一。由于荒漠面积较大且保留着极少受人类行为影响的自然景观，附生少数文化遗迹及聚落点，激发了旅游者猎奇、探险的心理并前来旅游。荒漠在国内外已经成为重要的旅游目的地。由于荒漠生态系统本身的脆弱性，旅游资源开发评价及开发模式成为生态旅游研究的关注点之一。本文对荒漠旅游资源的特殊性进行分析，认为其主要具有地域性、独特性、科学性和知识性和神秘性。在对荒漠旅游资源进行分类的基础上，建立了荒漠旅游资源的开发评价流程。

【关键词】：荒漠；生态旅游；旅游资源评价

1. 引言

荒漠是一种重要的陆地生态系统。它是在气候十分恶劣、水热极不平衡的条件下形成的以荒漠为基质的一种极端生态系统类型，是陆地生态系

---

① 项目支持：国家自然科学基金项目（40901069）；林业公益性行业科研专项经费项目“荒漠生态系统服务功能监测与评估技术研究”（201004010）

② 刘敏（1978—），女，内蒙古额济纳旗人，博士，副教授，主要研究方向为旅游地理、景区经营权价值评估。E－mail：ejina@163. com

统中最为脆弱又非常重要的子系统之一。全球的干旱和半干旱地区占到陆地表面的47%，这些地区不仅拥有丰富的生物多样性资源，而且还生活着大约2亿的人口。荒漠属于地带性生态系统，主要分布在南北纬15°~50°之间的地带。其中，15°~35°之间为副热带，是由高气压带引起的干旱荒漠带；北纬35°~50°之间为温带、暖温带，是大陆内部的干旱荒漠区。我国荒漠地区主要在西北和内蒙古地区。

由于荒漠特殊的景观及其内部的植被、文化遗迹、居民生活方式，吸引着一些旅游者前往，因此，荒漠地区也成为旅游目的地之一。荒漠旅游地中较为成熟的地区包括北美洲中部沙漠、澳大利亚内陆沙漠、亚洲大陆腹地沙漠以及撒哈拉、阿拉伯和南部非洲沙漠。我国的鸣沙山、沙坡头、沙湖等也都是荒漠旅游地的热点。截止到2010年，我国北方9个省区已建成各类旅游景区50多个，其中国家4A级以上景区10余个，成为重要的一类旅游地。由于荒漠生态系统本身的脆弱性，旅游资源开发评价及开发模式成为生态旅游研究的关注点之一。

表1　我国知名荒漠旅游景区的不完全统计

序号	景区名称	所在省区	景区级别
1	阿拉善沙漠地质公园	内蒙古	世界地质公园
2	响沙湾旅游区	内蒙古	5A
3	恩格贝生态旅游区	内蒙古	4A
4	腾格里沙漠通湖草原景区	内蒙古	4A
5	鸣沙山—月牙泉景区	甘肃	4A，国家级重点风景名胜区
6	张掖国家沙漠体育公园	甘肃	国家沙漠体育公园
7	库姆塔格沙漠	新疆	国家风景名胜区
8	吐鲁番沙漠生态旅游风景区	新疆	3A
9	达瓦昆沙漠旅游风景区	新疆	3A
10	哈密鸣沙山	新疆	3A
11	沙湖旅游区	宁夏	5A
12	沙坡头旅游区	宁夏	5A

2. 荒漠旅游研究综述

鉴于荒漠生态系统的旅游开发，国内外学者进行了相应的研究。Pascal 认为和荒漠旅游紧密相关的 7 个属性：（1）特殊的气候条件和地质特征；（2）野花和其他零星分布的植物群落；（3）古老的、大面积的或不寻常的植被；（4）大篷车或其他沙漠徒步形式；（5）原住民；（6）绿洲；（7）保护区。韦弗将定义的重点放在荒漠属性，如：由沙丘为主的非草木山水的公众形象，大量人类没有直接干预改变感知特征的生态旅游的存在，其他机会与“可见因素（即能看到的景观）”有关。沙漠生态旅游的最重要动力之一是私密保护区和公共保护区组合，这些保护区位于核心的地区，有重要的设施，比如解说中心、铺设的道路和其他基础设施等[1]。Weave 在分析荒漠旅游吸引物时认为，地质景观在特殊的荒漠地区环境下，旅游吸引物整体上可以由其单独构成，同时由于地表缺乏植被覆盖，最重要且最有吸引力的旅游对象通常就是地质地貌景观，这也是游客在到达荒漠之前就最期望看的景观[2]。

通常根据地面形态和堆积物特征，将荒漠（desert）划可分为：岩漠、砾漠（戈壁）、沙漠、泥漠。沙漠实际上只是荒漠生态系统种的一部分。但是由于翻译和惯常叫法的原因，国内的大多数学者研究时采用沙漠旅游的概念。李先锋等[3]认为沙漠旅游是指以沙漠地域和以沙漠为载体的事物或活动等为吸引物，以满足旅游者求知、猎奇、探险、环保等需求为目的的一种旅游活动。魏倩等[4]在此定义上认为是一种富有很高情趣和刺激性的旅游活动。大多数学者都比较认同上述的定义。学者们也从沙漠旅游资源、旅游资源开发的意义及区域沙漠旅游开发思路、市场对沙漠旅游的偏好进行了相关的研究[5-13]。总体上，研究还有待于提升，对于荒漠旅游资源的特殊性及开发的条件评价及开发模式需要有更深入的研究。显然荒漠旅游开发对资源的依赖程度非常高；又因生态系统的脆弱性，对开发评价要求更高。本文基于前人的研究，对荒漠旅游资源的开发评价构建相应的模型，并提出开发模式及相关建议。

3. 荒漠旅游资源开发评价

3.1 荒漠旅游资源的特殊性

荒漠生态系统一方面具有类型多样、外形独特的自然景观，另一方面也伴生了许多与荒漠环境相适应的大量人文景观，加之荒漠生态系统距离居民点有较远的距离，因此形成独特的荒漠生态旅游资源。荒漠生态系统的核心吸引力也在于由于远离居民点和地域宽广，因而保留下许多未经人类改造的景观和在时间长河中未经过过多惊扰的历史遗迹。进一步分析荒漠旅游资源的独特性，在于以下几点：

第一，地域性。荒漠形成的气候条件决定了荒漠分布的地域性，我国北方荒漠的主体西起塔里木盆地西端，东迄松嫩平原，形成一条位于35°～50°N；75°～125°E，横贯西北、华北和东北地区，东西长达4500km，南北宽约600km的断续弧形沙漠带。其中，新疆、内蒙古与陕、甘、宁、青等省区是我国北方沙漠的主要分布区域。荒漠中独特的自然景观、人类赋予其中的历史遗存和文化内涵以及地域文化等赋予了荒漠旅游资源空间区域上的独特性。

第二，独特性。荒漠旅游资源作为地质地貌旅游资源，其成因机制决定了其景观资源分布在特定的自然地理环境中和一定地域空间中，在荒漠这个次于陆地和海洋地貌单元中的景观资源，自然具有独特性。其景观独特性也正是其旅游吸引力和旅游价值所在，如魔鬼城、月亮湖、鸣沙、鸣坡、壮观的各种各样沙丘、沙链、沙垄、独有的胡杨林、沙棘生态系统、绿洲及淹没在荒漠下面的遗迹、遗址和文明等是自然的力量形成也是长期空间隔绝形成的。

第三，科学性和知识性。荒漠旅游资源是荒漠形成过程中典型的地质地貌营力作用下形成的景观资源，孕育了区别于其他流域的文明，从次于荒漠地貌单元的三级单元尺度上的分带性：荒漠地区从山地到山前平原，地貌呈有规律的分布 ：山前剥蚀区岩漠—洪积扇 、洪积平原砾漠带—风积沙漠带—干盐湖或盐湖、盐漠带。到景观尺度风蚀城堡、魔鬼城、沙丘、沙链、荒漠生态系统等无不具有成因和地域上的典型性。从成因来看，荒漠景观形成的地质营力主要有风化作用、重力作用、流水作用和风力作用4类。有物理因素、化学因素，还有生物因素，有内力地质作用，也有外力地质作用，其形成过程是长期的、多次综合作用的结果。这是对地貌地质科学成因和现象认识的天然教科书。荒漠旅游资源除了满足人们对大自然景观的视觉享受和好奇心外，还能了解一些相关地貌和地质的知识，陶冶情操。

第四，神秘性。由于相对空间与大规模人类聚落较远，自然过程尚有不少未解之谜；加之内部还遗留一些古代遗迹，也有很多历史上的未解之谜。对于游客来说荒漠旅游资源具有极大的神秘性，因此，游客前来荒漠旅游，其猎奇心理也成为重要动因之一。

3.2 与国标结合的荒漠旅游资源分类

为了便于荒漠旅游资源的开发与保护、旅游产品的开发和游憩服务功能的监测，需要对荒漠旅游资源进行分类。根据旅游资源的特点，分类依据旅游资源的性状，即现存状况、形态、特性、特征划分；分类对象主要有两类：一是稳定的、客观存在的实体旅游资源，如沙漠等；二是不稳定的、客观存在的事物和现象，如沙市蜃楼等。

为了将荒漠旅游资源分类与已有的普世价值进一步结合，本研究采取国家标准的视角进行荒漠旅游资源的分类。在国内外学者研究的基础上，为便于量化与操作，中科院地理所与国家旅游局对旅游资源分类、调查与评价进行了研究，国家质量技术监督检验局并于2003年颁布国家标准《旅游资源分类、调查与评价》（GB/T18972—2003，下称《国标》）。可以根据单体的存在性状将其分为实体类荒漠旅游资源单体和活动类荒漠旅游资源单体，本研究以实体类旅游资源单体为主。根据资源属性又可以分为自然旅游资源和人文旅游资源，其中自然旅游资源属于荒漠原生类旅游资源，人文旅游资源属于荒漠附生类旅游资源，但其也是在荒漠生态系统独特自然环境中出现的。进一步分析其基本类型发现荒漠旅游资源的主要基本类型是沙砾石地型旅游地、雅丹、沙丘地、观光游憩河段、观光游憩湖区、冷泉、林地、草地、草场花卉地、鸟类栖息地、海市蜃楼现象多发地、极端与特殊气候显示地、历史事件发生地、废城与聚落遗迹、教学科研实验场馆、佛塔、石窟（图1）。

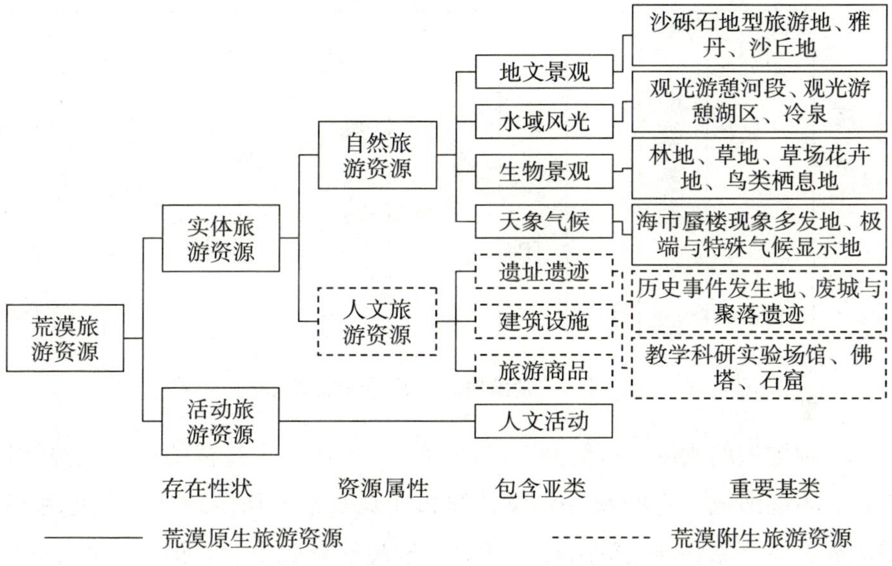

图1　荒漠旅游资源分类图

3.3 荒漠旅游资源的开发评价

旅游资源评价是科学地开发和利用旅游资源的前提。通过对一定区域内荒漠旅游资源的评价，可以对旅游资源的品位、特质、开发条件等有一全面而客观的认识，从而明确该旅游资源在同类旅游资源或在所处区域中的地位，为制定旅游开发规划等提供科学的判断标准或理论依据。尤其是对于生态系统非常脆弱的荒漠生态系统，其开发尤其需要谨慎。只有通过对旅游资源进行全面的分析论证，并做出科学的评估，才能使旅游资源的开发利用、旅游区的规划建设，具有明确的方向和坚实的基础。

根据上述分析，结合荒漠旅游资源评价的基本原则，即科学性原则、客观性原则、全面系统性原则、定性与定量相结合原则和注意动态发展的原则，构建了如下的评估框架（图2）。

首先需要从资源要素价值、资源影响力和附加值角度对荒漠旅游资源本身进行评价；在此基础上，进行旅游资源组合评价，只有在一定地域

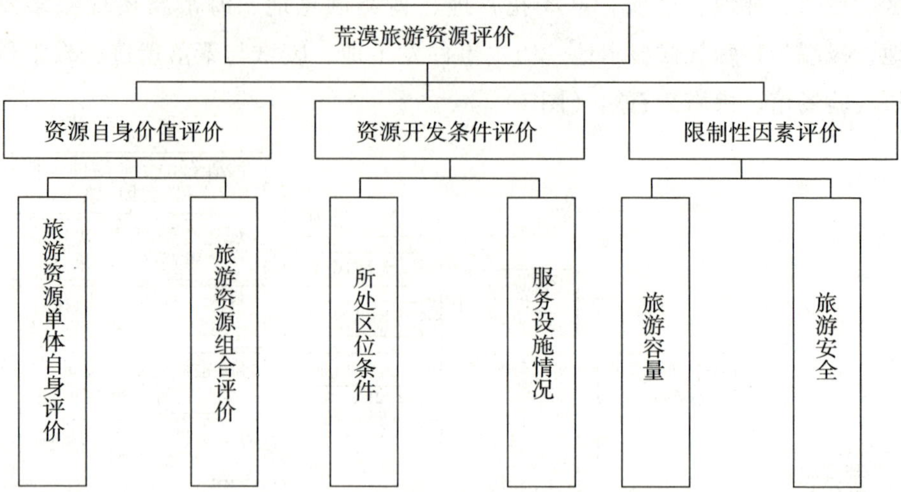

图2　荒漠旅游资源评价框架

内，多种类型的旅游景区协调布局和组合，形成一定规模的旅游资源结构模式，才能形成一定的开发规模。例如沙砾石地型旅游地或沙丘地和泉、湖泊或者与草原、河流等组合能够形成较高的景观质量。第二，对旅游资源的开发条件评价。首先，从区位条件看，荒漠旅游资源通常都难以到达，所以可达性直接影响荒漠旅游资源的开发。通常靠近城市或者交通干线区域的荒漠旅游资源都会得到一定程度的开发。可达性较差的荒漠旅游资源，除了具有极高景观质量的荒漠旅游资源，其开发程度都比较低。另一方面靠近城市也意味着距离主要客源市场的距离较近。其次，荒漠旅游资源所在地区的接待能力，包括旅游活动的食、宿、游、购、娱等配套设施，邮政、通信、信息服务等公共设施，也直接影响荒漠旅游资源的开发。第三，限制性因素进行评价。一方面需要考虑荒漠旅游资源资源开发必须在合理的环境容量之下，必须严格限制在生态系统容量阈值下的进入旅游者人数；另一方面，由于荒漠旅游资源属于地域较为偏远，距离城市有一定距离，游客需要适应沙漠中较为干旱的气候环境，还可能面临沙尘暴等自然灾害，遇到迷路等突发状况，所以荒漠旅游资源开发中必须注重旅游安全的限制性因素。在此流程下，制定荒漠旅游资源开发评价流程（图3）。

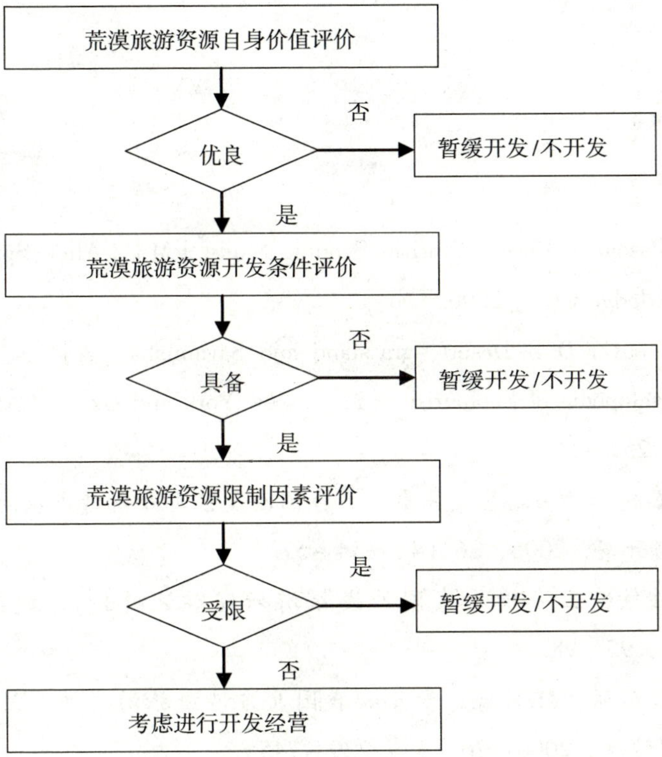

图3　荒漠旅游资源开发评价流程图

4. 结论与讨论

荒漠生态系统作为重要的旅游吸引物因而出现了相应的旅游开发。目前已经开发的荒漠旅游资源基本是距离城市较近的区域，沙石地、沙丘与水体、绿洲有较好的组合。根据本文的评价模式，显然，距离城市较近的沙漠旅游点和沙漠腹地的旅游地将会在发展条件及旅游功能上有很大的差异。未来随着旅游者猎奇心理的驱使，进一步的沙漠越野、沙漠穿越、沙漠探秘产品将会逐渐开发。对于沙漠旅游地的选择中，荒漠旅游资源特殊性认识及评价需要予以重视。本文认为，未来从实践和理论上，对荒漠旅游地的限制性条件、荒漠旅游的旅游者所耗费的环境与资源和生态环境、当地居民所需资源之间的矛盾、荒漠旅游产品、荒漠旅游地管理模式需要深入探讨。

参考文献

[1] Pascal T. Desert Tourism Scoping Study [M]. Alice Springs, NT: Desert Knowledge CRC, 2006.

[2] Weaver D B. Desert, grassland and Savannahs [A]. // Weaver D B. The Encyclopedia of Ecotourism [M]. New York and Oxon: CABI Publishing, 2001: 251-263.

[3] 李先锋，石培基，马晟坤. 我国沙漠旅游开发特点及对策 [J]. 地域研究与开发，2006，26 (4): 54-57.

[4] 魏倩，王海鸿. 我国沙漠旅游研究综述 [J]. 社会科学家，2008，(1): 95-98.

[5] 黄耀丽，魏兴琥，李凡. 我国北方沙漠旅游资源开发问题探讨 [J]. 中国沙漠，2006，26 (5): 739-745.

[6] 李九全，文静，谭立君. 沙漠旅游地初期开发因子的探讨研究 [J]. 干旱区资源与环境，2008，22 (9): 188-192.

[7] 谢婷，杨兆萍. 塔克拉玛干沙漠旅游资源开发构思 [J]. 干旱区研究，2003，20 (3): 230-234.

[8] 王文瑞，伍光和. 中国北方沙漠旅游地开发适宜性研究 [J]. 干旱区资源与环境，2010，24 (1): 184-188.

[9] 米文宝，廖力君. 宁夏沙漠旅游的初步研究 [J]. 经济地理，2005，25 (3): 422-425.

[10] 尹郑刚. 沙漠旅游主客体系统及景区竞争优势：典型案例研究 [D]. 兰州大学博士学位论文，2011.

[11] 杨秀春，朱晓华，严平. 中国沙漠化地区生态旅游开发研究 [J]. 中国沙漠，2003，23 (6) 691-696.

[12] 郑坚强，李森，黄耀丽. 沙漠旅游资源利用在西部开发中的意义及策略研究 [J]. 地域研究与开发，2003，22 (1): 77-79.

[13] 王鑫，吴晋峰，郭峰，等．基于感知形象调查的沙漠旅游行为意向研究［J］．中国沙漠，2012，32（4）：1176－1181.

Evaluation of Development of Desert Ecotourism Resources

LIU Min[1], SHI Jin - lian[1], LIChaoyang[2]

(1. *Tourism Institute of Beijing Union University*, *Beijing*100101, *China*;
2. *Shijiazhuang College*, *Shijiazhuang*050035, *China*)

Abstract: Desert is one of the most important and vulnerable terrestrial sub-systems. Desert area is rarely affected by the impact of human behavior. So there are natural landscape, a small number of cultural relics and settlement pointsin desert. These features inspire tourists' adventures, and attract tourists to travel. The desert has become an important tourist destination both at home and abroad. Due to the vulnerability of desert ecosystems, the development of tourism resources evaluation and development model to become one of the concerns of ecotourism. Analyzed the particularity of the desert tourist resources, believed that the main regional, unique, scientific, and intellectual and mystery. On the basis of the classification of desert tourism resources, this article established the evaluation process of the development of desert tourism resources.

Key words: desert; ecotourism; evaluation of tourism resource

试论生态旅游的绿色营销

郑群明

（湖南师范大学旅游学院，湖南长沙 410081）

【摘要】：绿色营销与生态旅游有着根深蒂固的关联，本文首先阐述了绿色营销对生态旅游发展的意义，认为绿色营销是发展生态旅游的必要践行途径。其次分析了绿色营销的责任、教育、健康、技术特征以及绿色营销要素，最后介绍了绿色营销的成功案例——十字水生态度假村。

【关键词】：绿色营销；营销理念；生态旅游

绿色营销，又称生态营销或环保营销，兴起于20世纪90年代初。它是《21世纪议程》理念指导下为适应环境保护和可持续发展现实需要而产生的全新营销观念。绿色营销将“最高限度地利用资源和最低限度地生产废弃物”的生态环保理念植入到传统企业营销模式中，不仅注重消费者在产品消费过程环保、节约、无污染，而且注重企业在产品生产、包装、销售以及售后服务等整个环节中的能源与资源节约、环境保护和社会责任，是强调消费与生产互动下的可持续发展模式。从产生的背景来看，绿色营销与生态旅游有着根深蒂固关联，绿色营销是发展生态旅游的必要践行途径。

1. 绿色营销是生态旅游的必要践行途径

我国“十二五”规划中明确提出“全面推动生态旅游”，这预示着我国生态旅游发展进入到一个全新的历史时期。自“生态旅游”概念引入以来，我国生态旅游取得了令人瞩目的成绩。初步形成了以自然保护区、森林公园、风景名胜区、地质公园、湿地公园、水利风景区为经营管理载体的多类型的生态旅游目的地体系，“碧峰峡模式”、“九寨沟模式”等生态旅游的成功经营模式不断涌现。目前，我国生态旅游发展还多偏向于自然资源保护与产品开发的前期阶段，更多关注于旅游者的行为对生态环境的影响，强调旅游者克制的旅游活动等。其实在经营管理中践行生态旅游的核心理念具有更为广阔的空间，包括通过市场手段去推广生态理念，让生态旅游更好地面向市场；从营销手段上让旅游者更好地在消费生态旅游产品和服务中接受生态教育，让旅游经营者和旅游从业人员在经营生态旅游产品和提供生态旅游服务的过程中更好地履行生态责任等。绿色营销则被认为是通过市场手段践行生态旅游核心理念的最佳选择。

从生态旅游的起因、内涵、特点来看，生态旅游既是政府和旅游企业实现旅游业可持续发展的一种措施，又是旅游者在可持续发展观念指导下的一种旅游实现形式。判断是否是生态旅游的标准不是看其是否以实现旅游资源的可持续发展为目的，而是要看其是否使旅游资源实现了可持续发展。绿色营销的理念是在尽量满足消费者需求的前提下将消费活动对环境的负面影响降低到最小，以实现资源的可持续利用。这恰恰与生态旅游的本质要求不谋而合。不论是从我国生态旅游的发展需要来看，还是绿色营销的基本特征来看，绿色营销是生态旅游发展的必要的践行途径。

2. 绿色营销的时代特征

绿色营销自20世纪90年代诞生起，就被赋予了“环保、节约、可持续”的时代使命。国外对“绿色”的理解已不再只停留在产品的浅层次上，而是上升为一种可持续经营理念和经营哲学。然而，国内生产者对“绿色”的理解普遍还停留在产品阶段，绿色价值观还只是表现在绿色产品所能带来的利润上，并没有深入到生产经营者的经营理念中去。因此，在我国生态旅游发展的新时期、新环境下，生态旅游经营者应该将绿色营销提升到经营理念和哲学的高度，清晰认识到绿色营销其实是一种“责任营销”“教育营销”“健康营销”和“技术营销”。

（1）责任营销

生态旅游绿色营销是一种责任营销。在我国市场经济飞速发展的初期，在利润最大化原则指导下，大多数旅游企业都只考虑如何通过开发旅游资源获利，很少考虑环境污染、生态破坏、资源浪费等外部性问题，某种程度上用社会成本冲抵企业应该支付的生产外部性成本，市场营销完全以吸引消费者消费、刺激消费欲望为中心，忽略营销过程中的环保、绿色、可持续理念，这都是不负责任的社会行为。在我国生态旅游进入“十二五”重点发展的新时期，绿色营销要充分体现出生态旅游企业的社会责任，彰显生态旅游经营管理的核心价值。这种社会责任体现在：一要以旅游者的可持续消费为目标；二要塑造企业的绿色文化形象；三要在旅游资源开发、生态产品生产、销售、消费的过程中充分贯彻和应用生态、环保、节约和可持续的理念和技术；四是在生态旅游营销过程还应该帮助旅游消费者树立环境保护、资源节约和可持续的消费意识。

（2）教育营销

生态旅游绿色营销是一种教育营销。生态学家李文华指出：生态旅游是一种以人与自然和谐共生的生态系统为对象，以可持续旅游为原则，通过对它的保护性开发，使游客、当地居民以及开发部门都受益，并能使大众受到环境教育。可见，生态旅游具有内生的教育功能，但这种教育功能比较隐蔽，需要旅游经营者借助某种途径或载体展示给旅游者认知。绿色营销，作为绿色产品的销售手段，正好迎合了生态旅游的这种需要。生态旅游绿色营销，在产品生产、价格制定、渠道选择和促销策略等营销要素中融入生态、环保、节约和可持续理念，尤其在旅游产品的宣传、介绍中强调生态、环境保护的重要性，突出营销手段的绿色化、低碳化，实质上也是一种生态教育。

（3）健康营销

生态旅游绿色营销是一种健康营销。生态旅游强调人对自然的尊重，人与自然平等相处。生态旅游产品是一种以环境友好方式提供的高质量生态产品。绿色营销作为生态旅游践行手段，归根结底是一种健康营销。这主要体现在两个方面：一是生态旅游产品首先是为了满足旅游者享受优质环境、提高生活质量、促进身体健康的需要；二是营销的目的，是为了保护生态旅游资源的可持续利用，维护优良生态系统的健康发展。人的健康和生态系统的健康是绿色营销的终极追求。

（4）技术营销

生态旅游绿色营销是一种技术营销。为了维护旅游资源和生态环境，生态旅游开发过程必须支付高昂的技术成本才能保证产品的生态效果。与一般的旅游产品相比，生态旅游是一种技术含量较高的旅游产品。绿色营销一定程度上是对生态保护技术的营销。为了让旅游者不产生购买失衡，生态旅游企业在绿色营销过程中，应充分展示旅游产品在生产、包装、宣传、销售、售后等过程中所采用的绿色技术手段，让旅游者领略到生态开发的技术含量，让其觉得物有所值。

3. 生态旅游的绿色营销要素

（1）产品生产——可持续消费、需求导向

生态旅游的绿色营销，首先离不开生态产品。虽然生态旅游绿色营销也要以旅游者的消费需求为出发点，但与传统产品生产不同，它更多的是围绕以可持续消费需求为中心。一是绿色营销对消费者需求的满足更多的是对生态、健康、自然需求的满足；二是与传统的营销刺激旅游消费者欲望为目标不同，绿色营销不是一味地去刺激、满足消费者的欲望，而要帮助旅游消费者树立环保、节能、生态的消费意识，一定程度上，要促使旅游消费者节制“非生态”的消费欲望。因此，在产品生产上，绿色营销是以旅游消费者的绿色、环保、健康需求为导向来开发产品。

（2）价格制定——自下而上、反向思维

传统的营销组合中对价格的制定多采取“自上而下”的模式，由企业自己根据成本、利润等要素的考虑来制定产品价格。生态旅游产品具有较高的环境维护成本，应突出“环境有价”原则，相对于普通产品来说，其价格理应要高些。绿色营销对生态旅游产品的价格制定，应该采取反向思维，采取“自下而上”的模式，让旅游消费者自己“制定”价格。为了体现不同生态价值，在价格细分的基础上可以提供不同的价格组合，供消费者自行选择，这样能够让旅游者更好地认知到自然生态价值，并从心理上容易接受。

（3）渠道选择——无污染、低碳渠道

传统的营销组合中对营销渠道的选择上，为最大限度地吸引旅游者，达到宣传效果，旅游企业通常会选择印制大量纸质宣传单和精美宣传册，或者自行组织宣传活动，或者经由分销商来传播，极大地浪费资源，并对环境造成污染。生态旅游绿色营销始终要秉承生态低耗、无污染的理念，在营销渠道的选择上，要采用无污染、低碳的营销渠道，如利用互联网、手机平台、新兴媒体、电台广播、公益广告和口碑渠道来营销生态旅游产品。

（4）促销策略——绿色沟通、反客为主

生态旅游绿色营销在产品促销过程中要采取绿色沟通的促销策略。绿色沟通是宣传、推介生态旅游项目的重要手段，对激发生态旅游需求以及提高产品的市场印象度、知名度和美誉度起着重要作用，营销中应以绿色诉求、健康诉求、道义诉求为着眼点，借助绿色传播媒体（如关心环保、生态和健康的媒体），以绿色品质、绿色风格等绿色信息，打动受众的心，要变旅游者“被动接受生态旅游信息”为主动“关注和响应生态旅游价值”。在生态旅游信息传播中，不能像一般产品那样以“硬性”广告立体式、地毯式对受众进行狂轰滥炸，最好采取润物细无声式的柔性化、人性化沟通方式，如引入生态专家评论、游客感受访谈等；通过绿色公益活动，如对环保会议的赞助，参与社会绿色环保活动；制定和实施低碳旅游行动计划等方式开展绿色公关活动。通过“绿色”沟通与促销方式，不仅会提升生态旅游的品牌形象，而且能传播绿色生态文明、增强受众的环境道德观。

4. 绿色营销的典范：十字水生态度假村

在众多开发生态旅游产品的旅游区中，广东南昆山十字水生态度假村是运用绿色营销技术的典范。十字水生态度假村位于广东省龙门县南昆山国家森林公园内，从2003年起聚集8国设计师历时3年多精心打造，到2006年10月投入使用至今，获得了巨大的荣誉和效益。其采用绿色营销措施具有以下特征：

（1）运用生态技术，设计绿色产品

十字水生态度假村自规划设计伊始就进行了详细的资源、文化与市场研究，确定了“运用生态技术，打造高端生态旅游产品”的定位。在设计之初就导入“绿色环球21可持续旅游标准”认证体系，严格要求，精心打造。在建设中，运用GIS技术进行用地适宜度分析和生态敏感性分析，尊重起伏的地势，采用架空或吊脚楼工艺，保护原生地貌。建筑选用自然、可再生、生长周期短、环境影响小的南昆山原生毛竹作为主要建材之一；运用客家特色的夯土技术建设院墙；回收本地居民弃用的陶瓦覆盖屋顶；建设沼气池处理废弃有机物，作为度假村的替代能源；净化溪水为度假村所用；充分尊重野生动物，在建筑色彩、材料、噪音控制、夜间照明、动物通道等方面进行了非常克制的设计和充分的考虑，等等。遵循尊重自然、传承文化、维护生态、优化环境的原则，运用多种生态技术，使建筑、设施与环境完美融合，设计出独特的绿色产品，是十字水生态度假村实施绿色营销的第一策略。

（2）推行健康理念，实施高价策略

十字水度假村在开发中着力营造健康的环境，推行健康的度假产品。度假村所有客房均依山临溪而建，几近落地的玻璃窗、可以边泡澡边看星星的透明浴室、还有超大型的露台直达溪面，高雅浪漫；配套用品都是天然物料，如纯丝、纯棉、竹制、木制、陶土、石器等；传统技法的生态SPA和精心制作的生态保健美食，充分体现出生态度假村的生态、健康理念。在产品定价上，立足“少而精”和“影响最低”原则，采用“环境有偿使用”和“量少价高”的策略，目前度假村仅有50多套客房，最低房价860元/晚，最高房价4700元/晚。确保度假村尽量影响最少和效益平衡。

（3）践行环境教育，推崇口碑营销

十字水生态度假村在建设、经营、管理中注重环境教育，在设计和建设过程中突出低碳、环保、舒适、人本的原则，整个度假村处处体现地方文化和现代艺术的完美组合。通过精美的设计，将花、鸟、虫、鱼、水融入LOGO的设计中；将细竹与玻璃组合，形成完美的生态导引系统；通过收集雨水形成水景；利用人工湿地处理生活污水；种植生态菜园代替草坪景观；建设动物通道和低影响灯光设计等，处处让游客置身于生态环境的自我教育之中。另一方面，十字水生态度假村更注重口碑营销。通过引入“绿色环球21”标准，在2006年获“绿色环球21可持续设计达标评估”认证和“全球景观设计大奖”，成为中国首个同获这两项殊荣的度假村。2007年又被美国《国家地理杂志》评为“全球50处最佳生态旅馆”（50 Top Ecolodges）之一，成为中国（包括港、澳、台地区）唯一入选者。这些均在业界和市场产生了巨大的口碑效应，慕名前来考查和体验的游客络绎不绝。目前，已成为广东省各级政府推广学习的示范度假村和标志性度假村。

（4）通过绿色沟通，彰显社会责任

十字水生态度假村在绿色营销中注重运用绿色沟通技术，着眼彰显企业维护环境、创造生态旅游典范的社会责任，增进市场和业界对度假村的价值认同。度假村常规性的支持和参加国际国内有关生态建筑、生态旅游、度假村设计、生态旅游管理方面的学术论坛和技术展览，主动将度假村的设计、建设、经营、管理经验与同行交流与分享，传达度假村维护生态环境的社会责任，达到市场和业界对度假村的价值认同，最终实现企业价值的推广和延伸，推动中国生态旅游的发展。

参考文献

[1] 刘明华，廖晓莉．企业实施绿色营销的博弈分析及对策［J］．乐山师范学院学报，2005（4）：113－115.

[2] 何志毅，于勇．绿色营销发展现状及国内绿色营销的发展途径［J］．北京大学学报（哲学社会科学版），2004（11）：89－93.

[3] 李化．十字水度假村对中国本土生态旅游的启示［J］．中国发展

观察，2010（6）：60－62.

［4］罗桂勤．南昆山的新生村落——十字水生态度假村［J］．建筑学报，2009（1）：36－37.

［5］鲍小莉．自然景观旅游区的建筑设计——以广东南昆山十字水生态度假村为例［J］．华中建筑，2010（1）：47－50.

Discussion on Green Marketing Of Ecotourism

ZHENG Qunming

(*Department of tourism*, *Hunan Normal University*, *Changsha* 410081, *China*)

Abstract: Green marketing is inveterately related with ecotourism. Firstly, this study represented the significance of green marketing on ecotourism, believing that green marketing was the necessary realization approach for ecotourism. Then, responsibility, education, healthy, technique of green marketing' s characteristic and factors of green marketing were analyzed. Finally, a successful case of green marketing on ecotourism——Crosswaters Ecolodge & SPA.

Key words: green marketing; marketing concept; ecotourism

生态旅游的环境教育功能

苏萤雪[①]，严力蛟

（浙江大学生态规划与景观设计研究所，浙江杭州 310058）

【摘要】：本文阐述了环境教育的概念及内涵，总结了生态旅游的四种环境教育功能，即环境危机的警示教育、环境审美教育、生态科普教育以及环境保护的伦理道德教育。并借助相关案例分析，论析了在生态旅游规划中，为了保障生态旅游开发与发展，必须坚持四项原则：旅游规划必须以生态环境为前提，规划必须恪守环境道德，经营、管理中保持环境伦理意识，做好从业者的环境素质培训。

【关键词】：生态旅游；环境教育；环境伦理

1. 引言

1.1 环境教育的概念及内涵

工业文明发展以来，环境问题、人与自然的关系问题日益受到重视。随着环境问题的日趋严重和环境意识的觉醒，生态文明及环境伦理的思想逐渐受到重视。在这种形势下，环境教育被视为面向未来人与自然关系的重要事业。

---

① 苏萤雪，女，浙江大学生态规划与景观设计研究所文化策划室主任。

20世纪70年代，澳大利亚环境教育家亚瑟·卢卡斯提出了环境教育的三段模式："关于环境的教育"，即向受教育者传授有关环境的知识、技能以及发展他们对人与环境的理解力；"为了环境的教育"，即以保护和改善环境为目的而实施的教育，涉及环境价值观的培养；"在环境中教育"，即在现实环境中进行教育，涉及环境审美观的培育。

因为多年来发展的偏向，我国当前的环境教育主要强调"关于环境的教育"，注重环境相关知识、技能的培训。近年来随着生态文明理念的推广，"为了环境的教育"开始受到重视。然而，"在环境中的教育"仍然受到忽略，因此虽然传授了必备的环境知识技能，却不足以成功培养人们的环境意识、正确的环境价值观和环境审美观[1,2]。

周笑冰（2002）指出，环境教育的核心理念是培养人们正确的生态意识、良好的生态道德观以及生态审美能力，最终目标是提高人的素质，树立人们对环境的正确价值观和态度。生态意识指导人们形成对自然及其规律的正确认识，生态道德则培养人们在此前提下对自然的道德感和责任感，而生态审美在前两者的基础上感悟"天地大美"，激发人们自发主动地保护生态环境[3]。

1.2 生态旅游的生态内涵

生态旅游是一个新概念：一方面，生态旅游是新近兴起的一种旅游活动；另一方面，则体现在新观点和新理念上：即重视对自然的保护和协调，注重人和自然、环境和经济、短期利益和长远目标的协调统一。对于"生态旅游"的传统认知，往往局限于注重自然景物，甚至局限于自然保护区的概念；而新的观念则将人类的文化活动看作全球生态系统的过程，并且引入"天人合一"的东方哲学思维，将人文景观也纳入生态的范畴，一切具有和谐美的自然及文化客体都可作为生态旅游的对象，从而使生态旅游扩展到多尺度、多类型的概念体系[4]。在大多数生态旅游中，只是将"生态"作为旅游的客体，生态景观作为旅游的产品与服务提供给游客；而新的生态旅游理念强调将"生态"贯穿到整个旅游当中，从旅游的各个环节体现人与环境的关系。

因此，生态旅游不同于传统旅游，具有其独特的生态内涵。这就赋予了旅游新的责任和目标，同时也是对旅游的一种新的规范。不破坏目的地生态环境是生态旅游的前提，而对于生态旅游的研究，就必须考虑人与环境的关系，人与环境和谐共存既是生态旅游的内容及基本守则，更是生态旅游的目的。

2. 生态旅游的环境教育功能

2.1 环境教育和生态旅游的关系

生态旅游由于其特殊生态内涵，和环境教育的关系非常密切。一方面，环境教育作为生态旅游的理论基础和保障手段，只有做好环境教育，才能确保生态旅游健康发展；另一方面，生态旅游本身也具有环境教育的功能，因而面向民众的环境教育正是生态旅游的目的之一。

2011 年李文华院士对生态旅游提出新定义时指出，生态旅游是一种“能使大众受到环境教育的旅游形式”，这就将环境教育直接纳入了生态旅游的定义中，赋予其发挥环境教育功能的内涵。生态旅游的这一特殊属性，决定其自身就是一种“在环境中教育”。因此发挥生态旅游体验中的环境教育功能，对培养人们的环境审美观和环境价值观有着极其重要的作用。

2.2 生态旅游的环境教育功能

生态旅游所能起到的环境教育类型可以分成四种。一是环境危机的警示教育，二是环境审美教育，三是生态科普教育，四是环境保护的伦理道德教育。通常一个生态旅游项目或景区，这几种类型的环境教育功能均能得到体现；但根据其侧重点的不同，其发挥的主要作用也有所不同。

2.2.1 环境危机的警示教育

环境危机的警示教育，即通过对比良好的生态旅游区和遭破坏区域的生态环境，或生态旅游区的今昔对比，使游客意识到生态破坏的危机性和危害性。以这一类环境教育功能为主的生态旅游区不多，大部分起到警示教育作用的是由于不当开发造成的旅游区环境衰退案例，如千岛湖、九寨沟等生态旅游区因游客量超负荷等因素造成生态环境破坏。

杭州天子岭生态公园，则通过从垃圾填埋场到生态公园的今昔对比，以正面的角度普及垃圾生态化处理的环境意义。天子岭作为杭州唯一的生活垃圾填埋场，填埋有1991年到2007年之间的900万吨城市生活垃圾，通过生态化的处理方式，在其上建立生态公园，利用浅根系植物营造良好的地表植被，形成和谐的生态系统及良好的景观，并利用收集的沼气建立旅游服务设施。利用先进的技术手段，将过去对空气、土壤、水源构成威胁的重污染源，改造成环境良好的生态公园，天子岭的生态旅游开发不仅引起游客对垃圾处理问题的重视，也使其从中学习到了治污手段及先进理念对改善环境的重要作用。

2.2.2 环境审美教育

环境审美教育，即展现自然之美、生命之美、生态之美，陶冶情操，培养对自然、对生命、对生态的热爱。以优美的环境、动植物等观光为主的生态旅游景区所起的主要环境教育功能都属于这一类。

浙江安吉中南百草园是长三角地区最大的生态农业观光园，占地面积达3800余亩，园内植被覆盖率达99.8%，以次生林植被、动植物资源和自然山水景观为依托，有全球仅存的大片原始淡竹林群落，是浙江省野生动物驯养基地。园区分为七大功能区，包括生态植物观光区、野生动物繁殖区、户外体育运动区、黄浦江源湿地水上漂流、原始淡竹宫、高效生态农业示范园区、休闲度假区等，包括森林、草原、湿地、竹海、野生动物、客房、娱乐、餐饮、拓展运动、会议等活动项目，具有很强的可玩性、可观赏性。中南百草园优美的生态环境，使得游客在观光、体验活动时，都能欣赏到万物自然的生机，感受到欣欣向荣的活力，将自己融入到多样的生态系统当中，得到了审美熏陶。

2.2.3 生态科普教育

生态科普教育，即将生态学的一些概念和基本原理，通过现场解说、感受，让游客自然地了解和接受。以生态科普教育为主要功能的生态旅游开发，很容易陷入只重视“关于环境的教育”而难以调动游客兴趣及积极性的困境中。

位于浙江安吉的中国（安吉）生态博物馆，在规划之初就打破传统博物馆的观念，将整个县域整体建立成一个“没有围墙的生态博物馆”，并未将保护与展示的内容局限于现有的各类自然生态环境、传统民俗文化与历史文化遗产，而是将整个自然环境与人类社会中正在发生的、或将要发生的具有典型意义的事物纳入其中，使生态博物馆与人类社会发展的历史进程紧密结合，将生态作为推动人类社会发展的积极因素。博物馆划分为多个展区，包括：自然生态类中的森林生态展示区、湿地生态展示区；历史文明类中的旧石器遗址展示区、古军事防御遗址展示区、古墓葬群遗址展示区；民俗文化类中的竹文化展示区、茶文化展示区、书画文化展示区、孝文化展示区、山民文化展示区、畲族文化展示区；人地和谐类中的生态能源展示区、生态建筑展示区，生态村落展示区、现代竹产业展示区、现代转椅产业展示区。博物馆提供了综合观光、体验等多种生态旅游方式，并能满足游客吃、住、行、游、购、娱的多方面需求，使游客在此过程中了解和接受生态学的一些基本原理及技术。

2.2.4 环境保护的伦理道德教育

环境保护的伦理道德教育是环境教育的最高层次，提高民众的环境道德意识、思想观念和感情，使得环境伦理道德融入人生观、价值观和世界观，真正达到思想认识和觉悟上的升华。生态旅游从其根本目的上来说，应该发挥其环境伦理道德教育的功能，使得各方主体，包括开发者、游客、当地社区居民等，都能得到环境伦理道德的感悟和提升。这在注重社区参与的“农家乐”形式的生态旅游中最易表现出来。

太湖源生态旅游区位于浙江省临安市太湖源镇，风景秀丽，具有独特的生态资源，素有江南小九寨沟之称。白沙村紧邻太湖源生态旅游区，又被称为“太湖源头第一村”。全村由陡峭山坡环抱，面积 801 公顷，其中深林面积 764.6 公顷，森林覆盖率达 95%，耕地面积只有 10.2 公顷，占 1.2%；全村平均坡度大于 30 度，几乎看不到平地。由于地处偏僻，在旅游业发展起来之前，采伐木材和采集山货几乎是白沙村仅有的收入来源。太湖源生态旅游兴起之后，村中多户居民陆续以“农家乐”的方式开展旅游服务，全村共 73% 的劳动力参与旅游业。白沙村村民参与旅游业前要先经过开发商及“农家乐”协会组织的培训，学习基本的生态知识。此外为了更好地经营，村民也自学相关的经营、生态保护知识，这在无形中提高了村民的生态素质。而“优美的山水资源才能吸引并留住游客”这一认知，也使村民无形中提高了生态意识，在这种生态意识的长期作用下，村民从经济利益出发考虑生态渐渐转变为热爱自然而保护生态，人生观、价值观都发生了良性变化。而对参与生态旅游的游客而言，生态旅游的过程也是接受教育的过程，来到太湖源的游客不仅学到了保护自然生态的观念和方法，也从经营“农家乐”的那些好客的村民身上感受到与自然为伴的淳朴民情。而太湖源生态旅游区的开发商在成功处理了环境、社区居民等关系后，获得了良好的经济效益、社会效益、生态效益，并进一步认知到遵循和发扬环境伦理道德的意义。

3. 在生态旅游项目中贯彻环境教育理念

生态旅游项目本身应被赋予一种意识提升、道德感染、审美熏陶的环境教育使命。这就要求在生态旅游项目的各个阶段注意以下原则，才能保障生态旅游的环境教育功能。

3.1 旅游规划必须以生态环境为前提

编制生态旅游规划的前提是“生态”，生态不仅是旅游的特色，也是贯穿旅游各方面的指导思想。旅游的主体是人，因此旅游规划必须“以人为本”；生态旅游的特色是“生态”，因此生态旅游规划必须以生态环境为前提。一个生态旅游规划，制定之初就必须以保护、改善生态环境为前提，考虑如何在景观、服务等各方面将游客和环境更好地协调起来，营造一个良好的环境教育氛围。

3.2 项目过程必须恪守环境道德

一个生态旅游项目要名副其实，其规划、施工、运营过程必须恪守环境道德，不能为了一时的经济收益而破坏环境。环境道德的对立面是人类本性中的贪欲，因为旅游的主体是人，不可避免会涉及短期收益和生态环境的冲突。有些项目打着“生态旅游”的旗号，其规划目的却是以经济收益最大化为目标，罔顾自然环境和本地的人文环境，实行起来也必将带来惨痛的后果，并受到道义上的谴责。

3.3 经营、管理中保持环境伦理意识

规划的目的是执行，一个好的规划，如果没有切实有力的执行，则等于一纸空谈。在具体的项目经营、管理中，首先不能违背规划中环境保护、生态保育等相关原则及策略，其次自身也要树立环境伦理观，营造和谐的氛围。如曹素芳等（2006）指出，张家界旅游发展中过度开发、动植物锐减、污染严重、景区城市化等现象，正是由于经营管理中缺乏必要的环境道德意识、环境道德良心和环境道德责任感所致，这样的生态旅游景区缺乏积极的环境教育功能，只能以今昔对比成为环境教育中的一个反面教材[5]。

3.4 从业者的环境素质培训

对生态旅游的从业者，从规划师到执行者，从经营者到基层员工，都应该有相应的环境素质教育。尤其是对基层员工的培训，不能忽视对其环境伦理观的培养和提高。只有将环境伦理变成一种思想上、道德上的自觉规范，才能确保生态旅游健康发展。基层员工和游客的接触最为密切，其环境伦理意识的体现，让游客在每一个细微处获得不自觉的环境教育熏陶。

4. 结论和展望

环境教育并非一种刻意的“教导”方式，而是要“在环境中”进行“关于环境的教育”，最终达到“为了环境”的目的。

目前我国的生态旅游项目开发，大多流于一种空泛的提法，或仅限于观光养生等项目内容。作为生态旅游重要功能的环境教育并未得到很好体现，究其原因，生态旅游的从业者没有将环境教育作为生态旅游的目的之

一。即便是为环境教育服务的生态旅游项目，也过于强调教育的形式，未能将环境教育融入整个旅游环境中去。这是生态旅游的研究者和从业者今后值得重视的发展方向。

通过规划、经营、管理过程中对环境道德意识的保持，可以在不同层面上有重点地发挥生态旅游的各种环境教育功能，树立生态意识、弘扬生态道德、升华生态审美，在生态文明建设中发挥重要作用。

注：文中部分案例来源自笔者参与的规划项目及考察研究。

参考文献

[1] 张斌. 生态文明视域下的环境教育论 [J]. 湖南师范大学社会科学学报，2010，(2)：23－27.

[2] 尤海舟，蔡蕾，贾成等. 生态旅游中的环境教育 [J]. 四川林业科技，2010，31 (3)：89－93.

[3] 周笑冰. 环境教育的核心理念及目标 [J]. 北京师范大学学报 (人文社会科学版)，2002，(3)：118－122.

[4] 杨桂华，钟林生. 明庆忠. 生态旅游 [M]. 北京：高等教育出版社. 2000.

[5] 曹素芳，刘华. 张家界旅游业健康发展的环境伦理思考 [J]，边疆经济与文化. 2006，(4)：18－20.

Study on the Environmental Educational Functions of Ecotourism

SU Yingxue, YAN Lijiao

(*Institute of Ecological Planning and Landscape Design, Zhejiang University, Hangzhou* 310058, *China*)

Abstract: This paper recounted the concept and meaning of environmental education. There were four aspects of the environmental educational functions in ecotourism, such as warning education of environmental crisis, aesthetic education of environment, popular eco - science education and ethic education of environmental protection. After case - analyzing, four principles were summarized for ensuring ecotourism in planning: tourism planning must be on the precondition of eco - environment; planning must scrupulously abide by environment morality; environmental ethic consciousness must be kept in management; practitioners must be trained for environmental attainment.

Key words: ecotourism; environmental education; environmental ethic

水库景区生态旅游发展模式与规划思路

李跃军[①7]

（台州学院经贸管理学院，浙江临海 317000）

【摘要】：水库景区是水利风景区的重要类型，受库区经济社会发展影响，水库景区持续发展形势越来越严峻。生态旅游发展模式就是树立生态理念，坚持生态保护、生态规划、生态管理、生态教育、社会和谐相统一，实现水库景区的旅游者、管理者、规划者、社区环境、景区环境的“五位一体”协调发展。生态旅游发展模式是水库景区可持续发展的理想途径。文章分析了“五位一体”构成要素在生态旅游发展中的相互关系，从生态容量设计、功能布局、景区管理和建设方面提出了实现该模式的规划思路。

【关键词】：生态旅游；发展模式；规划思路；水库景区

中图分类号：F592.3　　**文献标识码**：A　**文章编号**：

水库景区是水利风景区的主要类型之一，其水库旅游资源作为水体旅游资源的一大种类，一直被当作世界各国水资源综合利用的重要资源。水库景区旅游开发是水库功能综合利用的重要方式，是发展民生水利的重要手段，是推动水管单位改革发展的重要支撑，是拓宽水利服务领域的重要窗口。近年来有关专家学者对水库旅游开发研究，就水库景区的旅游资源开发与规划[1-2]、水环境的保护[3-4]、开发模式及理论[5]等做了初步研究，

---

① 李跃军（1968.12—），男，浙江临海人，博士，副教授，主要从事旅游学和自然地理学的教学与研究工作。E-mail：zjtzlyj@163.com

但如何开展生态旅游发展研究相对较少。随着区域经济的发展，水库及库区对区域生态作用越来越突出，水库环境要求也越来越高，因此，水库景区生态旅游开发模式研究，对于实现人、水、地协调发展具有一定的指导意义。

1. 水库景区旅游开发特征

水库景区是指以水库水域（水体）、湖滨区域、排水河道或水利工程为依托，具有较好的水库环境条件，可以开展观光、娱乐、休闲、度假或科学、文化、教育活动的区域。其特征主要表现为：一是旅游功能具有多样性，包括观光、娱乐、休闲、度假或科学、文化、教育活动等多种类型。如千岛湖进入中国旅游胜地四十佳，十三陵水库为首都市民的旅游休闲地首选，深圳水库成为深、港两地重要度假地，东江水库则被国家旅游局列为“青山秀水游”重点景区。目前我国已有70%的长期休、疗养者和短期疗养者被吸引到水库旅游区。第二，分布范围广，在全国各个省区都有分布，我国大小水库近万座，目前全国已建成大中型水库3000多座，但山区多，平原地区少，南方多，北方少；第三，旅游活动空间以水库为中心，包括流域、水面区域和排水区域等区域，如水面活动开展游艇、游泳、垂钓、滑翔、滑水、潜水、摩托艇等活动，在排水区开展探险漂流等活动，在地形适宜的库岸建造高尔夫球场、网球场等游乐设施。第四，受水库功能的影响，水库景区生态容量要求严格。总体而言水库主要具有防洪、发电、农业灌溉、城市供水、水产养殖、改善航运、旅游开发等七大功能。随着水库周边经济社会的发展，绝大多数水库已经成为区域的生态屏障，只有在生态容量要求内，才能保证生态屏障继续保存。第五，上游流域土地空间大，但旅游容量须限制。水库建设时期，大多进行了库区移民，水库区域人口相对稀少，土地资源闲置较突出，但受到库区生态容量限制，旅游容量必须限制。

2. 水库景区生态旅游开发意义

由于水库景区所具有的独特性和对游客的吸引力，以及旅游经济价值，水库景区成为当地部门热衷开发的项目之一。但有关部门对水库环境认识不到位，缺乏对可持续发展的资源保护观的深刻认识，仍在走“先污染，后治理”的老路。水库景区开发存在多头管理，过度开发，缺少整体规划等问题，没有处理好旅游开发、游客规模与水库生态环境保护之间的关系。因此，水库景区采取生态旅游开发模式具有重要的意义。

2.1 生态旅游开发是水库经济开发的重要途径

水库景区环境保护要求高，任何经济开发都必须以生态保护为前提，不合理的旅游开发会加剧库岸水土流失严重性，影响水库水质，破坏水库环境。生态旅游开发模式，以水库景区的环境资源和水利工程为依托，在设计定位上借助周边众多风景名胜、旅游景点和文化遗址等有利条件，以独特的水域、湿地、沙滩、绿色生态林的区位优势，参与地方旅游业发展，互利互补，可以增添当地旅游新景点，促进区域旅游产品多样化，丰富旅游市场，为游客提供更多的选择机会。

2.2 水库功能综合利用的需要

水库承担着诸如防洪、灌溉、供水、发电、水产养殖和改善航运等重要功能，但是水库往往又具有丰富的旅游资源，水库多修建在崇山峻岭或人为干扰少的地区，区域内外风光优美，许多水库盛产鱼类、水生藻和水草等，两岸植被繁茂，历史、人文景观丰富，是理想的旅游资源。丰富的水体资源及与其相结合的自然、人文旅游资源，使水库景区表现出丰富多样的旅游功能类型。水库景区的旅游资源、排水区的河道水力资源、库区流域的闲置土地资源及生态保护区的生态资源，适宜开展水上旅游活动、湖滨休闲和库区观光农业和探险漂流等旅游活动。这种良好的匹配会进一步提高水库景观资源的价值及其资源开发的可行性。生态旅游开发，就是对这些资源的充分利用，是水资源可持续利用的重要延伸，在推动水管单位自身经济良性循环的同时，可促进区域经济的良性发展，提高水利资源的综合利用价值，使水利工程的生态效益、社会效益和经济效益得到充分发挥。

2.3 生态旅游开发是库区经济发展的要求

水库的正常运行与维护需要资金作保障，仅仅靠政府投资和其他多种经营的收入显然不够。目前，许多水库管理单位经济效益差、难以为继，旅游创收便成了一条缓解紧张局面的有效途径。水库旅游能够把水利工程与水利旅游资源高度结合下的壮丽景观展现出来，可增加人与自然的亲和力，树立水利行业的新形象。

3. 水库景区“五位一体”生态旅游发展模式

“五位一体”生态旅游发展模式是指在生态学理论指导下，树立生态理念，通过生态保护、生态规划、生态管理、生态教育、社会和谐五个途径，实现水库景区的旅游者、管理者、规划者、社区、景区环境的五个主体在生态旅游发展中的统一。

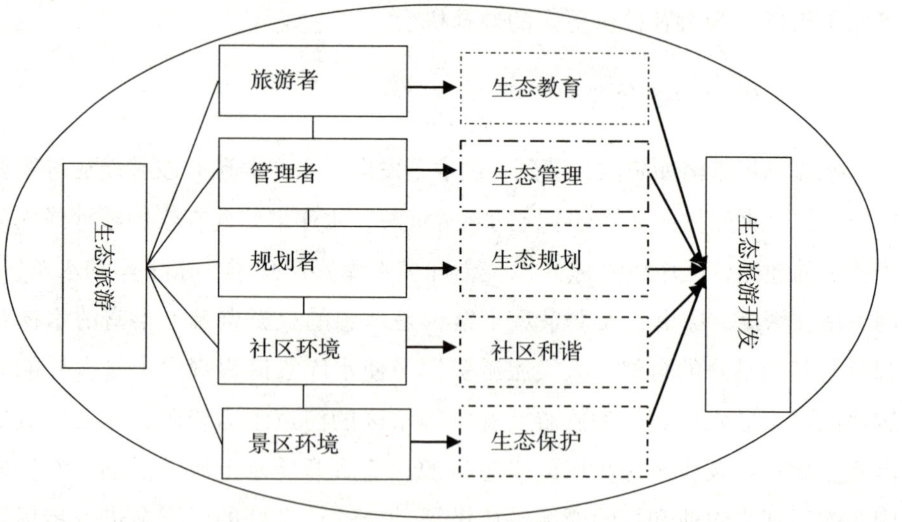

图 1 “五位一体”生态旅游发展模式

3.1 旅游者的环境意识是实现生态旅游的关键

旅游者是实现生态旅游的实践主体，其旅游目的具有较大的随意性和以自我为中心，但是水库景区对环境要求的特殊性，不允许游客旅游行为对环境影响的任意性的存在。这就要求水库景区提供满足游客需要的设施、产品和服务，并做到“物有所值”，而且让游客接受生态教育，自觉遵守环境保护意识，这是生态旅游的关键。

3.2 生态旅游规划者提供实现生态规划的技术支持

生态旅游强调的是对自然景观的保护，是可持续发展的旅游。生态规划能够指导景区开发的全过程，在规划过程中，规划师要把生态理念贯穿始终，在规划、建设、运营、管理、游客、技术、知识，交通、景观、标识、节能、垃圾、污水处理上，应保护优先，开发中保护、保护中开发，强调自然修复能力与区域自我调节，以环境承载力为基准，合理确定水库景区容量，坚持适度性进入，避免过多人工干扰。

3.3 水库管理者是推动生态旅游发展的根本

我国水库风景资源的产权虽归国家所有，实为水利行政部门所代管，水利部门对旅游资源的开发管理存在天然不足，且又难以和旅游部门在合作利益机制上达成协调，造成水利旅游的难管局面。第二，景区管理机构的利益是通过景区规划的管理、项目审批以及对景区经营企业的监督来实现的，但管理机构常过度追求经济利益，忽视了景区环境影响，导致旅游容量超载。第三，水库景区往往多隶属于几个相邻行政区，各地方政府部门在利益驱动下争相参与管理，造成“多头管理”，各自为政，导致景区管理混乱与过度开发。因此，管理协调和管理者生态旅游发展理念成为推动生态旅游发展根本性因素。

3.4 水库景区与社区和谐是生态旅游发展的目标

旅游开发创造巨大的经济效益，而在利益分配方面，往往以政府的政绩和企业的收益为出发点，把居民排斥在外，忽略了原住民的利益，常引起景区管理与社区的矛盾。实际上，水库景区其利益要求首先要与地方政府的利益要求相一致，即谋求景区的社会环境效益，同时谋求自身的建设与发展，提高水库管理机构对景区资源环境进行有效保护、合理开发能力，不应过分谋求经济利益。因此，应立足于人民群众日益增长的物质文化和精神文化需求，为广大人民群众营造良好的生存发展环境，实现好、维护好、发展好最广大人民的根本利益，确保景区建设发展的成果惠及广大人民，才能保证景区持续发展。

3.5 景区环境质量是确定生态旅游发展规模的前提

我国水库分布地区差异大，不同区域水库可能有不同的水库环境，而环境不同，则允许旅游开发容量和游客规模容量就会不同。不同水库，其综合功能有所侧重，水库对于饮用水源地水库，应该严格保护，确定相对较少的容量。根据我国南方与北方、东中西部、城市与农村的自然禀赋特点、经济社会发展条件差异，从实际出发，因地制宜、分类指导、量力而行、尽力而为地突出景区建设的水利特点、地域特色和水文化内涵。

4. 水库景区生态旅游发展模式的规划思路

4.1 确定生态旅游开发范围

水库的旅游开发范围主要包括水面、水下、水库岸滩、延伸部分、水库上空、周边乡村地区等六大部分，但各个水库景区功能和环境要求不同，应因地制宜。水面是旅游开发的重点，大型水上运动旅游项目一般设于水库水面。水下部分是目前我国水库旅游开发的薄弱之处，包括潜水、水下观光、水下探险等运动在内的旅游项目开发较少。水库岸滩是进行垂钓、沙滩休闲运动等各类休闲游憩的绝佳场所，其旅游开发价值相对较高。水库延伸部分包括水库库岸周围的山地、森林等，该区域主要可供开发登山、峡谷探险、森林野营等陆地旅游项目。水库上空主要可以开发空中观光、水上飞伞等旅游活动。而周边乡村区域则为水库增添其他自然景观，是水库自然景观的过渡和延伸，同时也是水库度假者和观光者的外围活动空间。

4.2 实行景区生态容量分级

按照景区生态容量分级，确定不同类型水库的开发方向及内容。对于小型水库而言，主要开发划船、垂钓、游泳、捕鱼等只需极少投资的传统项目，无须开发大型水上娱乐活动，旅游客源市场主要定位于本县（区）内的部分城镇休闲者。中型水库则可以将度假休闲和观光游览有机结合起来，可以根据实际条件开发适当的水上游乐项目，注意适当控制旅游项目的数量和规模。大型水库的旅游项目开发遵循综合性原则，大力发展大型水上运动、水上娱乐、观光度假等参与性或刺激性较强的旅游项目。对于狭长的河道型水库，可大力开发河道、峡谷和溪流的观光探险类项目。而对于宽阔的湖泊型水库，则应发挥其水面宽广的优势，可开展水上飞机、水上飞伞、滑水、帆船等大型水上旅游项目。不同区域的水库开发方向及内容迥异，我国各地区自然地理、气候、人文特征差别较大，因而水库旅游开发也应结合本地实际情况而突出特色。总体上说，南方的水库主要以休闲度假、水上观光、水上运动、水上娱乐为其特色。北方的水库除可开展各类水上旅游项目外，还可开展冬季的各类冰雪旅游项目。

4.3 进行旅游功能空间分区和合理布局

水库的全面旅游开发并不等同于只开发旅游而忽略了发电、供水等其他六种重要功能，也不等同于空间上的全面旅游建设，因此有必要对水库进行功能区划。要结合水库自身条件及开发要求，在综合协调的基础上划定旅游开发的区域范围。在确定旅游区域范围之后，又可根据旅游资源状况和开发条件等进行更细的旅游功能区划，对观光游览区、休闲度假区、旅游接待服务区等功能区进行合理规划布局。

4.4 加强库区流域景观生态建设

按照“旅游资源调查与评价—确定生态容量—生态旅游规划—功能区划—生态旅游产品”流程，实现景观生态建设。加强监管力度，严格控制游客容量。工程设施本身的建设要在规范允许的范围内，辅之以合理的人文景观设计，充分考虑其建筑风格的观赏性，以及与周围自然景观的协调性，为水库景区的建设创造有利条件，最大限度地发挥工程的经济和社会效益，真正达到生态景观工程的效果。既要满足人类的合理需求，也要满足维护水库健康的基本需求；既要注重水利设施等人工景观建设，又要注重自然景观的恢复和利用；既要开发利用水域和水利工程，又要加强水环境治理。

4.5 利用现代科技，提高库区治理

新建水利工程时要统筹考虑对生态环境的影响，应将水土流失治理、生态环境的建设和保护放在重要位置，从规划、勘测、设计、施工、运行管理各阶段各环节，优先考虑生态环境问题，要有超前性和前瞻性意识，用生态水利的理念去建设每一个水利工程，在工程建设中同步实施水库景区基础设施建设，为水库景区后续建设留有余地，并提供必要的条件。

参考文献

[1] 蒋祖云．试论“两江一湖”风景水资源的深度开发．旅游学刊 1995，10（6）44－47.

[2] 张西林．水库旅游开发与规划．中南林学院硕士论文．2003.

[3] 张运林．陈伟民．天目湖水环境现状及生态旅游可持续发展对策 生态环境 2003. 12（4）139－143.

[4] 林秋奇，韩博平．水库生态系统特征研究及其在水库水质管理中的应用．生态学报，2001. 21（6）1034－1039.

[5] 周玲强．湖泊旅游开发模式与世纪发展趋势研究．经济地理 2003. 23（1）139－143.

Development Model and Planning of Ecotourism for Scenic Areas of Reservoirs

Li Yuejun

(*School of Economic & Trade Management*, *Taizhou University*, *Linhai* 317000, *China*)

Abstract: The scenic areas of reservoirs, an indispensable kind of water parks, are entangled by such problems as overexploitation, lack of holistic exploitation, and serious pollution. As an important mode of the sustainable development for the scenic areas of reservoirs, "ecotourism" conveys its connotation—to design the ecology concept and insist on the organic unification between ecological conservation, ecological planning, ecological management, ecological education and social harmony, for the purpose of realizing the coordinative five - in - one development for the scenic areas of reservoirs, from five aspects of tourists, directors, planners, community environment and scenic area environment. This paper analyzes the correlation between elements of "five - in - one development mode" from the perspective of ecotourism growth, and tries to present ways to fulfill such pattern, in terms of ecological capacity design, functions and layout, and management and construction of scenic areas.

Key words: ecotourism; development Model; realization ways; scenic areas of reservoirs;

国内外社区旅游研究综述

卢东山

（云南旅游职业学院旅游系，云南昆明 650221）

【摘要】：社区与旅游结合形成了社区旅游。从社区的角度考虑旅游目的地建设，谋求旅游业及旅游目的地经济效益、环境效益和社会效益的协调统一，是研究社区旅游的根本目的。国内外学者对此展开了深入、广泛的研究，并取得丰硕的学术成果，尤其是国外研究成果更丰。

【关键词】：社区旅游；国内外研究；综述

旅游研究重点已经从 20 世纪 60 年代的有利影响、70 年代的不利影响、80 年代的系统平衡，到 90 年代的微观研究，即社区研究（Andereck & Vogt，2000）。社区研究主要是针对社区旅游发展的一系列问题进行研究，如社区居民的利益分配、居民对社区旅游的态度、社区参与、社区建设、旅游与社区的关系等等问题。

保继刚、文彤在 2002 年做过国内、国外社区旅游综述。其国内社区旅游综述部分主要是针对 2000 年以前（含 2000 年）发表的文章，相关内容请参阅“社区旅游发展研究述评”（桂林旅游高等专科学校学报，2002）一文。因此，本文的国内社区旅游综述着重针对 2000 年以后发表的并辑录于中国学术期刊网的文章；国外社区旅游综述着重补充该文未提及的文献内容（源于 ELSEVIER）。

1. 国外社区旅游研究综述

保继刚、文彤（2002）从旅游对目的地影响、旅游与居民、旅游与社区、社区旅游发展四个方面综述国外文章。本文从社区旅游的经济影响、社会影响、环境影响、社区和群体、理论运用五个方面作综述补充（文章源于 ELSEVIER）。

1.1 经济影响

积极影响。20 世纪 60 年代，人们对旅游影响的认识主要是积极影响。Jensen & Blevins（1992）、Stokowski（1992）认为旅游对社区的发展有着重要作用，旅游是解决社区经济下滑的主要工具。Luloff（1994）指出，由于旅游对经济的拉动作用，政府在不同层面采取强有力的措施促进社区旅游发展。Long，Perdue & Allen（1990）认为旅游有潜力为社区创造更多的就业机会、税收，并能促进社区经济的多样化。Liu & Var（1986）研究显示，当地人感受到，旅游使就业机会、投资、当地商业利润增加。

消极影响。从 70 年代以来，人们越来越关注到旅游给社区经济带来的消极影响。Turner & Ash（1975）认为，旅游把客源国——工业国家的文化糟粕带给了第三世界国家。尽管如此，第三世界国家仍然应该发展旅游。Liu & Var（1986）指出，旅游导致了生活成本的增加。Haralambopoulas & Pizam（1996）也指出，旅游使得社区物品价格和服务价格上涨。

1.2 社会影响

Weaver & Lawton（2001）把旅游对社区的影响分外本质的和外表的两类。Haralambopoulas & Pizam（1996）把旅游的社会影响归纳为人口结构、职业结构、社会结构/消费模式、犯罪/卖淫/赌博、东道主社区文化表达的影响。大部分学者是从积极影响和消极影响两方面分析旅游的社会影响。

积极影响。Emre（2003）认为，旅游能把当地的文化、历史传播给旅游者，而且也传播给当地的下一代人；能增加就业量；能提高生活标准；能为旅游的再发展提供税收；能重新利用废弃房屋。能完善基础设施；能促进行政、立法保护自然环境。Liu & Var（1986）调查显示，居民认为旅游给他们带来文化收益，如：娱乐、历史或文化展览、文化交流、举行活动、识别自我等等。并且，他们认为，犯罪率上升不是旅游的原因。还有 Gilbert & Clark（1997）、McCool & Martin（1994）、Perdue et al（1990）等也有类似的发现。

消极影响。消极影响主要有以下几方面的问题：传统家庭价值观念、文化商业化、犯罪、毒品、道德下滑、酗酒、性开放、卖淫增多、赌博、公共设施拥挤、资源紧张、居民友好度下降（Kathleen，Karin，Richard & Christine 2005）等等。Milman & Pizam（1988）认为，旅游会给东道主社区带来严重的社会问题，如：价值观系统改变、个人行为改变、家庭关系改变、集体生活方式改变、传统仪式改变或社区组织改变。Dogan（1989）发现，旅游发展对社区居民的社会结构特征有影响，比如：居民的习惯、生活常规、社会生活、信仰、价值观等。这些因素反过来会导致心理压力。Zwick（1991）也指出，在很多旅游发展快的社区，伴随旅游已经产生了交通拥挤、户外空间缩小、价格上涨、社会结构分裂、价值观改变的负面反应。Britton & Clarke（1987）认为，大众旅游阻碍社区长久保持其独特文化，同时给社区带来卖淫、犯罪等社会现象。

旅游导致移民。Christensen（1995）、Perdue，Long & Gutske（1991）都用实例验证了旅游吸引移民这一现象。他们指出乡村人口增长与社区旅游发展程度存在直接联系。Jobes（1992）、Rudzitis & Johanson（1989）的实证显示，城市人口移民到有康乐设施的乡村的数量正在上升，当中有个人移民，也有公司移民。

1.3 环境影响

旅游常常被认为是“清洁”的，但实际上不总是这样。它能导致严重的资源毁坏，因为，旅游往往是在那些富有吸引力却很脆弱的地方开展。另外，旅游地制定政策时很有可能只考虑满足游客的需求，而没有考虑当地的环境保护。最后，由于旅游业对自己导致的环境问题反应迟钝，会慢慢不知不觉地被自己埋葬（Doggart & Doggart 1996）。目前，国外文献更为关注对环境消极影响，积极影响用墨较少，环境影响既有社会环境影响，也有自然环境影响。

积极影响。Marchak（1992）、McCool（1992）认为相比挖掘资源来说，旅游是“清洁”产业，尤其对那些传统上就依赖挖掘资源的村庄。Emre（2003）认为，旅游能完善基础设施；能促进行政、立法保护自然环境。

消极影响。旅游会导致水污染、空气污染、肥料渗漏、道路油污、野生动物毁灭、动物栖息地破坏、植物减毁和森林退化、森林火灾、昆虫过度采集、践踏植物、土壤和湿地海滩的毁坏（&ereck 1995）。Emre（2003）认为，旅游会影响自然环境，导致水质、空气质量退化以及野生动物毁灭。旅游也会影响社会文化环境，比如，使之失去文化同一性；把当地人赶出旅游设施；导致人际关系疏远和社会压力增加。在旅游旺季，过多的游客导致交通拥挤、汽车乱停放、行人与自行车碰撞、服务质量下降、娱乐费用上涨等等。Pearce（1980）指出，高速发展的旅游使社区居民释放出对旅游导致的交通、停车、犯罪、通货膨胀的不满，而这些不满会使毫不知情的游客面临东道主的敌意。

1.4 社区和群体

Michael（1998）用美国落基山西侧 4 个乡村社区验证了“旅游依赖”假说。根据旅游发展阶段，把乡村社区划分为：饱和旅游社区 Tourism - Saturated Community、醒悟旅游社区 Tourism - Realized Community、饥渴旅游社区 Tourism - Hungry Community 三个类型。M. Jeannie，John & Charles（1995）研究美国西北部乡村小镇 Idaho 不同性别居民与旅游依赖程度的关系，把社区划分为：高度依赖型、中度依赖型、低度依赖型三种类型。

Molotch（1976）认为，社区里存在着小利益群体 Nested Communities，并提出成长机器假说 Growth Machine Hypothesis。Canan & hennessy（1998）用夏威夷岛一个度假地的实例验证了 Molotch 的成长机器假设。David，Leann，Ryan & Eric（2003）研究旅游社区当地居民与游客对传统购物区的使用情况。依据购物者是否是当地居民或游客、是否是购物区的重度使用者还是轻度使用者，把被购物者分成四个群体。作者认为研究这四个群体的购物情况有助于提高对旅游生活圈模式的认识。

1.5 理论应用

社会交换理论 Social Exchange Theory 是国外学者在研究居民感知与态度时普遍运用的理论。运用领域有：研究旅游发展不同阶段居民态度的多样性；研究个人在旅游业中的涉入程度；研究家庭中涌入过多的旅游者带来的影响；研究居民在社区的居住时间（无论其是否土生土长）；研究居民对当地旅游业和经济的熟悉程度；研究居民和旅游者的接触程度；研究旅游地的成熟度；研究发展中国家的旅游；研究某一重要事项等等。

尽管社会交换理论是主流，但其他理论也在社区旅游研究中得到运用，如：游戏理论、补偿理论、冲突理论、依赖理论等等。

总之，国外社区旅游研究时间较长，研究成果颇为丰富，涵盖面广阔，研究问题深入、细化；理论研究、实证研究透彻，有很多成熟的研究模型可供国内学习借鉴，如：研究分析居民态度的结构方程模型、计算旅游依赖度的公式、推导影响居民态度因素的模式等等。此外，国外学者调查研究发放问卷的数量和方式也值得国内学者学习。他们通常采取随机抽取居民地址，然后邮寄调查问卷再回收的方式，从而避免由于调查者的因素而影响调查结果；问卷数量通常发放 3000 份左右，回收 1000 份左右，数量非常之多；问卷题目详细。最后，通过综述发现，国外学者有偏向探讨问题的原因的趋势。比如，研究居民态度的影响因素，什么是影响因素，这种文章数量可观，这也许对国内学者是一个启示。

2. 国内社区旅游研究综述

搜索中国学术期刊网，2000 年后发表的关于社区旅游的文章共有 70 篇。研究内容主要有五个方面：旅游与社区（13 篇）、社区参与（27 篇）、社区生态旅游（16 篇）、社区旅游（7 篇）、旅游社区建设（7 篇）。其中，研究社区参与的文章最多，其次是研究社区生态旅游和旅游与社区的，较少的是研究社区旅游和旅游社区建设的文章。下面就从这五个方面分别对社区旅游进行综述。

2.1 旅游与社区

研究旅游与社区关系方面的文章共有13篇，研究内容主要有：社区管理（2篇）、旅游与社区相协调发展（4篇）、旅游与社区的互动关系（7篇）。

社区管理方面。钟泓（2005）研究了基于社区的旅游管理模式，以桂林龙脊梯田景区为例，提出“公司 + 社区居民”的景区管理模式，并建议成立由公司和社区居民参与的龙脊梯田景区旅游管理委员会管理旅游事务。宋学成、王江华（2004）探讨了延安旅游圈的构建及社区化管理模式。提出延安“点—轴—圈”发展模式的空间结构、“层次—类别—理念—功能”的旅游圈价值结构以及政府和社区共同管理的双极社区化管理模式。

旅游与社区协调发展。刘明（2001）从功能的角度，指出旅游的顺利发展需要周边社区的配合，周边乡村社区要改变原有的产业结构、景观结构和人口素质结构，形成与旅游业的发展相适应的社区功能。他在分析社区原有功能的基础上对社区结构更新的方向和原则作了详细说明。赵福祥（2005）从一体化角度，指出只有当社区内利益主体充分认识旅游与其利益相一致时，社区内的各种群体才会主动参与到发展社区旅游中，才能达到社区内社会、经济、文化、环境相融合，协调统一成一个整体。文章探讨了旅游与社区整合的表现及对策。卞显红等（2005）也从一体化出发，提出旅游与社区一体化发展实现的三个过程：内外部环境构建、一体化发展旅游规划、一体化发展旅游影响评价。文章对如何实现旅游与社区一体化发展及如何构建旅游与社区一体化发展程度的评价指标体系进行了初步探讨。邓明艳（2004）从世界遗产的角度，提出保护世界遗产的新途径：世界遗产与社区旅游相结合。文章研究了世界遗产保护的开发模式以及世界遗产旅游与社区协调发展的协调机制。

旅游与社区的互动关系。吴晓萍、何彪（2000）、田敏（2003）从民族地区文化保护的角度，分析旅游给民族地区文化带来的有利及不利的影

响（变迁），提出民族地区文化保护的具体意见。田敏呼吁关注文化交流中的不对等现象。赵福祥（2003）探讨旅游与社区人文环境的互动关系，指出两者存在独立、合作、冲突和整合四大关系，提出旅游与社区人文环境良性互动的模式和对策。张互助（2001）探讨了乡村社区林业与乡村旅游的关系，认为乡村社区林业决定和影响着乡村旅游，乡村旅游的发展又极大地促进了乡村林业的振兴和发展。赵福祥（2005）在另一篇文章中以大理市为例，分析旅游对社区的影响，提出可持续发展对策。孟祥普等（2001）分析了旅游业对周边社区直接、间接的经济影响。何婉、吴杰（2005）分析了乡村社区所包含的内容和特点对于乡村旅游开发有利和不利的影响。

2.2 社区参与

研究社区参与旅游的文章共有27篇，论述内容有：社区参与的理论研究（6篇）、社区参与的开发规划研究（3篇）、社区参与旅游模式研究（3篇）、社区参与层次及程度研究（4篇）、社区参与的影响研究（4篇）、介绍国外启示（1篇）、社区参与旅游存在的问题与建议（6篇）。下面就从这七个方面分别进行综述。

理论研究。刘纬华（2000）对社区参与旅游发展进行了理论思考，详细分析了我国社区参与旅游发展存在的问题、居民参与旅游发展的内容以及机制、实现居民参与旅游发展的方法与措施。黎洁、赵西萍（2001）运用集体选择、福利经济学等经济学前沿理论，对社区参与旅游发展的动力、社区参与如何形成最终意见、社区参与如何实现收入公平分配等理论问题进行了质疑和较深入的分析。刘纬华（2002）提出社区参与旅游发展研究的范式，并在此范式指导下，对社区参与的动力、社区参与机制以及社区参与的公平分配等问题提出尝试性的解决方案。孙九霞（2005）对社区参与概念进行归纳，分析社区参与旅游发展研究意义以及研究重点。王瑞红、陶犁（2004）研究了社区参与旅游发展形成的必要性、社区参与旅游发展的三个阶段、社区参与旅游发展的内涵。宋章海、马顺卫（2004）探讨了社区参与乡村旅游发展的思路，以及实现乡村旅游可持续发展的目标和可行途径。

开发规划。王丽华、张宏胜（2004）界定了社区参与型旅游产品的概念，并对社区参与型旅游产品开发的“IDPC”模式进行阐述。保继刚，孙九霞（2003）从规划角度、以阳朔遇龙河风景旅游区为例，提出遇龙河旅游区居民参与旅游开发的主要策略。宫晓玲（2005）介绍了社区参与的必要性及其优势，对社区参与旅游规划的过程及内容进行分析，并提出旅游规划中社区参与的保障性措施。

参与模式。郑群明、钟林生（2004）从经济学角度，分析参与式乡村旅游社会经济学意义，提出参与式乡村旅游的开发模式：“公司＋农户”模式、“农户＋农户”模式、股份制模式、个体农庄模式、“政府＋公司＋农村旅游协会＋旅行社”模式，并把参与式乡村旅游与传统旅游、传统农业进行比较。蒋燕（2003）分析了社区参与旅游发展具体操作情况，并给出一个操作流程图。吴忠军、叶晔（2005）以桂林龙胜龙脊梯田景区平安寨为例，从其旅游利益分配与居民参与现状及其存在问题分析入手，探讨实现旅游利益分配公平性的分配模式及居民有效参与的关键性问题。

层次/程度。郑向敏、刘静（2002）讨论了我国社区参与旅游发展所呈现的三个层次：初级、积极、成熟参与。指出我国社区参与旅游发展并正在由低级参与层次向高级参与层次过渡和转化，并分析和研究了其产生层次的背景及层次的升级转化问题。胡志毅、张兆干（2002）把社区参与划分为个别参与、组织参与、大众参与和全面参与四个阶段，并分别描述了四个不同阶段的特征。潘秋玲、李九全（2002）研究了社区参与和旅游社区一体化思想理念的形成、内涵、目标、原则，以及社区一体化思想构架和制约因素。刘捷在社区参与和旅游社区一体化思想的基础上，提出社区参与建造乡镇休闲旅游理念。

影响研究。杨桂红（2001）从实证经济学的角度，以中甸碧塔海旅游景区社区参与状况为例，阐述社区参与旅游业发展对环境保护的积极作用。缪芳（2005）以福建省福州市闽清县宏琳厝旅游开发为例，研究社区参与对古民居旅游开发及旅游容量的影响。邱云美（2004）指出社区参与旅游是实现旅游扶贫目标的有效途径，并研究了扶贫（保证社区参与旅游）的具体措施。邱云美、封建林（2005）通过对少数民族地区社区参与旅游发展的意义和影响因素分析，提出了少数民族地区社区参与旅游发展

的措施。

问题建议。张洁、杨桂华（2005）以云南省中部古州野林彝族村寨为例，通过实地调查、定量分析，得出影响社区居民参与旅游积极性的五个因素，即社区经济和旅游业发展水平、景区优势旅游资源、社区居民对旅游开发的认知、对政府的信任度以及民族传统习俗。黎平（2005）分析了山区旅游开发对社区农民利益保障不足及其表现，指出社区居民参与山区旅游发展的必要性和存在的障碍以及促进社区参与山区旅游开发的几点思路。宋章海（2005）探讨了社区与旅游景区建设发展、社区居民与景区经营管理者之间的互动关系，并针对社区参与旅游业发展中出现的一些带普遍性问题，从理论与实践角度提出了思考和建议。罗永常（2005）以黔东南苗族侗族自治州雷山县郎德村为例，在对郎德村社区参与旅游发展现状调查与评价的基础上，提出了如何促进乡村旅游社区参与的一般途径和方法。蒋艳（2004）在对欠发达地区旅游发展中社区参与意识存在的障碍进行分析后，指出要更好地实施社区参与战略，社区参与意识、社区居民参与意识、政府部门官员和旅游专家的参与意识都需要提高。邱云美、封建林、莫艳恺（2005）通过对景宁畲族社区参与旅游发展的实证研究，提出了提高景宁畲族社区参与旅游发展水平的措施和建议。

2.3 社区旅游

国内着重研究社区旅游发展的文章不多，目前总共搜索到 7 篇。分为城市社区（3 篇）、农村社区（3 篇）、风景度假区社区综述（1 篇）。

城市社区。陈秀琼，甘武林（2003）对城市社区旅游吸引力及意义进行了分析，提出城市社区旅游开发的几点策略性建议。张立生（2004）从伦理学的角度，提出城市社区旅游开发的过程中可能遇到的旅游伦理问题，并提出了相应的解决途径。周玉翠（1999）以湖南省邵阳市为例，研究欠发达地区社区旅游。探讨了社区旅游的特点、社区旅游开发的基本原则以及欠发达地区开展社区旅游的重要性，提出了典型的欠发达地区邵阳市社区旅游开发的措施。

农村社区。黄郁成、顾晓和、郭安禧（2004）对农村社区旅游不同的开发模式（浙江象山松兰山模式、江西流坑的“输入型”模式、风景区管理委员会模式）进行了比较分析。余向洋（2005）借鉴台湾社区营造的经验，提出了古村落社区旅游的另一种思路，推动古村落社区的发展。赵福祥、方曦来、李全德、李小龙（2003）分析了少数民族地区开展社区旅游的有利与不利影响，并提出了相应的解决对策。

风景度假区社区。连玉銮（2005）通过白马社区旅游开发的个案研究，界定了自然和文化生态脆弱区的概念，并给自然和文化生态脆弱区的旅游发展指出了道路。

2.4 社区生态旅游

研究社区生态旅游的论文有篇。研究内容主要有：综合研究（2 篇）、管理研究（2 篇）、社区参与（3 篇）、关系研究（4 篇）、影响研究（4 篇）。

综合研究。武春友、卢小丽、柳振万（2004）从社区生态旅游的内涵、社区的界定、社区参与和旅游利益分配等方面评述了国内外社区生态旅游的研究进展。较为可取的是社区生态旅游的定义以及社区旅游利益分配两部分的内容。何艺玲（2002）介绍了泰国 HuayHee（HH）村社区生态旅游发展的经验。

管理研究。卞显红、张光生、王苏洁（2002）在总结国内外最新研究成果的基础上，提出了社区生态旅游管理七个要素，构建了社区生态旅游相关利益群体决策与管理模式，确立了评定社区生态旅游管理绩效的相关评价要素及其评价指标体系。孙丽，王升忠（2004）对向海湿地生态旅游进行了研究，提出了社区共管的向海湿地生态旅游管理措施。杨方义论述了建立社区生态旅游合作社网络来促进社区生态旅游发展的可能性。

社区参与。成竹（2002）对社区参与生态旅游的研究进行了综述，总结了目前国内外学者社区参与生态旅游的研究成果，在阐述了生态旅游与社区参与关系的基础上，概括了社区参与生态旅游的理论研究和实践研究进展。陈秀琼、黄金火（2003）从社区参与的角度，通过实地考察，对生态旅游开发社区参与的必要性进行初步分析，提出一些社区参与的措施建议。房艳刚、刘继生（2006）在基于社区的生态旅游利益主体分析的基础上，对中国基于社区的自然保护区生态旅游发展现状进行研究，提出社区参与的建议和措施。

关系研究。洪颖、卓玛（2000）通过对迪庆藏族自治州生态旅游开发的实例进行分析和研究，揭示出生态旅游与民族文化之间的良性互动关系。卞显红（2003）研究了生态旅游与生物多样性保护的关系以及保护区生态旅游发展与当地社区之间的关系，并给出了评价当地人与自然保护区之间关系的指标。张建萍（2003）以生态旅游成功的典范国家肯尼亚为例，分析了生态旅游的成功与当地居民利益之间的关系，介绍其成功经验。周世强（1998）研究了生态旅游与自然保护、社区发展相协调的旅游行为途径。

影响研究。黎洁（2005）以陕西太白山国家森林公园周边农村社区为例，对西部生态旅游发展中农村社区就业与旅游收入分配进行了实证研究。王洁、杨桂华（2002）以碧塔海生态旅游景区为例，研究了影响生态旅游景区社区居民心理承载力的因素。程占红（2001）以芦芽山自然保护区为例，用问卷调查的方式，对芦芽山自然保护区从事旅游业者的行为特征进行了调查，研究生态旅游社区从事旅游业者的行为特征。刘晓晔翻译Anna Spenceley（2002）介绍南非两个自然旅游经营项目中的当地社区受益体系。

2.5 旅游社区建设

研究对旅游社区建设的论文目前只找到7篇。研究角度有：社区的分类、社区的管理机制、社区的文化建设、资源的保护等等，还有以具体个案来探讨社区的组织机构建设以及文化变迁。

李肇荣、黄进（2003）结合漓江流域旅游业发展的实际，提出从保护资源和促进发展两方面来进行社区建设的策略，并从文化建设、产业更新、旅游参与和人员素质等四个方面提出了具体建议。王新建、郑向敏（2003）分析了旅游活动与旅游社区安全互动作用，并对旅游社区安全管理的社区参与管理机制进行了讨论。庄军、张靓（2002）探讨了旅游社区的发展模式、经济效益以及旅游社区经济的基本结构及主要影响因素。构建了一种理想化的旅游社区经济发展模型。

曾坤生（1998）提出社区的级次的概念，把社区划分为一级、二级、三级、四级、五级社区。研究旅游社区文化建设在旅游产业发展和整个经济发展中的地位和作用，并提出一些加强我国旅游社区文化建设、促进旅游消费发展的对策及建议。唐顺铁（1998）分析了旅游目的地建设的社区化及社区旅游的特点，探讨了旅游社区的分类及进化机制。李玉轩、王建中（2001）以平遥旅游社区为例，研究建立社区组织和开展目标活动，建立起切实可行的社区组织机构和行为规范准则。颜醒华、曾武英（1999）探讨了武夷山社区文化的变迁。

国内近年研究社区旅游的文章数量不断增长，研究领域不断扩宽，尤其是对社区参与旅游相关问题的研究，已达到一定的规模和水准。但与国外相比，无论是在研究广度、深度，还是在研究方法、实地调查规模等方面都还有一定的差距，因此，相信未来将会有更多的学者从不同的层面给予更多的关注。

参考文献

[1] 杨桂华，钟林生，明庆忠．生态旅游［B］北京：高等教育出版社；海德堡：施普林格出版社 2000，01 112－114.

[2] 保继刚，文彤．社区旅游发展研究述评 桂林旅游高等专科学校学报 2002 年 12 月第 13 卷第 4 期．

[3] 黄郁成，顾晓和郭安禧．农村社区旅游开发模式的比较研究南昌大学学报（人社版）第 35 卷第 6 期 2004 年 11 月．

[4] 连玉銮．白马社区旅游开发个案研究——兼论自然与文化生态脆弱区的旅游发展旅游学刊 第 20 卷 2005 年第 3 期 双月刊 13－16.

[5] 陈秀琼，甘武林．城市社区旅游刍议广西大学学报（哲学社会科学版）第 25 卷第 1 期 2003 年 2 月 70－73.

[6] 张立生．城市社区旅游的伦理学思考信阳师范学院学报（自然科学版）第 17 卷第 3 期 2004 年 7 月 308－310.

[7] 余向洋．古村落社区旅游的另一种思路——借鉴台湾社区营造经验黄山学院学报 第 7 卷第 5 期 2005 年 10 月 42－44.

[8] 周玉翠．欠发达地区社区旅游研究——以湖南省邵阳市为例地域研究与开发 第18卷 第3期1999年9月74－76.

[9] 赵福祥，李全德．少数民族地区开展社区旅游的思考云南师范大学学报【旅游经济研究】2003年5月第35卷第3期．

[10] 郑群明，钟林生．参与式乡村旅游开发模式探讨 旅游学刊 第19卷2004年第4期 双月刊．

[11] 保继刚，孙九霞．旅游规划的社区参与研究 — 以阳朔遇龙河风景旅游区为例规划师2003年第7期第19卷．

[12] 刘纬华．关于社区参与旅游发展的若干理论思考 旅游学刊 双月刊2000年第1期52－47.

[13] 张朋，王波．国外社区参与旅游发展对我国的启示——以英国南彭布鲁克为例福建地理 第18卷第4期2003年12月38－40.

[14] 郑向敏，刘静．论旅游业发展中社区参与的三个层次华侨大学学报（哲学社会科学版）二〇〇二年第四期12－18.

[15] 缪芳．社区参与对古民居旅游开发及旅游容量的影响——以福建省福州市闽清县宏琳厝旅游开发为例 辽宁师范大学学报（自然科学版）第28卷第3期2005年9月355－357.

[16] 潘秋玲，李九全．社区参与和旅游社区一体化研究人文地理 第17卷第4期2002年8月38－41.

[17] 胡志毅，张兆干．社区参与和旅游业可持续发展人文地理 第17卷第2期2002年4月38－41.

[18] 刘捷．社区参与建造乡镇休闲旅游 经济论坛70－71.

[19] 王瑞红，陶犁．社区参与旅游发展的形成及内涵 曲靖师范学院学报 第23卷 第4期2004年7月42－47.

[20] 何景明．国内乡村旅游研究述评［J］．旅游学刊．2004，1：92—96.

[21] 杜江，向萍．关于乡村旅游可持续发展的思考［J］．旅游学刊，1999，1：15—18.

[22] 蒋燕．社区参与旅游发展具体操作分析重庆工商大学学报（西部经济论坛）2003年第6期2003年12月93－89.

[23] 黎洁，赵西萍．社区参与旅游发展理论的若干经济学质疑 [J] 旅游学刊第16卷2001年第4期 双月刊．

[24] Eugeni Aguiló Pérez & Jaume Rosselló Nadal 2005 Host Community Perceptions, A Cluster Analysis. [J] . Annals of Tourism Research, 32 (4) pp. 925 – 941.

[25] M. Jeannie Harvey, John Hunt & Charles C. Harries, Jr. 1995 Gender & Community Tourism Dependence Level. Annals of Tourism Research22 (2) 349 – 366.

[26] David Gilbert & Mark Clark 1997 An Exploratory Examination of Urban Tourism Impact, with Reference to Residents Attitudes, in the cities of Canterbury & Guildford. [J] . Cities 14 (6) pp. 343 – 352.

[27] Barbara A. Carmichael 2000 A Matrix Model for Resident Attitudes & Behaviours. [J] . Tourism Management 21 (2000) 601 – 611.

[28] Richard R. Perdue, Patrick T. Long & Yong Soon Kang.

1999 Boomtown Tourism & Resident Quality of Life: the Marketing of Gaming to Host Community Residents. [J] . Journal of Business 44, 165 – 177.

[29] Allen, L. R. , P. T. Long, R. R. Perdue, & S. Kieselbach.

1998 The Impact of Tourism Development on Citizen' s Perceptions of Community Life. Journal of Travel Research 27 (1): 16 – 21.

[30] Perdue, R. R. , P. T. Long, & L. D. Gustke.

1991 The Effects of Tourism Development on Objective Indicators of Local Quality of Life. In the 22nd Annual Conference of the Travel & Tourism Association Proceedings, pp. 191 – 201.

[31] Christensen, N. A. 1995 Sustainable Community – Based Tourism & Host Quality of Life. Papers from a Special Session of the Annual Meeting of the National Recreation & Park Association, pp. 63 – 67.

[32] Jensen, K. , & A. Blevins 1992 Lead, South Dakota: The Remaking of a Company Mining Town. Small Town 22 (6): 4 – 11.

[33] Rudzitis, G. , & H. E. Johansen 1989 Migration into Western Wildness Counties: Causes & Consequences. Western Wildl&s 15 (1): 19 – 23.

[34] Zwick, R. R.

1991 Rural Community Values & Community Type: A Study of Attitudes toward Tourism. In Proceedings: 1991 Northeastern Recreation Research Symposium, Saratoga Spring NY. NE - 160.

A Summary of Overseas and China' s Research on Community Tourism

LU Dongshan

(*Department of Tourism*, *Yunnan Tourism Vocational Institute*, *Kunming* 650221, *China*)

Abstract: The community and tourism combine to form the Community Tourism. Considering the tourism destination' s development from the community way and considering the combination of economic, environmental and social interests of tourism itself and the destination are the main aims of Community Tourism research. A great deal of researches have been carried out deeply and broadly overseas and within China. Especially foreign researchers have got much more gains.

Key words: Community Tourism; Research in China and abroad; Summary

少数民族地区非物质文化与旅游产业价值增值研究[1]

孙丽坤[2]

（大连民族学院　辽宁大连 116600）

【摘要】：非物质文化遗产是一种重要的旅游资源。在分析非物质文化遗产与旅游、创意产业的辩证关系的基础上，根据非物质文化遗产特点及在旅游开发过程中所承载的功能，文章分别就非物质文化遗产元素提炼和文化创意的“越界”、文化创意的情感与原汁原味表现形式、资源整合提升等方面进行旅游产业价值增值研究。

【关键词】：非物质文化遗产；元素提炼与创意；价值增值研究

非物质文化遗产作为一个民族古老的生命记忆和活态的文化基因库，代表着民族普遍的心理认同和基因传承，代表民族智慧和民族精神。少数民族地区，创造了许多非物质文化遗产，为全人类提供了宝贵的精神财富。现代化快速发展的社会环境，对民族地区非物质文化遗产造成了一定的冲击，但同时也让人们看到了它的另一种价值，即作为一类具有旅游价值的文化资源而存在，对其进行旅游开发意义重大。

---

① 基金项目：中央高校基本科研业务费专项资金资助项目（少数民族地区文化旅游产业创新模式与机制研究）阶段成果。

② 孙丽坤（1962—），女，黑龙江哈尔滨人，大连民族学院经济管理学院教授．研究方向：民族文化旅游开发与管理。E－mail：slk@ dlnu. edu. cn

1. 内涵及研究现状

关于“非物质文化遗产”的定义，联合国教科文组织2003年的《保护非物质文化遗产公约·总则》中作了如下界定：“非物质文化遗产指被各群体、团体、有时为个人视为其文化遗产的各种实践、表演、表现形式、知识和技能及其有关的工具、实物、工艺品和文化场所。各个群体和团体随着其所处环境、与自然界的相互关系和历史条件的变化，使这种代代相传的非物质遗产得到创新，同时使他们自己具有一种认同感和历史感，从而促进了文化多样性和人类的创造力。”非物质文化遗产主要包括：“（1）口头传说和表述，包括作为非物质文化遗产媒介的语言；（2）表演艺术；（3）社会风俗、礼仪、节庆；（4）有关自然界和宇宙的知识和实践；（5）传统的手工艺技能。”从非物质文化遗产的概念和所包括的内容表明了非物质文化遗产其内涵包含了人类民族文化呈现的多样性。多样性是指每个民族的文化都有其独特的创造性迥异于其他民族的特有价值，是一个不可重复的、不可替代的独立生成的体系，都是具有独特价值的独特文化传统。笔者认为：从非物质文化遗产这一概念的规范、确认到界定，其内涵真正意义在于尊重文化的多样性。正如《世界文化多样性宣言》指出的那样：文化多样性对人类来讲，就像生物多样性对维持生物平衡那样必不可少，它要求各个民族、各种文化、各种文明之间应该相互尊重，用对话代替敌视、冲突，在彼此之间的同情、理解中积极寻求认同和共识，共同维护多元共存、共生的格局，以维持和发展人类的自然环境和人文环境，提升人类的生活质量。《宣言》的意义反映了在人类社会尊重多元文化格局，尊重各个文明成就已经成为联合国各成员国的共识；表明了人类社会需要的是一种和谐、协调的氛围，表明了人类的和谐应当是在这样一种民族文化交融的基础上得以实现的[1]。

非物质文化遗产是指各种以非物质形态存在的，与群众生活密切相关、世代相承的传统文化表现形式，包括口头传统、传统表演艺术、民俗活动和礼仪与节庆、有关自然界和宇宙的民间传统知识和实践、传统手工艺技能等以及与上述传统文化表现形式相关的文化空间。随着工业文明和经济全球化趋势的影响，许多口传身授的非物质文化遗产逐渐失去自己的生存空间，有的慢慢陨落，有的发生变异，慢慢在人们社会生活和审美视野中消失了，因此保护非物质文化遗产成为当代社会的重要命题。

国内外对非物质文化遗产概念的认知经历了演变、规范、确认较为复杂的过程。非物质文化遗产本身其存在形态的复杂性。根据有关资料记录，联合国教科文组织最初使用“非物质遗产”的概念是受到美国的影响，是一个与物质遗产相对称的术语。20 世纪 60 年代后，“非物质文化遗产”的概念才开始出现。1972 年 11 月 16 日在巴黎通过的《保护世界文化遗产和自然遗产公约》规定的保护对象是自然遗产和文化遗产，还对自然遗产和文化遗产作了相应的界定，但主要保护的是物质遗产。为了弥补联合国教科文组织 1972 在巴黎通过的《保护世界文化遗产和自然遗产公约》物质文化遗产保护的遗漏，联合国教科文组织提出了“非物质文化遗产”的崭新概念和“保护非物质文化遗产”的问题。联合国教科文组织于 1989 年 11 月在巴黎通过了《保护民间创作建议案》，正式在联合国教科文组织文件中提出了保护非物质文化遗产的建议。这个建议案是以“民间创作”（民间传统文化）来指代“非物质文化遗产”的称谓。对“民间创作”（民间传统文化）的界定，与后来联合国教科文组织有关文件中对于“非物质文化遗产”的定义基本一致。2001 年，联合国教科文组织通过了《世界多样性宣言》，强调了世界各国各民族包括“非物质文化遗产”在内的全部文化遗产对于维护人类多样性的重要意义，呼吁加强对非物质文化遗产的保护。“非物质文化遗产”这一概念开始比较频繁地进入人们的视野是在 2001 年，我国积极参与向联合国申报第一批人类口头和非物质文化遗产代表项目，以后，国务院和政府有关部门的一系列文件中都使用了“非物质文化遗产”的概念，说明这一称谓逐步走向规范。2004 年 8 月，十届全国人大常委会第十一次会议通过关于批准我国政府加入《保护非物质文化遗产公约》的决定，标志着我国非物质文化遗产保护工作国际社会的有机接轨，以及世界范围内保护非物质文化遗产这一工作的广泛而深入的推进，“非物质文化遗产”概念已经在我国被广泛接受和确认[2]。

国外学者对世界遗产的旅游价值研究相对较多，由于国外遗产旅游的开发较早，对遗产的旅游价值研究更多的是与旅游者的感受相联系，即从消费者的角度来分析遗产旅游价值的开发。Richards 指出，为了适应人类的偏好差异，就要注意转向遗产的吸引力，遗产旅游可被定义为一种过程，或者作为一种产品。为了在旅游动机和遗产旅游之间建立一种联系，人们必须了解动机的形式。特欧和叶欧也认为，随着越来越多的旅游者被吸引到遗产地，它的真实性被推向危险。莫西卡多则认为，遗产旅游是由旅游者与资源之间的交互作用而产生的一种经历。鲍瑞尔等人认为，遗产旅游是旅游者对特殊旅游地的感觉而产生的一种现象。

近年来，我国对非物质文化遗产保护和旅游开发给予了高度重视。陈莉认为，非物质文化遗产保护就是人为开辟出的一块非物质文化遗产存在的空间，建立非物质文化遗产生态博物馆，或对一些非物质文化遗产进行录制和整理。林庆、李旭认为，要有将少数民族非物质文化作为一种产业来发展的思想，并将少数民族非物质文化资源优势转化为少数民族非物质文化产业优势，实施少数民族非物质文化的品牌化经营战略。尹小珂认为，非物质文化环境是旅游产业的重要根基，要制定切实可行的保护与经营政策来保护和经营好非物质文化遗产[6]。张瑛以云南民族歌舞为例，指出在中国少数民族非物质文化遗产旅游开发中，政府应该发挥主导作用，从而实现非物质文化遗产与旅游开发利用的“双赢”。刘茜提出对非物质文化遗产资源的开发、利用必须建立在科学发展观的基础上，使保护非物质文化遗产与发展旅游业相得益彰，相互促进。刘建平指出，发展旅游业和非物质文化遗产保护要坚持两者既独立又统一。贾鸿雁对我国非物质文化遗产的保护性旅游开发进行了探讨。通过上面的文献研究，我们不难发现，非物质文化遗产保护的重要性日益凸现，非物质文化遗产保护也是一项复杂的系统工程，仅仅依靠单方面的力量、采取静态的保护模式很难奏效。非物质文化遗产的保护与传承，首先要有强大的经济作后盾，其次需要当地少数民族群众的积极参与。在市场经济不断成熟的今天，什么能满足这一条件呢？无疑是旅游。因此可以说，发展民族地区旅游业是民族地区非物质文化遗产保护的最佳选择。

非物质文化遗产的濒危性和特殊性，使学术界对其研究大多侧重于理论方面，具有较强操作性、可行性、实践性的研究还较为少见，尤其是对于非物质文化遗产元素提炼更为缺乏。对于建立共生型创意产品开发模式，构建相应的产品发展体系一直是近年来国内外学术界、实业界讨论的热门话题。

2. 非物质文化遗产与旅游的关系

一方面，非物质文化遗产是一种重要的潜在旅游资源。（1）从旅游客体来看，非物质文化遗产承载着民族的文化基因，体现着特定地域内人们适应自然、乐观生活的智慧与独特的审美情趣。通过对非物质文化遗产的欣赏和理解，可以最大限度地领略地方民间文化精华，把握地方文脉，深入体验地方文化；（2）从旅游主体来看，非物质文化遗产作为地方传统文化的重要组成部分，恰好满足了人们“怀旧”、“体验文化”的心理需求；从大量的现实案例来看，非物质文化遗产借助一定的物质载体，可以成为旅游资源吸引广大游客。（3）从旅游个体来看，旅游经营者通过开发、营销非物质文化遗产，能够宣传、推介区域文化，并从中获取收益。所以说，非物质文化遗产是一种重要的潜在旅游资源。其潜在的价值可以通过定量与定性相结合的评估指标体系来予以确认。

另一方面，旅游业的发展有利于保护非物质文化遗产、弘扬非物质文化。从某种意义上来说，非物质文化遗产的旅游开发利用过程也是对非物质文化遗产的抢救过程。改革开放以来，我国的旅游业获得前所未有的发展，旅游资源的开发已出现你追我赶的可喜局面。对于非物质文化遗产的旅游开发，人们大都坚持了整旧如旧的原则和保护优先的原则。许多非物质文化遗产，在旅游开发中获得了人们更多的了解和更加旺盛的生命力。如纳西族的东巴文化、傣族的泼水节和蒙古族的那达慕大会等。从另一个角度来说，旅游收入的增多，有利于非物质文化遗产的保护。在发展中国家，特别是尚未脱贫致富的国家和地区，国家很难拿出钱来修葺和保护文化旅游资源，大多数国家和地区只能采用以开发促保护的办法。我国的许多地方由于“文革”的闹剧，许多非物质文化遗产遭到了严重的破坏，国家很难拿出更多的钱来进行抢救和保护。通过旅游开发，可以获得更多的资金，通过滚动式开发和滚动式抢救的办法予以保护[3]。

由此可见。非物质文化遗产与旅游的关系极其密切。然而，不是所有的非物质文化遗产都能成为旅游资源。只有那些具有旅游开发潜力的非物质文化遗产才能成为旅游资源，这就要求我们构建非物质文化遗产旅游开发模式，从而应用到对具体某种或某类非物质文化遗产中，鉴别出哪些非物质文化遗产最适宜于文化旅游开发，哪些非物质文化遗产不适用于旅游活动，以及哪些非物质文化遗产虽可以将旅游作为一种选择但是需要慎重管理的。只有厘清和识别了这些问题，才能对非物质文化遗产的旅游开发和后续管理工作提出具体的指导意见。

3. 非物质文化遗产与创意产业的关系

“创意产业”指依靠个人的知识、智慧、技能、灵感、天赋，通过科技与艺术这两大手段，对文化资源进行创造、重构、嫁接和提升并与其他产业融合生产出具有文化艺术元素的高附加值的产品与服务，以满足人类感性需要和理性精神需求的产业。

一方面，非物质文化遗产适宜进行创意开发。非物质文化遗产具有原创性，这就决定了其具有独特性和唯一性及其不可再生性、不可替代性和稀缺性。随着科技的发展与全球化进程的加快，许多非物质文化遗产都面临消亡的命运，有的已经消失。正是非物质文化遗产正在削弱与消亡的现实更加凸显了非物质文化遗产的稀缺性。而恰恰是非物质文化遗产的这种稀缺性和不可再生性使其具有了经济价值的增值性，成为最能体现文化差异性的文化资源，并具备了进入文化产业，成为文化资本的潜质。第一，由于民族个性、民族审美习惯的“活”的显现，实际上是指被一定的社区、族群或个体世代传承，具有历史、艺术、科学价值，与有形物质文化遗产相对应的精神、行为、民间制度及其载体的总和，其本身具有无形性、传承性和可塑性等特点。而这恰恰是创意开发的基础和条件。第二，创意产业可以实现非物质文化资源的整合与配置，对少数民族非物质文化遗产的稀缺性、稳定性和可持续性进行提炼开发。第三，创意产业发展形成创意文化经济是指以创造性思维和科学技术为主导要素，对非物质文化资源的优化配置，使生产和消费环节获得了极高的附加值的文化经济实践活动；第四，创意产业的恰当开发可以使非物质文化遗产得到保护、抢救、合理利用和传承发展[4]。

另一方面，非物质文化遗产可以赋予创意产业长久的生命力，并实现创意经济的发展。非物质文化遗产，因其在人类历史中的不可复制性而呈现的独特性使其成为促进文化产业发展的重要文化资本。从这方面来说，非物质文化遗产使创意经济具有可持续的生命力，是民族地区脱贫致富的良好选择。同时，创意开发也是最具有低碳特征的绿色旅游开发。

民族地区需要建立自己的非物质文化遗产创意产业发展模式，形成自身发展的驱动力，并逐渐进入创意文化经济阶段。在大部分民族地区，文化产业还处于刚刚起步状态，甚至在有些地区几乎没有得到发展。或者说，在大部分民族地区，即使现在许多人认识到了文化产业的市场前景与价值，但是由于各种原因，这些地区没有形成自己的品牌，即使有一些文化产品，也没有形成产业，无法获得巨大的产业价值，更不能对其他产业的发展产生拉动作用。

4. 非物质文化遗产元素提炼与旅游开发

4.1 保护与传承

近年来，随着我国综合国力的进一步增强，对非物质文化遗产保护工作的重视程度也逐步增强。遗产保护工作中发现了一些亟待解决的问题，例如在我国已经开展的物质文化遗产的保护行动中，重点抢救与保护有影响的传承人已形成社会共识。中国民间文艺家协主席冯骥才呼吁：“我们在调查中发现，民间文化处于最濒危的现状有两种，一种是少数民族民间文化，另一种是传承人的问题，而传承人濒危现象在少数民族地区最为明显，急需关注。”

少数民族地区延边州在这方面就取得了较大进展。延边州各级党委政府紧密结合自身实际，积极扶持民族艺术创作，加强传承人的保护，并建立了中国朝鲜族非物质文化博物馆。新中国成立60多年来，在继承少数民族传统文化的基础上，延边州制作和上映了大量具有浓郁民族特色和时代气息的少数民族文艺精品。

在法律保护制度方面，我国对非物质文化遗产保护的立法开始于20世纪90年代，国务院于1997年颁布了《传统工艺美术的保护条例》，规定了传统工艺美术的具体保护措施。2000年9月，云南省率先颁布了我国第一部保护民间传统文化的地方性法规《云南省民族民间传统文化保护条例》，为国家的立法提供了经验和基础，使非物质文化遗产的保护工作有法可依、有章可循。

4.2 非物质文化遗产元素提炼

我国非物质文化遗产保护工作的方针是“保护为主、抢救第一、合理利用、传承发展”，合理的开发利用是积极保护非物质文化遗产有效途径之一，而旅游利用在这方面扮演着十分重要的角色，尽快加强非物质文化遗产旅游开发的相关理论研究，形成具有普遍指导意义的开发模式体系，避免盲目的开发利用对非物质文化遗产的不利影响，是摆在研究者面前一个现实又亟须解决的问题。

4.2.1 文化创意的“越界”

“越界”通常指事物在发展过程中突破原有事物的范围或跨越其质的关节点生成新的事物。非物质文化遗产的越界是指通过元素提炼，在不同行业、不同领域的重组与合作，突破传统产业结构的质的界限，形成一种新的产业。

唯物辩证法认为，任何事物的存在和变化都会呈现量变和质变两种状态和过程，事物在量变引起质变的过程中，其方式之一是：事物的成分在排列次序和结构形式的变化可以引起质变。这种情况普遍存在于自然界和人类社会，是不以人的意志为转移的客观规律。在社会领域中，劳动分工和生产技术构成的方式的变化，会引起生产在不同层次和速度上的发展。一个僵化的经济活动组合方式与一个充满活力的组合方式，会造成不同质的经济效果。

文化创意产业的“越界”观念以及在此思想指导下进行的不同产业合理组合的实践和成果，将文化创意与非物质文化结合，实现非物质文化遗产的开发，这也是旅游新业态的发展模式，正是体现了唯物辩证法上述基本原理。

4.2.2 文化创意的情感与原汁原味表现形式

情感，则是人对客观现实的一种特殊的放映形式，是人对客观事物是否符合自己需要所做出的一种心理反应。与认识过程不同，它不是直接针对客观对象本身，而是针对对象与主体之间的某种关系，所以它表现为对待客观对象的一定的主观态度[5]。

艺术形式具有一种非常特殊的内容，即它的意义。艺术独有的“奇异性”有时被称作“透明性”，这仿佛是艺术具有符号性质的证明。时代的演进使人们进入符号消费时代。是其符号价值，标志着人类社会已经进入符号消费时代[5]。

符号消费最大的特征就是表征性和象征性，即通过对商品的消费来表现个性、品位、生活风格、社会地位和社会认同。在“符号消费”的过程中，消费者除消费产品本身以外，还消费这些产品所象征和代表的意义、心情、美感、档次、情调和气氛，即对这些符号所代表的“意义”或“内涵”的消费[6]。如果说消费的符号指的是通过消费来表达某种意义或信息的话，那么符号消费是将消费品作为民族地区非物质文化遗产的元素，它具有有机统一性、运动性、节奏性和生长性，形成了与生命的基本形式相类似的逻辑关系，是作为一种生命的符号呈现出来[5]。从表面上看，民族地区有些非物质文化元素虽然很难直接参与旅游资源的构成，但绝不等于可以忽略它们的存在，由于各有其民族归属，各有其文化特征，因而他们之间的个人行为，必然超出了个人的范围，表现为一种民族间的和谐关系。

原汁原味，只是一种表现，但不是实际的做法，实际上需要对应市场。研究非物质文化也需要现代解读，传统资源，现代产品；传统产品，现代市场。

4.2.3 资源整合提升，突出差异化

资源整合提升性开发模式必须遵循艺术创意的统一性和逻辑形式一种

系统和连贯的开发过程。表现为对非物质文化遗产的资源整合、集中包装、提炼和升华，通过一定符号元素提炼、重建、迁移和完善等措施，对其进行传承、保护、出售的开发模式。

所以，我国目前文化产业的发展，只有充分利用我们独特的非物质文化遗产资源为我们的文化产品附加丰富的文化符号价值，才能使我们的文化产业在国际竞争中占据一席之地。而创意文化常常选择非物质文化中使人兴奋、愿意参与的状态进行体验开发，而开发必须注重人类的多样情感，注重含义符号的创造特征[6]。

参考文献

[1] 张春丽，李星明．非物质文化遗产概念研究述论［J］．中华文化论坛，2007（2）：139.

[2] 吴平．非物质文化遗产的载体化保护与传承［J］．贵州社会科学，2008（11）21－25.

[3] 曹诗图，胡绍华，查俊峰．三峡区域非物质文化遗产特点与旅游开发研究［J］．地域研究与开发 2010（4）：81－85.

[4] 李昕．符号消费——文化资本与非物质文化遗产［J］．西南民族大学学报．2008（8）：132－135.

[5] 苏珊，朗格［美］．情感与形式．北京：人民出版社，1984 年 4 月：21－25.

[6] 孙丽坤．民族地区文化旅游产业可持续发展［M］．环境科学出版社 2011 年 7 月．

Research on Intangible Culture of Minority Areas and the Added Value of Tourism Industry

SUN Likun

(*Dalian Nationalities University*, *Dalian* 116600, *China*)

Abstract: The intangible cultural heritage is an important tourism resource. Based on the analysis of the dialectical relationship among intangible cultural heritage, creative industries and tourism industry, according to intangible cultural heritage' s features and functionality that is hosted in the tourism development process, the article focuses on the refining of intangible cultural heritage elements and cultural cross - border, the emotion of creative culture, emotional and authentic form of expression, integration of resources to upgrade the value of the tourism industry.

Key words: intangible cultural heritage; elements refined and creative; value - added research

自然与文化保护地生态旅游发展研究
——以王朗白马生态与文化旅游区为例

宋增文①[1]，钟林生[2]，周建明[1]，罗希[1]

（1. 中国城市规划设计研究院，北京 100044；
2. 中国科学院地理科学与资源研究所，北京 100101）

【摘要】：自然与文化保护是生态旅游发展的基本原则，这是对自然保护地和文化保护地发展生态旅游的一致要求。本文以王朗白马生态与文化旅游区这一典型的自然与文化保护地为例，研究了自然与文化保护地生态旅游发展的条件与方向。王朗白马生态与文化旅游区以大熊猫栖息地和白马藏族文化为特色，适宜发展自然观光旅游、野生动植物观赏、科考科普旅游、白马文化生态旅游、探险旅游等旅游产品。并提出了自然生态和文化生态的融合发展和生态旅游产品的系列化发展、民俗文化活态利用等发展建议。

【关键词】：生态旅游；保护地；王朗自然保护区；白马藏族文化

1. 引言

生态旅游与传统大众旅游不同，强调开发与保护并举[1]，因而生态旅游在目前的自然保护地旅游发展中备受推崇。根据对我国保护地生态旅游

---

① 宋增文，男，山东蒙阴人，硕士，中国科学院硕士、北京大学学士，规划师，主要研究方向为旅游景观规划与管理。E－mail：songzengwen@ 126. com

发展现状的调查研究[2]，我国大多数保护地开展了生态旅游，并且已经有了一定的生态旅游市场规模。我国学者对自然保护地的生态旅游发展有了深入的研究，生态保护原则得到了积极利用，森林保护地[3]、湿地保护地[4]、草原保护地[5]等自然保护区[6]的生态旅游发展得到了深入讨论。

而伴随着生态旅游接近 30 年的发展历程，文化生态保护逐渐得到重视，文化生态保护实验区也逐渐发展起来。它是以整体保护非物质文化遗产为目的，使无形的非物质文化遗产和有形的物质文化遗产相依相存，并与人文生态环境、自然生态环境和谐相处的文化生态保护地域。自然保护地与文化保护地成为并列的、共存的和兼容的保护地类型。自然与文化保护地生态旅游发展的形态和发展机制，是本文的研究对象。王朗白马生态与文化旅游区是典型的自然与文化保护地，本文以其为案例，分析自然与文化保护地生态旅游的发展机制。

2. 研究对象

王朗白马生态与文化旅游区地处横断山北缘的川西高山狭谷地区，青藏高原与四川盆地的接合部。总面积约 $620km^2$，包括王朗国家级自然保护区，并且是文化生态保护实验区的相关地域，著名的白马藏族人生活在这里。这里地势由西北向东南倾斜，属深山切割型山地，峰峦叠嶂，山高谷狭，溪流纵横。海拔范围 2300 ~ 4980 米，相对高差 2500 米左右，平均海拔 3200 米。

2.1 王朗国家级自然保护区

四川王朗国家级自然保护区建于 1965 年，是大熊猫等珍稀野生动物的栖息地，自然生态系统以多样性、稀有性、代表性、原始性名扬中外。是大熊猫栖息地的重要走廊地带，是连接岷山大熊猫种群的枢纽，拥有川西北保存最完整的一片原始森林，植物组成复杂，生态系统原始，具有冷杉、云杉、红杉等顶级群落，也有许多种类为中药材、观赏花卉和森林蔬菜。自然保护区的森林生态系统具有强大的林冠截流作用，涵养水源作用明显，是涪江上游的天然水库。区内主要溪流有长白沟、竹根岔沟、西沟、东沟等，汇合后形成涪江上游的主要支流白马河。

2.2 白马藏族文化保护地

白马人是旅游区内独特的民族，现在主要聚居在平武县的白马、木座、木皮、黄羊关4个藏族乡境、九寨沟县以及甘肃文县境内，总人口约1.5万人。平武县境共计4000余人，他们通称白马藏族。

3. 资源与环境特征

3.1 野生大熊猫栖息地质量好、数量多的区域

王朗自然保护区是全国建立最早的4个以保护大熊猫等珍稀野生动物及其栖息地为主的自然保护区之一。区内生物多样性丰富，有大熊猫、金丝猴、扭角羚豹、云豹、斑尾榛鸡、绿尾虹雉等7种国家一级保护动物。是我国野生大熊猫数量多、栖息地质量好的区域，是联结岷山大熊猫种群的枢纽。

3.2 白马藏族文化原生态特征浓郁，文化遗存丰富

旅游区拥有众多白马藏族特色村寨，保持着原始的生活状态和悠久的文化传统，淳朴的民风和丰富的文化遗存使其拥有民族活化石的美誉。白马藏族民族歌舞、饮食、特色节庆等都可开发成富有吸引力的旅游产品。

3.3 自然生态和文化生态相对集聚分布

旅游区自然生态良好，以大熊猫栖息地为代表的生物景观类资源和以白马藏族为代表的人文活动类资源在全国具有比较优势，并以王朗自然保护区和白马山寨为核心相对集聚分布。二者之间类型互补、空间相距较近，易在线路上形成联合。

3.4 紧邻世界级景区九寨沟，是九环东线旅游吸引物的重要组成

九环线是四川省三条重点环线中最为重要的一条，沿线包括了以九寨、黄龙为代表的众多世界级、国家级精品景区。九环东线包括了绵阳市区、李白故里、窦团山、猿王洞、报恩寺、王朗、白马等景区。王朗白马生态与文化旅游区是九环东线重要的旅游吸引物之一，也是九环东线距离九寨沟最近的旅游区。

4. 生态旅游发展方向

4.1 总体定位

王朗白马生态与文化旅游区内旅游资源丰富，既有生物多样性极其丰富的自然保护区，也有极具特色的传统文化区，具有较高的品牌影响力，其自然生态系统与白马传统文化的结合对国际、国内市场具有较高的吸引力。因此，王朗白马旅游区有条件成为开展生态旅游的重要品牌区。旅游区内生态环境非常脆弱，环境承载力有限，所以发展生态旅游必须以最低程度地改善生态环境为前提。也需要采取一系列的措施保护白马人的传统文化。在白马传统文化得以妥善保护的基础上，挖掘白马传统文化内涵，使其成为旅游区的重要吸引物。

王朗白马生态与文化旅游区要以大熊猫栖息地和白马藏族聚居地为资源特色，以生态旅游和民俗体验为主导方向，开发自然观光、文化体验、探险旅游、科普教育等旅游产品，发展成为重要的自然和文化生态旅游地、深生态旅游的示范地。

4.2 生态旅游产品发展方向

王朗白马生态与文化旅游区的生态旅游产品开发应充分体现“深度参与”理念，在国内外形成一定的示范效应。完善旅游区的环境解说系统，既要满足大部分游客的旅游解说需求，同时使游客通过自助方式接受环

境教育。

（1）自然观光旅游产品

旅游区内有中国西部保护最完整的森林群落，有各种高原群落和杜鹃、芍兰等40多种珍稀植物花卉。景区内交错的溪流、茂密的森林和层层叠叠的雪山都为观光旅游提供了基础。在生态保护前提下，针对国内外观光团队和散客，开发以系列景点为代表的自然观光产品，配合生态木栈道、生态环卫系统、解说牌等基础设施。

（2）野生动植物观赏旅游产品

旅游区内野生动植物丰富，景区内植物物种丰富，有各种林木、灌木、草本、蕨类及其他各种植物。野生动物除大熊猫外，还有金丝猴、小熊猫、豹、黑熊和扭角羚等珍稀动物。发展大熊猫寻踪等生态旅游产品，发展生态化、隐蔽性强、对动物活动干扰小的动物观赏设施和生态科普展示系统。以自然生态探访活动为主，开展包括大熊猫栖息地寻护、大熊猫栖息地知识野外讲解、生态与动物保护知识讲座等活动。

（3）科考科普旅游产品

旅游区内生态环境、各种动植物等资源为旅游区开发考察地质地貌、辨认植物、研究动物生境等旅游产品提供了有利条件。面向科研人员、学生群体等，以相关的科考科普合作项目为依托，开展与科研科普活动相关的野外考察、监测活动等科考科普旅游产品。组织寻找大熊猫踪迹、原始森林生态讲解、保护区科普考察实验等活动。

（4）白马文化生态旅游产品

白马人以其璀璨的少数民族文化和独特的民俗风情而享誉省内外。目前白马人的民居仍保持着传统的建筑风格，大多数白马人也还穿传统的民族服饰。有厄里加和详述加能为游客提供简单的住宿和传统美食。白马人能歌善舞、热情好客，是一个非常有魅力的民族。根据旅游区独特的旅游资源，可开展白马传统文化探访、白马人民俗风情体验等一系列的文化旅游活动。

（5）探险旅游产品

王朗白马生态与文化旅游区具有良好的原始生态，是探险旅游的理想之地。可结合实地情况，把攀岩、背包旅行、骑马、滑索、骑车以及滑雪等种活动结合在一起，为游客提供难忘的体验。王朗自然保护区位于高拔2300～4980米的山区内，介于青藏高原和四川盆地之间，由褶皱、断裂和地震等地壳运动形成，为探险、远足和穿越旅游活动的开展提供了良好的条件。

5. 生态旅游发展建议

5.1 自然生态和文化生态的融合发展

旅游区是自然生态和文化生态的完美融合，因此在旅游开发时也要保持并强化这一特色。在开发王朗生态旅游产品时，将白马人对植被的认识和利用开发成体验性旅游产品，将白马人对大熊猫的崇拜，以及关于大熊猫的故事和传说加以展示，在开发白马民俗旅游产品时则策划关于熊猫等生态主题演艺节目，并保护好周边的自然生态环境。

5.2 生态产品的系列化发展和熊猫产品的“可视化”难点突破

利用王朗自然保护区景观优美、生物多样性丰富、夏季气候凉爽、空气清新、地方物产丰饶等特点，以生态旅游为核心理念，开发生态观光、生态科普、生态休闲系列产品，建设自然生态旅游地。针对熊猫品牌响亮但“可视度”低的难点，进行多角度突破，包括熊猫实地寻踪、高科技体验场馆建设、熊猫生境营造等，条件允许情况下引入人工饲养大熊猫，使熊猫产品“可视化”。

5.3 民俗文化活态利用与不同职能特色接待服务基地建设

提取白马藏族特有的建筑、服饰、饮食、歌舞、宗教、节事、传说等要素，加强民族文化的活化利用，融入特色接待服务基地建设中，打造自然生态大背景下民族特色浓郁、活动丰富的特色村镇。同时综合各村寨的区位条件、环境背景、村寨原生态文化保留程度等要素，对不同白马藏族村寨进行旅游职能分工，包括面向过境市场，以购物餐饮为主的村寨，面向大众市场，以观光体验为主的村寨和面向高端市场，以休闲度假为主的村寨，根据不同的职能建设相应的配套设施。

5.4 促进九环东线的整体发展和提升

充分利用“大九寨”旅游品牌的影响力，对旅游资源整合和创新利用，加强九环东线沿线景区建设。推进绵九高速的建设，科学进行旅游交通管理，完善波形防撞护栏、安全警示等安全防护设施。鼓励东线旅游购物、星级厕所等服务设施建设，逐步完善驾导人员的利益补偿机制。加强与成都等九寨主要客源地旅行社的联系，加强与主要客源地城市的宣传促销力度，全面提升九环东线的旅游吸引力、服务水平和管理水平。

参考文献

[1] 杨桂华，王跃华．生态旅游保护性开发新思路 [J]．经济地理，2000，01：88－92.

[2] 钟林生，王婧．我国保护地生态旅游发展现状调查分析 [J]．生态学报，2011，24：7450－7457.

[3] 粟海军，马建章．森林自然保护地生态旅游资源研究进展 [J]．生态环境，2008，02：866－871.

[4] 王娟，查良松，李军利．盐城湿地保护与生态旅游开发 [J]．资源开发与市场，2006，02：192－195.

[5] 郝晓兰．锡林郭勒草原国家级自然保护区生态旅游开发初探 [J]．前沿，2002，10：145－148.

[6] 万绪才，朱应皋，吴芙蓉．自然保护区生态旅游开发与规划研究 [J]．农村生态环境，2004，03：15－19.

Study on Ecotourism Development of Nature and Culture Protected Area

——Taking Wanglang Baima Ecological and Cultural Tourism Zone for example

Abstract: The protection of Nature and Culture is the basic principal of ecotourism development, and that is also the consistent requirement to develop ecotourism of Nature and Culture Protected Area. Taking Wanglang Baima Ecological and Cultural Tourism Zone for example, this study analyzed the ecotourism development condition and direction of Nature and Culture Protection Area. With the characteristics of Giant Panda Habitat and Baima Tibetan culture, some tourism products are suitable for Wanglang, such as natural sightseeing tourism, trips to see animals and plants in the wild, scientific research tourism, Baima cultural ecotourism and adventure tourism. Finally, some countermeasures, such as fusion development of natural ecology and cultural ecology, ecotourism product development in serialization and activity state use of folk culture, were put forward.

Key words: ecotourism; Protected area; Wanglang nature Protected area; Baima Tibetan culture

森林文化发展的新阶段

吴章文①

（中南林业科技大学）

【摘要】：森林文化形成于原始的蒙昧时代，是指以森林为背景或以森林为载体的文化现象。本文从文化的定义入手，阐述了森林文化的四个发展阶段、六个特性，以及四个文化层面，即物质文化、精神文化、制度文化和行为文化。森林文化是中国传统文化的源头，也是森林旅游区开展休闲旅游不可缺少的资源，此研究将对森林文化和森林旅游的开发起到一定的借鉴意义，丰富森林文化和生态文化的内涵。

【关键词】：森林文化；发展阶段；特性

文化作为人类的生存方式，是人类创造的，有了人就有了文化，文化与人类一样古老。文化，具有与人类同样长的历史。中国文化经历了漫长的原始社会渔猎文化和五千年的封建社会农耕文化，现正由短暂的有中国特色的工业文化向生态文化转型。森林文化是生态文化的主流，也迎来了发展的新阶段。

① 吴章文：女，教授，中南林学院森林旅游研究中心副主任，享受国务院特殊津贴，主要从事森林气象学及生态旅游学的教学、科研和森林公园、自然保护区的规划设计工作。

1. 文化的定义

当今世界关于文化的定义已有260多种[1]。不同时代、不同民族、不同学科、不同学者对文化的理解和界定不同，是很正常的现象。

1999年出版的《辞海》对文化的广义解释是："文化是指人类在社会实践过程中所获得的物质、精神的创造能力和创造的物质、精神财富的总和；狭义的解释是指精神生产力和精神产品，包括一切社会意识形态、自然科学、技术科学。有时又专指教育、科学、文学、艺术、卫生、体育等方面的知识与设施。"

李军林先生在《中国传统文化概论》中，将文化分为三个层次，即广义的文化、狭义的文化和专义的文化。广义的文化和狭义的文化不再叙述，专义的文化是指："沿袭传统和现实生活中人们对文化的直观理解，即将文化理解为文学、艺术、音乐、戏剧、舞蹈等为主的艺术文化"。如人们熟知的我国文化部门所管辖的范围。

传统文化是指在长期的历史发展过程中形成和发展起来的，保留在每一个民族中间具有稳定形态的文化。传统文化强调的是文化的本源和沿着这个本源传承下来的全部文化遗产，它不限于时代，是迄今为止中华民族经过筛选、淘汰、不断丰富又不断增长的人文精神的总和。

文化是一种延绵不断、前后相继的传承，今天的文化由昨天的文化演进而来；明天的文化是今天文化的延续。也就是说传统文化有过去式、现在式和将来式。传统文化是一种连接过去、现在和将来的生命之流，是中国人的精神生命。

2. 森林文化

森林文化是指以森林为背景或以森林为载体的文化现象[2]。森林文化形成于原始的蒙昧时代。因森林具有绿色外观特征，森林文化又被称为绿色文化。

2.1 森林文化的发展阶段

2.1.1 原始社会的森林文化

人类从站立到拿起工具，就是以森林为基本的生活和生产资料。有数十万年的时间人类始终两栖息于森林中，所有的活动都是为了在森林中攫取生存资料。这一时期，人智未开，完全依赖自然力生存。这一时期的森林文化称为渔猎文化。

2.1.2 农耕社会的森林文化

在距今大约5000～6000年前后，人类开始有意识地毁坏森林，开辟农田，栽培谷物，开始了原始农业生产，人类开始进入农耕社会。这一时期，森林文化贯穿整个农耕社会，并呈现出全面的精彩和辉煌。森林文化孕育了农耕文化，随着农耕文化的发展，逐渐退出主流文化地位，但长期与农耕文化并存。

2.1.3 工业社会的森林文化

18世纪60年代，工业革命开始，迫于工业对原材料的需求，一些率先发展工业的国家疯狂地砍伐木材，致使大量森林被毁坏，大片林地变成荒地。如法国的工业革命，毁灭了本国47%～57%的森林。工业社会肆无忌惮地毁灭森林，忽视了自然生态规律，使人类遭到大自然的报复，干旱、洪涝、风灾、沙尘暴、地震、海啸不断出现。人类开始反思自己的行为，开始了生态觉醒，逐渐关注森林资源和生态建设。许多国家大力植树造林，全球森林面积有所回升。

2.1.4 新世纪的森林文化

一万年前，农耕文化代替了渔猎文化，人类经历了第一次文化革命；300年前，以工业文化代替了农耕文化，这是人类第二次文化革命；21世纪将以生态文化代替工业文化，这是人类新的文化革命，亦可称第三次文化革命。21世纪是人类文化的新世纪，目前正处在工业文化与生态文化的转型期，生态文化的浪潮即将席卷全球。人与自然和谐发展将是生态文化的精髓，而森林文化将成为生态文化的主流。森林旅游的文化建设应该把握时代脉搏，与时俱进，弘扬森林文化，建设生态文明。

2.2 森林文化的特征

2.2.1 森林文化的生态性和人文性

森林具有涵养水源、保持水土、防风固沙、净化空气、减弱噪音、美化环境、为人类提供木材和林副产品，保护生物多样性、维护地球生态平衡等多种生态功能。森林文化的生态性也体现在以上多个方面。

森林可以协调人与人的关系，为人类提供形态、色彩、声音等方面的艺术享受，满足人类精神、情感等心理需要。人类热爱森林，常以森林比喻和表达人的精神向往，森林中留有人类精神的烙印。历代的诗歌、散文、绘画中有许多这类情感都是以森林、树木比喻人的精神，体现了森林文化的人文性。

2.2.2 森林文化的地域性和民族性

中国地域辽阔、地形复杂、气候差异大。不同地域分布着不同类型的森林，有着不同的森林文化；不同地域居住着不同的民族，有着不同的生活习俗和不同的生产方式，对森林文化产生不同的影响，使得森林文化具有地域性和民族性特色。例如，生活在海南热带雨林地区的黎族认为椰树是其守护神；湖南湘西土家族先民认为是水杉神灵使土家族得以延续；新疆哈萨克族崇拜胡杨树；云南的哈尼族把森林奉为神仙。不仅中国如此，世界各地的不同民族都把树木、森林与人的生命联系在一起，感悟到人与自然同生共荣的关系。如欧洲的希腊人和意大利人崇拜橡树，美洲的印第安人崇拜树神。

2.2.3 森林文化的丰富性和统一性

中国疆域辽阔，横跨世界上两个主要的生物地理界，是世界上生物多样性最丰富的国家之一。丰富的生物多样性孕育了丰富的森林文化。森林文化的内涵和外延都极为丰富。由森林派生的森林美学、森林生态学、森林旅游学、森林医学、木材学等多种学科和技术都是森林文化的外延。

森林文化具有森林生态系统的共同特性。森林文化体现的风格和人文精神与中华民族传统文化的人文精神一致。人类在长期的生活生产实践中，把自身的品格深深地烙在森林和树木中，又把森林树木的品格渗透到人的精神中，达到“天人合一”的境界。这是森林文化具有统一性和综合性的表征。

3. 森林文化的层面

3.1 物质文化

树木、森林和栖息在森林中的动物是孕育森林文化的物质基础。5000年前中国的原始植被是森林和草原，当时中国的大地上除了冰川、石山、沙漠、戈壁、沼泽外，凡是能生长树木的地方都布满了森林。当时的东北山丘、山东丘陵、太行山、秦岭、阴山、六盘山、横断山、阿里山、玉山、南岭、东南丘陵、十万大山、大巴山、武陵山脉等各大山脉、坡地、高原以及平原中的岗地都分布着原始森林。森林是当时人类的生存环境，在这种以森林为生活和生产实践所产生的森林文化是一种原始的森林物质文化。时至今日，森林物质文化的内涵和外延有了新的拓展，内容更加丰富多彩。

中国现有森林17490.92万 hm^2，森林覆盖率20.36%。其中除了香港、澳门、台湾外，全国天然林面积11576.20万 hm^2，人工林面积5325.73万 hm^2。属于优势树种的针叶树种有140余种，其中最主要的树种有马尾松、杉木、柏木、银杉、红松、落叶松、樟子松、华山松、油松、黄山松、湿地松、思茅松、黑松、赤松、水杉、云杉、冷杉等。属于优势树种的阔叶树种有400多种，其中最主要的有樟树、楠木、檫木、桉树、楸树、国槐、刺槐、椿树、苦楝、泡桐、核桃、板栗、枣树、栎树、椴树、桦木、杨树、柳树、榆树、水曲柳、胡桃楸等[3]。由众多树种构成的森林分布在全国各地，在当地环境的相互影响下形成不同的森林生态系统，承载着不同地域的森林物质文化。

3.2 精神文化

森林能为人类提供林产品，是一种物质存在；森林能为人类提供文化产品，又是一种精神存在。森林是人类永恒的朋友，是人类文明的摇篮。

人类对森林的认识源于人类衣、食、住、行与森林的密切关系。在原始社会人类把树木或动物作为神，凡是能够给人提供衣、食、住、行的动植物都在先民们的头脑中占有重要的地位，成为崇拜的对象，每一个氏族都从当地的动物或植物中想象出一个神奇的始祖和保护神，制成图腾。每到傍晚，氏族首领向聚集在图腾像前的全氏族人讲述图腾的神话故事，渐渐地形成了原始的图腾文化——原始社会的精神文化。原始社会的宗教也由此发生。在人类与森林的和谐相依、同生共荣中，人的精神融入森林，使森林人格化；森林的风格映入人的思维，影响人的精神，使人格自然化。在这种相互影响中，产生了精神层面的森林文化。

森林精神指以森林生态系统为载体所传达的精神意蕴，是森林文化的最高表达。森林精神包括独立精神、坚韧精神、包容精神、顽强精神、固守精神、协作精神、奉献精神、和谐精神等。

独立精神：森林树木以高大、直立、挺拔的外观表征给人类留下了深刻印象，其内涵是森林树木的独立、自由、不事权贵、不随波逐流的精神和品格。

坚韧精神：森林、树木坚贞如一、风雨不动、富贵不移、威武不屈、宠辱不惊、矢志不移。

包容精神：森林容纳不同科、属、种的植物，容纳飞禽走兽、昆虫鱼类和微生物，任其生长繁衍。其博大胸怀，包容万物。

顽强精神：森林在强烈阳光下，吐故纳新、从容自如；在云雾浸淫中，腾云驾雾，飘飘欲仙；在严寒冰霜里，银装素裹、玉洁冰清；在风吹雨打下，安然不动、不卑不亢。这体现的是一种在逆境中顽强拼搏，积极向上的精神。

固守精神：森林树木的地下根系庞大复杂、纵横交错、盘根错节，有“张村李村，枣树连根”之说。庞大的根系保守故土，支撑着树木、森林这座绿色大厦。固守是信心、力量和智慧，是坚定、诚信、纯洁和自律。有了森林的固守，人类才有了绿洲。

协作精神：在地上，森林枝桠交错；在地下，森林盘根错节。不同的树种、植物、动物和微生物组合在一起，形成了不同的林分，不同的森林生态系统。不同树种，不同物种无私无欲、团结协作；抗御风沙、改善环境；调节气候、吐故纳新、净化空气；固守大地、绿荫人间。这就是森林协作精神和奉献精神的体现。

和谐精神：森林顺应天时，适地而生，容纳万物，庇护人类，平衡生态，体现了森林与天、地、人之间的和谐共生。

森林是陆地上最庞大、最丰富、最有生命的构建系统，能包容人类和天下万物，以其独立、坚韧、包容、固守、协作、奉献和善于适应的精神品格影响了人类，谱写了森林精神文化，使森林文化更加辉煌。

3.3 制度文化

3.3.1 古代的林业思想和林业政策

远古时代，先民将森林视为神灵，产生了对森林、动植物图腾的崇拜，在长达1300年的夏、商、西周时期里，先民们在长期的森林利用和保护实践中，产生了“天人合一”的生态思想。春秋战国时期，出现有关政令、制度和乡规民约，其内容涉及禁山护林、植树造林、采伐利用、林业经营管理以及公路河堤植树、墓地植树、封山育林等，例如管子在《立政》篇中提出国君的五个主要任务中都与林业有关，其中将“山泽救于火，草木殖成”作为首要任务，当时设置专门机构和官吏管理林业。《立政》又曰：“修火宪，敬山泽林威积草，天财之所出，以时禁发焉。使民足于宫空之用，薪蒸之所积，虞师之事也”。管子主张依法治林，林业主要由虞师负责。汉朝设“司竹长丞”管制，专门管理竹林。到清末，除中央政府外，地方官府也制定林业法规章程，例如光绪初年福建省官员制定出《福建省劝民种树利益章程》。该章程共16条，前8条讲种树的利益，后8条讲种树的政策，“无论松、杉、柏、榆、桃、柳、楠、花梨、香樟土性所宜分别栽种”，可见当年已讲究适地适树原则。

中国古代对于人与自然的关系，除了“天人合一”的核心思想外，还有许多制度性的安排，例如《札记·月令》中写道：孟春之月“命祀山林、川泽，牺牲毋用牡”；仲春之月，“毋焚山林”；季春之月“树木方盛，乃命虞人入山行木，毋有新伐”。月令指导和约束当时人们的行为，对后世有重要影响，现在仍然可作为重要的制度性资源，体现和贯彻到相关学术领域，形成较为完整的森林制度文化。

3.3.2 现代森林制度文化

民国时期，国民党政府于1932年起草制订了《森林法》，继续了先人依法治林的传统。当时政府林业官员、林业教育家姚传法于1944年提出：《森林法》应作为国家大法之一，应与《刑法》、《民法》、《土地法》相提并论。1949年10月1日新中国成立后，政府十分重视林业，中央人民政府就设有林垦部。1951年11月5日林垦部改为林业部，专门管理全国林业生产和建设，从省到县乡各级地方政府均设有林业厅、林业局和林业站，管理地方林业建设和林业生产。不仅如此，全国人民代表大会常务委员会还先后公布实行了《森林法》、《野生动物保护法》、《种子法》、《防沙治沙法》、《农村土地承包法》、《水土保持法》、《环境保护法》、《海洋环境保护法》等10多部法律；还先后颁布了《风景名胜区管理暂行条例》、《陆地野生动物保护实施条例》、《水生野生动物保护实施条例》、《基本农田保护条例》、《自然保护区条例》等10多种条例。国家2008年实行的"集体林权制度改革"，依法将集体林地经营权和林木所有权承包给农户，确立农民作为林地承包经营的主体地位。2010年开始实行的土地流转制度等都是森林制度文化不断优化的体现。各级地方政府也颁布了许多相应的条例和实施办法，许多林区村委会、村民组制定了护林育林和造林公约。中国林业的法律法规和乡规民约覆盖了林业生产和生态建设的全部领域，形成了完备的政策、法律、法规体系，完善的森林制度衍生了完美的森林制度文化。

3.4 行为文化

3.4.1 政府植树行为

新中国从1956年开始建设自然保护区，1982年开始建设国家森林公园，至2011年底，已建立各级自然保护区2640处，各级森林公园2747处。启动了5项重点林业工程，即三北和长江中下游地区重点防护林体系建设工程、天然林保护工程，退耕还林还草工程、野生动植物保护及自然保护区建设工程、环北京地区防沙治沙工程。此外许多城市开展"城市森林"建设、"绿道"建设，政府在各项林业建设中不断地继承传统森林文化，不断地创造着新的森林文化。

3.4.2 民间植树行为

中国人古往今来讲究植树造林：例如湖南会同县乡间历史上，家里生了个女儿，就种一片杉树，待女儿成人出嫁时，杉树亦成林成材，可以砍伐为女儿做嫁妆，此习俗一直延续至计划生育政策实施时。

从1979年开始，至2012年，我国全民义务植树活动已持续34年。民间涌现了一批植树造林模范。以马永顺和赵希海为代表的伐木工人，用实际行动实现了朱镕基总理“下决心把砍树人变成种树人，把伐木职工手中的油锯变成种树的锹镐。”的要求。中国人正在用实际行动实践着先辈们“黄河流碧水，赤地变青山”的美好夙愿；正在用实际行动让博大精深、源远流长的森林文化更加灿烂辉煌。

森林文化种类繁多，主要有松柏精神文化、古树名木文化、狩猎文化、桦皮文化、自然保护区文化、森林公园文化、绿道文化、竹文化、碑刻文化、根雕艺术文化、中医药文化、民风民俗文化、民间艺术文化等。例如文人笔下的“松竹梅岁寒三友”、“杨柳杏春风一家”、“红豆生南国，春来发几枝。愿君多采撷，此物最相思。”、“平生憩息地，必种数竿竹”、“可使食无肉，不可居无竹。无肉令人瘦，无竹令人俗。人瘦尚可肥，士俗不可医。”、清代诗人乔钵题写的四川“剑门路，崎岖凹凸石头路。两旁古柏植何人，三百里程十万树。翠云廊，苍烟护，苔花阴雨湿衣裳，回柯垂叶凉无度。”、陈毅的“大雪压青松，青松挺且直”、郭沫若将银杏称为“东方圣者、中国文人有生命的纪念塔”等。这些森林文化都源于森林，是森林旅游的重要资源，是森林旅游区开展休闲旅游不可缺少的资源，是森林旅游资源深度开发的文化产品。森林文化是中国传统文化的源头，即将盛行的生态文化是森林文化发展的新阶段。

参考文献

[1] 李军林．中国传统文化概论［M］．合肥：合肥工业大学出版社，2009：1.

[2] 苏祖荣，苏孝同．森林文化学简论［M］．上海：学林出版

社, 2004. 1.

［3］韩琳. 中国的森林［M］. 北京：外文出版社. 2009.

A new stage development of the forest culture

Abstract: The forest culture formed in the original ignorance era. It refers to the forest as the background or as the carrier of cultural phenomenon. This paper is written from the definition of culture, concludes four development stages of the forest culture and six characteristics, as well as four cultural level, that is material culture, spiritual culture, system culture and behavior culture. The forest culture is the source of Chinese traditional culture, but also is indispensable resources in forest leisure tourism. This research provides the reference to the forest culture and development of forest tourism, expands the connotation of forest culture and ecological culture.

Key words: Forest culture, development stage, characteristics

基于大众旅游者与生态旅游者视角的旅游动机比较研究①

——以云台山世界地质公园为例

乔光辉②

（河南工业大学，管理学院，河南郑州，450007）

【摘要】：生态旅游者与大众旅游者最大的区别在于生态旅游者具有一定的生态意识。生态旅游者作为生态旅游活动的主体，其旅游动机显得尤为重要。本文以云台山世界地质公园的大众旅游者与生态旅游者为调查对象，通过问卷调查对其生态旅游的动机进行了比较分析。通过因子分析法萃取出生态旅游动机为七项（休息及回避、活动、归属、挑战、成就与地位、自我实现、追求自然美）。通过T－test检验发现：除“自我实现”因子外，大众旅游者与生态旅游者在其他旅游动机因子上均有显著性的差异。最后提出了本研究的不足之处。

【关键词】：旅游动机；比较研究；大众旅游者；生态旅游者；云台山世界地质公园

---

① 基金项目：河南工业大学高层次人才基金（编号：2011BS003）

② 乔光辉（1980—），男，汉，郑州人，博士，副教授，研究方向：旅游市场营销和开发，旅游消费者行为学，事件旅游。E－mail：yangqiao1980@ 126. com

1. 引言

随着社会的发展和生活水平的提高，人们开始进行各种不同类型的旅游[1]。目前，关于旅游方式的提法有十几种。生态旅游从概念的首次提出至今已发展了20多年的历程，随着这一以可持续发展理念为核心的旅游方式的不断发展，生态旅游越来越受到重视，已经成为旅游学术研究的焦点[2]。生态旅游者作为生态旅游活动的主体，其旅游动机、旅游态度显得尤为重要[3]。同时生态旅游是一种新的旅游产品和旅游消费方式，具有生态旅游主体行为保护性、旅游发展的可持续性、旅游活动过程的生态性和旅游活动结果的外部经济性等特点[4]。

生态旅游者行为研究是生态旅游研究的热点和前沿课题，主要包括旅游者的心理、动机、决策、购买和旅游后的评价。旅游者是旅游活动的主体，生态旅游活动的主要过程与旅游者行为联系密切；同时，生态旅游者群体行为具有复杂性，不同的旅游类型旅游者行为差异很大，同种类型旅游中的旅游者特征也不尽相同，研究者必须不断更新自己的研究数据和方法，所以生态旅游者行为研究是生态旅游研究的核心[5]。

2. 相关研究综述

谢贝洛斯·拉斯喀瑞（H. Ceballos – Lascurain）于1983年第一次提出“生态旅游”这一学术概念以来，生态旅游实践活动已经在全世界范围内获得了极大的发展。但是，初期对生态旅游者范畴的界定仍然没有统一的认识，，有些学者认为，生态旅游市场完全不同于大众旅游市场，只能定位于“精英旅游者”[6-7]。与之相反，有些学者认为参与生态旅游活动不应只局限于一些专业人士，将来生态旅游将会大众化[1]。直到1987年拉阿曼（Laarman）和德斯特（Durst）提出了严格的和一般的生态旅游者概念，才广泛地得到生态旅游学界的支持，成为了一个基本的体系[4]。本质上，一般的生态旅游者是大众旅游者，他们只是喜欢偶尔和自然环境接触一下，以显示与其他普通旅游方式的旅游者有所不同；而生态旅游者具有强烈的生态意识，所以他们对旅游舒适度的要求很低，如他们不会为了自身的方便而要求建筑公路、索道等交通设施，他们认为这将损害当地的生态环境[3]。

国外关于旅游动机的研究已经非常深入，可归为规范研究和实证研究两个方面。在规范研究方面，马斯洛（Maslow A H）的需要层级理论，皮尔斯（Pearce）等提出的旅行需求模式（Travel Needs Model）[8]，彼其（Beach）等人建立的休闲动机等级模型[9]，迈金托什（McIntosh R W）等人提出的身体健康动机、文化动机、人际动机、地位和声望动机 4 种动机类型[10]，日本学者田中喜一提出的心情动机、身体动机、精神动机、经济动机的 4 种类型[11]，以及普罗格（Pulog）[12]、格雷（Gray H P）[13]、丹恩（Dann）[14]、约翰·斯沃布鲁克（Swarbrook J）[9]进行了系统的理论研究。在实证方面也有大量的研究成果，如克罗姆顿（Crompton J L）[15]、尤塞尔（Uysal M）[16-19]、维克多提亚（Victor Teye）[20]等都针对旅游动机做了细致的研究。

相对于国外，国内的学者涉足此方面是从 20 世纪 90 年代初才开始的[21-26]，针对于生态旅游者的专项研究还并不多。并且由于旅游动机的复杂性，特别是旅游者不同、选择的活动类型不同、样本选择地点不同以及对旅游动机表述的差异，使旅游动机分析很难得出相同的结论。因此，只有针对具体的旅游活动和特定的旅游市场开展深入的实证研究，才能识别出特殊的旅游动机[26]。本研究以云台山世界地质公园的大众旅游者和生态旅游者为调查对象，通过问卷调查对其旅游的动机进行了实证调查分析。期望能对生态旅游者与大众旅游者的研究供理论依据，为国内生态旅游者行为研究领域弥补研究空白。

3. 研究问卷设计及样本量说明

3.1 问卷设计

调查问卷共设计四部分：①为检定旅游者的旅游动机，根据先行理论研究[8-26]并结合世界地质公园的实际情况，共设计了36个问项。此部分采取了李克特5点量表尺度（Likert Scale）来测定（1=完全不同意，5=完全同意）。②游客类型的判断。根据以前研究中关于生态游客行为特征的研究，并结合本次调查研究目的，最终将区分大众旅游者和与生态旅游者的问项设计为3项：在景区内希望采用的交通方式（汽车、徒步）、希望景区内有的旅游设施（游船、索道、较长的公路、无期望）、旅游时如何处理食品、果皮垃圾（随意丢弃、丢进垃圾桶），采用逻辑问卷的方式，即选择了“徒步”的可继续答第2问，而选择了“汽车”的跳过此部分，填写最后的个人情况；继续答第2问的游客选择了“无期望”的可继续答第三问，选择其他三个选项的均跳过此部分；最后选择“丢进垃圾桶”的游客设定为“生态旅游者”，其他则为大众旅游者。③样本的个人情况，包括被调查者的性别、年龄、职业、学历、收入和婚姻状况等变量。

3.2 调查对象及数据收集

本研究采取问卷调查的方式收集原始资料与信息，问卷设计为中文格式。笔者于2011年1月10日在云台山世界地质公园内进行预调查，发放问卷20份，并与被调查者深入交谈，修正问卷中语意表达不清的地方，添补有关测定指标，为正式调查做准备。于2011年3月3日至27日做了正式抽样调查。正式调查问卷共发放660份，回收602份，回收率为91.2%，排除回答不完全及真实性较低的样本后，最终使用有效样本共计575份，有效问卷率87.1%。最终确定生态旅游者为198人，大众旅游者为377人。

3.3 数据处理方法

本研究对游客调查所得的数据通过统计学工具 SPSS15.0 进行研究分析。使用频率、均值、标准偏差等基础统计方法，得出了调查样本的一般特性。在检定旅游者的旅游动机时，使用了因子分析（Factor Analysis）方法提取公因子，并使用方差最大化正交旋转法（Varimax rotation）对提取的公因子进行旋转，以确定调查项目的共同成分。之后为检定大众旅游者与生态旅游者的旅游动机的差异性，分析时使用了 t - 检定（t - test）方法。

4. 实证研究分析

4.1 调查对象的人口统计学特征及旅游特征说明

本研究的调查对象人口统计学特征及旅游特征如（表1）所示。性别来看，大众旅游者中男性的游客较多，占整体大众旅游者的 61.3%（231 人）；生态旅游者中女性较多，占整体生态旅游者的 65.7%（130 人）。年龄上来看，大众旅游者中 20 岁以下人群最多，为 45.1%（170 人）；生态旅游者中 21 ~35 岁这组人群最多，为 40.0%（79 人）。按教育水平，大众旅游者和生态旅游者中，大学本科人数都是最多，分别为 41.6%（157 人）和 63.6%（126 人）。

表1　调查对象的人口统计学特征

Table 1 Social demographic characteristics of the tourists

项目		大众旅游者比率（%）	生态旅游者比率（%）	项目		大众旅游者比率（%）	生态旅游者比率（%）
性别	男	231 61.3%	68 34.3%	职业	服务行业	29 7.7%	13 6.6%
	女	146 38.7%	130 65.7%		公务员、教育	126 33.4%	55 27.8%

续表

项目		大众旅游者比率（%）	生态旅游者比率（%）	项目		大众旅游者比率（%）	生态旅游者比率（%）
年龄	20 岁以下	170 45.1%	33 16.7%		公司职员	43 11.4%	19 9.6%
	21 - 35	108 28.6%	79 40.0%		学生	70 18.6%	9 4.5%
	36 - 50	78 20.7%	45 22.7%		私营、个体	18 4.8%	38 19.2%
	51 - 65	14 3.7%	28 14.1%		技术、管理类	47 12.5%	43 21.7%
	66 岁以上	7 1.9%	13 6.5%		其他	44 11.7%	21 10.6%
学历	高中以下	122 32.4%	39 19.7%	婚姻状况	未婚	180 47.7%	97 49.0%
	大专	80 21.2%	17 8.6%		已婚	197 52.3%	101 51.0%
	大学本科	157 41.6%	126 63.6%	总调查对象：575 人、其中大众旅游者 377 人、生态旅游者 198 人			
	研究生以上	18 4.8%	16 8.1%				

数据来源：根据本研究调查数据整理。

4.2 旅游动机的因子分析及问卷的信度

针对旅游动机的 36 个描述项进行 KMO 统计量（Kaiser - Mcycr - Olkin Measure of Sampling Adequacy）分析和巴特勒球形检验（Bartlett's Test）。其结果 KMO 值 = 0.863，大于 0.7，说明做因子分析的效果较好。Bartlett's 球形检验值 = 1272.213，在自由度为 322 的条件下和 0.01 水平上达到了显著，说明旅游动机描述项的相关矩阵间存在公因子，适合进行因子分析。

其次用 SPSS15.0 对 36 个旅游动机描述项进行因子分析（Factor Analysis）。为了提高因子分析的结果，将因子荷载和公因子方差小于 0.5 的“想要休息”“为了打发时间”“为了健康”等三个动机描述项舍去，最后有 33 项参与因子分析。采用主成分萃取方法（Principal Component Method）提取公因子，并使用方差最大化正交旋转法（Varimax rotation）对提取的公因子进行旋转，以使公因子有较满意的解释。按照常用的特征根（Eign - value）大于1的标准，共萃取出七个公因子（如表2所示）。

新提取因子1主要解释了原有因子中的脱离日常生活、换心情、减少压力、获得生活动力、摆脱生活中的义务、脱离嘈杂的生活圈等。这些因子共同特征是和旅游者的生活休息、逃避现实生活有关，因此将新提取的第1个因子命名为“休息、逃避因子”。

新提取因子2主要解释了原有因子中的运动型生活和野外活动这两项，因此将该因子命名为“活动因子”。

第3个新提取的因子解释了原来因子中的增进同事友情、与朋友打发时间、寻求归属感，因此将该因子命名为“归属因子”。

第4个新提取的因子主要解释了尝试新的活动、结识新人、感受冒险，这里更多的倾向于对旅游者的挑战心理，因此将该因子命名为“挑战因子”。

表2　旅游者的旅游动机因子分析

Table 2　Factor Analysis of Tourist’Motivations

新提取因子	问项	累计量	信赖性	特征根值	分散度
因子1	想要换个心情	0.67	0.76	3.14	9.51
休息、	想要减少压力	0.63			
逃避	想要脱离日常生活	0.62			
	想要获得生活的动力	0.61			
	想要摆脱生活中的义务	0.61			
	想要寻找生活的富余	0.58			
	想要脱离嘈杂的生活圈	0.53			
因子2	为了建立运动型的生活	0.73	0.57	2.44	7.38
活动	想要野外活动	0.65			
因子3	为了增进同事间的友情	0.82	0.70	2.91	8.82
归属	与朋友一起打发时间	0.73			
	想要寻找归属感	0.56			
因子4	想尝试别人不做的新活动	-0.76	0.74	3.83	11.60

续表

新提取因子	问项	累计量	信赖性	特征根值	分散度
挑战	想结识新的人	-0.68			
	想要感受冒险	-0.67			
因子5	感受与社会地位相符的生活	0.76	0.75	3.71	11.24
成就、	想要考验一下自身的能力	0.63			
地位	想要发挥领导能力	0.63			
	不想输给周围的人	0.62			
	想要感受成就感	0.62			
因子6	想要寻找恢复自我的机会	-0.75	0.77	4.271	12.94
自我实现	想要开发自己	-0.71			
	想要思考自我的价值	-0.68			
	为了获取自信感	-0.65			
因子7	为了感受自然的美	-0.80	0.83	4.58	13.88
追求	想要亲近自然	-0.80			
自然美	想要体验未受污染的自然	-0.77			
	想要学习自然	-0.71			
	感受旅游地的景观	-0.67			
	想要感受、看、听到新的东西	-0.52			
	想更加了解环境	-0.51			
KMO=0.863	Bartlett=1272.213	自由度=322 Sig. =.000			

数据来源：根据本研究调查数据整理。

第5个新提取的因子主要解释了原来的考验自身能力、不想输给周围的人、感受成就、发挥领导能力等，因此将该因子命名为“成就、地位因子”。

第6个新提取的因子主要解释了自我恢复、开发自己、自我价值、获取自信感等，因此将该因子称为“自我实现因子”。

第7个新提取的因子主要解释了感受自然美、亲近自然、体验自然、学习自然、了解自然等，因此将该新提取的因子命名“追求自然美因子”。

一般认为绝对值大于0.3的因子载荷是显著的[27]，为增加研究的显著性，本研究所挑选出来的每项因子的载荷均大于0.5。33个变量集中在七个主成分上，每个主成分的特征值都大于1。这七个主成分因子累计解释的方差为75.37%，也就是说用这七个因子代替原有的33个变量，可以概括原始变量所包含的75.37%的信息。

为了检验因子分析效果，对提取的公因子进行了内在信度分析，旅游动机因子信赖度克隆巴赫系数（Cronbach α）值为0.748，除“活动”因子（Cronbach α =0.57）外，各个问项的信赖度其克隆巴赫系数（Cronbach α）皆在0.7以上，本研究结果应数可信。

4.3 大众旅游者与生态旅游者旅游动机的差异性检定

本研究以大众旅游者旅游动机与生态旅游者与旅游动机进行t检定（t－test），研究结果发现：除“自我实现因子”外，其他旅游动机因子均有显著性的差异（如表3所示）。

表3　大众旅游者与生态旅游者的旅游动机的差异性

Table 3　The Difference of Motivations to Mass tourists & Ecotourist

动机	大众旅游者	生态旅游者	T值	动机	大众旅游者	生态旅游者	T值
因子1 休息、逃避	3.83	4.06	4.33*	因子5 成就、地位	2.54	2.03	9.88**
换个心情	4.16	4.42	3.20*	感受与地位相符的生活	2.48	1.81	14.40**
减少压力	3.95	3.93	5.44**	考验一下自身的能力	2.51	2.14	22.53**
脱离日常生活	3.73	4.14	10.97**	想要发挥领导能力	2.56	2.02	11.46**
获得生活的动力	4.02	4.34	7.34**	不想输给周围的人	2.07	1.41	18.37**
摆脱生活中的义务	3.58	3.47	1.52	想要感受成就感	3.09	2.75	7.53**
寻找生活的富余	3.77	4.11	6.21**	因子6 自我实现	3.28	3.48	1.45
脱离嘈杂的生活圈	3.59	3.92	5.51**	寻找恢复自我的机会	3.48	3.86	5.09**
因子2 户外活动	3.43	3.84	6.14**	想要开发自己	3.15	3.32	1.76
建立运动型的生活	3.70	4.03	5.32**	想要思考自我的价值	3.26	3.67	5.61**
想要野外活动	3.37	3.65	3.21*	为了获取自信感	3.23	3.08	1.86
因子3 归属	3.31	2.52	15.50**	因子7 追求自然美	3.50	4.13	18.98**
增进同事间的友情	3.77	2.56	17.21**	为了感受自然的美	4.01	4.42	8.32**
与朋友一起打发时间	3.32	2.72	10.44**	想要亲近自然	3.98	4.41	10.82**

续表

动机	大众旅游者	生态旅游者	T值	动机	大众旅游者	生态旅游者	T值
想要寻找所属感	2.86	2.24	9.22**	体验未受污染的自然	3.62	4.26	11.63**
因子4 挑战	2.83	3.13	10.06**	想要学习自然	3.17	3.61	9.43**
尝试别人不做的新活动	2.82	3.17	4.95*	感受旅游地的景观	3.75	4.22	10.90**
想结识新的人	2.80	2.97	7.79**	感受、看、听新的东西	3.28	4.28	16.31**
想要感受冒险	2.86	3.25	7.86**	想更加了解环境	2.79	3.71	15.82**

注： $^{*}P < 0.05$, $^{**}P < 0.01$。**数据来源：** 根据本研究调查数据整理

从研究的结果来看，生态旅游者在休息、逃避因子，活动因子，挑战因子以及追求自然美因子方面均高于大众旅游者；大众旅游者在归属因子、成就地位因子上高于生态旅游者。也就是说：生态旅游者一般多是为逃避日常枯燥的生活，挑战自我，在休息活动时，前往大自然，追求自然美。普通大众旅游者多为寻找归属感及感受成就、地位。

在“摆脱生活中的义务”、“想要开发自己”、“为了获取自信感”等三个动机描述项不具有显著性差异，即大众旅游者与生态旅游者在摆脱义务、开发自我、获取自信感三方面具有相似性。游客在前往生态旅游目的地旅游时，无论是大众性游客还是生态型游客他们都期望能够通过此次旅游摆脱生活中的繁杂，使自我获得自信，最终能够达到开发自我、实现自我的目的。

4.4 大众旅游者与生态旅游者旅游动机重要性比较

单独分析大众旅游者与生态旅游者的旅游动机发现：旅游动机因子5“成就、地位”在大众旅游者与生态旅游者的动机中得分最低，其旅游动机的重要性最低。

生态旅游者的动机因子7“追求自然美”的得分最高，即对于生态旅游者来说“追求自然美”是最主要的旅游动机，其次是因子1、因子2、因子6、因子4、因子3、因子5；大众旅游者人群中，因子1“休息、逃避”的动机得分最高，即“休息、逃避”的是大众旅游者最主要的旅游动机，其次是因子7，因子2，因子6，因子3，因子4，因子5。

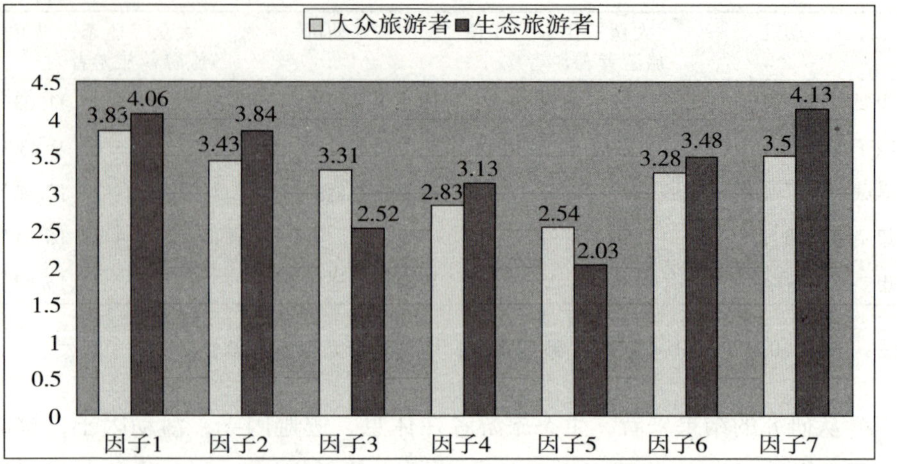

图 1　大众旅游者与生态旅游者的旅游动机因子比较

Graph 1　The Importance of Motivations to Mass tourists & Ecotourist

5. 结论及建议

5.1 近年来人们对可持续发展的认识逐步提高，生态旅游作为一种可持续性旅游方式，越来越受到重视，已经成为旅游学术研究的焦点。生态旅游者作为生态旅游活动的主体，其旅游动机、旅游态度显得更加重要。本研究以云台山世界地质公园为调查地，通过问卷调查对大众旅游者与生态旅游者的旅游动机进行了实证调查分析。

5.2 本研究经过实证分析，发现：从性别来看，大众旅游者中男性的游客较多，生态旅游者中女性较多。年龄上来看，大众旅游者中 20 岁以下人群最多，生态旅游者中 21 ~35 岁这组人群最多。按教育水平大学，生态旅游者中，高学历层次所占比例较高。因子分析法引导出七项旅游动机因子，分别是："休息、逃避因子"、"活动因子"、"归属因子"、"挑战因子"、"成就、地位因子"、"自我实现因子"、"追求自然美因子"。在大众旅游者与生态旅游者旅游动机的差异性检定中发现除"自我实现因子"外，其他六项旅游动机因子均有显著性的差异。

5.3 从研究的结果来看，生态旅游者在休息、逃避因子，活动因子，挑战因子以及追求自然美因子方面均高于大众旅游者；大众旅游者在归属因子、成就地位因子上高于生态旅游者。也就是说：生态旅游者一般多是为逃避日常枯燥的生活，挑战自我，在休息活动时，亲近大自然，追求自然美。普通大众旅游者多为寻找归属感及感受成就、地位。

5.4 单独分析大众旅游者与生态旅游者的旅游动机发现：旅游动机因子5“成就、地位”在大众旅游者与生态旅游者的动机中得分最低，其旅游动机的重要性最低。生态旅游者的动机因子7“追求自然美”的得分最高，对于生态旅游者来说，“追求自然美”是最主要的旅游动机；大众旅游者人群中，因子1“休息、逃避”的动机得分最高，即“休息、逃避”的是大众旅游者最主要的旅游动机。

5.5 本研究实证分析了普通大众型旅游者与生态旅游者旅游动机，并发现了两类旅游人群的主要旅游动机不同，并且各个旅游动机因子具有显著性的差异。因此生态旅游进行营销时应针对大众型游客与生态旅游者的旅游动机，不断提高自身生态旅游产品的吸引力，引导激发旅游者对生态旅游产品的兴趣，注重持续开发生态旅游新产品，引领游客新的生态旅游消费潮流。生态旅游市场营销应是一种可以持续发展的绿色旅游营销，生态旅游市场营销的任务除了满足游客的理性旅游消费需求外，更应该创造和引导理性的旅游开发和消费方式，逐步由大众消费型向生态消费型转换。生态旅游有其特殊性，为保护生态旅游的正常进行，不仅要有开发商、经营商和旅游者的共同努力，更为重要的是，需要有健全的生态旅游的管理机制，这包括有完善的管理机构与人员进行各个环节的监督和检查，同时，还需要有比较完善的条例、法规来规范企业行为和个人行为。

本研究的调查时间为春季三月份，在时间维度上有局限性，一定程度上影响分析的结果。另外在研究内容和深度上还存在一定的局限，旅游动机是一个复杂的概念，这需要在今后的研究中加以深入探讨。

参考文献

[1] 陈福亮，侯佩旭．国内外生态旅游者的生态意识调查研究：以三

亚市南山旅游文化区为例［J］．海南大学学报（人文社会科学版），2005，23（1）：114 - 117.

［2］杨桂华．生态旅游［M］．北京：高等教育出版社，2002. 49 - 63.

［3］肖朝霞，杨桂华．国内生态旅游者的生态意识调查研究：以香格里拉碧塔海生态旅游景区为例［J］．旅游学刊，2004，19（1）：67 -71.

［4］周笑源，生态旅游市场营销内涵及其产品策略［J］．旅游学刊，2004，19（1）：72 -76.

［5］赵金凌，成升魁，闵庆文．基于休闲分类法的生态旅游者行为研究：以观鸟旅游者为例［J］．热带地理．2007，27（3）：284 -288.

［6］刘德谦．中国生态旅游的面临选择［J］．旅游学刊，2003，18（2）：63 - 69.

［7］张延毅，董观志．生态旅游及其可持续发展对策［J］．经济地理，1997，17（2）：100 - 112.

［8］查尔斯·R·格尔德耐，J·R·布伦特·里奇，罗伯特·W·迈金托什著；贾秀海译．旅游业教程——旅游业原理、方法和实践［M］．大连：大连理工大学出版社，2003，3.

［9］约翰·斯沃布鲁克，苏珊·霍纳著；俞慧君，张殴，漆小燕译．旅游消费者行为学［M］．北京：电子工业出版社，2004，9.

［10］McIntosh R W，Goeldner C R & Ritchie J R B. Tourism：Principles，Practices，Philosophies［M］. New York：Wiley，1995.

［11］保继刚，楚义芳．旅游地理学［M］．北京：高等教育出版社，1999.

［12］克里斯·库伯，约翰·弗莱彻，大卫·吉尔伯特等著；张俐俐，蔡利平译．旅游学——原理与实践（第二版）［M］．北京：高等教育出版社，2004，6.

［13］Gray H P. International Travel——international trade［M］. Lexington：Health Lexington，1970.

［14］Dann G M S. Tourism motivation：an appraisal［J］. Annals of Tourism Research，1981，8（2）：187 -219.

［15］Crompton J L. Motivation for pleasure vocation［J］. Annals of

Tourism Research, 1979, 6 (4): 408 -424.

[16] 谢彦君. 基础旅游学(第二版)[M]. 北京: 中国旅游出版社. 2004, 4.

[17] Uysal M, Gahan L, Martin B. An examination of event motivations: A case study [J]. Festival Management & Event Tourism. 1993, 1 (1): 5 -10.

[18] Backma K F, Bachman S J, Uysal M, Sunshine K M. Event tourism: An examination of motivations and activities [J]. Festival Management & Event Tourism, 1995, 3 (1): 15 -24.

[19] Formica S, Uysal M. Market segmentation of an international cultural - historical event in Italy [J]. Journal of Travel Research, 1998, 36 (4): 16 -24.

[20] Victor Teye, Denis Leclerc. The white Caucasian and ethnic minority cruise markets: Some motivational perspectives [J]. Journal of Vacation Marketing, 2003, 9 (3): 227 -242.

[21] Douglas J, 谢彦君. 按需求特征细分应该赴华度假旅游市场 [J]. 旅游学刊, 1994, (5): 14 - 18.

[22] 陆林. 山岳旅游地旅游者动机行为研究——黄山旅游者实证分析 [J]. 人文地理, 1997, 12 (1): 6 - 10.

[23] 吴必虎, 徐斌, 邱扶东等. 中国国内旅游客源市场系统研究 [M]. 上海: 华东师范大学出版社, 1999, 3.

[24] 张卫红. 旅游动机定量分析及其对策研究 [J]. 山西财经大学学报, 1999, 21 (4): 100 - 103.

[25] 陈楠, 白凯, 乔光辉, 朴根秀. 入境游客对中国传统文化类旅游产品满意度的实证研究 [J]. 旅游学刊, 2008, 23 (6): 24 - 29.

[26] 陈德广, 苗长虹. 基于旅游动机的旅游者聚类研究: 以河南省开封市居民的国内旅游为例 [J]. 旅游学刊. 2006, 21 (6): 22 - 28.

[27] 郭志刚. 社会统计分析方法——SPSS软件应用 [M]. 北京: 中国人民大学出版社, 1999.

A Comparative Study on the Tourism Motivation between Ecotourist and Traditional tourist

——Case on Yuntai Mountain Geopark of China

QIAO Guang - hui

(*School of Management*, *Henan University of Technology*,

Zhengzhou 450001, *China*)

Abstract: The most significant difference between ecotourist and traditional tourist represents that ecotourist has ecological awareness. As a major component of ecological tourism, the motivations of ecotourists are very important. This study focused on different motivations between traditional tourists and ecotourists in Yuntai Mountain Geopark of China, compared and analyzed ecological tourism motivations through survey. 7 motivation factors (rest & escape; outdoor activity; belonging; challenge; Achievements & status; self - actualization; seeking for nature) were extracted by factor analysis from ecological tourism motivations. T - test revealed that motivation factors except self - actualization between ecotourists and common tourists had significant difference. In the end, the study limitation and future research recommendations were discussed.

Key words: tourism Motivation; comparative study; ecotourist; traditional tourist; Yuntai Mountain Geopark of China

基于四个视角的乡村生态旅游发展研究

冯铭①[1,0]，严力蛟②[1]，赵雪玲③[2]

（1. 浙江大学旅游与地产规划设计研究中心，浙江杭州 310058；
2. 新加坡邦城规划顾问有限公司，江苏南京 210095）

【摘要】：乡村生态旅游是以乡村为地域背景，以农业为产业支撑，乡村环境为旅游资源，注重生态环境保护，并突出生态效应的一种乡村旅游形式。本文根据目前乡村生态旅游发展态势，提出从经济动力、市场需求、资源整合、生态责任四个角度研究乡村生态旅游的发展对策，并以四川省丹棱县为例，提出乡村生态旅游的发展建议，以期为类似地区的乡村生态旅游发展提供有益的借鉴。

【关键词】：乡村生态旅游；发展

1. 引言

乡村生态旅游是以乡村为背景，具有生态旅游内涵的一种综合性旅

---

① 冯铭（1982—），女，湖北人，规划师，主要研究领域为乡村旅游、农业旅游、旅游管理。

② 严力蛟（1959—），男，浙江上虞人，所长，博士研究生，从事生态农业、生态旅游、乡村旅游、农业旅游、景观设计、新农村建设等有关方面的教学、科研和社会服务工作研究。

③ 赵雪玲（1982—），女，安徽人，规划师，主要研究领域为人文旅游、旅游管理。

游，是乡村旅游发展的一种新模式。与传统乡村旅游相比，它除了能满足旅游者观光游览、农耕体验、休闲娱乐等需求外，还具有生态体验和生态教育功能，并可以加强乡村生态环境的改善，促进乡村经济、社会和环境的协调发展。实践表明，乡村生态旅游不仅能满足都市人返璞归真的精神需求，还能有效整合乡村资源，促进农村产业结构优化，带动农村相关产业发展，为农村剩余劳动力提供大量就业机会，并能推动农村经济文化的进一步发展。鉴于此，很多地方尤其是旅游基础较弱的乡村地区认识到旅游业利国富民的重大作用，非常重视乡村生态旅游的发展，想尽办法大力发展乡村生态旅游，甚至把旅游业作为当地支柱产业或主导产业进行发展。

但不是所有的地方都适合开发乡村生态旅游，其中大部分地区都存在一些困境[1]：一是区位交通有一定优势但可进入性障碍仍存在；二是旅游资源等级不高，遗产资源赋存不完整；三是乡村旅游点呈散沙状，不成规模，不成系统，且产品同质化严重；四是部分地区急于求成，在乡村旅游发展的同时，生态环境遭到严重破坏。这些问题的存在，使得整个地区的乡村生态旅游品牌无法形成，无法充分发挥旅游业对地方经济发展的推动作用。

在此需要思考的是，旅游业是一个产业，应慎重研究一个地区的乡村生态旅游该如何发展。笔者认为，需要考虑四个关键性的问题：一是经济动力角度：乡村生态旅游业的发展对于地区经济发展的巨大动力，如何以旅游业作为黏合剂和撬动点，实现地区各产业之间的有效联动？二是市场需求角度：如何在休闲时代、体验经济的背景下，明确客源市场并根据旅游者的旅游偏好和需求设计有针对性的旅游产品？三是资源整合角度：在没有典型稀缺旅游资源的地区，如何对潜在的和显性的乡村旅游资源进行挖掘和整合，最终转化为旅游产品？如何赋予旅游产品不可替代的地方特性和魅力，以在区域旅游格局中稳固自己的地位？四是生态责任角度：在倡导生态文明的新时代，如何避免异域化病毒式发展，实现乡村生态的原真性，并使生态环境保护的重要性为旅游者所感知？

2. 案例研究

2.1 案例选择

选取四川省眉山市的典型农业小县——丹棱县为例。选择丹棱作为本次案例分析的对象，基于丹棱县具有三个普遍性特征：

第一，该县距离四川省会成都市区100余公里，距成都双流国际机场仅90公里，处在成都1~1.5小时黄金旅游圈内，但丹棱目前没有直达高速公路，需借助眉山东坡区或成都市蒲江县进入。这与众多提出大力发展乡村旅游的地区区位交通条件类似——具有一定的区位优势，但又存在一定的交通障碍。

第二，在成都及其周边地区，乡村旅游（农家乐）呈满天星式的复制化发展，产品同质化严重，旅游消费处于低层次水平。

第三，该县旅游资源种类丰富，但规模、等级和知名度并不高，缺乏影响力。这也是目前大多数县欲努力发展成为乡村旅游热门地所面临的资源短板问题。

2.2 案例地概况

2.2.1 地理区位

丹棱县地处成都经济区，处于成都1小时经济辐射圈内，地处洪雅—峨眉山—乐山国家级旅游胜地和世界自然遗产保护区旅游环线上。丹棱东与眉山市的东坡区毗邻，东南与乐山市的夹江县接壤，南与洪雅县相连，西与雅安市的名山县为邻，北与成都市的蒲江县连接，其区位优势较为明显。

2.2.2 社会经济

（1）经济发展较快

2011年末丹棱县常住人口为16.4万人，幅员449平方公里。丹棱县经济发展速度，2011年GDP达到32.1亿元，比上年增长15.2%。农民人均纯收入达到7243元，比四川省平均水平（6129元）高1114元。因此，相比而言，丹棱农民较为富裕。

（2）农业基础非常好

丹棱农业经济已形成以水果、蚕桑、茶叶和竹木为原料的“东果西林、南桑北茶”的“一县四品”产业支撑，基地面积达到32万亩，粮经比为25∶75。现已建成“一村一品”专业村40个，占全县总村数的56.3%。现有柑橘、葡萄、茶叶和蚕桑4个万亩以上的现代农业产业示范园区，可见丹棱农业基础非常好。

（3）产业亟须提档升级

丹棱是一个丘陵农业县，2011年三次产业结构分别为23.4∶53.0∶23.6，其农业产值占其地区总产值的比例在20%以上，第三产业的总产值则稍稍超过农业。而四川省同期水平为14.2∶52.4∶33.4，相比而言，丹棱县第三产业发展还较为缓慢，而且丹棱县急需通过农业优势产业的提档升级，融合三产发展，以提高三产的经济产值比重。

（4）第三产业辐射带动能力不强

目前丹棱乡村旅游发展仍处于观光阶段，设施简陋，文化内涵不足，没有具备吸引大量消费群体的能力；其次，丹棱县是个人口小县，全县常住人口仅16.4万人，非农业人口3.5万人，而相邻的眉山市区、眉山市洪雅县和成都市蒲江县吸纳了一部分县内人群的消费，从而导致丹棱县内消费能力不足；第三，本地服务业设施水平和服务水平均较低，尚不具备吸引大量外地客源来此消费的能力；第四，丹棱的第三产业发展缺乏支撑性、带动性强的项目，服务功能较弱，导致辐射带动能力不强。

2.3 问题识别

根据丹棱基本情况分析来看，目前丹棱县乡村生态旅游发展所面临的最主要问题可以归纳为以下四点：

（1）区域融入问题：较低的区域融入度制约了经济提升空间

丹棱虽地处成都平原经济圈内，但同周边区域合作较少。随着成都经济圈和成眉一体化的快速发展及交通格局的重大改观，如何抓住有利机遇主动融入区域发展，提升丹棱乡村旅游的发展空间？

（2）周边竞争问题：周边规模化趋势正在削弱丹棱先发优势

丹棱县经过20多年调整，已形成连片发展的四大农业主导产业，但未转化为良好的旅游资源进行发展。近年来随着周边地区抓住机遇不断推进城镇建设、产业规模化发展、文化产业化开发，其乡村生态旅游都在如火如荼地开展中，各方面都已经或正在超越丹棱。因此，如何规避与周边区域的竞争，寻找适合自身发展的需求空间和模式，是丹棱乡村生态旅游发展转型需要重点突破的难题。

（3）农业转型问题：农业资源与旅游开发的衔接矛盾

目前丹棱县“果桑茶林”四大农业主导产业已占全县幅员的47.8%，已难以通过规模扩张来提升产业发展水平。同时，由于单位土地面积产出较大，土地增值的难度也较大，农业面临转型升级的困境。因此，如何利用产业基础优势，摆脱土地对农业发展的限制，探索捆绑旅游的农业开发新模式，是丹棱乡村旅游发展需要突破的首要难题。

（4）三产发展问题：低端的第三产业阻碍乡村生态旅游发展

丹棱乡村旅游发展主要依托少量且不具竞争优势的自然景观，发展低端观光旅游，而没有借助具有竞争优势的农业、田园、乡村文化等资源，开发高品质的休闲度假旅游产品。因此，如何提高旅游业品质，寻求发展三产的突破口和新的经济增长点，是丹棱乡村生态旅游发展所面临的长期性难题。

3. 视角研究

根据前文提出的经济动力角度、市场需求角度、资源融合角度、生态责任角度审视研究乡村生态旅游业的发展，并将其应用到丹棱县这一实例中，以获得解决解决乡村地区可持续发展、县域经济转型升级的关键性问题的有效途径。

3.1 经济动力视角

乡村生态旅游是通过旅游业与农业的有机结合，促生出新的产业，既可推进广大农村生产经营的范围，还可推动农村经济的全面快速发展。目前丹棱县农业单位土地面积产出收入已经达到较高水平，其提升空间较为有限。但通过乡村生态旅游的发展，可将农田变成公园、农产品变成旅游商品、农民变成产业经营者。

乡村生态旅游的开发对于农业的提升途径：将农田变成公园，以提升乡村生态环境，增强旅游产品的竞争力，以吸引络绎不绝的旅游者；而农产品则可通过包装策划，变成礼品、旅游商品，供旅游者选购，以吸引旅游者在目的地进行消费、增加目的地的旅游收入；农民则可通过参与乡村旅游的发展，成为产业经营主角，以实现农民增收。

乡村生态旅游开发对于工业的提升途径：通过污染工业的逐步退出，营造良好的生态环境。待条件成熟之时，可发展乡村工业，生产文化旅游纪念品。

3.2 市场需求视角

3.2.1 了解市场需求

乡村生态旅游的持续发展，需要及时了解市场需求，所谓“知己知彼，方可百战不殆”。目前乡村生态旅游者的需求大多为满足城市居民回归自然、怀旧、求知、求异、求乐等需求，因此丹棱乡村生态旅游的发展，应充分利用老峨山、龙鹄山、九龙山、梅湾湖、金峡湖、万亩葡萄基地、大雅堂公园等资源，并融入丹棱特有的文化元素，提供丹棱特色的乡村生态旅游产品[2]。

3.2.2 明确目标市场

旅游目标市场是指旅游目的地在市场细分基础上，根据自身的资源和条件，选择作为经营目标的市场，或进行营销活动所需要满足的市场需求。而目标市场定位准确与否，对旅游目的地的经营成功与否极为关键。

根据丹棱县的资源特征和周边区县旅游产业发展情况来看，丹棱县可依托重要景区、优质生态环境、便利的旅游交通条件，将成都市、眉山市作为核心旅游市场，辅以省内其他城市及重庆市场进行开发，对其提供一个农业观光、农耕体验、科普教育、休闲度假的好去处，而无须追求大而全的客源市场。

3.3 资源整合视角

3.3.1 资源的内涵整合

中国旅游消费模式已经由最初的“走马观花”逐渐向“深度体验”过渡，越来越多的游客倾向于在一个目的地停留较长时间，喜欢慢慢地去体验和品味当地生活。成都的旅游宣传口号是“一座来了就不想走的城市”，由此可见成都营造的是一种闲散、舒坦、享受的氛围。而成都周边区域的城镇居民也同成都居民一样，喜欢慢节奏的生活。因此丹棱乡村生态旅游的发展，一定要从整合地区整体旅游形象和特色体验的角度出发，整合各旅游资源服务于一个强大的、具有吸引力的旅游地形象，并将具象化可体验化渗透到吃住行游购娱等旅游要素，最大限度满足目标客源群体的需求。

3.3.2 资源的空间整合

随着旅游业的深入发展，越来越多的旅游经营体都意识到“门票经济”已实现不了旅游目的地的可持续发展，因此丹棱乡村生态旅游发展要避免封闭式景区开发、走门票经济之路，应采取“区域整合，联动发展”策略。

在县域生态旅游资源分析的基础上，提出将县域乡村生态旅游空间格局定位为“一心三片”，一心指以县城为旅游服务中心，三片分别指以“禅”“花”为主题的禅修体验、花卉观光度假产品的南片乡村生态旅游发展区域；重点发展由幸福村古村休闲度假区、龙鹄村乡村文化休闲度假区和梅湾湖乡村休闲度假旅游区构成的中片乡村生态旅游发展区域；以开发茶文化体验、乡村休闲体验等旅游产品构成的西片乡村生态旅游发展区域。

3.4 生态责任视角

生态环境是维系乡村生态旅游深入发展的必要前提和重要保证，其保护程度是衡量生态旅游质量的重要标志。而“乡村性”是乡村生态旅游的独特卖点和最重要的旅游吸引物，尤其是乡村的自然与文化传统。因此乡村生态旅游发展应遵循“在保护中开发，在开发中保护”原则，并使之贯穿于乡村生态旅游发展的整个过程中[3]。

从政府的角度出发，在乡村生态旅游发展政策鼓励、市场经济动力双管齐下的情况下，丹棱县要加快对各种“小”而真的乡村文化遗产资源的挖掘、保护与利用。目前梅湾湖水库片区是水源保护地，在开发过程中一定要注意生态环境的保护，而顺龙乡幸福村的开发条件尚未成熟，则需保护好现状生态环境，以等待较好的发展时机，实现资源的有效利用。

从旅游者角度出发，保护环境是每个人的职责。因此来丹棱进行乡村生态旅游活动的旅游者，在接受环境教育的同时，要尽自己最大努力去保护乡村生态环境，为后代留下宝贵的遗产。

4. 结论与讨论

乡村生态旅游是一种趣味性、参与性、文化性很强的产业，单纯以自然田园风光为主的观光旅游，已无法满足旅游者追求高层次、高品位需求。因此乡村生态旅游只有在内容和形式上，针对目标市场，结合市场需求，依托现有的特色资源，充分展现鲜明的地域特色、民族色彩和文化内涵，并将之融合于优美和谐、平衡发展的生态环境中，最大限度地激发旅游者的旅游动机，从而实现发展生产力，保持生态平衡，促进当地经济持续、快速、健康发展的目标。

在乡村旅游蓬勃发展的今天，后起地区在大力发展乡村生态旅游时，也应从经济动力、市场需求、资源融合、生态责任这四个角度，立足本地条件和特色，统筹规划和管理乡村旅游的发展，以促进乡村生态旅游的可持续发展。

参考文献

[1] 曹瑞祺，寇明婷．乡村生态旅游规划研究［J］．安徽农业科学．2010，38（24）：13413－13415.

[2] 范智军. 广东乡村生态旅游开发探讨 [J]. 广东农业科学, 2010, (12): 170 - 172.

[3] 王桂元, 陈瑾. 保护农村生态环境, 发展乡村生态旅游——广东莲花镇生态环境型乡村旅游发展模式研究 [J]. 中国发展, 2011, 11 (2): 61 - 65.

附注: 文中涉及的丹棱县相关资料引用自作者参与编制的《四川省丹棱县"中国大雅家园"建设总体规划》。

Study on rural ecotourism development based on four perspectives

FENG Ming[1], YAN Lijiao[1], ZHAO Xueling[2]

(1. *Tourism and real estate planning and Design Center, Zhejiang University, Hangzhou* 310058, *China*; 2. *Singapore SCP Consultants Private Limited, Nanjing* 210095, *China*)

Abstract: Rural ecotourism is one of the rural tourism styles which places rural area as background, puts agriculture as supportive industry, utilizes the rural environment as the tourism resources, emphasizes the importance of environmental protection, and highlights on the ecological efficiency. From the four perspectives of economic motivation, market demand, resource merging and ecological responsibilities, this paper proposes suggestions on how to develop rural ecotourism on the basis of Danling county, and provides useful references for the development of rural ecotourism of the similar districts.

Key words: Rural ecotourism, Development

土地流转下的乡村旅游发展研究

王薇①

（昆明学院，昆明 650214）

【摘要】：乡村旅游既要保持乡村的原真性特质，又需要一定的商业开发，这就要求原来作为生产力要素的农村土地成为乡村生态旅游服务的载体。新时期农村土地流转的新政策是解决乡村旅游发展中用地问题的先决条件，也是农村经济发展的必然趋势。在阐明乡村旅游发展意义的基础上，文章探讨了乡村旅游用地对提高土地附加值的贡献，分析了乡村旅游开发中的土地利用模式，总结了我国现行的土地流转政策对于乡村旅游发展的重要性。

【关键词】：土地流转；乡村旅游

在贵州乡村旅游国际论坛上，专家认为我国的乡村旅游应包含三个方面：一是以独具特色的乡村旅游民俗文化为灵魂，以此提高乡村旅游的品位和丰富性；二是以农民为经营主体，充分展现住农家屋、吃农家饭、干农家活、享农家乐的民俗特色；三是乡村旅游的目标市场应主要定位为城市居民，以满足都市人享受田园风光、回归淳朴民俗的愿望[1]。

乡村旅游是依据乡村特色和乡村资源开展的旅游活动，它以乡村社区为活动场所，以乡村独特的生产形态、田园风光和民风民情为核心，将乡土生活、农业劳作和生态环境结合，面向城市居民进行旅游开发。乡村旅

---

① 王薇（1969—），女，汉族，云南昆明人，副教授，主要从事乡村生态旅游、旅游规划及景区管理研究。E－mail：wwsjbL@ yahoo. com. cn

游可以为农村劳动力提供更多的就业机会，是社会主义新农村建设以及城乡一体化发展的有效途径，是经济效益、社会效益、生态效益的综合体现。

1. 乡村旅游效益

1.1 经济效益

1.1.1 有利于提高农民收入，提供大量就业机会

发展乡村旅游可以提高农民收入。乡村地区自然环境美丽恬静、民风民俗天然淳朴、传统文化古朴厚重，这些都是乡村旅游的魅力所在。开展乡村旅游要在保护中挖掘这些原生的优良资源，并使当地农民参与到乡村旅游服务中来，参与接待的农户可直接从中获取大量收益，如提供交通、餐饮、住宿、表演等服务以获得收益，民族地区的妇女编织具有其本民族特色的布艺、饰物等来增加收益，通过种植、生产、加工、销售地方土特产品、旅游纪念品直接从中获得可观的经济收益等。

乡村旅游具有劳动密集型特点，可以吸纳一定的农村剩余劳动力。农民可通过办旅馆、开餐馆、加工纪念品、参与乡村旅游项目等方式获得收益，并且直接面对城市居民，缩短了销售流通环节，增加了产品附加值。农民给城市居民提供的各项乡村旅游产品和旅游服务注重城市居民的参与性，满足他们在旅游活动中的各种需求，通过多种途径直接或间接为旅游者提供服务以增加经济收益。

此外，发展乡村旅游可直接或间接地为农村地区提供大量的就业机会，促使广大农村就业人口向非农产业转移。与城市相比，我国多数乡村经济落后，农民收入水平低下，隐形失业严重，而旅游业是一项劳动密集型产业，对劳动力吸纳能力较强，尤其是可以为农村的青年人创造就业机会，是农村剩余劳动力“就地消化”的良好途径。

1.1.2 有利于拉动内需，解决农民工返乡就业问题

2008 年金融危机使中国外需减少、出口下降、经济增速减缓。在后金

融危机时代，扩大内需成为中国经济发展的重要动力，发展乡村旅游是拉动内需的有效途径之一。金融危机中，上千万民工返乡，给当地就业环境和社会稳定带来了较大的压力[2]，而发展乡村旅游不失为解决返乡民工就业问题的有效途径。对于出身农村的返乡民工来说，不论是农村的自然美景，还是传统文化；不论是农家乐，还是观光农业，他们都非常熟悉。

1.1.3 有利于农村产业结构优化，为农村经济找到新的增长点

一方面，随着旅游业在农村的发展以及农户旅游收入的增多，更多的农业、渔业的从业人员转向乡村旅游业，农村劳动力不断向旅游服务业转化。满意的经济收益使发展乡村旅游得到农户认可，农民越来越依赖于乡村旅游业的发展，而且收入来源渠道的变化也导致了从业结构的改变。

另一方面，由于乡村旅游对农业的要求较高，使得各乡村旅游地纷纷加速发展科技农业、绿色农业和生态农业，促进了传统农业向现代农业转变，促进了农村产业升级和优化调整，加快了农业产业化进程，拓宽了农业发展内涵和外延，有利于实现农业可持续发展。发展乡村旅游是建设社会主义新农村的重要措施，新农村建设的核心就是通过产业结构和就业结构的调整，改变农村经济增长方式，使农业劳动力向非农产业转移，最终实现“生产发展、生活宽裕、乡风文明、管理民主”的建设目标[3]，为农村经济找到新的增长点。

1.2 社会效益

1.2.1 有利于保护和传承乡村传统文化，增强社区居民的民族自豪感

从根本上说，旅游活动是一种对相异文化的探寻，乡村的民俗传统文化能带给城市游客新奇的文化体验。在乡村旅游开发之前，乡村社区的一些独特历史文化鲜为人知，处于日益衰微的状态，尤其是随着经济高速发展和各方面交流活动的日趋活跃，乡村的村落景观与生活习俗都开始趋于雷同，因此，有必要把一些具有代表性的乡村聚落和传统文化传承下来。乡村旅游正是有效途径之一，它在保留历史传统文化、发掘乡村文化上无疑起到了积极的作用，不仅提高了乡村知名度，还使社区居民的民族自豪感得以增强。

1.2.2 有利于乡村社区结构良性发展，促进乡村人口素质提高

乡村旅游的发展使乡村从落后封闭走向明朗健康，还为农村培养了自

己的经营管理人才，促进了社区整体进步和乡村人口素质的提高。通过参与旅游，农户的经济意识提高，农民道德素质、社会责任感普遍增强，他们摒弃了过去头脑中长期的“以农为本，小富即安”的小农经济观念，以更积极的心态参与社区建设。总之，在乡村旅游化进程中，农户不仅获得了经济收入，更为重要的是在参与旅游的过程中提高了自身素质、实现了自我价值，由此也能自觉地维护社会的稳定，从而构建更加和谐的乡村社区[4]。

1.2.3 有利于城乡一体化进程，创建和谐社会

和城市相比，我国广大农村地区基础设施落后，水、电、路、气等基础设施亟须提高和完善，发展乡村旅游就需要在乡村地区进行基础设施建设，在提高当地人民生活水平的同时，为城市居民到乡村去旅游提供最基本的便利条件。为了吸引游客和获得更多旅游收入，乡村旅游经营者不断改善和美化乡村的大小环境，改善旅游基础设施，农村环境卫生和村容村貌得到明显改善，农民思想观念和文明程度明显提高，城乡差别日趋缩小。城乡互动可以促进经济、社会、文化的融合，促进城乡一体化进程，从而积极发挥城市对农村的辐射效应和带动效应，进而改变农村面貌，可以说，发展乡村旅游是以城带乡的重要途径，有利于和谐社会的创建。

1.3 生态效益

乡村旅游有利于促进乡村环境的改善，提高乡村综合环境质量。相对于城市而言，乡村旅游的发展离不开纯生态的自然环境，乡村山清水秀、空气清新，早已成为吸引乡村旅游者的重要因素。乡村旅游的发展也激发了农村居民改善乡村生态环境的积极性和主动性，为吸引旅游者到来，当地政府和农民努力创造更好的乡村环境，同时也为他们自己提供了一个更加健康的居住环境。随着乡村旅游发展的不断深入，人们必将认识到优美的自然环境以及原生态的民风民俗也是生产力，从而更加自觉地进行保护。

2. 乡村旅游用地有利于提高土地附加值

2.1 有效激励外来投资者增加投入，带动整个社区发展

土地流转的目的是通过改变农村集体土地的性质或用途实现土地的增值，保障农民的利益，同时通过国家对土地的统一管理实现土地的集约利用，从而获取更大的效益。

现代农业的产业结构不断优化，农业逐步成为新的投资领域，一大批有技术、有资金的企业、私营业主，纷纷到农村建设基地，投资农业基础设施建设，使农业基础设施建设资金不足的矛盾得到解决，进而又促进了土地流转。在这样的背景下，村民也积极参与到乡村旅游开发中，参与乡村旅游产业链的配套服务工作，如开设家庭旅馆接待游客，售卖当地特色的旅游纪念品、土特产品，通过让游客体验田园采摘、鱼塘钓鱼、农田种植等乡村旅游方式来增加收入。云南省昆明市西山区团结镇的龙潭村委会共有1008户农户，其中有40多家农家乐，乡村旅游发展红火。通过土地流转，有效激励了外来投资者增加投入，进而带动了整个乡村社区的发展。

2.2 优化了种植业结构，创造了新的经济增长点

乡村旅游用地优化了种植业结构。与其他乡村地区相比，乡村旅游开发地区也经营种植业，但土地附加值明显提高。为吸引旅游者，乡村旅游地区大力发展观光农业、生态农业、精品农业，种植大量各具特色的无公害蔬菜、瓜果和花卉，有些地方还建有绿色生态农业示范园。农民自觉打造良好的生态环境，营造出山水风光与民族风情浑然一体的乡村田园景象，使以前乡村被忽视的观光旅游、文化传承等功能得到了充分展现。在接待乡村旅游者的过程中，农民把农产品简单加工后再销售，增加了农产品的附加值；追求绿色环保的乡村旅游还可以促进农田土壤改良，实现农业资源的增值。

乡村旅游有力促进了生产发展，拓宽了传统农业发展的内涵和外延，通过发展乡村旅游，带动了第一产业、推动了第二产业、拉动了第三产业，进一步优化了农村产业结构，促进了现代农业体系建设，推动了农村产业结构的调整[5]，为农村经济发展创造了新的增长点。

2.3 优化了土地资源配置，提高了农业规模经济效益

农村经济结构的调整，提高了资源配置的效益。土地流转作为制度创新，能促进有限的土地资源在土地使用者之间合理流动，优化土地资源配置，使分散的土地通过土地流转的形式转移到经营能手手中，充分发挥经营能手在土地经营方面的优势及对市场的驾驭能力，实现专业化分工、规模化生产、产业化经营和企业化管理，加快土地使用的规模化、集约化进程，弥补原来经营规模太小的局限，大大提高农业的规模经济效益。

3. 乡村旅游开发中的土地利用模式

我国2002年试行的《土地分类》通知中将农村集体土地分为农用地即直接用于农业生产的土地和非农用地即农村建设用地。土地流转是农村土地使用权的流转，是农户将土地经营权转让给其他农户或经营组织的行为。土地是乡村旅游发展的依托，乡村旅游用地属于旅游用地的一种，是乡村旅游发展过程中，具有游憩功能，可以被乡村旅游业所合法利用的土地[6]。乡村旅游用地的取得主要通过农村集体土地流转而实现。如在昆明西山区团结镇，土地流转主要集中于龙潭、小河村委会，全国有名的滑草场，以及千亩梨园、卧云山等项目均属土地流转。乡村旅游发展伴随的农村集体土地利用模式如下[6]：

3.1 农用地内部流转

农村的产业结构中，第一产业是指农（包括种植业和其他农业）、林、牧、渔，第二产业指制造、加工、建筑业等，第三产业指商业、交通运输、服务业等。衡量农村产业结构是否合理的标准在于是否有利于充分地

利用当地的各种资源，是否能发挥当地的优势和特色，是否能产生三大效益的最大化。农村丰富的自然和文化资源是乡村旅游发展的基础，通过乡村旅游的规划，调整好土地经营和农村产业结构，就能充分发挥它们的效用，使这些农业资源得到合理整合[6]。

3.2 农用地使用权流转

《中华人民共和国物权法》第一百二十五条规定，土地承包经营权是指“土地承包经营人依法对其承包经营的耕地、林地、草地等享有的占有、使用和收益的权利，有权从事种植业、林业、畜牧业等农业生产”。《中华人民共和国农村土地承包法》第二十一条规定，通过家庭承包方式取得的土地承包经营权可以依法采取转包、出租、互换、转让方式流转，也可以采取入股等其他方式流转。土地承包经营权流转，不得改变土地所有权性质和土地的农业用途。从各国土地流转来看，农地使用权流转有转让、出租、入股、抵押、继承、交换等多种方式。

3.2.1 土地互换

土地互换流转是在实行家庭联产承包责任制、农户分到土地以后，为方便耕种和出于其他的需要，对其各自承包土地的经营权进行的一种简单交换，它能够促进农村经济的规模化、产业化、集约化。

3.2.2 土地出租

农民将自己承包土地的经营权出租给种植大户、私营业主、企业法人等，承租方获得一定期限的土地经营权，出租方按年度以实物或货币的形式获取租金。龙头企业获得土地的支配权以后，能最大限度实现土地的规模经营，发挥土地的最大利用价值。

如在广西富川瑶族自治县，通过镇村组织农民出租土地，引进农业龙头企业租用土地面积达20000亩，投入资金6960多万元，建设标准化生产基地，规模经营，进行水果、中药材、林木等生产。通过龙头企业的示范带动，创建了万亩脐橙和黄花梨种植基地等优势产业区，带动建立了一批水果加工企业。土地流转后的农民除土地流转收益外，还可在基地打工赚取劳务收入[7]。而在浙江宁波梨洲村，为实现乡村旅游规模化发展，当地政府号召农户将自家多余的良田、果园、鱼塘等土地通过出租的方式流转给旅游开发公司发展“农家乐”旅游。到2007年底，实现土地流转830亩，补助金额26万元。在农村土地的有效流转下，成功建成了农家乐示范点和特色生态农庄，为乡村旅游业的发展提供了有力支撑[8]。

3.2.3 土地入股

入股亦称股份合作经营，是承包户在自愿的基础上，将承包土地的经营权作价入股，拥有公司股份。农民既是公司经营的参与者，也是利益的所有者，可按股分红。入股是乡村旅游发展过程中土地流转的重要形式。在乡村旅游开发中，农民以土地入股分红的形式参与乡村旅游开发，年终村民可得到景区门票分红，并按投入的土地、资金、劳动力等生产要素分享乡村旅游的开发成果，同时也解决了乡村旅游建设用地难，农民增收难和农民就业难的三大难题。乡村旅游中土地承包经营权的转移推动了农村产业结构的调整，使农业资源得到合理运用。

广东阳春市鱼梁坑村地处凌霄岩景区，全村198人只有100多亩土地，且地处山区，农业产值低下。2006年在此建设“国家地质公园”主景区和地质博物馆，该村农民的90多亩土地集体入股，由玛琪公司建设地质博物馆、滑草场、葵花园、乡村旅游购物及服务配套设施等项目。公司从2006年6月起，从景区门票收入中，每张门票收益提取1.5元给村集体，同时还优先安排村民在景区就业，共有16户群众进入景区店铺和摊位，每月收入至少达3000元，使农民不仅从中获利还解决了就业问题[9]。

3.2.4 土地转包

土地转包主要指土地承包方自愿将一定期限内的承包权转包给他人，实现土地经营权的流转。它主要发生在转包的农户与大户、私营业主、企业法人之间。土地转包是当前农村比较广泛的一种土地流转形式。

3.3 农用地商业化转用

乡村旅游开发要求集乡村原真性与商业化开发为一体，因此乡村旅游地需要一定量的商业用地。现阶段乡村旅游发展中解决商业用地的主要手段如下[10]。

3.3.1 土地整理

土地整理即通过对农用地及农村集体建设用地的整理，增加有效耕地面积，合理利用土地资源，促进农村经济发展。乡村旅游的发展往往伴随着以资源整合为目的的土地整理，以实现乡村旅游资源的规模化。土地整理使传统农业向服务于中心城区的以生态休闲功能为主的非农业产业化转化，也是乡村旅游业发展的重要途径[6]。通过土地整理而得到的住房，可以由农村集体经济组织经营、农民自行经营或政府统一经营，从而合法地使用于乡村旅游业，为乡村旅游发展服务[10]。

3.3.2 土地置换

与乡村旅游发展配套的土地集中的重要手段就是土地置换[6]。土地置换是指国家或企业在占用农地时，不对失地农民进行个人补偿，而是利用乡村旅游建设征用土地的补偿金，依据“占一还一”的原则，采用置换的方式为失地农民提供新的土地保障，为其重新开发新的、面积相当的农用可耕地，并投资新农村建设，改善农户的居住环境和配套设施，以使农户能更好地生产生活，集中起来的农户以聚居村落的形式开展乡村旅游接待。由于是为乡村旅游经营要求而置换土地，更有利于乡村旅游投资者介入，从而使乡村旅游进一步得到规模化发展。

3.3.3 土地征收

土地征收即国家为了公共利益的需要，将农村集体土地强制收归国有，并按《中华人民共和国土地管理法》和国家政策文件的规定给予失地农民一定经济上的补偿，同时，也考虑给予相关的集体经济组织适当的经济补偿。土地征收往往也是土地整理的结果，通过整理获得一定量的土地指标，政府通过征收将其转变为国有土地。

土地征收是在乡村旅游发展中根据规划对土地的要求而使用的手段，为了乡村旅游发展而进行的土地征收是农村集体土地向国有土地流转的表现形式。在乡村旅游用地中，根据有关法律，国家进行土地征收的对象适用于全部农村集体土地，征收对象广泛，体现出了国家的强大。在现阶段，乡村旅游发展中获得旅游地产用地的唯一合法途径就是土地征收[6]。

在解决乡村旅游商业用地问题时，土地置换、土地整理与土地征收并不完全孤立，往往是相互配合的。

4. 土地流转在乡村旅游发展中的重要性

土地只有合理流动和优化配置才能提高使用效益，才能真正体现其作为农业生产要素的性质，所以土地流转是必然的趋势。一定意义上来说，土地流转是在当前我国特殊国情和土地产权制度下产生的，作为一种能够使土地资源和劳动力资源得到重新配置的手段，土地流转愈来愈成为学者们关注的问题，其重要性毋庸置疑。

4.1 有利于乡村旅游资源资本化，吸引国际国内资本投资

乡村旅游开发主要依赖资源、土地和资金。我国绝大部分农村地区经济发展落后，资金极度缺乏，资金缺乏是乡村旅游远远落后于其他旅游方式的重要因素之一。

土地作为一种最稀缺的生产要素，在传统观念中更多扮演固定资本的角色参与生产，不具备资本属性，其价值远远低于其土地资本化的价值。土地流转新政实施后，农民拥有了土地资源的开发权，其承包经营权可以流转，配合农业建设用地的流转方式创新，再辅以乡村旅游休闲产品的包装打造，能更好地促进乡村旅游从“资源”向“资产”的转变，使其成为具有更明确、更量化、更具有市场价值和赢利结构的良性资产，为各种资本进入我国农村奠定基础[10]。

4.2 有利于乡村旅游特色化，提供广阔发展空间

我国的乡村旅游历史悠远。《吕氏春秋·古乐》所载“昔葛天氏之乐，三人操牛尾投足以歌八阕”，这是中国古代乡村旅游的雏形实录，它有力地证明了乡村文化旅游业发端于农耕活动并与其保存着直接的联系[11]。现代意义上的乡村旅游是农业和旅游业融合的产物，乡村旅游根基在农村，农业为乡村旅游发展提供了不可或缺的载体。现代农业技术含量高，成就斐然，可借势发展观光农业，发展乡村旅游，两者结合更有利于实现乡村旅游产业化、特色化的目标，最终实现乡村旅游业可持续发展。从世界范

围来看，荷兰是农业规模化发展较成功的国家，以园艺业和畜牧奶业见长，并且带动了特色乡村旅游业的发展。

实践证明，农村土地流转能有效改善土地资源配置效率，有效提高土地的经济效益，是改造传统农业、发展现代观光农业的重要手段，是我国农业向现代化和规模化发展的必然趋势，为带动特色乡村旅游业的发展提供了广阔空间。

4.3 有利于乡村旅游规模化，推动新农村建设

我国的乡村旅游自发展以来虽取得了一定成效，但总体来说仍处于初步发展阶段，尚未形成乡村旅游产业规模。土地细碎化是乡村旅游产业化和规模化发展受到限制的主要原因之一。由于土地的分散，在发展乡村旅游时，对土地难以进行统一规划，就不能形成大范围的具有吸引力的观光农业景观，同时也无法集中资金来建设乡村旅游的公共旅游服务设施，这在很大程度上制约了乡村旅游的规模化发展。

国家的土地流转政策推行以后，土地经营由零散变为集中，土地资源已形成连片专业化、规模化经营，使乡村旅游向规模化方向发展成为现实。乡村旅游的规模化开发，可以使农村成为乡村旅游目的地，可以带动农村经济的健康持续发展，可以维护农民的切身利益和农村社会稳定，从而全面推动社会主义新农村建设。

参考文献

[1] 王晶亮．发展现代乡村旅游的作用与意义［J］．安徽农学通报，2009，15（11）：38，53.

[2] 陈朝晖，周晓茵，张文凤，陈磊．国际金融危机视角下我国发展乡村旅游的意义［J］．安徽农业科学，2009，37（20）：9799 -9801.

[3] 洪德慧．浅析乡村旅游发展的原因及意义［J］．集团经济研究，2007，（241）：163 -164.

[4] 陈志钢，保继刚．城市边缘区乡村旅游化效应及其意义——以山

东日照王家皂村为例［J］．地域研究与开发，2007，26（3）：65－70.

［5］袁平．对和谐新农村建设中发展乡村旅游的思考［J］．安徽农业科学，2007，35（27）：8690－8691.

［6］郭凌，黄国庆，王志章．乡村旅游用地问题研究［J］．湖南农业大学学报（社会科学版），2009，10（3）：13－19.

［7］韦云凤．基于特色农业产业化的农村土地流转模式——关于广西富川农村土地流转实践的调查［J］．农村经济，2009，(8)：35－38.

［8］黄华，王杜春．基于土地流转的黑龙江省乡村旅游资源开发模式探讨［J］．黑龙江对外经贸，2009，175（1）：29－30.

［9］郭凌，黄国庆，王志章．乡村旅游开发中土地流转问题研究［J］．西北农林科技大学学报（社会科学版），2009，9（5）：85－91.

［10］杨振之，彭祎．土地流转新政策与乡村旅游发展［N］．中国旅游报，2008－12－23.

［11］覃永晖，吴晓，张铁蕾．湖南常德回维村的门槛分析与整治规划［J］．安徽农业科学，2008，36（10）：4304－4306.

Study on Rural Tourism Development Based on the Land Transfer

WANG Wei

(*Kunming University*, *Kunming* 650214, *China*)

Abstract: Rural tourism not only should keep the characteristics of rural authenticity, but also undertake a certain commercial development, which needs rural land, as a productive component, to be the carrier of rural tourism service. New policy of rural land transfer in the new period is a prerequisite for solving the land use problems in the development of rural tourism and also is the inevitable tendency to the rural economic development. This article analyzed the land use model in the development of rural tourism in terms of taking the fact that rural land transfer promoted the development of rural development and rural household income increases for a concrete example, and sum up the significance of current land transfer policy to the development of rural tourism.

Key words: land transfer; rural tourism

北京市门头沟区旅游生态安全评价研究

王燕[①]

（北京第二外国语学院，北京 100024）

【摘要】：生态安全评价是生态安全研究与可持续发展研究的重要领域，是随着生态风险评价和生态系统健康评价发展起来的。目前国内关于生态安全评价指标体系的研究主要以区域生态安全评价为主，研究领域主要集中在土地、河流、水资源、植被等方面。本文在国内外生态安全相关研究的基础上，进一步探讨旅游生态安全的概念与内涵以及旅游生态安全评价的相关理论与评价方法，构建旅游生态安全评价指标体系，以北京市生态涵养区——门头沟区为例，对其2005年至2010年间的旅游生态安全状况进行评价，并据此提出科学、合理的建议和措施来促进该地区旅游业的健康可持续发展。

【关键词】：生态安全；旅游生态安全；评价；北京市门头沟区

自2005年被定位为首都生态涵养区后，门头沟区紧密围绕“生态立区”战略和区域功能定位要求，以生态修复、环境治理和城区绿化为重点，全面加大城乡生态环境建设，提出大力发展以旅游业为主导的现代服务业，极大地促进了旅游业尤其是生态旅游的发展。但同时，由于长期以来矿业的大规模粗放式开发，导致该区资源几近衰竭、生态破坏和环境污染严重、生态治理难度较大，加之处于矿业关停经济转型期的居民增收乏

---

① 王燕（1983—），女，山西人，硕士研究生，研究方向：旅游规划与开发。

力、生活困难等问题，门头沟区的社会经济整体发展落后，交通等基础设施建设较差，严重制约着该区旅游业的发展。

生态安全评价是对生态环境系统安全状态优劣的定量描述，具有高层次性、综合性、系统性、区域性等特征，是近年来研究的热点。本文将生态安全理论引入具有强关联性、敏感性的旅游业，结合旅游生态安全特征及其影响因素构建旅游生态安全评价指标体系，探索适合旅游业发展的生态安全评价模型，并将其运用到北京市门头沟区旅游业发展实践中，不仅有助于完善生态安全理论体系，推进旅游生态安全综合评价研究，同时也为北京市门头沟区旅游生态环境保护与管理以及旅游可持续发展提供科学依据，具有一定的理论研究价值和现实指导意义。

1. 国内外生态安全研究进展

国外学者对生态安全的研究最早可追溯至20世纪40年代，其研究主要围绕着“环境变化”与“安全”之间的关系展开，按时间顺序和研究内容大致可以分为4个阶段，即安全概念扩展阶段、环境变化与安全的经验性研究阶段、环境变化与安全的综合性研究阶段和环境变化与安全内在关系研究阶段。目前国外对生态安全的研究尽管已取得不少成果，但这些研究多是探讨和研究国家或全球层面的问题，对特定区域和领域的生态安全研究还比较薄弱。

国内对生态安全的研究始于20世纪90年代，经过20多年的发展取得了一定的成果，但总体来说，目前我国生态安全研究还处于初步探索阶段，主要围绕着生态安全的概念、内涵、特征、影响因素等基本理论体系以及生态安全评价理论体系展开，并在此基础上展开实证研究，理论与实践研究尚需要进一步深入。在研究中也出现很多如由于涉及众多学科，生态安全综合评价指标体系建立仍然存在评价指标建立不统一；对安全与不安全等级的划分比较主观，至今没有统一的标准与方法；在生态安全综合评价中所使用的定量方法单一，缺乏对所选用模型的基本参数与可信度、准确度的把握；对生态安全评价的研究多是现状评价，过程和动态性分析以及预测性评估较少等等问题。

旅游生态安全研究源于旅游环境研究。旅游生态安全是生态安全理论在一个新领域的应用，是旅游可持续发展的核心和基础，但目前国内外关于旅游生态安全的研究还比较少。国外的专家学者虽然对旅游环境研究相对比较早，也比较成熟，但至今未明确提出旅游生态安全的概念及其内涵，相关研究主要围绕着旅游开发引起的社会、文化、环境影响以及旅游环境容量、旅游承载力等旅游研究热点进行。

2. 旅游生态安全评价概念

本文将生态安全的理论和方法引入到可持续旅游发展中，深入探讨旅游地生态安全的概念，将旅游生态安全定义为：旅游地的生态系统自身结构完整、功能健全，其生态环境和自然资源处于一种无威胁、无风险的安全状态，并且在这种状态下旅游生态系统能够在持续保持自身健康安全的同时，通过提供满足旅游业发展所需要的各项资源和服务，促进旅游业健康、可持续发展。也就是说，在旅游生态安全状态下，旅游业的发展不会造成生态系统的消极变化或破坏进而导致其质量的下降，不存在生态退化甚至崩溃的危险。相反，在这种状态下，旅游地不仅拥有健康、平衡发展的生态系统，而且又能依托生态系统充分满足旅游业发展所需要的各种服务和资源，并且其行为活动又不会造成旅游地的生态破坏，旅游业及其依赖的生态系统能获得健康、协调与可持续发展。

旅游生态安全评价是生态安全评价在旅游业的具体应用。对旅游目的地的生态安全评价就是根据旅游生态安全影响因子与旅游业可持续发展之间的相互作用关系，采用定性或定量方法，对旅游目的地的生态系统结构、功能，生态系统健康的自我维持能力以及生态系统满足该地旅游业可持续发展能力的综合评判。旅游生态安全评价研究主要包括旅游生态安全影响因子分析、评价指标体系构建、评价方法选择以及旅游生态安全阈值确定等内容。

3. 旅游生态安全评价指标体系构建方法

3.1 评价指标体系构建原则

旅游生态安全涉及旅游业发展各个方面的复杂问题，包括自然生态安全、经济生态安全和社会生态安全。因而，在进行旅游生态安全综合评价时，必须综合考虑各种因素对生态安全的影响，即综合性和整体性原则；旅游生态安全评价指标体系的建立，应充分体现旅游目的地生态安全的现状和水平，即区域性和针对性原则；所选择的旅游生态安全评价指标能够衡量由于旅游地居民生产、生活及旅游者的旅游活动所导致的资源环境变化程度，表明生态环境问题产生的原因，显示社会克服生态安全危机、保障生态安全的能力，即理论性和实践性原则；所构建的指标体系要体现旅游生态环境安全和旅游业发展的可持续性，既要考虑旅游生态环境的承载力、安全性及其对旅游目的地旅游活动需求的满足，又要考虑旅游活动对该地生态环境的影响及旅游业发展的可持续性问题，即可持续原则。

3.2 评价指标体系基本框架

本文采用“压力—状态—响应”（即 PSR）指标体系模型，将旅游生态安全评价指标体系框架从纵向上分为旅游生态环境压力层、旅游生态环境状态层、旅游人文社会响应层三层。在旅游生态安全评价中，压力指标反映了旅游活动、旅游业发展给旅游目的地生态环境造成的压力和负荷；状态指标反映了在这种压力状况下，旅游目的地的旅游环境质量、旅游资源状况和旅游生态系统现状；响应指标即人文社会响应指标，指当人类面临旅游生态问题与环境问题时，为改善旅游生态环境的不佳状况所采取的对策与措施。

同时，根据旅游生态安全影响因子特征和指标体系构建的基本原则，本文从横向上尝试性地将评价指标分为健康因子、脆弱因子和调和因子三类。健康因子是指那些对旅游目的地旅游业持续稳定发展及其赖以生存的生态系统具有积极或正面作用的指标类，这类指标的实际值越大对生态环境的积极影响越大，越有助于旅游目的地的旅游生态安全。相反，脆弱因子是指那些对旅游目的地旅游业的持续发展及其生态系统具有消极或负面影响的指标类，这类指标的实际值越大对生态环境的消极影响或负面作用越大，越不利于该地的旅游生态安全。此外，作者认为，在影响旅游生态安全的诸多因子中，没有必然的积极因子或者消极因子，除积极因子和消极因子外，还存在一种介于积极因子与消极因子之间的起调和作用的因子，即调和因子。这类因子的实际值不能直接反映其对生态环境或生态安全状态的贡献和作用，而是需要在健康因子或脆弱因子的共同影响作用下才能显示其对生态环境的积极或消极影响作用，因而在某种程度上调和因子也影响着旅游目的地的生态安全状态。

3.3 评价指标的量化与判别标准

在生态安全评价中需要对各指标进行量化，并确立用来判别各指标因子状态好坏的标准。根据上文评价指标标准来源及标准选取原则，并考虑到旅游业发展的特殊需要，在具体操作中对指标的量化和判别标准选取的方法如下：

（1）以国家或行业标准为依据的指标，可根据国家或行业的通用标准对指标进行量化分级，并逐一赋值。以地方标准为依据的指标，考虑到各个地区的差异性，指标标准的选取可参照当地的平均水平。

（2）对于与旅游业相关的指标，可根据旅游目的地所在城市的评价指标的阀值或同类旅游目的地的平均水平，来确定该旅游目的地评价指标的阀值，并对指标进行量化分级。

（3）对于定性评价类指标，本文采用专家征询法（即德尔菲法）来量化各指标，评定各指标分级。

3.4 评价指标权重的确定

由于旅游生态安全评价指标体系中各个指标对生态安全状态的重要程度和贡献率不同，因而需要确定各指标的权重值。权重赋值的方法很多，如层次分析法（AHP）、主成分分析法、综合分析法、模糊数学法和熵权法等。本文采用熵权法进行旅游生态安全评价。熵权法不仅可以得到较为客观的指标权重，而且可以通过熵权对众多评价指标因子进行选择，提取那些最能反映旅游目的地生态安全状况的指标，从而进一步修正旅游生态安全评价指标体系，更准确、可靠地评价该地旅游生态安全状况。

3.5 旅游生态安全综合评价与等级划分

本文采用线性加权法对北京市门头沟区旅游生态安全进行综合评分，公式如下：

$$P(O)=\Sigma_i^n W(Ci) * P(Ci),\ i=1,2,3,\cdots n。\quad (1)$$

其中，P（O）指北京市门头沟区旅游生态安全综合评价值，Ci 表示第 i 项指标，W（Ci）指第 i 项指标的权重，P（Ci）指第 i 项指标的安全评价值，n 为评价指标个数。

根据上文生态安全状态等级判别标准，将旅游生态安全综合评价值划分为极不安全、比较不安全、一般安全、比较安全、极安全等五个等级（见表 1）。

表 1　旅游生态安全等级划分

安全状态	极不安全	比较不安全	一般安全	比较安全	极安全
得分区间	[0, 2]	(2, 4]	(4, 6]	(6, 8]	(8, 10]

4. 门头沟区旅游生态安全评价

4.1 门头沟区旅游业与生态环境现状概述

门头沟区依托其丰富特色旅游资源、秀美的自然风光、深厚的历史文化、浓郁民俗风情，门头沟区逐渐形成了以灵山、百花山、京西大峡谷龙门涧为依托的自然风光游；以妙峰山、潭柘寺、戒台寺为依托的名胜古迹游；以斋堂革命为依托的红色基地游；以灵水村、爨底下村、琉璃渠等中国历史文化名村为代表的古村落文化游等旅游线路。围绕发展生态友好型旅游，建设绿色门头沟的战略，门头沟区目前已建成48个观光园，拥有民俗旅游接待户901户。2010年，该区全年接待游客353.9万人次，比上年下降10.4%，实现旅游收入5.5亿元，比上年增长16.8%。为积极推进产业结构转型，加快发展旅游业，2010年门头沟区将旅游文化休闲产业确定为该区的主导产业，并规划了“一带、两线、三点”的产业发展布局。但由于地区社会与经济发展相对落后，交通等基础设施不完善，2005年~2010年门头沟区的年旅游收入占GDP比重一直在5%~6.5%之间，旅游业发展在北京市各区县中仍然较为落后。

门头沟区山高水美，矿产资源丰富，曾经是北京市的主要能源供应基地，但长期的矿业开采造成资源枯竭、周边环境污染、山体植被覆盖减少、生物多样性减少，严重威胁着该区的生态系统。按照区域功能定位的要求，门头沟区积极推进节能减排工作，全面淘汰资源开采业，大力调整农业结构，逐步退出传统种养业，三次产业结构日趋合理，一定程度上缓解了资源紧缺和生态环境污染的状况；修复、治理废弃矿山及砂坑1.5万亩，并被确定为国家生态修复科技综合示范基地；严格落实空气质量保障措施，全区空气质量二级和好于二级天数达到271天，完成率达74.2%；实施退耕还林措施，森林覆盖率达35.5%，林木绿化率达56.6%。但同时，由于长期以来矿业的大规模粗放式开发，导致该区资源几近衰竭、生态破坏和环境污染严重，加之，处于矿业关停经济转型期的居民增收乏力、生活困难等问题，门头沟区的社会经济整体发展落后，生态治理任重道远。

4.2 北京市门头沟区旅游生态安全综合评价

4.2.1 门头沟区旅游生态安全评价指标体系构建

根据旅游生态安全评价指标体系构建的基本原则和基本框架，并结合门头沟区旅游业发展的生态环境现状，将其旅游生态安全评价指标体系分为3个准则层、9个要素层和46个指标层（见表2）。

表 2　门头沟区旅游生态安全评价指标体系框架

目标层	准则层	要素层	指标层		
			脆弱因子	健康因子	调和因子
门头沟区旅游生态安全指数	旅游生态环境压力 A1	人口压力 B1	当地人口自然增长率 C1 客流量增长率 C2	观光园与民俗旅游从业人员增长率 C3	人口密度 C4
		土地压力 B2	旅游用地需求增长率 C5 生态用地递减率 C6		
		旅游资源环境压力 B3	旅游资源利用程度 C7 旅游地建筑密度 C8 SO_2 年均浓度值 C9 NO_2 年均浓度值 C10 可吸入颗粒物年均浓度 C11	旅游地美感度 C12 旅游地清洁度 C13 旅游地安静度 C14	
	旅游生态环境状态 A2	旅游环境质量 B4	空气污染指数 C15 区域环境噪声 C16	城市饮用水源水质达标率 C17 旅游交通情况 C18	旅游空间密度 C19 游客密度指数 C20
		经济发展质量 B5	恩格尔系数 C21	人均 GDP C22 城市化率 C23 第三产业比重 C24 旅游经济密度 C25	人均公路里程 C26
		旅游生态质量 B6		森林覆盖率 C27 城市绿化覆盖率 C28 生物多样性 C29 生态系统健康 C30	人均公共绿地面积 C31
	旅游人文社会响应 A3	教育支持程度 B7		当地居民素质 C32 旅游从业人员素质 C33 旅游者的素质 C34 教育支出占 GDP 的比例 C35	
		旅游投入能力 B8		人均旅游收入 C36 旅游 GDP 贡献率 C37 生态建设投入强度 C38 林木绿化率 C39 生活垃圾无害化处理率 C40 空气质量优良完成率 C41 城区污水处理率 C42 固体废弃物处理率 C43	
		法律支持程度 B9		旅游立法完善程度 C44 法律意识高低 C45 旅游执法力度 C46	

4.2.2 指标数据来源及阈值确定

门头沟旅游生态安全评价共46个指标，各指标实际数据的获取主要通过以下途径获取：官方统计数据、公式计算、调查问卷和专家征询。根据以上旅游生态安全评价标准的量化与判别标准，结合国内及北京周边同类旅游区的评价标准，并参考国内外相关文献对特定评价标准的一般限定值（即阈值），本文将门头沟区旅游生态安全评价的各指标均分为5个等级，即很差、差、一般、良、优。在一般水平确定的情况下，以上下浮动20%的幅度来分别确定生态安全很差、生态安全差、生态安全良好和生态安全优秀的标准值，并以0~10为区间界限进行分级赋值。

4.2.3 数据标准化处理与指标权重赋值

由于各指标数据的量纲不同，不能直接进行评估，需要对其进行无量纲化数值转换。本文采用最常用的 Min - Mix 标准化方法对原始数据进行无量纲化处理后，应用熵权法，得出门头沟区旅游生态安全评价体系各层次的权重（如表3）。

表3 门头沟区旅游生态安全评价指标各层权重

旅游生态安全指数O	旅游生态环境压力 A1（0.2955）	人口压力 B1（0.0907） 土地压力 B2（0.0360） 旅游资源环境压力 B3（0.1688）
	旅游生态环境状态 A2（0.3978）	旅游环境质量 B4（0.1375） 经济发展质量 B5（0.149） 旅游生态质量 B6（0.1113）
	旅游人文社会响应 A3（0.3067）	教育支持程度 B7（0.1063） 旅游投入能力 B8（0.1356） 法律支持程度 B9（0.0648）

4.2.5 结果分析与评价

根据式（1）及旅游生态安全等级划分标准，得出2005年至2010年的门头沟区旅游生态安全评价综合值及其生态安全等级（见表4）。

表4 门头沟区旅游生态安全评价综合值及等级

年份	生态压力	生态状态	生态响应	生态安全评价综合值	生态安全等级
2005	2.0611	2.4570	1.8471	6.3652	比较安全
2006	2.1888	2.4869	1.9890	6.6647	比较安全
2007	2.1151	2.5815	2.0923	6.7889	比较安全
2008	2.3049	2.4848	2.1337	6.9234	比较安全
2009	2.2038	2.5498	2.1814	6.9350	比较安全
2010	2.2789	2.6252	2.1814	7.0855	比较安全

从表4可以看出，2005年至2010年门头沟区旅游生态安全状况总体处于比较安全状态，并且生态安全状态呈现出不断改善的趋势。

2010年生态安全综合评价值达到7.0855分，生态压力和生态状态均相应增长，但生态响应却保持上年水平，这与生态压力的快速增长极不协调。除此，纵观这6年期间门头沟区生态压力、生态状态和生态响应的整体变化趋势，三者均呈现增长态势，但生态状态一直处于最高水平，生态压力高于生态响应，表明门头沟区的生态环境压力增大，生态环境趋于恶化状态，社会人文响应发展缓慢且低于同等生态压力与生态状态水平，门头沟区旅游生态环境亟须进一步改善。同时，生态响应曲线随着生态压力与生态状态曲线的上升而上升，并与生态状态曲线与生态压力曲线逐渐趋于相交，表明6年来面对不断出现的旅游生态环境问题，门头沟区加大了旅游环境治理与生态保护的力度，针对旅游业持续发展采取了积极有效的措施，一定程度上改善了该区的旅游生态环境，但面对由于旅游生态环境压力所导致的生态环境不断恶化的状态，未来门头沟区在加强生态与环境治理、改善生态环境、推进生态旅游发展等方面仍需要进一步努力。

5. 门头沟区旅游业可持续发展的对策

5.1 门头沟区旅游生态安全发展限制性因子分析

为确定影响与制约门头沟区旅游业生态安全与可持续发展的主要指标

因子，本文引入限制因子的概念。限制性因子（Limiting Factor）是指对旅游目的地生态安全起主要限制作用的因素，其大小取决于该因子的权重和因子实际值与标准值的差值大小。本文运用限制度来度量旅游生态安全限制性因子的限制程度，第 i 个限制因子的限制度 Li 用公式可表示为：

$$L_i = W_i * [1 - W_i P(C_i)] \quad (5)$$

其中，W_i 是第 i 个因子的权重，$W_i P(C_i)$ 是第 i 个指标的安全值。

根据上式，可计算出所有限制性因子的限制度，并按大小对其排序即可得到主要限制性因子。

经计算排序，门头沟区旅游生态安全的主要限制性因子（前 10 位）依次分别为：空气污染指数、旅游交通情况、旅游从业人员素质、旅游从业人员增长率、人均 GDP、森林覆盖率、第三产业比重、教育支出占 GDP 比重、人均旅游收入、人均公路里程等因子（见表 5）。

表 5　门头沟区旅游生态安全的主要限制性因子

排序	指标	准则层	权重	限制度
1	空气污染指数 C15	状态层	0.038118	0.035212
2	旅游交通情况 C18	状态层	0.041509	0.034617
3	旅游从业人员素质 C33	响应层	0.031184	0.029239
4	从业人员增长率 C2	压力层	0.028458	0.026838
5	人均 GDP C22	状态层	0.02841	0.025181
6	森林覆盖率 C27	状态层	0.037681	0.023482
7	第三产业比重 C24	状态层	0.031251	0.023438
8	教育支出占 GDP 的比例 C35	响应层	0.030092	0.022848
9	人均旅游收入 C36	响应层	0.023557	0.022447
10	人均公路里程 C26	状态层	0.023452	0.022352

在影响门头沟区旅游生态安全的 10 个主要限制性因子中，压力层的因子旅游从业人员增长率，属于健康因子，根据该指标实际数据，2007 年 ~ 2010 年门头沟区观光园和民俗旅游从业人员一直呈现负增长趋势，旅游从业人员逐年减少，这对该区旅游业发展具有不可忽视的负面影响，是造成

旅游生态环境人口压力，制约旅游业发展的主要因素。

状态层中的6个指标是压力层中所有因子对旅游生态环境及旅游业所造成的主要影响的主要方面，在压力的作用下，门头沟区旅游生态环境的现状主要反映在空气污染指数、旅游交通情况、人均GDP、森林覆盖率、第三产业比重和人均公路里程等6个指标方面，压力的作用大小直接影响这6个主要因子，从而间接影响门头沟区旅游业的发展。其中，空气污染指数是对空气污染程度及空气质量状况与变化趋势的表现，根据该指标实际值及指标分级标准，2005年~2010年门头沟区的空气质量指数均超过150，部分年份竟高达187，远高于全国平均水平的上限值144；而根据国家空气质量标准中对日均值等级的划分标准，门头沟区空气质量属于III级，为轻度污染，健康人群会出现刺激症状，表明门头沟生态环境已处于危险预警状态，这对当地旅游业发展和居民生活极为不利。在大气压力指标中，SO2年均浓度值和NO2年均浓度值均处于生态安全良好及以上状态，而可吸入颗粒物的年均浓度值6年间均处于生态安全差和很差状态。可见，门头沟区的空气污染主要为可吸入颗粒物污染。旅游交通情况是旅游交通线路占整个旅游区域面积的比率，它和人均公里里程共同反映了旅游目的地的旅游交通状况。从指标实际值及指标分级标准区间看出，门头沟区交通状况一直落后于全国平均水平，严重制约该区旅游业的发展。人均GDP和第三产业比重反映了门头沟区的社会经济和服务业发展状况。从原始数据与判别标准的比较可以看出，与全国平均水平相比，门头沟区的社会经济发展水平较低，但有不断增长的趋势；门头沟区的第三产业比重较高，并呈现持续增长的态势，结合近年来门头沟区着力发展以旅游业为主导的现代服务业的产业发展战略以及门头沟旅游业发展现状，这表明该区旅游业处于积极成长的发展阶段，旅游业发展的规模不断扩大、速度不断加快、水平不断提高。门头沟区的森林覆盖率达40%~60%，远高于全国平均水平26%，是保障门头沟区旅游生态安全的重要因子之一，森林覆盖率的大小将直接影响到该区旅游业发展所依赖的生态系统健康与生态环境质量，从而影响旅游业的健康、可持续发展。

响应层的指标反映了人们面对生态环境压力以及由于各种压力对生态环境造成的影响和破坏所做出的反应或采取的措施。这种反应突出地表现在旅游从业人员素质、教育支出占GDP的比例和人均旅游收入等指标方面，旅游从业人员素质越高、教育支出比重越高，表明对教育越重视，越有助于旅游业的发展和当地居民素质的提高。从原始数据可以看出，门头沟区的旅游从业人员素质仍然未达到全国导游服务质量规定的标准，一定程度上影响了该区旅游业的发展质量，但6年间政府对教育的投入均高于国际标准，反映了政府对当地教育事业发展和居民素质水平提高的重视，有利于培养旅游目的地良好的人文社会环境，促进当地旅游业发展。人均旅游收入反映了旅游业对当地经济增长和人民收入水平的贡献，其实际值的高低直接反映了当地旅游业的经济效益水平和发展水平。根据原始数据，门头沟区的人均旅游收入远低于全国城市平均水平，这与该区丰富的自然和人文旅游资源不成比例，表明该区旅游业尚有很大的发展空间。

这10项主要限制性因子是影响和制约门头沟区旅游业可持续发展的主要因素，为保障该区旅游业的健康可持续发展，应积极改善和发展这些限制性因子，对目前处于健康水平的指标因子应继续保持或进一步发展，对制约旅游业发展的消极因子应及时改善和治理。

5.2 门头沟区旅游可持续发展的对策建议

（1）科学规划、有序开发旅游。科学的旅游规划是事前控制，是保证旅游活动科学、有序、高效开展的前提和保障。要在综合考虑国内外旅游发展现状与旅游市场需求现状的基础上，充分考虑门头沟区的自然和文化特征、旅游基础设施以及旅游市场需求特征、规模和发展趋势，并紧密结合北京市社会经济特征及城市功能布局，以促进门头沟区生态、经济和社会可持续发展为目标，科学、合理规划门头沟区的旅游业。

（2）旅游开发和生态环境保护并重。必须严格制定空气环境质量检测标准和森林覆盖率标准，加强环境质量检测，建立生态环境预警机制，严格控制旅游开发活动对当地生态环境造成的影响，杜绝任何破坏生态环境的开发活动，采取防范措施防止环境恶化。通过生物工程和城镇污水、垃圾处理设施，对旅游景区内的污水、垃圾和粪便进行分类集中处理，以减少旅游活动对当地生态环境造成的不利影响；严格控制旅游目的地工业生产造成的环境污染和生态破坏，减少旅游景区周围空气、噪声、水源污染；在生态脆弱地带，如草地、湿地，防止由于季节性旅游活动对该区域的过度利用，保证该区生态系统健康。

（3）加大旅游基础设施建设和人力资源培养。在旅游基础设施建设方面，一是加大该区交通、通信、水电等基础设施的建设力度，不断完善区域交通网络体系；二是改善对民俗旅游村的生态厕所、厨房、客房以及观光游览设施等进行改造。在旅游人力资源培养方面，要建立健全良好的人才培养机制和外部引进机制，通过政府对教育投入的增加与当地居民知识教育意识的提高，来促进内部旅游人才的培养；通过竞选、外部招聘等方式，从社会上吸纳一些具备旅游专业管理和运营技能的人才。

（4）提高旅游相关利益群体的生态安全意识。对门头沟区的当地居民、旅游从业人员和旅游者展开以生态环境保护为主要内容的生态安全知识宣传教育。具体操作上，可设立专门的生态安全宣教中心或生态大讲堂，邀请生态或环保专家、名人、学者等，对旅游者、旅游从业人员、当地居民，尤其是广大的青少年，进行生态环境保护方面的知识讲解；在旅游目的地展开多种形式的生态安全方面宣传教育，可以在景区的介绍和宣传中，采用纪录片、音乐、图书、标本、宣传手册等方式进行；在具体游览和导游讲解中，恰当融入生态环保和生态安全知识，使旅游者在游览之余，逐渐接受生态环境教育，提高环保和生态安全意识，使旅游真正成为生态的旅游。

（5）建立健全旅游生态建设利益补偿机制。门头沟区旅游生态建设利益补偿机制的建立，应遵循以人为本、生态保护和人与自然和谐相处的原则，从森林与自然保护区的生态补偿、永定河流域补偿、因矿产资源开发的生态补偿、生态系统服务功能补偿和区域补偿等方面着手，逐步建立一个具有战略性、长远性和全局性的生态建设利益补偿机制体系。在具体实施中，实行以政府公共财政投入补偿为主导，全社会积极辅助投入的共同参与原则，并按照“使用者付费”、“破坏者付费”和“受益者付费”的原则，对生态保护者给予相应的生态建设利益补偿。补偿标准以生态保护者的投入成本与机会成本、生态破坏恢复成本、生态受益者获利情况以及生态系统服务价值为依据。在补偿方式上，采取政府补偿和市场补偿相结合，全社会积极参与的原则。

参考文献

[1] 杨京平，卢剑波．生态安全的系统分析［M］．北京：化学工业出版社，2002：5.

[2] 王朝科．建立生态安全评价指标体系的几个理论问题［J］．统计研究，2003，(9)：17－20.

[3] 李辉，魏德州．环境影响评价的新领域——生态安全评价［J］．安全与环境学报，2003，3（5)：68.

[4] 邹长新．内陆河流域生态安全研究——以黑河为例［J］．南京：南京气象学院，2003.

[5] 刘丽梅．生态安全的影响因素及建设对策研究［J］．内蒙古财经学院学报，2006（5)：31－34.

[6] 左伟．区域生态安全评价指标与标准研究［J］．地理学与国土研究，2002（2)：67－71.

[7] 王韩民．生态安全系统评价与预警研究［J］．环境保护，2003，(11)：31.

[8] 张勇．山地生态安全及其评价方法［J］．水科学与工程技术，2009，(4)：1－4.

[9] 赵清．城市自然生态安全动态评价方法及其应用［J］．生态学报，2009，(8)：4138－4146.

[10] 黄莉莉．森林生态安全评价初探［J］．林业经济，2009（12)：64－68.

[11] 汪朝辉，田定湘，刘艳华．中外生态安全评价对比研究［J］．生态经济，2008（2)：44－49.

[12] CENR of NSTC, 1999 Ecological Risk Assessment in the Federal Government, 8－14.

[13] Bertollo P. 2001. Assessing landscape health: A case study from north-eastern Italy. Environ Manage, 27（3)：349－365.

[14] Villa F, McLeod H. 2002. Environmental vulnerability indicators for environmental planning and decision - making: Guidelines and applications. Environ Manage, 29 (3): 335 - 348.

[15] 邹长新. 内陆河流域生态安全研究——以黑河为例 [D]. 南京: 南京气象学院, 2003.

[16] 黄莉莉. 森林生态安全评价初探 [J]. 林业经济, 2009 (12): 64 - 68.

[17] 张勇. 山地生态安全及其评价方法 [J]. 水科学与工程技术, 2009, (4): 1 - 4.

[18] 胡冬香, 吴越. 道路景观生态安全研究 [J]. 中国安全科学学报, 2009, (9): 23 - 27.

[19] 俞孔坚. 生物保护的景观生态安全格局 [J]. 生态学报, 1999, (1): 8 - 15.

[20] 吴国庆. 区域农业可持续发展的生态安全及评价探析 [J]. 生态经济, 2001, 8: 22 - 25.

[21] 董雪旺. 旅游地生态安全评价研究——以五大连池风景名胜区为例 [J]. 哈尔滨师范大学自然科学学报, 2003 (6): 100 - 105.

[22] 曹新向. 旅游地生态安全评价研究—以开封市为例 [J]. 水土保持研究, 2006 (2): 201 - 212.

Research on Tourism Ecological Security Evaluation in Mentougou

WANG Yan

(*Beijing International Studies University*, *Beijing* 100024, *China*)

Abstract: With the development of ecological risk evaluation and ecosystem health evaluation, ecological security evaluation is an important study area on ecological security and sustainable development. The study on ecological security evaluation index system mainly focus on regional ecological security evaluation, its research field is mainly concentrated in land, rivers, water resources, vegetation and other aspects. On the basis of ecological security research at home and abroad, the paper further explored the concept and connotation of the tourism ecological security, and the tourism ecological security evaluation theory and evaluation methods, built a tourism ecological security assessment index system, and made an empirical research by the example of Mentougou which is the Ecological Conservation District of Beijing, to evaluate the Mentougou tourism ecological security comprehensively from 2005 to 2010, and made recommendations and countermeasures accordingly.

Key words: ecological security; tourism ecological security; evaluation; Mentougou District in Beijing

山东省低碳旅游发展现状及对策研究

张伟①

（山东师范大学商学院旅游系 山东济南 250014）

【摘要】：低碳经济越来越受到社会的关注，旅游业作为第三产业的重要组成部分，应该为低碳经济的健康发展作出应有的贡献。本文从低碳旅游的含义及作用出发，分析了低碳旅游的发展现状、山东省发展低碳旅游的优势和存在的问题，提出了山东省发展低碳旅游的对策。

【关键词】：低碳旅游；发展对策；山东省

中图分类号：F590

伴随大气中二氧化碳浓度升高所带来的全球气候变暖问题日益凸显，国际社会越来越关注经济发展模式，提出发展低碳经济的应对之策。作为经济重要支柱，第三产业中旅游业的发展受到多方关注，希望能够通过旅游业自身的低碳化发展，发挥其综合带动作用，有效促进总体经济的低碳发展。“低碳旅游”的正式提出，较早见于2009年5月世界经济论坛“走向低碳的旅行及旅游业”的报告。2009年11月7日，斐济旅游局提出“低碳旅游、清洁旅游”的发展目标，成为全球第一个号召低碳旅游的国家[1]。我国2009年12月公布的《国务院关于加快发展旅游业的意见》中把推进节能环保作为旅游业的主要任务之一，并明确提出了“倡导低碳旅游方式”[2]。低碳旅游开始受到人们的关注。

---

① 张伟，男，山东师范大学商学院旅游系，副教授。

1. 低碳旅游的内涵和意义

1.1 低碳旅游的内涵

低碳旅游是一种降低“碳”的旅游，也就是在旅游活动中，旅游者尽量降低二氧化碳排放量，即以低能耗、低污染为基础的绿色旅行。倡导在旅行中尽量减少碳足迹与二氧化碳的排放，也是环保旅游的深层次表现。其中包含了政府与旅行机构推出的相关环保低碳政策与低碳旅游线路、个人出行中携带环保行李、住环保旅馆、选择二氧化碳排放较低的交通工具甚至是自行车、徒步[3]。这就表明要在旅游目的地、旅行企业和游客之间实现环境保护的良性互动。不难看出，低碳旅游包括了自行车旅游、徒步旅游和吸收二氧化碳、净化空气有关的森林旅游和湿地旅游等多种专项旅游，种类和内容十分丰富。

1.2 低碳旅游的意义

（1）促进旅游与环境保护协调

低碳旅游的实质是全球气候变化背景下发展低碳经济的旅游响应方式和低碳理念在旅游业中的具体体现，它的发展模式为旅游业节能减排、发展循环经济和健康持续发展提供了操作性诠释，是实现旅游业可持续发展的必由之路，有着“耗能少、吸碳多、不降低旅游体验质量、多方参与”的显著特征。低碳旅游强调在保护良好的自然、人文环境的同时，合理地开发旅游资源，实现旅游业的可持续发展。

（2）低碳旅游有利于拓宽发展旅游业的内涵

旅游业的内容涉及生活的方方面面，与其他产业比如文化、林业、海洋、环保等都有着十分密切的联系，发展低碳旅游，要求深化旅游业与其他相关产业的合作与融合，注意新品牌、新路线的开发与运行；发挥政府作用，支持有条件地区结合当地实际情况发展地方特色旅游，推动旅游产品向多元化方向发展。

（3）低碳旅游将成为旅游业发展的新方向

随着低碳经济的兴起，旅游业作为社会生产的类型之一，具有企业经营的属性，旅游业实施低碳经济的发展模式，既是顺应发展节能减排、循环经济趋势的举措，又是落实科学发展观、建设节约型社会的综合创新与实践，是实现旅游可持续发展的有效途径和新方向。

2. 山东省发展低碳旅游的优势与不足

2.1 发展优势

2.1.1 丰富的低碳旅游资源

（1）森林资源丰富

山东省森林覆盖率由新中国初期的 1.9% 增长到目前的 21.42%，人均公共绿地达到 14.2 平方米。在三大林种中，公益林面积达到 2113 万亩，其中国家级 1513 万亩，省级 600 万亩。近 30 年来，山东省森林蓄积量由 375 万立方米增加到目前的 8800 万平方米[4]。并且山东省已建成 144 处森林公园，森林具有吸收大量二氧化碳、释放氧气的生态功能，丰富的森林资源能吸引众多游客前去享受“森林浴”。

（2）湿地资源亦相当可观

据调查，山东湿地总面积为 17122 平方公里，占山东省陆地总面积的 7.58%，是长江以北湿地资源最多的省份之一，其中以黄河为代表的河流湿地和以南四湖为代表的湖泊面积分别为 2867 平方公里、1435 平方公里。湿地是地球上生物多样性丰富和生产力较高的生态系统，是野生动植物的栖息地。它具有调节径流、控制污染、美化环境等很多作用，是“生命的摇篮”[5]。黄河三角洲湿地是山东省最大的、自然增长的湿地，在哥本哈根联合国气候变化大会召开前夕，国务院正式批复了《黄河三角洲高效生态经济区发展规划》[7]。黄河三角洲地区的发展上升为国家战略，这也成为黄河三角洲湿地的保护和开发提供了难得的契机，它也将成为山东省发展低碳旅游的重要承载区。

除了拥有丰富的森林和湿地资源，山东省还有丰富的风能、太阳能、水能、海洋能等可再生资源，这对于最大限度地减少煤炭和石油等高碳能源的消耗，尽可能利用新能源、新技术发展低碳旅游是十分重要的物质基础。

2.1.2 良好的旅游业发展基础

山东省地处中国东部沿海、黄河下游，位于中国首都北京和中国最大的商业城市上海之间。陆地面积15.67万平方公里，海岸线长3100多公里。山东是中国的经济大省，GDP居全国第2位。2011年，山东全省共实现旅游总收入3736.6亿元，同比增长22.1%，相当于GDP的8.23%，旅游业对财税的贡献率达到8.1%。接待国内游客4.17亿人次，同比增长19.2%。接待入境游客424.2万人次，同比增长15.7%。全年累计完成旅游投资1230亿元，占服务业投资的9.5%，增幅为20%。

2.2 发展不足

2.2.1 缺乏低碳型旅游产品，低碳消费理念淡薄

旅游企业和景区为了迎合消费者的心理，引进消耗大量能源的所谓先进设备，开发出大量高耗能、高排放的游产品，而且这些高碳产品经过过分包装来鼓励消费铺张浪费，误导广大旅游者。中小型的景区和饭店由于受到技术、资金的制约，为旅游者提供低碳型旅游产品的能力不足，节能减排的效果不明显。旅行社设计旅游线路时，过分强经济效益，忽视低碳型旅游线路的开发和策划。另外，山东省传统消费习俗、低碳消费知识不合理也是影响旅游者低碳消费方式的重要因素[6]。

2.2.2 低碳旅游政策法规不健全

发展低碳旅游需要强有力的政策法规支持。目前，山东省尚未出台专门针对低碳旅游的政策法规和行业标准，旅游业尚无明确的节能减排指标，发展低碳旅游未纳入政府、企业考核体系之中，低碳旅游的法规约束、经济励机制尚未建立，发展低碳旅游相关内容尚未列入国民经济和社会发展规划，旅行社、旅游景区和酒店的碳排行业标准和规范尚未制定，山东省还未出台发展低碳游城市、低碳旅游示范区、低碳旅游社区、低碳旅游景区的优惠政策[6]。

2.2.3 旅游开发过程盲目

砍树毁林，造成水土严重流失，随意建设旅店、餐馆及娱乐设施，不仅破坏自然景观的原貌，打破了景区的协调性，建设和运营的过程本身就是高能耗的过程。

2.2.4 管理运营不善

酒店的一次性牙刷、牙膏、一次性筷子等生活用品使用效率低，造成资源严重浪费，且在生产取料和生产加工过程以及使用后的处理过程中都造成了环境压力。围湖养殖、工业废水等造成浅海污染和海水富营养化，危害了动植物和人类生存，湿地面积日益缩小。

2.2.5 游客环保意识薄弱

游客众多，加之景区管理缺乏科学性，造成在游览过程中游客乱扔垃圾，以致各种饮料袋、包装袋随处可见。对垃圾的回收和处理不仅要投入大量人力、物力和财力，而且由于处理过程一般采用焚烧方式，结果又会造成碳排放。

3. 山东省低碳旅游发展现状

3.1 山东省低碳旅游的方式

按照低碳旅游资源的种类，可以分为森林旅游和湿地旅游。山东省很多森林公园景观具有自然与文化相融的特色，开展森林旅游条件很优越。山东国家城市湿地公园 8 处，在这些湿地公园中，生栖着多种多样的生物类群，包括动物、植物和微生物等，它们是湿地旅游的重要资源。借助这些，湿地旅游产品受到了众多爱好自然的游客的青睐。

按照低碳出行方式划分，可以分为自行车旅游、徒步旅游和露营旅游。自行车旅游：山东省交通发达，公路四通八达，遍布乡镇。人们可以充分利用交通便利的优势进行自行车旅游，在进入景区后，可边行边赏，尽情领略自然风光和人文景观。徒步旅游：山东省有许多以山为依托发展旅游的景区，比如泰山，人们采取徒步的方式旅游，既可以锻炼身体，又可以保护环境，欣赏景色。露营旅游：山地景区和海边景区都是露营的好去处，露营可以亲近大自然，放松身心，是低碳旅游的方式之一。

山东省在发展低碳旅游过程中要充分发挥优势，利用丰富的森林资源和湿地资源发展具有低碳特色的森林旅游、湿地旅游，积极倡导全民参与自行车旅游、徒步旅游、露营旅游等低耗能、低排放的游览活动，探索低碳旅游发展的新模式，尽快尽好地发展旅游业，建设旅游强省。

3.2 山东省低碳旅游发展案例

山东省许多旅游业发展较好的城市也纷纷采取措施积极发展低碳旅游。现举几例：

（1）2009 年 12 月，山东德州太阳谷微排国际酒店盛大开业。在哥本哈根世界气候大会带来的人们对低碳经济的普遍关注中，太阳谷微排国际酒店以其绿色减排理念备受瞩目。该酒店采用世界领先的太阳能集热系统；使用无磷和有机复合标准的洗浴、洗涤用品，排水均由中水处理装置进行处理后二次利用；厨房设备为运水排烟系统，减少厨房的大气污染和噪音污染[8]。

（2）蓬莱市充分发挥历史文化名城和世界第七大葡萄海岸的优势，发展旅游服务业、葡萄及葡萄酒等低能耗、低污染、低排放的绿色产业。去年，蓬莱市接待海内外观光客 370 多万人次，实现旅游综合收入 35 亿元。与此同时，大力发展葡萄及葡萄酒产业，目前已经建成中粮君顶、华东百利等十余家高档葡萄酒庄，年生产葡萄酒十万吨，销售收入 30 亿元。蓬莱还加大风能、生物质能、天然气、太阳能、地热能等清洁能源开发推广，利用蓬莱风力资源丰富的优势，发展风电项目，目前已吸引华润风力发电、中电亚洲风电项目进入，年可发电两亿多千万时[9]。

（3）烟台市的旅游景区点、饭店酒店、交通等领域已经开始“试水”推行低碳。作为首尝“甜头”者，山东省烟台市 2008 年通过绿色饭店建设，星级饭店实现节能降耗 1000 多万元。烟台市提出将依法取缔乱搭乱建、临时性燃香点，对于“黑导游员”诱劝游客烧高香、购买劣质香制品的行为进行严打[10]。

虽然山东省低碳旅游有了较好的发展，但是全面深刻地发展低碳旅游仍有很多急需建立和完善的工作，各种低碳计划刚刚开始筹划或实施，政策的颁布、制度的确立和实施，旅游资源节约、环境友好的景区旅游管理运作模式的建立、新技术的开发和推广、旅游者观念的转变等各方面的工作都需要经历很长时间才能切实有效地促进低碳旅游的蓬勃发展。

4. 山东省低碳旅游发展对策与建议

山东省一直在朝着旅游大省和旅游强省的目标前进，为了更好地发挥旅游业在国民经济和社会发展中的带动作用，旅游业必须选择顺应时代发展趋势、绿色健康的发展模式。低碳化发展不仅使旅游业发展趋向绿色和可持续，也对其相关产业的绿色低碳发展起到积极作用。

4.1 开展低碳旅游认证

低碳旅游认证就是依据一定的规范和标准，对低碳旅游企业各方面的表现进行评估，并提出改进意见的过程[11]。政府作为低碳旅游认证的主体，必须首先制定全面的旅游企业低碳旅游认证的标准体系，在低碳旅游企业的市场准入资格进行严格审核基础上，颁发“低碳旅游企业”标牌，同时对取得认证资格的企业进行严格的事后监督和管理，防止企业只是空有口号不切实执行低碳标准情况的发生，不但能够帮助管理者对自然资源有效利用的同时实现对环境负面影响的最小化，确保低碳旅游的可持续性，而且能够帮助游客分清真正的低碳旅游企业和一般的只是把低碳旅游作为市场营销口号、而并不真正向游客提供高质量的低碳旅游产品的大众旅游企业区分开来，从而做出合理选择。政府不仅要进行认证，还要严厉打击“伪低碳旅游”企业，维护获得认证的旅游企业的利益和形象，进一步加强旅游企业发展低碳旅游的信心，营造一个良好的旅游大环境。

4.2 发挥宏观调控职能，做好科学规划

政府通过制定一系列政策和制度来优化产业结构，通过财政补贴和税收减少等方式支持低碳项目、低碳技术的研发和推广使用，鼓励企业创新

绿色新技术，引导企业向低碳化方向发展，加强绿色技术所需的基础知识研究平台的建设，促进不同企业之间新技术的交流与合作，降低企业成本；要做好低碳旅游数字化的科学规划，根据旅游市场发展的内在规律，运用独立的理论基础和现代化的信息技术，以数据为语言，阐释旅游分析和规划思想，建立生态环境监测网络和旅游企业的管理信息系统。

4.3 严格企业评估，倡导低碳出行

在对企业进行评估时，要进行严格审核，对达不到合理用能节能标准的项目不予审批，对不实行清洁生产污染环境的企业要进行处罚，并且依据污染环境的程度对企业进行分级，对不同级别的企业给予不同政策，抓好环境保护和生态建设；倡导全民绿色消费观念，加大低碳出行的宣传力度，定期开展宣传活动，增强公众对低碳产品的认识和环保心理，强化其绿色意识，促使旅游者将环保视为一种义务和自觉的行为规范，从而使其自觉参与低碳旅游建设[12]。

4.4 因地制宜，合理规划

旅游开发与发展要根据当地经济、交通、资源等条件因地制宜地进行，充分利用优势，想方设法改变不利因素，朝着低碳、专项、高质量的方向发展；要对景区发展作科学合理的规划，坚持尽量减少生态成本的原则，减少土地资源的占用，采用节能技术；在各大景观带的框架结构上，可以选择某些节点进行开发建设，选定、连接合理的交通线路，逐渐向轴的方向发展。

4.5 筹资加强基础建设，完善管理规章制度

多方位筹集资金，加强基础设施的建设。尽最大可能地利用现有基础设施，扩大资金筹措范围，积极与当地政府部门和非政府组织沟通协商共谋发展道路，主动与有意从事发展旅游业的单位或个人合作，多渠道、多形式筹集资金，从而逐步改善基础设施。

完善的管理规章制度是低碳旅游可持续发展的重要前提和保证。应制定包括对经营者、旅游者、社区居民等进行协调和控制，对景区的各种动

植物，特别是对于重点保护对象如何进行管理、保护与救护，对游客安全如何保证，对突发事件情况如何应对，以及各项有关低碳的奖惩措施如何落实等[13]，以指导实际工作。

4.6 实行统一开发和分区管理

旅游地开发是一项全局性工作，分散地进行旅游资源开发，会造成混乱的局面，不利于整个地区的旅游经营与管理。应在统一开发的基础上对景区实行分区管理，对核心区实行绝对保护，严禁任何类型的旅游活动，对缓冲区的游览项目和游客数量进行严格限制，科学测定环境承载量，有效控制每日游客量，使用绿色环保观光车，争取实现碳的零排放，拆除景区内违规、破坏景观协调性的建筑，保护景观的自然性和真实性，成立景区旅游服务中心，开展旅游咨询和环境保护的活动。

4.7 建立多元化环境保护机制

部分景区往往存在景区内管理者与景区内居民之间的利益矛盾冲突。景区管理方为保护环境，往往限制或取缔景区内居民参与旅游服务活动；而居民为了自身经济利益常置景区生态保护于不顾擅自经营，其经营能力、资金、技术等方面相对缺乏，难免不造成环境污染，二者由此形成了紧张对峙关系。针对这种情况，景区要从保护环境的角度出发，坚持“以旅游发展促进环境保护，以环境保护促进旅游发展”的理念，设法将景区内居民纳入环境保护的体系之中，使之成为监督、批评和参与的重要力量，开创居民参与景区保护的管理新机制以及建立对旅游问题的协商解决机制，增强景区内居民的主人翁意识和保护景区的责任感，变被动的、强制的环保为居民自觉主动的参与。同时加强对游客的环保教育，塑造有责任的旅游者，景区可利用现有的资源，定期开展各种环保活动，倡导游客在旅游过程中不乱扔垃圾，使用绿色环保袋，从而有效建立起从管理者、工作人员、景区居民到普通游客的多位一体的环境保护机制[14]。

5. 结语

低碳旅游发展还要经历很长一段时间才能形成较成熟的产业链，这是一个很复杂的工程，需要各部门、各行业之间的合作，共同努力和探索。根据各地区的实际情况制定符合本地区发展的战略规划，高效利用能源，清洁生产，构建绿色交通体系，尽快量化低碳旅游指标，指导旅游业的低碳化发展，为整个国民经济的低碳化作贡献。

参考文献

[1] 刘啸．论低碳经济与低碳旅游［J］．中国集体经济，2009.（5）：23－24.

[2] 沈仲亮．山东省德州市用夸父精神追逐“低碳旅游”［N］．德州日报，2010. 03. 15（5）．

[3] 陈静，亿伊．低碳旅游［J］．小品文选刊，2010.（4）：16－17.

[4] 中国新闻网，2009. 09. 26.

[5] 新华网山东频道［EB/OL］，2010. 01. 13.

[6] 张前，田红．山东省低碳旅游发展对策研究［J］．对外经贸，2012，（2）：85－87.

[7] 任旭强．专访山东省政府发言人：黄三角初绘低碳路线图［N］．经济导报，2009. 12. 10（10）．

[8] 山东省德州市用夸父精神追逐太阳谷低碳旅游［EB/OL］．德州新闻网（http：//www. dezhoudaily. com/），2010. 03. 15.

[9] 中国旅游名城山东蓬莱发展“低碳经济”［EB/OL］．中国新闻网（http：//www. chinanews. com/），2009. 09. 26.

[10] 烟台旅游“试水”低碳 星级饭店一年省了千余万［EB/OL］．新华网（http：//www. chinanews. com/），2010. 04. 08.

[11] 钟林生，赵士洞，向宝惠．生态旅游规划原理与方法［M］．化学工业出版社，2003. 11：233 – 234.

[12] 马驰，丁俊慧．基于低碳经济的旅游业发展对策研究［D］．免费论文网，2009. 12. 18.

[13] 刘喆．论湿地旅游资源的开发与保护［D］．免费论文网，2010. 03. 09.

[14] 陈菲．九寨沟景区的生态旅游管理探析［D］．免费论文网，2009. 10. 26.

Status and Development Countermeasures of Low – carbon Tourism in Shandong Province

ZHANG Wei

(*Department of Tourism*, *Shandong Normal University*, *Jinan* 250014, *China*)

Abstract: Low – carbon economy is increasingly attracting more attention. As an important component of the tertiary industry, tourism should make due contribution to the healthy development of low – carbon economy. From the meaning and role of low – carbon tourism, this paper analyzed the status of low – carbon tourism development, the advantages and problems of proposed low – carbon tourism in Shandong province, and then put forward the countermeasures of developing low – carbon tourism in Shandong province.

Key words: low – carbon tourism; development countermeasure; Shandong provinc

山东省科普旅游发展研究

唐顺英①

（北京师范大学地理学与遥感科学学院，北京 100875）

【摘要】：在休闲娱乐中学习科学知识的科普旅游方式是现代旅游发展的趋势之一。文章首先界定科普旅游概念，然后重点探讨了山东省科普旅游资源的分类与评价、科普旅游的市场需求分析、科普旅游区划三个方面的内容，最后，提出了科普旅游发展的战略对策。

【关键词】：科普旅游；发展思路；发展对策；山东省

21 世纪是知识经济时代，科学技术在人们工作、学习、生活中扮演着重要角色，公民的科技意识和科学素养的提高显得十分必要，也越来越受到人们的重视。因此，在休闲娱乐中学习科学知识的科普旅游方式已经受到了越来越多旅游者的青睐。科普旅游发展在旅游业发达国家已经逐步趋向成熟。西方发达国家，科普旅游蔚然成风，无论是免费的展览馆，还是门票昂贵的科普主题园，都一样游人如织。科普旅游项目是赢得社会、经济、生态效益三丰收的最佳投资产业，成为国外众多投资商关注的热点。如美国的迪斯尼乐园和好莱坞电影城现在都已经开展了科普主题的旅游项目，尽管投资巨大，但回报也堪称惊人。近年来，科普旅游在国内悄然兴起，成为国内旅游市场的新“亮点”。科普旅游的开展既让一批科研机构、高科技企业和高等院校出尽了风头，又让游客增长了知识、开阔了眼界。

---

① 唐顺英（1977—），女，山东潍坊人，北京师范大学地理学与遥感科学学院博士研究生，研究方向为旅游地理和文化地理。

我国的各大中城市以北京、上海、广州、武汉等为龙头，纷纷上科普旅游项目，设科普旅游基地，开科普旅游专线等。科普景点以其独特的知识魅力吸引着游客，成为旅游市场上的“新卖点”。随着我国科技产业的加快发展和旅游市场的升温，在广大游客的积极参与下，科普旅游在未来几年内将会有长足的发展。

1. 科普旅游的界定

尽管科普旅游作为旅游产品和线路已被公众所接受，也受到各旅行社开发商的关注，但学术研究并不多。科普旅游是一个比较新的概念，目前在国内尚无准确完整的定义，近几年有关科普旅游和科技旅游的学术研究文章和课题逐年增多，但是关于科普旅游的定义、内涵与本质均没有达成共识。总结国内学者的研究，主要是从广义和狭义两个角度来界定科普旅游。竺国强[1]、李裕红[2]、杨红英[3]、邓伟[4]等从广义的角度界定科普旅游，他们认为，科普旅游是旅游与科学知识的普及相结合，是集观赏性、娱乐性与知识性为一体的新型旅游形式。大多数学者，如于洪贤[5]、枫溪[6]、朱竑[7]、李廷勇[8]等在学术研究中基本以科技旅游代替了科普旅游，指出科技旅游是一种以科技为目的的旅游活动，这是从狭义角度来理解科普旅游的。此外，在《东北地区科普规划研究》一书还指出科普旅游也是一种发展理念，是指旅游地发展过程中始终把科普教育作为一条重要的发展准则，用以指导旅游地整体发展方向。

笔者认为，科普旅游是指以游览为目的，在游览过程中普及科学文化知识的旅游形式，是一种寓教于乐、寓学于游，集娱乐性、参与性、知识性、教育性于一身的旅游活动。

2. 山东省科普旅游资源的分类与评价

2.1 山东省科普旅游资源分类

科普旅游作为旅游活动的一部分，其资源分类也应该以传统旅游资源的分类为基础。同时，科普旅游又是一种新兴的旅游形式，科普旅游资源的分类又应该与传统旅游资源的分类有所区别。目前科普旅游的内涵还没有准确的界定，关于科普旅游资源分类的研究更显欠缺。黄丹斌[9]、李廷勇[8]、金颖若[10]等对科普旅游资源进行了分类研究，他们从总体上对科普旅游资源进行了分类，为进一步探讨科普旅游资源的分类奠定了基础。笔者认为，科普旅游资源是具有知识性、教育性的旅游资源，科普旅游资源的分类，应具有它本身的特殊性。本研究采取以科普旅游资源本身的特性为依据，也就是以其所蕴涵的科学知识为分类标准，根据科普旅游资源赋存状况以及科普旅游资源开发的特点，参考传统旅游资源的分类方法和以上科普旅游资源的分类研究，建立了科普旅游资源的分类系统。

- 科普旅游资源分类体系
  - 自然科普旅游资源
    - 地文景观：山地、谷地、火山、溶洞、地质剖面、生物化石点、岛区
    - 水文景观：河流、湖泊与水库、泉、滨海
    - 天象景观：光现象
    - 历史遗产景观：人类活动遗址、废城与聚落遗迹、长城遗迹、宗教建筑
  - 人文科普旅游资源
    - 生物景观：森林、动物与植物展示地、自然保护区
    - 民俗景观：民俗节庆旅游、民间艺术游、民俗旅游村、民俗主题村、婚俗旅游
    - 人工科普场馆：博物馆、科技馆
    - 现代科技园区：农业园区、工业园区
    - 科学研究场所：科研院所、高等院校

图 1　科普旅游资源分类体系

Fig. 1　classifying system of popular science tourism resources

2.2 科普旅游资源的特色评价

（1）科普旅游资源种类齐全，数量大

山东省的科普旅游资源既有自然科普旅游资源，又有人文科普旅游资源，自然科普旅游资源以生物、山地、滨海、湖泊等最具特色，人文科普旅游资源以民俗、人工科普场馆、现代科技园区以及科学研究场所最具代表。本研究共选取山东省具有代表性的科普旅游资源单体 484 个，其中地文景观 97 个、水文景观 33 个、天象景观 5 个、生物景观 44 个、历史遗产景观 92 个、民俗景观 35 个、人工科普场馆 79 个、现代科技园区 84 个、科学研究场所 15 个。

（2）人文科普旅游资源特色比较明显

山东省人文科普旅游资源数量众多，特别是民俗、人工科普场馆、现代科技园区数量较多，而且特色明显。山东省工农业旅游资源丰富，在 359 个全国农业旅游示范点中，山东有 55 个，在 180 个全国工业旅游示范点中，山东占 22 席，在全国都属于前列。

（3）科普旅游资源空间架构明显，品位独特

山东省的科普旅游资源典型而优越，品位独特。东、中、西部各有特色。东中西科普旅游资源主体结构可以概括为“东部滨海风光，中部齐鲁民俗文化，西部和北部为运河文化和黄河文化”。

（4）科普旅游资源分布集中

山东省科普旅游资源具有空间分布广泛且相对集中，各类资源相互交融的特点。科普旅游资源主要依托青岛、济南、烟台、威海、潍坊、泰安等山东省的重要经济和文化城市，分布在胶济、蓝烟以及京沪铁路沿线，分布比较集中。

2.3 科普旅游资源的质量等级评价

根据对科普旅游资源的分类，参照国家标准《旅游资源分类、调查与评价》中的评价方法，结合山东省科普旅游资源的客观情况，提出图 2 的评价体系。运用专家征询表对山东省科普旅游资源评价因子的重要性进行比较，构成判断矩阵，得出各类评价因子的重要性权重。

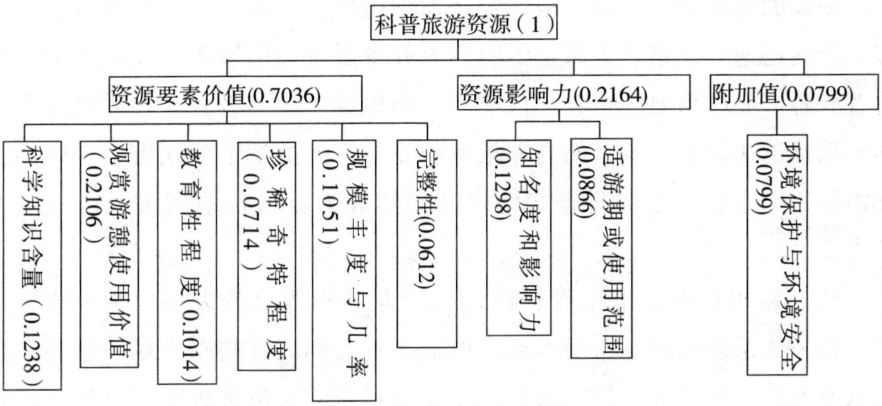

图 2　山东省科普旅游资源评价体系

Fig. 2　appraisal system of popular science tourism resources in Shandong province

依据旅游资源单体评价总分，将其分为五级，从高级到低级为：五级旅游资源分值≥4 分；四级旅游资源分值≥3. 5 分；三级旅游资源分值≥2. 5 分；二级旅游资源分值≥2 分；一级旅游资源分值≥1 分。

根据上述评价方法，对山东省科普旅游资源的 401 个资源单体进行了评价，得出：泰山、黄河三角洲自然保护区、孔庙等 8 个五级科普旅游资源；蒙山、微山湖、山东省科技馆、济南动物园、长岛自然保护区等 19 个四级科普旅游资源；蓬莱水城、青岛啤酒厂、大汶口遗址、海军博物馆等 214 个三级科普旅游资源，此外还有 118 个二级科普旅游资源和 42 个一级科普旅游资源。

3. 科普旅游客源市场需求分析

3. 1 文化需求市场

科普旅游摆脱了浅层次的自然猎奇，增加了旅游产品的文化品位，但是这种文化品位必须具有一定的文化基础才容易感受和体验。教育对旅游产品需求的方向和对科普旅游的发展起到十分重要的推动作用。

（1）高等教育。山东省内高校的学生和教师构成了山东省科普旅游产品最积极的消费群体。周边地区经济发展迅速，江苏省、河北省教育基础好，发展迅速。北京、上海是中国高等教育最发达的城市，他们将是未来科普旅游产品的重要消费者。目前中国积极推广高等教育，各大高校在校学生数量迅速增长。庞大的高等教育和受教育人员都十分注重生活中的文化内涵，山东省丰富的科普旅游资源必然成为吸引各地高校人员的巨大动力。

（2）新兴产业。山东省积极进行产业结构优化升级，一些科技含量高、知识体系新的产业纷纷兴起，形成了巨大的人才需求市场。这些产业的从业人员大都受过良好的教育。高文化素质的人员聚集不仅对经济的发展起到极大的促进作用，还构成了一个巨大的文化消费市场。这部分市场对旅游产品中的文化含量的需求大、层次高、接受能力强。高科技工作者更加注重对科技知识的摄取，山东省开发高科技含量的科普旅游产品，并保证旅游产品的质量，必将吸引这部分旅游者。

（3）时代需求。随着经济的发展，人们的生活水平不断提高，对旅游产品的需求层次也越来越高，许多人不再仅仅满足于简单的游览观赏活动，而更感兴趣的是能否在旅游中获取更多的知识，借以提高自己的知识水平。科普旅游在这种情况下甚至成为一种潮流，人们积极参与各种科普为主题的旅游活动也为科普旅游开发提供了契机。

3.2 青少年需求市场

科技的迅猛发展、经济全球化增强了人们的危机感和紧迫感，家长和社会都更注重未成年人的高学历教育和素质教育。应运而生的科普旅游等新兴旅游项目正是迎合了这种市场需求。北京、上海等发达城市紧紧抓住了这种需求，并取得了很好的效果，成为科普旅游开发的楷模。近年来，各地科普旅游纷纷升温，说明这部分市场相当巨大。

4. 山东省科普旅游发展分区

4.1 科普旅游区划

根据山东省旅游业的发展现状与区域空间结构以及自然地理区划、经济区划、城市发展水平和科普旅游资源的分布状况，结合山东省旅游发展总体规划所确定的发展战略和目标，将山东省的科普旅游分为三大科普旅游区，形成山东省科普旅游的总体空间布局，如表1所示。

表1　山东省科普旅游资源分区

Tab. 1　partition of popular science tourism resources in Shandong province

资源区	资源亚区
Ⅰ东部滨海科普旅游区	I_1 青岛产业、海洋科普旅游区 I_2 烟台、威海历史、岛屿、生态科普旅游区 I_3 日照民俗、生态、滨海科普旅游区
Ⅱ中部山水、历史文化科普旅游区	II_1 济南、泰安、曲阜山水圣人科普旅游区 II_2 济南、淄博、潍坊、莱芜“文化、历史、民俗”科普旅游区 II_3 临沂、枣庄、济宁山地、爱国主义教育、微山湖湿地生态科普旅游区
Ⅲ北部黄河科普旅游区	黄河入海口科普旅游区

4.2 科普旅游基地的选择

山东省科普旅游处于初级阶段，科普旅游资源的开发不能遍地开花，要在旅游基础条件好的地区重点建设有特色的科普旅游基地。根据区域科普旅游资源的密集程度、资源特色以及与知名度高的大众旅游景点的联系等因素，山东省重点八大科普旅游基地，如表4所示。

表4 山东省科普旅游基地及其特色科普内容

Tab. 4 popular science tourism bases and characteristic popular science contents in Shandong province

科普旅游基地	特色科普内容
济南综合科普旅游基地	科普场馆游；民俗文化游；生物科普游；高等院校和科研院游
青岛综合科普旅游基地	工业科普旅游、农业科普旅游、海洋知识科普游、科普场馆科普游、生态科普游、水上体育运动科普游
曲阜儒家文化科普旅游基地	传统历史文化科普游、儒家文化溯源游、儒俗文化游
潍坊民俗科普旅游基地	民俗节庆游；民俗文化村旅游；民俗博物馆游
寿光农业科普旅游基地	农业观光游；农业科技游、参与农业生产过程
东营黄河三角洲湿地科普旅游基地	湿地观光游；湿地科考游；湿地特种游
蓬莱滨海科普旅游基地	海市蜃楼科普游、海洋知识游、蓬莱海洋极地科普游
临沂爱国主义教育科普旅游基地	红色旅游、爱国主义游；绿色旅游

5. 山东省科普旅游发展对策

5.1 设立科普旅游专门管理机构

由于科普旅游涉及到科技、教育、旅游等诸多部门，为了保证科普旅游规划的顺利实施，应该成立由专门的管理机构，加强管理，建立严格的监督机制，确保科普教育目标的实现。此机构应由科技局和旅游局共同组建。

5.2 发掘现有旅游产品科普内涵

目前，科普旅游重点是要发掘现有旅游产品的科普内涵，将科学普及的相关内容加入到旅游活动的各个环节，使现有旅游产品提升层次，为科普服务，实现旅游与科普的统一，达到双赢的目的。对于自然景观旅游资源，重点在地质成因、生态环境、气候条件等方面下工夫；对于人文景观旅游资源则重点在历史地位、建筑风格、物品用途及工艺和生产力发展水平上下工夫，并将自然科学知识与人文科学知识有机地结合起来。

5.3 完善科普旅游景区和科普旅游产品解说系统

建立科普旅游基地，完善科普旅游景区，是实现科普旅游的重要手段。可适当建立科普展览馆或在景区内增加科普内容，将景区内的图片、实物或标本及有关的科普知识资料展示出来，图文并茂地让游客了解景区内的自然科学知识，人与自然的关系或人类历史上发生的事件，从而满足游客的认知需求。同时，对于景点的解说词要以科学为依据，注重趣味性与科学性的有机结合，在景区的标识牌和手册中，也可以对景区的科学知识进行解说。

5.4 建设高素质科普旅游从业人员队伍

从事科普旅游工作的在岗人员，上岗前必须经过职业培训，特别是从事科普旅游的导游人员不仅要求具有丰富的旅游知识，还要具有相关的科普知识。应对现有的从业人员进行专门的科普教育，对于专业性较强的科普旅游项目，应该从专业人员中选择旅游从业人员。

5.5 以各具特色科普场馆作为普及科学知识重要基地

各类科普场馆是进行科学普及的重要阵地。现代科技馆运用先进的科学技术，往往以一个主题作为中心，通过光、电、声、影等多种媒体，形象地向游客展示一个专题的科技成果，使大众感受和吸纳现代科技知识。传播科学知识和方法，触发游客，特别是青少年受众的好奇心、求知欲。博物馆则博大精深，系统展示人类文明的一个侧面，使游客感受悠悠岁月，人类总是在不断探索前进的道路。同时，科普场馆在开发科普旅游的过程中，要注重游客的参与性。

6. 结语

随着公民科技意识和科学素养的加强，科普旅游也将越来越受到人们的重视。本文以山东省为例阐述科普旅游开发的基本理论，对科普旅游的开发具有一定的指导作用。当然，作为一个理论框架，还有许多地方有待完善，如科普旅游内涵的界定、科普旅游资源的分类、科普旅游评价的指标体系等，尚需做进一步研究与探讨。

参考文献

[1] 竺国强．倡导科学旅游，促进旅游业可持续发展．中国旅游业可持续发展研究［C］．石家庄：河北科技出版社．1999：169－172.

[2] 李裕红、陈怀宇．牛姆林自然保护区科普旅游开发探讨［J］．泉州师范学院学报（自然科学），2002（2）：79－83.

[3] 杨红英，论云南科考旅游开发的市场前景［J］．学术探索．2001（3）：92－94.

[4] 邓伟、苏阳等．东北地区科普旅游规划研究［M］．北京．科学出版社．2002. 11.

[5] 于洪贤，何卓，朱井丽．我国科普旅游的发展现状及发展对策［J］．东北林业大学学报，2004，32（3）：94－96.

[6] 枫溪．科技旅游去处多［J］．海内与海外，2001（3）：35－36.

[7] 朱竑，李鹏，戴光全．科技与旅游结合模式探析［J］．广东科技，2004，（4）：24－26.

[8] 李廷勇．浅论我国新兴旅游产业—科技旅游的开发［J］．经济问题，2004，（2）：71－73.

[9] 黄丹斌．从美国科普旅游的旺势看我国科普旅游的思路和对策［J］．科技进步与对策，2001（6）：84－86.

[10] 金颖若. 科技旅游论 [J]. 江汉论坛, 2003, (10), 35-37.

STUDY ON THE DEVELOPMENT OF POPULAR SCIENCE TOURISM IN SHANDONG PROVINCE

TANG Shunying

(*College of Geography and Remote Sensing*, *Beijing Normal University*, *Beijing* 100875, *China*)

Abstract: One trend of world tourism is popular science tourism that people study science during leisure and recreation. Firstly, based on summarization of other scholars' research findings, the author defines popular science tourism. Then, the paper estimates popular science tourism resources qualitatively and quantitatively from character and grade, analyzes market demand for popular science tourism, partitions three regions of popular science tourism resources in Shandong province, builds eight varied popular science tourism bases according to denseness、characteristic and know of popular science tourism resources. Finally, the author discusses strategic measures of exploiting popular science tourism.

Key words: Popular Science Tourism; Development measure; Shandong Province

内蒙古草原生态旅游季节性特征分析及其对策研究①

周永振②

（赤峰学院经济与管理学院；内蒙古赤峰 024000）

【摘要】：内蒙古草原生态旅游发展中存在诸多问题和制约因素，其中旅游季节性便是显著问题。内蒙古旅游淡旺季对比十分明显。旅游的季节性波动，特别是旅游淡旺季的巨大反差，对旅游地的经济、社会、生态等子系统及旅游者的游览效果都会产生巨大的影响。经分析发现，旅游季节性已成为草原生态旅游可持续性发展的关键制约因素，因此，实现草原生态旅游可持续发展要立足实际，突出自身特色。

【关键词】：生态旅游；季节性；可持续发展；内蒙古

1. 引言

生态旅游是旅游业中增长最快的方式之一[1]，生态旅游是以对环境负责任的方式进行旅行和参观，目的是享受自然和欣赏自然，有利于生态保护，极少产生副作用，并且为当地人带来积极的社会效益[2]。草原地区生态旅游潜力巨大，它为经济发展及生物多样性保护提供了多种机

① 基金项目：2011 年内蒙古高等学校科学研究项目（NJSY11216）。

② 周永振（1979—），男，硕士，讲师，内蒙古赤峰学院经济与管理学院。E－mail：mengd007@ sina. com

会。草原不仅承载了秀美的山川，也承载着牧区、牧民及其源远流长的草原文化和游牧文化，进一步研究分析草原生态旅游功能，解读和评价草原生态旅游管理政策及其影响，对于草原生态旅游的健康发展至关重要。

草原面积占中国国土面积的41.7%，是中国最大的陆地生态系统，主要分布于西部地区、边疆地区、少数民族聚居区或自治区[3]，在中国，草原地区聚居大量的少数民族，除了生物的多样性，也因其丰富的民族文化特征而具有很高的旅游价值，草原面积广阔的地区（特别是中国四大牧区内蒙古、新疆、西藏和青海，占全国草原面积的64.8%）已经成为广受欢迎的生态旅游目的地，同时也是农业旅游的一个重要类型[4-5]。目前，内蒙古旅游以草原观光为主，根据相关调查显示[6]，以草原景观为代表的自然景观是前往内蒙古的游客最喜欢体验的类型，其比例为84.2%，草原是吸引游客的主要资源，草原生态旅游是内蒙古旅游的主体。

旅游活动在时间分布的不均衡特点被称之为旅游的季节性，其也可以被定义为每年重复发生的周期性模式[7]，它通常以一年当中旅游者数量、游者支出及住宿天数在季节或月份上的分布来表现[8]。巴伦（BarOn）于1975年最早提出旅游季节性概念[9]，至于旅游季节性产生的原因，可指向于制度、习俗[10]、气候[11]等。旅游季节性原本归于自然现象季节变化的一个结果，因为早期的旅游活动以观光为主，以自然环境为基础，名山大川成为了当时旅游最主要的对象物。随着人类经济活动与大自然节律之捆绑渐渐松动，旅游活动的发生也受到余暇制度的控制，旅游季节性开始增加了社会节律性的内涵。

旅游的季节性波动，特别是旅游淡旺季的巨大反差，对旅游地的经济、社会、生态等子系统及旅游者的游览效果都会产生巨大的影响。旅游季节性普遍被认为代表了旅游业或旅游休假活动最显著的特征，成为旅游业发展中必须面对的问题[12]。

2. 内蒙古草原生态旅游的特征及原因

2.1 内蒙古草原生态旅游季节性特征

内蒙古旅游季节性明显，每年只有100天左右的时段适宜旅游[13]，其中旅游旺季集中在7、8、9月，淡季开始于10月中旬到第二年的4月底，淡旺季明显，可谓没有平季的单峰式类型，旺季的游客量占到全年到访游客数量的一半，旅游的黄金时段是8月份，接待游客量占全年20%左右，可以说，旅游季节性制约了以草原生态旅游为主的内蒙古旅游可持续发展。

2.2 内蒙古草原生态旅游季节性原因

造成内蒙古草原生态旅游季节性的原因包括：主要受气候影响的自然资源季象变化[14]、旅游节庆活动的集中性（7、8、9月）、可进入性（高达64.5%的自驾车比率）[15]、亲朋同游性（超过60%）[16]，政府促销的集中性等，同时交通条件在淡季（冬季）的便捷性、安全性和保暖性等也构成巨大问题，这其中最为根本的是草原景观的季节变化。

季节的更替，气温的变化，影响景观变化，影响旅游者对旅游资源的利用。内蒙古旅游活动主要为草原旅游，依赖最多的是自然旅游资源——草地，内蒙古属典型的中温带季风气候（见表1），降水量少而不匀，寒暑变化剧烈。冬季漫长而寒冷，多数地区冷季长达5个月到半年之久，其中1月份最冷，该月平均气温从南向北由 -10℃递减到 -32℃。夏季温热而短暂，多数地区仅有1~2个月，部分地区无夏季。最热月份在7月，月平均气温在16℃~27℃之间，最高气温为36℃~43℃。气温变化剧烈，冷暖悬殊甚大，植物适宜生长期间为5~9月。因此内蒙古旅游资源的主要利用期在5~9月，可以说季节性这一自然因素在一定程度上制约了内蒙古旅游资源的利用，冬季是内蒙古的旅游资源利用的淡季。

表1　内蒙古各地全年各月平均气温　　单位：摄氏度（℃）

	月份	1	2	3	4	5	6	7	8	9	10	11	12
平	东北部	-23.8	-20.9	-10.9	0.8	10.3	17.4	24.0	16.6	9.3	-0.4	-12.8	-21.2
均	中部	-18.5	-14.8	-4.6	6.1	14.6	20.5	23.0	20.8	13.5	4.6	-6.6	-15.7
气	西部	-11.7	-4.5	1.2	6.0	15.0	18.8	20.8	20.2	15.9	7.2	-1.90	-8.6
温	中东部	-16.8	-13.4	-5.2	5.1	12.7	17.4	20.1	18.3	11.9	4.1	-5.8	-13.6

资料来源： 根据内蒙古旅游局《精品旅游路线》（2005）整理而成。东北部、中部、西部、中东部分别指满洲里、呼和浩特、鄂尔多斯市伊金霍洛旗、赤峰市克什克腾旗。

3. 减缓内蒙古草原生态旅游季节性影响策略分析

3.1 整合资源进行差别化开发策略

不同的旅游资源有其自己的适用时段（季节），即便不做观念转变，只要将常规视角下的各种旅游资源逐一深度开发，便可以在一定程度上缓解旅游峰值、延长旺季和提升淡季的旅游人气。以内蒙古克什克腾旗为例，乌兰布统、热水塘、西拉沐沦、阿斯哈图、达里诺尔（湖）、大青山等6处景区分别拥有草原、温泉、大峡谷（漂流）、石林、湖泊、山岳旅游资源，尽管这些旅游资源的适用期大致相同，但还是存在着以旬为单位的差异，整合资源的结果毕竟一定程度上缓解了旅游的季节性。

3.2 淡季旅游资源的合理利用

对在淡季才有或极为适合于在淡季开发的旅游资源的有效利用，才是具有根本意义的旅游季节性应对措施。内蒙古旅游淡季与冬季同档期，这让温泉为主体的暖性旅游资源及冰雪为主体的冷性旅游资源资源有了发挥作用的机会，温泉旅游和冰雪旅游可以说是内蒙古传统淡季旅游的突破口，发展这两种旅游不失为一种理想的选择。

3.2.1 暖性旅游资源的合理利用

作为暖性资源核心的温泉在内蒙古发展初具规模，主要有阿尔山温泉、克什克腾热水温泉、宁城热水温泉、敖汉热水温泉、凉城岱海温泉，这些温泉地区其历史悠久、医疗作用明显、环境资源较好，且温泉分布与风景名胜区、历史遗迹、文物保护单位、森林公园等旅游资源载体结合度较好，开发初具规模，为暖性资源的综合开发打下良好的基础。从温泉沐浴的季节性来看，内蒙古是大陆性季风区，夏季普遍气温较高，这时人体对温泉的适应力下降，因此温泉疗养比较适合于在冬季进行，与观光旅游的季节相错。但实际情况是内蒙温泉地区夏季游客最多，占全年游客人数的80%以上；而冬季由于周边景区可视性差，以及冬季保暖问题而导致温泉地游客较少。

正由于如此，可以发展具有内蒙古地域色彩的温泉文化旅游。内蒙古是以蒙古族为主体民族的少数民族地区，民族特性不可或缺地就成为了特色温泉建设的一个十分重要的元素。应该把蒙式温泉打造成为内蒙古旅游品牌一部分，融入地区发展之中，内蒙古的温泉地需要建设“蒙式温泉”，以蒙古族民族文化为核心，打造系列温泉旅游产品，实行效率性开发[17]。

3.2.2 冷性旅游资源的合理利用

关于冷性旅游资源开发，可以在冰雪旅游产品方面做深度开发。冰雪旅游是指以冰雪景观及其冰雪与其他景观的组合景观为旅游资源基础开发出来的所有旅游活动。随着社会的发展，冰雪旅游活动项目日益发展，冰雪旅游可以说是内蒙古冬季旅游的突破口，同时也是旅游产业结构调整的需要，同样有利于改变旅游目的地居民冬季生活方式[18]。冰雪项目不简单的是滑雪，具体可以划分为冰雪运动、冰雪观光、冰雪民俗等形式。

对于冰雪运动而言，内蒙古目前已经长足发展，内蒙古发展滑雪为主的冰雪运动具有得天独厚的优势，目前内蒙古呼和浩特、阿尔山、根河、满洲里、赤峰等地已建成7处滑雪场，沿自治区东部大兴安岭的滑雪场体系已经形成，市场目标均指向周边北京、天津、沈阳、西安等大城市。需要指出的是面临这些大城市周边滑雪场的激烈竞争，内蒙古的滑雪场要细分市场、突出重点、分开档次，以低价和复合旅游优势吸引消费者。

冰雪观光可以大力推介草原雪景观光，草原夏季可以被称之为“绿色海洋”，而冬天则是“白色海洋”。冰雪观光要注意自然景观和人工景观的结合，可以开发城市雪景观光（如满洲里、二连浩特冰雪节），不仅可以看城市雪景，还可以欣赏别具一格的边贸城市生活景观，以及鉴赏冰雕展等冰雪艺术。

冰雪民俗包括冬季的地方民俗、民俗风情等，每年12月至来年1月内蒙古各地相继举行的冬季那达慕是最具有特点的冰雪民俗。那达慕是蒙古族的传统活动，也是蒙古族人民喜爱的一种传统体育活动形式，主要包括骑马、射箭和搏克，主要在夏季水草肥美的七八月举行，只有少数地区在冬季也举行那达慕。目前开展的冬季那达慕主要集中于内蒙古东部草原地区，如赤峰市克什克腾冬季那达慕、呼伦贝尔市鄂温克冬季那达慕。冬季那达慕比赛有冬季赛马、雪地搏克、射箭等。同时还可推出冬季特殊民俗体验游，2010年举行的克什克腾冬季那达慕就包括了境内的第四届达里诺尔（达里湖）冬捕节、达日罕乌拉苏木（乡）第二届驼文化节等活动。可以说冰雪民俗以冬季那达慕为媒介不断扩大，已经成为一种崭新的冬季旅游体验形式。

4. 结论与讨论

针对长期困扰内蒙古草原生态旅游发展的季节性问题，本文提出通过整合各种资源、开发适合淡季（冬季）的暖性及冷性旅游资源以缓和。大众对草原存在一种以草原景观为主的印象，而内蒙古并非只有夏季鲜花盛开的大草原，其他季节的资源景观亦能深入客源地之人心。目前内蒙古的旅游旺季错过了“五一”和“十一”两个黄金周，这两个时段紧邻旅游旺季。面对潜在旅游者对内蒙古以草原景观为主的印象，若选择一种自然资源或人文活动作为黄金周的主题，不断丰富旅游产品，做标志物建设并开发相应符号的旅游商品、并在空间上形成区带，必然会前移与后延既有的旅游旺季。既然旅游季节性的形成原因之一是旅游淡季的景观凄凉，那么建设淡季替代景观可作为解决问题的切入口，这种替代景观在旺季还要让位于原景观，那么什么样的建设的可以在一段时间可以以各种相应的符号表现做替代，通过对旅游现象的观察并作新逻辑分析便会发现，以文化作为符号，构筑民族文化旅游是其必由之路，而民族文化恰恰是草原地区具有的最大特点。

虽然草原作为一种单一的体验性景观受到季节性的限制，难以吸引众多游客在淡季前去体验，过去的旅游者前往异地只有观光需求，因而促成了旅游季节性的形成；而如今旅游者出游动机复杂，目的地应该在旺季之外找到相应的旅游产品以满足旅游者需求。既然旺季已经被利用得足够充分，下一个潜力空间应该就是淡季，旅游地可以贯穿全年寻找可以应对客源地需求的所有可用的存在。Dean MacCannell 指出[19]，旅游者来到目的地后往往并不感兴趣去观赏原本吸引他来的旅游吸引物（旅游资源），而是感兴趣于可代表这些吸引物的标志（主要表现为从未见过的东西），比如他们很看重站在景区入口处合影。旅游标志物开始替代旅游资源而发挥市场作用，旅游标志物原本可能只是开发出来的旅游产品的一种，随着年代的推移而让那种标志物转换为了旅游吸引物，随着旅游产品的不断开发与丰富，标志物被演化为符号，符号被贴在各种旅游商品上，旅游产品及旅游商品铺天盖地般遮蔽了原本单一且规模宏大的草原旅游资源，人们必定将更多的时间花在草原这一单一的旅游吸引物之外的诸方面。常年生活在内蒙古这片土地上的人们，每年每月都有自在的生活，旅游者以往只热心于7～9月份绚丽的草原风光，而如今随着每季每月的真实样态都或多或少的对旅游者构成吸引，苍凉之旅、平淡之旅、蒙古包社区体验、交往旅游、草原旅行、休眠之旅、生活之旅、畜牧旅游、期遇之旅等，这意味着我们要以草原文化符号为依托开发“似真”旅游产品，丰富草原旅游的参与性，使得游客通过各种途径有感于草原景观的四季壮美，创造出具有独特的视觉冲击力，这样，对游客视觉震撼力越大，旅游吸引力也就越大。

参考文献

［1］Hawkins DE，Lamoureux K. Global Growth and Magnitude of Ecotourism. In：Weaver DB，ed. The Encyclopedia of Ecotourism［M］. Wallingford：CAB International. 2001. 63－72.

［2］Wood M E. 2002. Ecotorism：practices and Plicies for sustainability. UNEP [EB/OL]. http://www. unepte. org/pc/tourism/library/ecotouism. htm. 2008-06-30.

[3] 于长青. 中国草原与牧区发展 [M]. 北京: 中国水利水电出版社, 2009. 2-3.

[4] 李瑾. 我国观光农业的地域模式、功能分区与规划初探 [J]. 中国农业资源与区划, 2002 (2): 34-36.

[5] 郭焕成. 我国休闲农业发展的意义、态势与前景 [J]. 中国农业资源与区划, 2010 (1): 39-42.

[6] 周永振. 注重草原文化资源整合, 构筑内蒙古文化旅游优势 [A]. 马永真. 论草原文化 (第七辑) [C]. 呼和浩特: 内蒙古教育出版社, 2010. 103.

[7] SooCheong Jang. Mitigating tourism seasonality: A Quantitative Approach [J]. Annals of Tourism Research, 2004, 25 (10): 819-836.

[8] 李天元. 旅游学 [M]. 北京: 高等教育出版社. 2006, 55.

[9] BarOn R R V. Seasonality in tourism: a guide to the analysis of seasonality and trends for policy making [R]. London: Economist Intelligence Unit, 1975.

[10] James Higham, Tom Hinch. Toursim, sport and seasons: the gchalletges and potential of overcoming seasonality in the sport and tourism [J]. tourism mangement, 2002, 23 (2): 175-185.

[11] Frechtling D C. Forecasting Tourism Demand: Methods and Strategies [M]. Oxford: Butterworth-Heinemann, 2001. 121-133.

[12] Tom Baum, Svend Lundtorp. Introduction [A]. In T. Baum&S. Lundtorp (Eds.). Seasonality in Tourism [C]. Oxford: Pergamon, 2001. 1-4.

[13] [18] 内蒙古自治区旅游局, 内蒙古自治区旅游发展总体规划 [M]. 上海: 商务印书馆, 2004. 47. 301.

[14] 邸瑞琦. 内蒙古地区气候因子与旅游活动的关系 [J]. 内蒙古气象, 2002, (1): 21-26.

[15] [16] 内蒙古赤峰市旅游局. 赤峰市旅游营销规划 (2009-

2014）［Z］.2009，54，57.

［17］周永振，王艳平. 民族地区温泉旅游的建设研究［J］. 桂林旅游高等专科学校学报，2008（3）：389－393.

［19］Dean MacCannel. 张晓萍等译. 旅游者：休闲阶层新论. 南宁：广西师范大学出版社［M］.2008，123－152.

Analysis and Countermeasure Study of Seasonal characteristics of Ecotourism in Inner Mongolia Steppe

ZHOU Yongzhen

（*Department of Economic and Management*，*Chifeng College*，*Chifeng* 024000，*China*）

Abstract：This paper analyzed a lot of problems and restrictive factors of Ecotourism development in Inner Mongolia Steppe. Tourism seasonality was notable in these problems. The comparison between slack season and peak season was very obvious. Tourism seasonal Fluctuation，especially the great contrast between slack season and peak season，seriously affected economic subsystem，social subsystem，ecological subsystem and the tourism effect of travelers. Tourism seasonality had become the key restrictive factor on ecotourism sustainable development. In order to realize sustainable development，ecotourism had to base on the practice and highlight characteristics.

Key words：ecotourism；tourism seasonality；sustainable development；Inner Mongolia

黑龙江省生态旅游形象设计及传播途径

聂晶，贾利

（黑龙江省社会科学院自然与生态研究所，黑龙江哈尔滨，150040）

【摘要】：随着越来越多的人崇尚生态旅游，以及生态旅游本身的发展和市场竞争的影响，生态旅游形象设计越来越受到重视。在分析了黑龙江省生态旅游形象设计的自然、区位、市场因素的基础上，本文进一步对其总体形象进行了设计，同时从理念和视觉角度对黑龙江生态旅游形象进行了分析，最后提出了黑龙江省生态旅游形象传播策略。

【关键词】：生态旅游；形象设计；黑龙江

1. 引言

随着旅游业不断地发展，其产业地位日趋提升，如今已被公认为世界经济的最重要的部门（Ferreira，Rial and Varela，2009）。据 WTO 统计，2011 年世界游客数量达 9.8 亿。旅游业被称为“无烟工业”，其温室气体排放量占全球的 5%（UNEP，2011）。在旅游的众多开发模式和发展方式中，生态旅游是在旅游业中发展较快的一种。

20 世纪 80 年代初生态旅游作为独立词出现，其对象是自然区域，也包括当地的特色文化（钟林生，2006，2011）。随着“形象就是实力和财富”的观点被人们接受，国内学者对生态旅游形象不断研究探索。生态旅游形象是生态旅游资源和生态旅游产品进行市场和营销，以吸引消费者进行消费的品牌。生态旅游形象是可以塑造的，对生态旅游目的地形象进行策划就是有效的塑造途径。

旅游地形象是旅游市场营销者的最具挑战的因素之一（Pike Steven，2011）。关于旅游形象国内外学者已有界定。旅游目的地形象是个人或团体可能对这一地方的所有知识，印象、想象和思想感情的表达（Lawson and Baud Bovy，1977）；旅游形象是指旅游地内外部公众对旅游地总体的、抽象的、概括的认识和评价，是区域内在和外在精神价值进行提升的无形价值，是旅游地现实的一种理性再现，由理念形象、行为形象和视觉形象构成（李巧玲，2008）。

生态旅游形象设计是受企业 CIS 启发和广告业的影响带动，同时也是伴随森林公园、自然保护区生态旅游业的发展而产生的。生态旅游形象是在对生态旅游地和旅游景点的传统意义的认识基础上形成一种全新的生态旅游形象识别和营销系统，它标志着“生态旅游产品”和生态旅游形象的需求不断地增加，生态旅游产品是高端的市场产品（钟林生等，2011，2000；于洪贤等，2005）。同时这种产品同样符合经济学中的市场供求关系和自然系统和经济系统基本的运动规律。生态旅游形象是旅游目的地的重要影响因素之一。

生态旅游形象设计是生态旅游形象策划的一个步骤，国内学者对旅游形象设计的研究工作开展较早，国内旅游形象设计中常用的理论和方法主要有 CI（Corporate Identity）（陈传康，1996）、TDIS（Tourism Destination Image System）（李蕾蕾，1999）和 RIS（Regional Identity System）（殷柏慧，2008），此外还有区域旅游形象策划理论和旅游规划理论等。无论是区域旅游形象策划理论还是旅游规划理论，都可用以指导生态旅游形象设计。生态旅游形象设计需要考虑综合因素的作用，是在生态旅游地和生态旅游产品传统意义的认识基础上形成的。并通过科学合理的生态旅游规划预测与调节系统内的变化，以促进有秩序的开发，减少环境污染、土地退化和社会矛盾冲突 ，从而实现生态旅游的社会、经济与环境效益的统一和共赢。这些理论和方法在生态旅游发展中结合生态旅游的特点不断被生态旅游的研究者和实践者所运用。

随着生态旅游的发展，人们逐渐认识到生态旅游的进一步发展需要全面实施旅游形象战略。有别于大众旅游形象，生态旅游形象的核心就是要建立独特、鲜明的保护自然环境同时又能致富于当地居民的生态旅游形象。研究表明，生态旅游形象对于提高生态旅游地和旅游企业的知名度及引导旅游者的出游行为选择具有重要的意义。此外，生态旅游形象设计也有助于生态旅游目的地的文化和生态旅游产品的传播，为生态旅游的开发提供指南。生态旅游形象设计将为黑龙江省生态旅游项目开发、经营者明确黑龙江省生态旅游发展方向，避免开发的盲目性提供帮助。生态旅游形象设计有利于生态旅游市场的开拓，生态旅游形象是吸引生态旅游者的重要因子，旅游者在选择生态旅游地时，往往是依据其知名度和个人的偏好。只有形象鲜明的生态旅游目的地才更容易被生态旅游者感知和选择。即设计出来的生态旅游项目越是具有本土性、地方性和独特性，在生态旅游市场竞争中就越具有优势。

生态旅游形象的设计应体现地方自然资源和文化的精髓（钟林生，2011）。黑龙江省是资源大省，大森林，大草原，大湿地还有大农业，生态旅游的形象应是这些宝贵的自然资源精髓的体现。黑龙江省生态旅游资源独具特色，都是经过长期的地质时期和历史年代形成的宝贵的资源沉淀，这是黑龙江省生态旅游发展的基石。笔者认为，生态旅游形象设计更应注重可持续发展和当地居民的福祉元素。

2. 黑龙江省生态旅游形象定位

森林、草原、湿地、现代化农业和工业资源是黑龙江省生态旅游业的依托。主打森林冰雪生态旅游产品，积极推广生态宜居和清新自然的特色，针对黑龙江省生态旅游资源特色进行生态旅游形象定位和设计，能够有效地树立黑龙江省生态旅游形象。生态旅游形象设计首先要研究旅游者对旅游目的地的认知状态，解决旅游地的旅游形象定位问题。生态旅游形象定位应遵循保护自然、尊重自然与文化和富裕当地居民的原则。

2.1 生态旅游形象因素分析

2.1.1 地理区位形象分析

黑龙江省属于寒温带大陆性季风气候，夏季温润多雨、冬季寒冷干燥，为中国气温最低的省份。地貌多样，以低山及平原为主，有著名的大小兴安岭、松嫩平原和三江平原，境内森林、河流资源丰富，形成了丰满的江河湖泊和辽阔壮美的草原、森林、湿地生态旅游景观，所以综合体现“避暑养生”、“森林生态旅游”、“冰雪旅游”、“界江界湖旅游”、“湿地旅游”的形象应重点加以提升。综合来看这些因素，黑龙江省不愧为：“酷省”。

2.1.2 生态旅游资源分析

根据黑龙江省旅游局的旅游资源调查资料，黑龙江省旅游资源丰富，其中自然旅游资源基本类型占33.82%。有著名的林海雪原、雪乡、亚布力滑雪场、哈尔滨的冰雪旅游、扎龙的湿地、大、小兴安岭的森林、牡丹江的湖泊、地下森林和五大连池的火山地质等。这些自然类的旅游资源可以作为黑龙江省生态旅游发展的基础。

2.1.3 市场感应分析

黑龙江省生态旅游目的地旅游形式构成中以养生、观光、休闲、度假为主，反映出黑龙江省旅游发展初期以自然山水为主。黑龙江省生态旅游应该体现地方的生态旅游资源和生态旅游产品的特色，以“茫茫林海”、“银装素裹”为背景，以其特有的生态旅游资源特点为基调，重点突出“绿色、白色、自然、生态”的整体氛围，感召和吸引生态旅游游客。

2.2 黑龙江省生态旅游总体和分体形象

2.2.1 总体形象定位

形象要素广泛，内涵精深。根据黑龙江省生态旅游资源禀赋和市场需求，结合龙江文化和国内外生态旅游客源市场研究，将黑龙江省的生态旅游形象定位“养生酷省”。总体形象定位包括概念引导和主题口号两个方面：(1) 概念引导：盛夏的清凉、冬日的冰雪，中国酷省。(2) 主题口号：辽阔北疆，中国大粮仓。备选口号为：银装绿裹，酷省欢迎您。总体形象定位基于黑龙江省形象要素分析和文化现状分析，倡导龙江的清凉绿色和冬日的白色，以及天人合一的文化哲学及当地居民安居乐业的生活哲学。

2.2.2 分体形象定位

大小兴安岭形象定位：林海胜境，红松故乡。三江平原形象定位：中国大粮仓，富饶三江旅游欢迎您。东部山区形象定位：林海雪原，梦幻世界，白色的梦中冰花绽放，绿色的梦中自然美丽。松嫩平原形象定位：黑土粮仓。

3. 黑龙江省生态旅游形象设计

3.1 理念形象设计

理念形象是生态旅游地形象的核心和灵魂。通过对黑龙江省生态旅游的理念分析，本文形成了对黑龙江省生态旅游产品准确而清晰的认知，由此建立用以表达和传播黑龙江省生态旅游地形象的主题及一系列宣传口号，使黑龙江省“酷”这一核心理念不断延伸、发展和补充。基于上述理念基础，我们设计推出一套相关促销口号，国内宣传口号如：银白冰雪世界，体验童话意境，黑龙江冰雪旅游欢迎您；茫茫林海，缓缓界江；领略三江风情，尽享生态神韵；龙江生态风情游。区内口号如：共建绿色生态龙江；热爱龙江，美化龙江；发展旅游，振兴龙江。海外宣传口号如：黑龙江——中国生态旅游胜地；黑龙江——银装绿裹，中国“酷”省欢迎您。

3.2 视觉形象设计

黑龙江省优美的自然环境和生态环境无疑是吸引游客的最大因素所在。黑龙江省生态旅游地都包含了众多吸引都市视觉疲劳人群的原生态美景，在开发过程中应当将视觉形象作为形象推广的核心环节。

对于生态旅游者来讲，生态旅游的第一印象是体现在可以作为枢纽的地方，其设施和人员构成生态旅游的硬和软的实力体现。生态旅游中火车站、机场的服务非常重要，应重视外在生态旅游形象包装，加大生态旅游基础设施建设，加快绿化、美化、亮化工程，构建良好的生态自然景观，以宣传龙江生态旅游。城市中主要街道设置绿荫道和花街，增建公共绿地、广场绿地和花园。采取措施进行道路绿化、规划广告牌、街灯设置等，让城市中体现生态景观之美，改善市容市貌和交通卫生状况。

3.3 生态旅游品牌形象设计

生态旅游品牌是生态旅游的核心价值。全新的生态旅游产品能够迎合生态旅游者鲜明和独特的消费需求。龙江奇特的生态旅游资源和环境，可以让生态旅游者享受奇特的生态旅游历程和体验。趣味的生命体验能够为生态旅游游客提供难以忘怀的生态旅游阅历。此外还需充分利用黑龙江省的生态旅游资源建设黑龙江生态旅游品牌的识别系统，其中包括：龙江生态旅游的品牌名和品牌标志；品牌标识语；品牌的吉祥物和系列宣传口号。

3.4 生态旅游行为形象设计

对于黑龙江省生态旅游而言，应强调如下几个方面的规范服务：（1）热情好客，（2）优质服务，（3）管理高效。其中包括：提高管理者的管理水平；执行法律和法规，做到依法行政、依法管理；高效和文明的管理和氛围。生态旅游的行为形象是生态旅游形象的旗帜，优美的风景、美味的食物、舒适的住房等硬件环境无法替代旅游生态旅游产品的软实力。生态旅游行为形象设计的核心是不断提高服务水平和质量，以奋发向上的形象，给生态旅游者带来强烈的美好家园的感觉。

3.5 生态旅游区居民形象设计

黑龙江省生态旅游地要强化居民的主人翁观念，培养居民的自我形象意识，引导居民积极参与，真正体会自己的言行代表了黑龙江人的形象，树立做好龙江生态旅游的主人的意识，并增加龙江生态旅游形象的人文内涵，塑造良好的生态旅游形象。旅游地形象设计也为旅游企业提供产品与销售支持。对黑龙江省内生态旅游景区涉外旅游单位的形象要进行统一设计，设计要突出龙江生态旅游的特色，同时加入环保和地方居民参与的元素。

4. 黑龙江省生态旅游形象传播策略

解决了生态旅游形象定位问题，需要进一步设计出一套有效传播黑龙江省生态旅游地目标形象的方式。生态旅游的传播方式根据目标受众，可以分成对内传播和对外传播。生态旅游是当地居民受益的并对自然负责任的旅游方式，对内传播和对外传播都有重要的意义。通过对内传播，可以帮助当地居民对其居住区域的生态旅游形象拥有认同感和使命感，提升当地居民的自豪感和参与意识，引导所有利益相关者加入到黑龙江省生态旅游建设中，并从生态旅游的发展中获益。对外传播则是通过黑龙江省生态旅游形象的传播，驱动生态旅游者产生追求感和购买欲望，并实现生态旅游产品的销售和消费过程的实现。

4.1 生态旅游形象标志的传播策略

黑龙江生态旅游形象的传播，可通过以下几种方式实现：可以在国内外一些城市设立以黑龙江省生态旅游产品为主画面的广告牌；在公务、节庆活动中可以给参加活动的人士赠送印有黑龙江省生态旅游标志和容易携带的工艺品；出售和发送黑龙江省生态旅游系列明信片，日历、挂历等。黑龙江生态旅游形象传播还可以通过宣传片、论文和著作等方式进行。

4.2 生态旅游形象媒体传播策略

电视媒体是当前效果最好的形象广告载体，形象广告是旅游形象传播的基本手段。黑龙江生态旅游形象的传播应运用媒体广告进行宣传和促销。高端的生态旅游形象和产品既可以运用电视媒体传播，还可利用广播、报纸、杂志等进行传播，还可以运用媒体展示系统和路牌形象广告、礼品广告、交通及旅游点票据广告、邮票等传播方式。

4.3 生态旅游形象节庆传播策略

生态旅游形象的传播可以在节庆日进行。黑龙江省的旅游节庆活动众多，既有中国的传统节日，也有地方特色的节日。这些节日都是宣传黑龙江生态旅游形象的良好时机，并进一步推出生态旅游节庆活动，宣传黑龙江生态旅游形象，树立黑龙江生态旅游形象，推广黑龙江的生态旅游形象。此外对服务人员来说，除了要有敬业精神外，还必须熟悉与掌握黑龙江省生态旅游相关的自然旅游景观和历史文化背景。

4.4 生态旅游形象网络传播策略

随着互联网成为全球最大的信息网络，互联网传播已成为一种有效的手段。黑龙江生态旅游形象可通过金旅网等网络平台实现传播，为远程的生态旅游客源提供详尽的信息服务和完美的生态旅游形象。以数字化和标准化网络资源传播黑龙江省生态旅游形象，让网络可以到达的地方的生态旅游游客了解黑龙江生态旅游产品和形象，激发其前往的欲望，培育其消费偏好。

黑龙江生态旅游形象的传播是个系统网络工程，需要生态旅游产品体系、生态旅游行为识别系统、生态旅游视觉识别系统多网络体系共同来实现。

5. 讨论

如何利用黑龙江省生态旅游资源优势、生态优势，紧抓创建国家级生态旅游示范区的战略机遇，创立黑龙江省生态旅游形象和品牌，并保持与吉林和辽宁的形象和品牌互补，形成大东北生态旅游的新格局，通过合作获得环境、经济、社会和文化的多赢，这是个亟待解决的问题。生态旅游形象设计是个漫长的过程，在这个过程中综合需要考虑各种影响因素。因此需要做好以下工作：（1）营造生态旅游环境和气氛；（2）节约能源，使用生态型交通工具；（3）对城市等枢纽进行生态化设计和服务；（4）对生态旅游的区进行合理的功能分区，科学计算旅游容量；（5）生态旅游区旅游遵循区内旅游、区外居住，普及环境教育和生态旅游知识；（6）运用先进的技术，推广智能化的生态旅游模式；（7）科研先行，更好的科学决策，协调好淡季和旺季，淡季不淡，且旺季环境负载适当；（8）鼓励当地居民参与，协调好保护与经营的利用分配机制；（9）遵守法律，健全制度，建立生态环境影响评价和调控机制，严格科学管理。

参考文献

［1］UNEP. Towards a Green Economy：Pathways to Sustainable Development and Poverty Eradication，2011，www. unep. org/greeneconomy.

［2］钟林生，王婧．我国保护地生态旅游发展现状调查分析，《生态学报》，2011（24）．

［3］钟林生．生态旅游是一种负责任的旅行，《旅游时代》，2006（3）．

［4］陈传康．陈传康旅游文集［M］．青岛出版社，2003．

［5］Pike，Steven D. Destination positioning opportunities using personal values：elicited through the Repertory Test with Laddering Analysis. Tourism Management，2011，33（1），pp. 100 – 107.

［6］Lawson，F.，and M. Bond – Bovy. Tourism and Recreational Development. Architectural Press，London. 1977.

［7］殷柏慧．绿地系统控制性详细规划中的城市绿地游憩空间体系构建，《风景园林师：中国风景园林规划设计集7》，2008．

［8］陈传康等．神仙世界与泰山文化旅游城的形象策划［J］．旅游学刊，1996．

［9］Charlotte M. Echtner，J. R. Brent Ritchie. The Measurement of Destination Image：An Empirical Assessment［J］. Journal of Travel Research vol. 31 no. 4 3 – 13，1993.

［10］钟林生．2008．旅游规划环境影响评价：促进旅游产业可持续发展的有效途径．旅游学刊，23（9）：6 – 7．

［11］钟林生，刘敏，郑群明．2006. 世界生态旅游区划．生态学杂志，25（12）：1549－1553.

钟林生，郑群明，石强．2005. 中国实施生态旅游认证的机遇与挑战．中国人口资源与环境，15（2）：112－116.

［12］于洪贤，李友华，柴方营．大众旅游与生态旅游的比较研究. 2005. 东北农业大学学报（社会科学版）3（3）：4－5.

［13］钟林生，肖笃宁．2000. 生态旅游及其规划与管理研究综述．生态学报，20（5）：841－848.

［14］钟林生，等．2002. 乌苏里江国家森林公园生态旅游适宜度评价. 自然资源学报，17（1）：71－77.

［15］聂晶，贾利，等．《黑龙江省观光农业资源保护和开发策略研究》，国土与自然资源研究，2009（3）.

［16］Rial，A.，Ferreira，S. D. & Varela，J. Post Hoc Tourist Segmentation with Conjoint and Cluster Analysis，Pasos，Revista de Turismoy Patrimonio Cultural，2009 7（3），491－501.

［17］LIPING A. CAI，BIHU（TIGER）WU，BILLY BAI. DESTINATION IMAGE AND LOYALTY．Tourism Review International，Volume 7，Numbers 3－4，2003，pp. 153－162（10）.

［18］Lindberg，K.，and D. E. Hawkins.（Eds.）.（1993）. Ecotourism：A Guide For Planners & Managers. The Ecotourism Society，North Bennington，VT.

［19］李巧玲．武威市旅游形象设计与传播策略［J］．西北师范大学学报（自然科学版）2008 年第 03 期.

［20］钟林生，唐承财，詹卫华．基于生态文明理念的水利生态旅游发展策略［J］．中国水利，2011（2）.

［21］李蕾蕾．旅游地形象策划：理论与实务［M］．广东旅游出版社，1999.

Study on design and Transmission Route of Ecotourism Image in Heilongjiang Province

NIE Jing, JIA Li

(*Natural and Ecology Institute of Heilongjiang Academy of Sciences, Harbin* 150040, *China*)

Abstract: With the sustainable tourism development and the market competition effect, ecotourism image design has been paid more and more attention. In this paper, the authors analyzed the factors impacted on the ecotourism image design in Heilongjiang Province, which are natural resources, location as well as marketing. Then this paper designed the overall image design of Heilongjiang ecotourism, and analyzed Heilongjiang ecotourism image from philosophy and vision views at the same time. Finally some strategies about ecotourism image promotion were put forward.

Key words: ecotourism; image design; Heilongjiang Province

黑龙江省中俄界江旅游发展战略与对策

周彬①[1,2]，钟林生[1]，戚均慧[1]，时雨晴[1]，王灵恩[1]

（1. 中国科学院地理科学与资源研究所，北京 100101；2. 宁波大学旅游系，浙江 宁波）

【摘要】：本文在总结黑龙江省中俄界江旅游发展现状的基础上，探讨了黑龙江生态旅游发展的优势（S）、劣势（W）、机遇（O）和威胁（T），分析了为实现黑龙江省中俄界江旅游可持续发展所制定的国际接轨战略、区域合作战略、多元产品战略、联动发展战略、品质提升战略和特色文化战略，总结了界江旅游发展对策。主要包括：构建界江旅游带、打造多样化产品格局、以旅游带动城镇建设、重点开拓边境市场、完善旅游交通体系、引进旅游企业集团。

【关键词】：界江旅游；SWOT 分析；发展战略；发展对策

我国陆地边境线长约 2.2 万 km，与 14 个国家接壤，具有发展边境旅游的地缘优势。学者们也从多个视角对边境旅游进行了研究，如发展历程[1]、规划与开发[2]、区域旅游合作[3]、发展模式、旅游产品开发[4]、旅游市场结构[5]、旅游功能与作用[6]、旅游安全管理模式[7]、旅游发展战略[8]等方面。本文以中俄界江为例，对其旅游发展战略进行深入探讨。中俄界江是指黑龙江、乌苏里江（含兴凯湖）一带，沿江共有漠河、塔河、呼玛、黑河、孙吴、逊克、嘉荫、萝北、绥滨、同江、抚远、饶河、虎林

---

① 周彬，男，1979 年出生，山东曹县人，宁波大学旅游系副教授，中国科学院地理科学与资源研究所博士后研究人员，主要从事旅游地理与生态旅游研究。

和密山等14县市区。在东北地区产业复兴和旅游快速发展的背景下，黑龙江省中俄界江旅游业得到了迅猛发展，旅游产品日趋多元、旅游项目不断推进、服务设施日臻完善、产业地位不断提升。2011年界江沿岸14个县区市接待入境游客123.91万人次，旅游创汇4.12亿美元，接待国内游客4025.8万人次，旅游总收入达284.21亿元。

1. 界江旅游发展的SWOT分析

1.1 优势分析

（1）资源优势。界江旅游资源具有类型多、体量大、组合度较好的特点，分布有界江风光、两极文化、民族风情、俄罗斯风情、湿地资源、休闲农业等不同类型的旅游资源，其是北极村、珍宝岛、兴凯湖、黑瞎子岛等，因其独特的区位优势和悠久的历史文化而成为垄断性极强的旅游资源，有很高的观赏价值、游憩价值和科考价值，开发潜力巨大。

（2）地缘优势。依托独特的边境地缘优势，界江沿岸现有黑河边境经济合作区、黑河中俄边民互市贸易区，漠河、呼玛、黑河、孙吴、逊克、嘉荫、萝北、同江、抚远、饶河、绥滨、虎林、密山等国家一类口岸，与布拉戈维申斯克市、哈巴克斯坦等俄罗斯远东地区发达城市距离很近，也已成为中俄国际经贸旅游大通道。此外，通过界江沿岸铁路、公路、航空、水运立体交通网络，南连可到达中国内地、沿海、港澳地区及东南亚各国，北拓可进入俄罗斯腹地、独联体及欧洲各国件。

（3）生态优势。中俄界江沿岸已建成国家级自然保护区7处，省级自然保护区18处；国家级森林公园7个。由于工业基础薄弱，主要污染物排放基数较低，每年达到国家二级空气质量天数占到全年的90%以上，化学需氧量及二氧化硫、工业粉尘等污染物排放量均远低于全国平均水平，具有良好的生态承载能力。

（4）关注度高。黑龙江是我国第三大江，同时也是我国最长的界江，且由于是中国与俄罗斯两个很有渊源的大国所交界之地，大家对其兴趣较高，关注度也高。加之界江地处东北边陲，具有一定神秘感，更易使国人对其产生兴趣。

1.2 劣势分析

（1）地处寒冷地区，旅游季节性明显。黑龙江省中俄界江属寒温带季风性气候，旅游业受气候影响较大，全年旅游接待的季节性波动较大，旺季过旺，淡季过淡，且淡季过长。低温气候下不便于开展户外活动，影响旅游业发展；冬季封江使界江旅游受到较大影响，相关旅游活动无法开展；寒地气候带来的降雪还影响航空、铁路和公路等交通条件。

（2）地理位置偏远，不便有效组织旅游路线。界江处于中国大陆的东北端，属东北边陲地区，远离我国经济发达区域，处于全国旅游线路网络的末端，对游客的经济成本、时间成本和体力要求较高，不便于有效组织旅游路线。

（3）区域经济欠发达，对旅游支撑力度小。黑龙江省特别是沿江各县区经济发达程度普遍不高，多以农业为主要产业，不少县份甚至为国家级贫困县。一方面，由于资金短缺，不能很好地保障旅游开发建设，市场推广力度也不足等，成为制约旅游发展的关键因素。另一方面，当地居民出游能力不强，较难形成邻近客源市场的旅游流，从而影响旅游收入。

（4）生态环境特殊，旅游开发难度大。黑龙江省中俄界江沿岸具有独特而典型的寒地生态系统，生态环境保护的重要性突出。在开发中如何协调旅游业开发、环境保护与经济建设、社会发展的关系，对于维护界江生态系统的稳定，保护好寒地湿地，促进地区可持续发展有着极其重要的现实意义和深远的历史意义。

（5）涉及多地区多部门，整合开发有阻力。界江范围广、涉及面大，旅游业的发展不仅涉及全省十余个县（市、区），更涉及到海事、水务、旅游、林业、交通等多方利益主体关系的处理。由于分属不同行政单元，区域旅游资源整合过程中不同管理单元之间的利益关系与协调发展的问题都制约着当地旅游的发展。

1.3 机会分析

（1）中俄睦邻友好关系稳定，两国经贸往来密切。2005 年，俄罗斯对中国游客实行全境免签政策，中国对俄免签政策也在逐步开放之中，俄罗斯是中国第三大入境客源市场。另外，《中华人民共和国东北地区与俄罗斯远东及东西伯利亚地区合作规划纲要（2009～2018年）》和《中俄团队旅游互免签证协议》的签订、黑龙江省“十二五”规划建立的对俄贸易加工区、黑瞎子岛的回归等，都将促进两国经贸往来和旅游活动的增加，从而为界江旅游发展带来更多机遇。

（2）东北区域旅游格局成型，黑龙江“旅游强省”战略实施。近年来，东北区域旅游合作进程不断加快，各旅游目的地共同打造东北旅游品牌。这为界江依托经济发达的旅游目的地，提升自身旅游业实力提供了良好的契机。黑龙江省政府将发展旅游业作为“扩内需、促增长”的重要内容，重点建设“北国风光特色旅游开发区”，全力打造“黑龙江——生态旅游大省”的形象，为界江旅游开发提供良好的区域环境。在黑龙江省十四个旅游名镇和十大旅游片区开发区中，界江分别各占据四个，成为“旅游强省”计划中的重要部分。

（3）国际旅游持续发展，国内旅游势头良好。目前，旅游业在世界商品和服务贸易出口中占了大约7%的比例，位列全球第四大出口产业。可以预计，未来世界旅游业仍将是世界经济的一大热点，而亚太地区则将成为新崛起的世界旅游业核心竞争地带，同时也将是最有活力的世界旅游产业和旅游经济的中心之一。我国旅游也迎来了黄金发展时期，根据中国旅游业2020年远景目标纲要，到2020年，国内旅游人数将达到36亿人次，旅游收入达2.93万亿元人民币，相当于届时国内生产总值的11%。

（4）游客旅游需求多元化，休闲度假趋势明显。近年来，中国经济持续增长，人均GDP不断增加，恩格尔系数持续下降，国内居民消费结构开始发生结构性新变，旅游日渐成为人们日生活的重要组成部分，出行频率逐渐；旅游的层次也不断提高，从单纯的观光逐渐转变为多样性的休闲行为，生态旅游、邮轮度假、森林旅游、登山探险、自驾游等旅游项目受到人们越来越多的关注。

1.4 威胁分析

（1）区域竞争形势激烈。界江存在着较为一定程度的旅游资源同质、旅游市场同构的现象，使得旅游发展面临十分激烈的来自区域同类旅游地的竞争。在基础条件相对薄弱、资源同质程度较高的背景下，如何统一管理、统一规划、突出重点、有序开发，最大限度地避免各自为政、相互竞争的局面出现，确保界江旅游的协调、健康、可持续发展，是今后界江旅游发展不可规避又必须解决的一大难题。

（2）旅游投资存在风险。界江旅游目前尚处于开发的起步阶段，面临着基础设施薄弱、市场认知度低等问题。同时，如何处理旅游业的长远发展与目前资金投入等问题也成为不确定因素之一。此外，在边境地区开展旅游活动，对两国的国土安全和边境稳定可能会造成一定威胁；边境地区涉及到政治、外交、关税、边防、海关管理、外汇管理等因素，任何一个因素的变化，都将对边境地区、特别是敏感的旅游业产生直接影响。

（3）气候条件不稳定。界江地处寒温带，冬季长而寒冷，北部甚至长冬无夏，界江旅游产品和项目，特别是重点打造的邮轮旅游等，较为依赖水文以及气候条件。近年来出现气候条件不稳定的现象，甚至部分年份出现河流水量骤然减少导致游船不能顺利通航的情况，景观也受到了极大的影响。水文以及气候条件的不稳定性成为界江旅游发展的威胁之一，应在规划建设中防患于未然，并积极提前制定相关预案，尽可能地减小其带来的影响。

2. 界江旅游发展战略

2.1 国际接轨战略

立足国际视野，通过营造国际化旅游环境、建立良好的国际化运行机制，树立国际旅游形象，建设适合国际游客的旅游产品，切实推进国际化战略的实施，并充分发挥与俄罗斯接壤的地缘优势，利用国家一级边境口岸的平台，增强界江旅游在东北亚地区的知名度，把其打造成国际知名旅游品牌，全面提升界江作为国际旅游目的地的旅游功能。

2.2 区域合作战略

国际上，重点加强与俄罗斯、日本和韩国以及国际友好城市的合作，积极开拓入境旅游市场。在国内，加强与一级客源市场范围内的大中城市的合作，大力拓展国内旅游市场。在界江河段，加强区域合作，实施界江旅游一体化战略，构建“漠河—黑河—抚远—兴凯湖”黄金旅游线路，形成全方位、多类型的区域旅游合作格局。

2.3 多元产品战略

积极促进界江旅游产品的建设、完善和转型，实现由观光旅游产品为主的单一产品结构向观光、休闲度假、文化体验和专项旅游产品相结合的复合产品结构转型；适度发展高端旅游产品，大力发展面向境外市场的旅游产品；强调界江河段旅游产品的一段一品，一区一色的设计原则，实现对旅游者“新、奇、特”需求的快速响应，确立独特竞争优势。

2.4 联动发展战略

界江旅游要充分发挥对当地经济的带动作用和对一、二、三次产业的关联作用，实现向成为战略性支柱产业的跨越。坚持“大旅游”的思路，通过深度挖掘、依托、吸纳、整合相关产业资源，寻找旅游业与相关行业发展的内在经济联系和结合点，将旅游发展与文化产业建设、城市发展、新农村建设有机结合起来，实现旅游与农林牧渔产业、立体交通网络、边境贸易发展和房地产开发的结合，从纵向与横向两个层面共同培育大旅游的产业链。

2.5 品质提升战略

要从产品、服务、管理、营销角度努力打造界江旅游精品，塑造旅游品牌。通过提供特色化、差异化的产品与国际化、标准化的服务，并通过增加科技含量，整体提高界江旅游产品的质量与服务水平，建立现代化的旅游公共服务体系，在更高层次和更高起点上满足旅游者的需求，采用多种营销手段，在主要市场上确立产品品牌和增强市场知名度和美誉度，从而引领中俄边境旅游新时尚，推进现代化国际近岸型邮轮旅游发展。

2.6 特色文化战略

深度发掘顺应旅游发展需要的优秀地域文化，重点提升民族文化、历史文化、知青文化和红色文化四大特色文化，通过对这些文化的时尚化、产品化、市场化重组，通过物境、情境、意境设计，充分释放旅游业特殊的产业关联力度，最大化发掘界江旅游所蕴涵的本体价值及附加值，全面提升界江旅游的品位与内涵，塑造界江旅游鲜明的特色。

3. 界江旅游发展对策

3.1 构建界江旅游带

依托沿边公路、界江航道等交通干线，整合开发沿线资源，通过丰富旅游产品类型与扩充旅游空间，强化内联外通，实现界江旅游产业沿线发展，释放界江旅游扩散和辐射能量，带动整个界江区域协同发展。

3.2 打造多样化产品格局

积极推动界江各类旅游产品共同发展，重点实施多元特色的旅游产品发展战略，充分展示界江自然、历史、民俗、文化等特色旅游资源，有机整合、共同提升，打造界江多元化、多层次的旅游产品发展格局。

3.3 以旅游带动城镇建设

在城镇建设的过程中要放眼界江旅游业今后几十年的发展方向，充分认识界江将来是作为我国对接俄罗斯的窗口这一重要地位，对接国际旅游城镇建设标准，遵循主客共享的发展理念，将民族元素融入国际化城镇的建设当中，推动城镇旅游产业的档次提升，实现城镇景观风貌的有机更新和城镇信息服务、解说系统、旅游接待服务体系的完善。

3.4 重点开拓边境市场

界江要发挥口岸优势，瞄准边境旅游市场，培育邮轮旅游市场，确定目标市场类型，主攻核心市场，加大二级市场开发力度，增加营销投入，与国内外其他城市联合营销，与各商团和旅游组织建立广泛合作关系，在营销方式方法上要与时俱进，勇于创新。

3.5 完善旅游交通体系

加快沿边公路等交通工程的建设，积极发展游船业，大力改善旅游内外交通，构建综合性、立体化、便捷的旅游交通网络系统。在此基础上提升旅游信息化、旅游住宿、旅游餐饮、旅游购物及娱乐等要素的整体水平。

3.6 引进旅游企业集团

通过产业运营机制创新突破界江旅游开发融资难题。成立国资控股的界江旅游开发集团负责大型旅游项目和综合地块的开发，引进国内外大型旅游集团企业从事界江旅游开发、经营和管理等一系列工作。

参考文献

[1] 于海志．中国边境旅游发展历程 [J]．知识经济，2011，(5)：134.

[2] 刘滨谊，刘琴．西部边境旅游规划的特性、原则和程序——以新疆“四地州”边境旅游规划为例 [J]．北京林业大学学报（社会科学版），2006，15 (1)：40 – 44.

[3] 李英花，崔哲浩．图们江区域边境旅游合作的现状与展望 [J]．延边大学学报（社会科学版），2011，44 (3)：32 – 35.

[4] 谢婷，钟林生，张宪玉．基于空间竞争关系的中越边境旅游产品开发研究 [J]．社会科学家，2006，(5)：123 – 127.

[5] 刘小蓓．广西边境旅游发展及客源市场开拓［J］．四川大学学报（哲学社会科学版），2004，(S1)：244 - 247.

[6] 姚素英．试谈边境旅游及其作用［J］．北京第二外国语学院学报，1998，(3)：16 - 21.

[7] 王丹彤，明庆忠，王峰．云南边境旅游安全治理模式与对策研究［J］．旅游论坛，2012，5（1）：64 - 69.

[8] 徐淑梅，李圆慧，王亚丰．中国东部边境地区旅游业发展研究［J］．地理科学，2012，32（3）：336 - 341.

RESEARCH ON SINO – RUSSIAN BORDER RIVER REGION TOURISM DEVELOPMENT STRATEGY AND COUNTERMEASURE

ZHOU Bin[1,2]；ZHONG Linsheng[1]；QI Junhui[1]；SHI Yuqing[1]；WANG Lingen[1]

（1 *Institute of Geographic Sciences and Natural Resources Research*，*CAS*，*Beijing* 100101，*China*；2 *Tourism Department of Ningbo University*，*Ningbo* 315211）

Abstract：Based on the present tourism situation of Jiejiang tourism on the border of China and Russia in Heilongjiang Province，the paper discusses the developing strengths（S），weakness（W），opportunity（O）and threat（T）of Heilongjing ecotourism，analyzes strategies of going global ，regional cooperation，multiple production，linkage development quality improvement and special culture strategies for realizing sustainable development of tourism in the border of China and Russia in Heilongji – ang Province，and summarizes the plan for the development of Jiejiang tourism. It mainly includes：construction of community tourism belt、creation of diversified product structure、driving town construction by tourism、focusing on development of border market、improvement of the tourism transportation system and introduction of tourism enterprise.

Key words: Jiejiang tourism; SWOT analysis; development strategy; development counter – measure

广西北部湾经济区滨海旅游差异性开发研究

段文军①[14]

（桂林理工大学旅游学院，广西桂林 541004）

【摘要】：文章分析了广西滨海旅游的发展现状及其存在的问题，并根据各市滨海旅游资源、旅游区位、发展水平的差异，对各滨海旅游城市进行旅游差异性定位，以开发出具有本土特色的滨海旅游产品，设计出特色鲜明的精品旅游线路，打造具有国际竞争力的国际滨海旅游度假区。

【关键词】：滨海旅游；差异性开发；广西

在经济全球化和区域经济一体化的大趋势下，北部湾经济合作由共识走向实践，广西滨海旅游作为通入北部湾经济区的一个战略支点，区位优势明显，战略地位突出。以差异性开发为指导进一步开发广西滨海旅游资源，对推动广西滨海旅游业的发展具有重要意义。

1. 差异性开发的理论概述

地域景观、文化的差异性是产生旅游动机的重要原因，在区域旅游合作的品牌树立和推广中，需要通过形象整合来实现；而在旅游线路的联合

① 段文军（1977—），男，湖南衡阳人，桂林理工大学旅游学院副教授，博士，硕士生导师，研究方向为生态旅游。E－mail：duanwenjunagr@163. com

促销当中，则应宣传各自板块的差异性。整合性决定了区域旅游的知晓度和知名度提升的空间，而差异性决定的区域旅游形象的丰富化则影响旅游者的意向，直接关系到旅游者的购买决策[1]。

滨海旅游资源差异性开发是指在一定的区域内，整合其沿海城市的滨海旅游资源，分析其同质性及差异性，以滨海旅游差异性特征为基础来对各沿海城市进行旅游差异性定位及旅游资源的开发，以构建良好的空间竞合格局，谋求更大的发展空间。

2. 广西滨海旅游开发现状

2.1 景区开发现状

广西滨海地区拥有的滨海旅游资源不仅种类丰富而且开发价值高，如："天下第一滩"——北海银滩；"大小蓬莱"——涠洲岛、斜阳岛；"南国蓬莱"——钦州七十二泾；"中华白海豚之乡"——钦州三娘湾等。截至2010年，广西滨海地区共有国家级旅游度假区1处、自治区级旅游度假区3处、国家级自然保护区5处、自治区级保护区1处、自治区级风景名胜区3处[2]。

广西滨海地区共有A级景区14个，占广西A级景区总量的12.7%，其中北海4A级景区4处，钦州4A级景区3处、3A级景区2处，防城港4A级景区2处、3A级景区2处、A景区1处（见表1）[2]。

表1 广西滨海地区A级景区分布

Tab. 1 Distribution of the national A – class tourist scenic spots in Guangxi coastal region

	北海	钦州	防城港
4A	北海银滩旅游区 北海海底世界 北海海洋之窗 北海涠洲岛国家地质公园鳄鱼山景区	三娘湾旅游区 刘冯故居景区 八寨沟旅游景区	上思十万大山国家森林公园景区

续表

	北海	钦州	防城港
3A		灵山六峰山景区 钦州龙门群岛海上生态公园	东兴京岛景区 东兴陈公馆景区
2A			防城港火山岛景区

2.2 旅游收入状况

随着北部湾经济区、中国—东盟自由贸易区的成立，广西滨海地区的经济步入了快速发展阶段，广西滨海旅游产品也被越来越多的旅游者所关注、所选择。2008 年，广西滨海地区共接待国内外游客 1269.82 万人次，旅游总收入 63.2 亿元，旅游外汇收入 2656.12 万美元。但是整个滨海地区的国内旅游总收入在广西区的国内旅游总收入所占的比例仍然很低，2009 年，整个广西滨海地区的国内旅游总收入为 88.73 亿，仅为广西国内旅游总收入的 12.6%[3]。

3. 广西滨海旅游差异性开发的必要性

3.1 外在竞争激烈

随着环北部湾经济圈的成立，广西滨海地区、广东的湛江、海南岛、越南下龙湾等地都在大力发展滨海旅游业，如国务院 2010 年 1 月 4 日发布《关于推进海南国际旅游岛建设发展的若干意见》之后，海南国际旅游岛建设上升为国家战略，跨海大桥等规划和建设正在紧张有序地进行。这一系列举措在给我国沿海旅游业的发展中起了带头作用时，也使北部湾旅游业乃至北部湾的整个现代服务业面对严峻的挑战，滨海旅游业发展仍较滞后的广西滨海地区形势更为严峻。客观而论，在海南国际旅游岛的巨大政策磁场效应下，海南在与广西滨海旅游业的竞合关系中竞争大于合作[4]。仅就旅游业态产品比较而言，两者处于同质化竞争，广西滨海旅游有被边缘化的风险。广西滨海旅游资源综合能力远远强于海南，若广西滨海地区能够加强区域合作，在实施文化产业与滨海旅游业融合发展的差异化竞争策略指导下整合旅游资源，在与海南的竞合过程中，挑战则有可能转化为发展的机遇。可见，在新的经济背景下，广西滨海地区进行滨海旅游差异性开发是非常必要与紧迫的。

3.2 内部旅游开发同质化现象普遍

近年来我国各地区所开发的旅游产品时有雷同，产品雷同就会造成行业竞争，从而制约地区旅游业的发展。如享誉国内外的江南古镇游，都是一样的小桥流水人家；农家乐乡村游，也就是开发当地的餐饮娱乐项目；还有广西滨海地区的海滨度假不外乎阳光、沙滩、海水（元素就是3S）等，都是开发一些内容比较单一、雷同的同质性产品。若每个景区都是开发一些浅层次的，以过度依赖资源为主的同质化、雷同化产品，那对于旅客而言，在旅游产品具有相同形象感知的情况下，近距离就是他们的首选，因为没必要到那么远的地方去看相同的产品。所以造成很多旅游景区已从最初的热热闹闹，变为现在的门可罗雀，甚至出现了很多旅游单位“封杀”某些景区的现象[5]。

广西滨海地区沿海各市同属一片海域，滨海旅游资源是其发展旅游经济所共同依赖的主线。相邻的地理位置和共同的地域文化使得广西的滨海旅游出现同质化状况。就目前广西滨海地区的发展状况来看，广西滨海旅游的同质化主要体现在旅游纪念品、滨海旅游资源、旅游营销等方面。

4. 广西滨海旅游的差异性分析

4.1 旅游资源的差异

广西滨海旅游资源分布呈两边密集中间零散的特点，以“东海西边中山林”为主要特征。广西滨海旅游资源的差异性主要体现在人文旅游资源以及自然旅游资源的动植物上（见表2）[6]。

表 2 广西滨海地区旅游资源分布概况

Tab. 2 Distribution of the tourism resources in Guangxi coastal region

资源	自然旅游	人文旅游资源
北海市	儒艮、南珠	海上丝绸之路、疍家文化、南珠文化、文昌塔、大世阁、东坡亭、海角亭、北海老街、合浦古墓群、沙雕艺术、贝雕文化
钦州市	中华白海豚	刘冯故居、大芦村古建筑群、天涯亭、越州古城、久隆古墓群、钦州故城遗址、坭兴陶工艺
防城港市	金花茶	陈公馆、胡志明小道起始点、京族三岛、贝丘遗址、白龙炮、石雕艺术、边境风情

4.2 旅游区位的差异

从宏观上来看，广西滨海地区广西大陆海岸线全长 1595km，海迂回曲折，多港湾，有沿海大小岛屿（半岛）697 个，岛屿海岸线约 600km，总面积 84km^2 位于我国大陆海岸最西端，南临北部湾，背靠大西南，临近港澳台，处于大西南、海南省及东南亚的中枢位置，既是西南诸省最便捷的出海通道，也是港澳陆口走廊的中间站。

从微观上，广西滨海地区所属的北海市、钦州市、防城港市在我国北部湾由东向西分布。北海市离广东地区非常近，可以作为广东地区的后花园；钦州位于北海与防城港之间的枢纽位置，对于连接两地的旅游资源有着重要作用，此外，钦州市是广西滨海地区中离首府南宁最近的沿海城市；防城港市位于中国大陆海岸线的最西南端，南濒北部湾，西南与越南交界，其所属的东兴市与越南芒街仅一河之隔，距越南首都河内仅 308 公里，既是我国西南诸省通往越南和东盟其他国家最便捷的海、陆口岸，也是越南、柬埔寨等东南亚进入我国的重要通道，有助于发展边境跨国旅游。

4.3 旅游发展水平的差异性

表 3 广西滨海地区旅游从业人员及旅游企业统计表

Tab. 3 Statistics of the Tourism operators and tourism enterprise in Guangxi coastal region

滨海城市	旅游区（点）	旅行社		小计	星级饭店					旅游客车/辆	游船/艘
		国际社	国内社		五星	四星	三星	二星	一星		
北海	980	7	23	40	1	5	19	15	0	298	17
防城港	193	8	3	8	0	0	7	7	0	24	40
钦州	589	1	11	15	1	0	7	7	0	24	40
总计	1762	16	37	63	2	5	34	22	0	370	57

2005 ~2009 年广西滨海旅游业收入呈不断上升趋势，各市的增长速度都很快，从图 2 可以看出这三个沿海城市的滨海旅游业的发展存在很大的差异。北海市的滨海旅游收入远远高于钦州与防城港，2009 年钦州国内旅游总收入 21.53 亿元，占北海国内旅游总收入的 42.6%，而防城港的差距更大，国内旅游总收入 16.7 亿元，仅为北海的 33%。与防城港、钦州相比，北海的旅游基础设施较为完善，无论酒店还是从业人员规模都比其他两个城市要大（见表 3）。

4.4 客源市场的差异

据有关学者调查发现：来广西滨海地区的国内游客中，广西区内游客占到 74.72%，广西区外游客占 25.28%，区外游客来源中广东所占比重最大（见表 4）。

表 4　广西滨海地区国内游客分布

Tab. 4　Statistics of the domestic traveler in Guangxi coastal region

省份	游客所占百分比
广西	74. 72%
广东	6. 04%
湖南	5. 28%
贵州	2. 64%
四川	1. 89%
江苏、内蒙古	1. 51%
北京、云南	1. 13%
河南、陕西、上海、江西	0. 75%
黑龙江、重庆、甘肃	0. 38%

其中，北海因其较高的旅游资源品位度、广泛的国内知名度，游客来源较为分散，广西区内的游客占 53. 33%，其他游客占到了 46. 67%；而去钦州的外地游客比较少，90. 11% 来自广西，只有 5. 49% 来自贵州，广东占 3. 30%，河南的游客占 1. 10%；防城港的游客集中度稍微低点，有 80. 95% 来自广西，13. 10% 来自湖南，广东的游客占 4. 76%，河南的游客占 1. 19%。总的来说，广西滨海地区的游客来源比较集中，客源地相对国内其他滨海旅游目的地范围比较狭窄，客源市场还有待拓展[4,7]。

5. 广西滨海旅游差异性开发对策

5. 1 形象定位

旅游形象的差异性是适应旅游者求异心理和行为的必然选择。一个优秀旅游城市的发展离不开良好的形象定位，差异性形象定位既包括整体上的区域形象定位又包括各市细分下的形象定位。

整体的差异性定位是指广西沿海地区的整体形象定位，要与周边海南、越南等地的形象定位相区别，因为民族风情游广西比不上海南，风景奇特性上比不上越南，所以在广西滨海地区在整体形象定位上要充分利用自身“海、边、山、林”综合优势。如：“游北部湾，感受海之韵、边之奇、民之纯、山之秀”，并在宣传上以整体形象进行推展。

广西滨海地区面对的旅游客源市场具有重叠性，为了避免内部低层次价格竞争局面的出现，各沿海城市应该在整体形象定位的基础上进行各自细分下的旅游形象定位。

表5　广西滨海地区特色旅游资源分布

Tab. 5　Distribution of special resources Guangxi coastal region

城市	差异性资源	价值
北海	银滩	国家级旅游度假区
	涠洲岛	我国最大最年轻的火山岛
	儒艮	国家一级保护动物
	南珠	东珠不如西珠，西珠不如南珠
钦州	龙门群岛	岛屿数量多、欣赏价值高
	中华白海豚	国家一级保护动物
	坭兴陶	我国四大名陶之一
防城港	京族三岛	我国唯一一个京族聚居地
	东兴	既沿边又沿海
	金花茶	国家一级保护植物

细分下的形象定位是指广西滨海地区各市在发展滨海旅游中要以自身最具特色、最具竞争力的资源为主导，充分利用、结合本土人文旅游资源来打造不同的形象，并针对形象上的异同推出相关的主题活动，变客源抑制竞争为相互补充、辐射带动，使广西整个滨海地区区域整体形象在各市形态上得到更好的体现，让游客每到一处都有一种新发现、百游不厌，乐在其中。根据广西滨海旅游资源的差异性及其价值（见表5），来进行广西滨海地区形象定位（见表6）[8-10]。

表6 广西滨海城市旅游形象定位

Tab. 6 Tourism image positioning of cities in Guangxi coastal region

名称	形象定位
广西滨海地区	海之韵、边之奇、民之纯、山之秀
北海	休闲度假 访南珠之乡品沙雕艺术
钦州	岛屿生态 看海豚游名陶古都
防城港	上山、下海、出国 刻石雕赏京族风情

5.2 客源市场细分

根据广西滨海地区的客源市场现状、旅游资源禀赋、旅游竞争优势以及与客源地区的多维关系来判断，广西滨海地区总体市场定位为：以两广市场为主体，着眼扩展国内市场，以边境旅游引导国际市场。

5.2.1 深化两广市场

由客源市场的差异性得知，广西滨海旅游客源市场主要集中在两广地区，其中区内游客占到74.72%，因此广西在滨海旅游市场定位中要树立两广的绝对位置，以北海银滩为亮点，发挥引导效应与近距离吸引效应，加强与周边景点的合作与宣传，充分引导、分享桂林、广州等周边热点旅游目的地的市场。

5.2.2 扩展国内市场

广西滨海地区最突出的特色可以概括为“五大风情”，即亚热带海滨风情、亚热带海岛风情、中越边境风情、少数民族风情、历史文化风情。这些资源特色，与周边近邻的客源市场和热点旅游目的地形成了巨大的反差和互补性。这使得广西滨海旅游在开拓大西南、长三角等周边市场具有巨大的吸引力。

广西的海洋、海滨、海岛、边境资源对云南、四川、贵州等内陆省份都具有极强的差异吸引力，所以应深度拓展湖南、云南、四川、重庆、湖北、江西、贵州7省市区的核心目标市场——周边7省市区客源区拥有人口总数达36789万人，每年创造42538亿元的国内生产总值，城镇居民人均可支配收入约为11711元，存在巨大的旅游需求。长三角和京津两个城市群，城市密集，人口众多，经济发达，出游力强，广西滨海地区亚热带滨海风光、民族风情对这两个市场具有极强的吸引力[7]。

5.2.3 引导国际市场

2007年，广西接待越南入境过夜游客达23.48万人次，同比增长19.8%，越南已成为广西第一大入境旅游客源市场。其中2010年广西滨海地区共接待入境游客16.7万人次。随着中国—东盟博览会永久落户南宁市，以及中国—东盟自由贸易区的建立，广西滨海地区将成为中国与东盟国家加强交流与合作的桥头堡，东盟国家对广西滨海旅游的认知度将会上升，各种经贸活动的交流和合作将会更广泛和紧密，将推进东盟商务旅游客源的增长。此后，以东盟国家为平台进一步引导欧美、日韩等国际市场的发展。

5.3 旅游产品开发

5.3.1 滨海自然生态旅游产品

为打造具有广西特色的国际滨海旅游区，共同构建“度假天堂”的广西滨海旅游品牌，各主要景区应深入挖掘本地各种资源，通过打造不同特色主题的滨海度假旅游产品来互相补充，联合发展。根据北海、钦州、防城港各自的形象定位，北海应加强城市生活与海滩文化的结合开发，以银滩、涠洲岛、冠头岭为核心，结合旅游地开发银滩周边区域，发展休闲度假游，全面展现亚热带海滨度假魅力。防城港可以依托西湾、江山半岛、北仑河口和京岛风景名胜区，以中高档沙滩运动休闲和京族民族风情为特色，开展海滨度假旅游。钦州则可以充分利用七十二泾岛屿资源、三娘湾重点建设生态海湾，打造“中华白海豚生态家园”的世界品牌和茅尾海国际海上运动休闲旅游区，与北海、防城港联动开发岛屿生态游。具体的旅游产品主要有：北海涠洲岛国际休闲度假岛、北海银滩国际滨海旅游度假区、北海冠头岭国际会议中心、钦州三娘湾国际滨海生态休闲度假旅游区、钦州茅尾海国际海上运动休闲旅游区、七十二泾岛屿生态区、防城港西湾旅游区、防城港江山半岛国际滨海运动休闲度假区、东兴京族三岛滨海旅游休闲度假区等[6-11]。

5.3.2 滨海人文生态旅游产品

人文旅游产品是以人文旅游资源为核心开发出来的旅游产品，在旅游产品中具有举足轻重的地位，广西在发展滨海旅游中可以以开发滨海旅游为主，人文旅游为辅的思路进行，各市要充分利用得天独厚的垄断性的人文旅游资源，与滨海旅游产品的开发相结合起来，打好别处没有的“人文牌”，并要将这张“人文牌”做大做精。北海在开发人文旅游产品中应以海上丝绸之路文化、南珠文化等古文化为主，北海滨海狂欢节、高尔夫休闲度假现代文化为辅来展开。防城港是广西拥有人文旅游资源最多的滨海城市，所以更应该好好珍惜与开发，可以以京族民俗旅游及中越边境文化两条主线分别展开，并结合该地区独特的石雕艺术来共同发展。钦州则重点挖掘大芦村古建筑群价值，加强坭兴陶艺术的传播，发扬刘冯两位将领的爱国精神。具体的人文旅游产品主要有：海上丝绸之路文化游、合浦古港遗址区、北海老城区、北海滨海高尔夫球场群、涠洲岛海岛高尔夫、北海沙滩运动区、京族三岛等民族文化景区、中越边境民俗体验游、刘冯故居景区、大芦村古建筑群、天涯亭钦州故城遗址、坭兴陶工艺展[6-12]。

5.4 特色旅游线路

5.4.1 滨海休闲度假旅游线

北海—钦州—防城港广西北部湾滨海休闲度假游线——北海银滩、涠洲岛、星岛湖；钦州三娘湾；防城港江山半岛、京岛等为资源依托。建设思路为充分依托广西滨海良好的滨海度假旅游资源，进一步完善北海、防城港、钦州等城市的度假设施，强化休闲度假旅游景区度假功能，建设高档度假酒店和康体设施。同时，要着重发展高尔夫旅游、海上体育休闲、海上邮轮游艇等面向高端游客的体育、休闲旅游活动。建设广西北部湾防城港、钦州、北海高尔夫球场，形成广西滨海高尔夫产业集群。完善钦州、防城港、北海等北部湾主要港口城市的旅游服务设施，开展城市休闲、大港口大工业观光旅游活动[13][14]。

5.4.2 岛屿生态观光游线

广西岛屿生态观光线——以北海涠洲岛、斜阳岛；钦州七十二泾群岛、麻兰岛、大环半岛；防城港京岛、江山半岛等岛屿为资源依托。建设思路为充分利用广西众多的岛屿资源，进一步提升北海、防城港、钦州等城市岛屿开发能力，完善岛屿休闲娱乐功能。同时着重开发“中华白海豚”“儒艮”“金花茶”“红树林”等珍稀动植物资源的科普教育活动项目。

5.4.3 民俗文化与历史文化体验游线

北海、钦州、防城港民俗文化与历史文化体验游线——以北海海上丝绸之路文化、南珠文化、疍家文化、北海老街、合浦古墓群；钦州道教文化、灵山大芦村古建筑群、刘冯故居、越州古城、钦州故城遗址；防城港京族文化、贝丘遗址、白龙炮、陈公馆、胡志明小道起始点等为资源依托。建设思路为高度重视不同旅游地的文化内涵，坚持在特色原则的前提下因地制宜，挖掘、开发和建设各具特色的新景观、新产品。进一步论证海上丝绸之路合浦始发港，探寻以合浦为始发港的古海上丝绸之路路线；加大合浦汉墓群、大芦村古建筑群等的保护与开发；深入研究中越两国的交往历史，结合北海和钦州的历史文化资源，以历史文化为主线，开发历史文化旅游；深入研究京族的历史文化及民俗风情，开展京族婚俗、跳天灯舞、独弦琴演奏 跳花棍舞、分区举办唱哈节等京族特色游。此外积极开拓各种民俗旅游商品，丰富产品内涵，拓宽产业链，进一步推动广西滨海地区民俗及历史文化的发展[12,13]。

参考文献

[1] 李飞．区域旅游合作中感知形象的差异性与可整合性分析以大珠三角城市群为例［J］．旅游学刊，2007，1（22）：30－35.

[2]《北部湾旅游发展规划》编制组．北部湾旅游发展规划·说明书（2009－2020）［P］．2009.

[3] 文军，张继均，李星群．广西滨海旅游地客源市场比较分析－以北海、钦州、防城港三市为例［J］．沿海企业与科技，2010，09（124）：52－55.

[4] 李莉．广西北部湾经济区旅游域群开发研究［J］．创新，2008，10：34－36.

[5] 宋子千．对区域旅游合作研究几个基本问题的讨论［J］．旅游学

刊，2008，06（23）：74－79.

［6］卢妍．广西北部湾经济区旅游资源差异性开发探析［J］．特区经济，2009，12：219－221.

［7］李丹枫．广西滨海旅游客源市场总体特征分析［M］．宁德师专学报，2010，03：32－46.

［8］韦善豪．广西钦州市旅游资源开发研究［J］．经济地理，2000，06（20）：125－128.

［9］李兆华，秦成，王晓丽．广西滨海旅游资源开发现状与对策研究［M］．广西师范学院学报，2006，01（23）：80－84.

［10］李兆华，付其建．北海市滨海旅游资源的开发与保护［M］．广西职业技术学院学报，2010，03（01）：71－74.

［11］李莉．广西北部湾经济区旅游产品开发策略探析［J］．市场论坛，2009，01：58－60.

［12］覃振锋．北海文化产业与旅游产业融合发展的实施路径［J］．沿海企业与科技，2010，11（126）：81－85.

［13］王雪芳．区域旅游合作理论对广西北部湾旅游合作发展的启示［J］．东南亚纵横，2008：86－90.

［14］吴郭泉，唐善茂，王艳等．防城港市滨海旅游开发研究［J］．经济地理，2004，03（24）：430－431.

Study on the Divergent Development of Coastal Tourism in Guangxi Province

DUAN Wenjun

(*College of tourism*, *Guilin University of technology*, *Guilin* 541004, *China*)

Abstract: Analyzed the current situation of Guangxi coastal tourism development and its problems, and according to the coastal cities' tourist resources, tourism location and different levels of development, this paper made tourism divergent orientation for coastal tourism cities to develop coastal tourism product with local characteristics, to design distinctive and exquisite tourist routes and to create an internationally competitive international seaside tourism resort.

Key words: coastal tourism; divergent development; Guangxi province

玉树藏族自治州生态旅游开发与可持续发展研究

林越英，张丽娜

（北京第二外国语学院旅游发展研究院，北京，100024）

【摘要】：本文以青海省玉树藏族自治州为例，对我国藏区生态旅游开发与可持续发展进行初步研究。在对该州生态旅游开发进行 SWOT 条件分析的基础上，探讨该州生态旅游的开发目标与开发战略，并提出该州生态旅游产品开发、生态旅游业建设和生态旅游空间布局的主要思路。

【关键词】：藏区；生态旅游；可持续发展；玉树

引言

玉树藏族自治州（以下简称玉树州）位于青海省西南部，全州国土总面积为 26. 7 万平方公里（包括海西州代管的唐古拉山镇的 6. 4 万平方公里），占青海省国土总面积的 37. 2%，东西最长达 738 公里，南北宽 406 公里。玉树州总人口为 28. 31 万，其中藏族人口 26. 98 万，占其总人口的 95. 3%，是全国少数民族人口比例最高的自治州，也是全国 30 个少数民族自治州中主体民族比例最大、海拔最高、人均占有国土面积最多的一个自治州。玉树州现辖玉树、称多、囊谦、杂多、治多、曲麻莱 6 个县，共有 12 个镇、33 个乡、257 个村牧委会和 1048 个农牧业生产合作社。

玉树州发展生态旅游不仅有利于其区域自然生态资源的保护与利用，有利于藏族等少数民族文化的传承与保护，而且有利于促进当地农牧民脱贫致富，有利于实现区域经济、社会与环境的可持续发展。尽管玉树州2010年4月遭受了特大地震，但其旅游基本格局没有改变。本文以玉树州为例，对该州生态旅游开发条件进行SWOT分析，探讨该州生态旅游的开发目标与开发战略，提出该州生态旅游产品开发、生态旅游业建设和生态旅游空间布局的主要思路，以期探索我国藏区生态旅游开发与可持续发展的科学路径。

1. 玉树州生态旅游开发的SWOT分析

1.1 有利与优势条件

（1）旅游资源优势。与其他地方相比，玉树州旅游资源更凸显其独特性、多样性和垄断性。这里有闻名中外的三江源头、风景绮丽的高原风光、独特神秘的藏传佛教、风格迥异的民族风情以及名扬世界的康巴歌舞等。这些旅游资源符合旅游者对旅游新、奇、异、特、真的现代审美体验需求，为玉树州生态旅游提供了广阔的开发空间，也增强了玉树州旅游目的地的市场吸引力和竞争力。

（2）区位交通优势。玉树州地处青海、四川、西藏三省（区）交界处，州政府所在地结古镇是唐蕃古道上的重镇，也是青海、四川、西藏三省（区）相邻区域的民间贸易集散地。通过公路经过果洛州和格尔木市，由玉树州可以通达青海省内各地。玉树州与四川甘孜州、西藏昌都地区和那曲地区毗邻，相互之间的交通也较为便利。巴塘机场通航后，玉树州与外界建立起空中通道，该州区域交通优势得以提升。

（3）后开发优势。玉树州旅游开发起步较晚，旅游资源开发程度较低，但这也使其旅游资源保持得更为自然、原始和纯朴，今后的开发空间较大，并且可以借鉴其他地区的经验教训，少走弯路、错路，通过体制改革和产业创新等，力争用最少的投入取得最大的效益，进而实现全州旅游业的跨越式发展。

1.2 不利与制约条件

（1）社会经济基础较为薄弱。由于玉树州国民经济总量偏小，社会经济发展落后，其自身对旅游业的投入不足，严重影响了旅游基础设施的建设，尤其是交通道路等严重滞后于旅游业发展，导致一些景区（点）的可进入性差，服务功能不完善。

（2）生态环境极其脆弱。玉树州地处青藏高原腹地，生态环境极其脆弱，一旦遭到破坏，就很难恢复其原貌。以往重开发而轻保护的短期行为使原本脆弱的高原生态环境更加恶化，严重威胁到当地人民群众的生存环境。同时，全球变暖、土地荒漠化、水土流失等也给玉树州生态环境带来威胁，制约着玉树州生态旅游的深度开发。

（3）自然灾害的不利影响。玉树州属于高原大陆性气候，冬季寒冷，春秋干旱少雨，灾害性天气比较多，常见的有大雪、早霜、低温、干旱、冰雹等自然灾害，这对旅游开发建设和旅游活动的正常开展都有一定程度的不利影响。尤其是玉树地震对其旅游具有很大的负面影响，如何减小这种负面影响，是玉树州生态旅游开发的当务之急。

（4）高原环境的负面影响。玉树州地处高原地区，海拔大多都在4000米以上。这里与平原地区相比，气压偏低，含氧量少，很容易引起高原反应以及一些高原急慢性疾病，这使部分游客产生了畏惧心理；加上可进入性较差，可能对部分游客的旅行体验和旅游质量产生一定的负面影响。

1.3 机遇与机会条件

（1）国家西部大开发战略的全面实施。国家实施西部大开发战略，投资重点向西部地区转移和倾斜，重点支持西部地区的基础设施建设、生态环境改善和专业人才培养等。这一战略的实施，不仅缓解了西部地区资金紧缺的难题，也使其成为国内外关注的热点，使其旅游知名度和吸引力得以大大提升。外部大环境的改善给玉树州生态旅游开发带来了良好的机遇。

（2）生态旅游资源开发后可以满足不断变化的旅游市场需求。随着社会经济及旅游的不断发展，旅游者求新、求奇、求异、求特和求真的旅游需求不断增强，人们越来越喜欢参与性较强、文化内涵丰富、具有挑战性和刺激性的旅游产品。玉树州生态旅游资源经过科学开发后，正好具有满足这种不断变化的旅游市场需求的优势和潜力，也为旅游可持续发展创造了良好的物质基础。

（3）入境旅游的开发空间更为广阔。中国加入 WTO 以后，旅游市场进一步开放，中国已经成为世界旅游目的地的热点地区之一。玉树州的生态旅游产品必对海外旅游市场产生极大的吸引力，入境旅游将会取得突破性的进展。

（4）三江源地区生态旅游进入实质性开发阶段。2008 年底，由中国科学院地理科学与资源研究所和青海省旅游局共同编制的《青海省三江源地区生态旅游发展规划》通过评审并开始实施，这标志着三江源地区生态旅游已进入实质性开发阶段，作为三江源地区的重要组成部分，玉树州也将从中获得相应的发展机遇。

1.4 竞争与挑战条件

（1）与周边藏区（藏文化区）的竞争。玉树州与青海省果洛藏族自治州、海西蒙古族藏族自治州、四川省甘孜藏族自治州相接，且邻近全国最大的藏区——西藏自治区。这些藏区拥有与玉树州相类似的旅游资源，在一定程度上构成对玉树州旅游产品的替代性竞争，尤其是旅游业发展较好的四川省，直接构成对玉树州旅游业的竞争态势。

（2）外来文化进入所带来的挑战。玉树州生态旅游开发一方面能够促进玉树州社会经济发展和当地居民生活水平提高；但另一方面，伴随外来文化和风俗习惯的进入，玉树州当地民俗民风、传统礼俗、道德观念与宗教信仰会受到影响，可能导致旅游地社会文化的变迁。因此，生态旅游开发所产生的文化影响对玉树州藏民族文化及其保护是一种挑战。

2. 生态旅游开发目标与开发战略

2.1 生态旅游开发目标

玉树州生态旅游的开发目标是：以玉树州独特的自然生态环境为背景，以深厚的历史文化为依托，以丰富的自然生态和人文旅游资源为基础，以现状旅游市场及其发展趋势为导向，以青海省旅游业发展战略（如确定“生态立省”）和政策法规为依据，以生态旅游、文化旅游和宗教旅游为主导旅游产品，以“大美青海，美哉玉树”为旅游形象，将玉树州建设成为具有地区特色的康体休闲度假地、宗教文化旅游地、科考教育基地和民俗风情体验地，将玉树州培育成为青海省生态旅游发展的最好典范，成为藏区生态旅游的绝佳亮点（如建设康巴藏族文化聚集区），将生态旅游业培育成为全州国民经济的主导产业和战略性支柱产业，成为青藏高原的特色产业（如建设青藏高原生态旅游示范区）。

2.2 生态旅游开发战略

（1）确立产业地位，实施跨越式发展战略。确立旅游业在玉树州经济社会发展中的重要战略地位，将旅游业作为当地的优势产业和新的经济增长点，采取内涵式的旅游业发展模式，实施旅游业优先发展的战略方针，实现玉树州旅游业的跨越式发展。

（2）政府主导、市场运作、企业及社区参与战略。通过实施“政府主导型”发展战略，在市场经济基础上充分发挥政府在行业管理、旅游规划、基础设施建设、宣传促销、人才培育和环境保护等方面的作用，进而营造一种政府主导、市场运作、企业及社区参与的旅游发展新格局，促进生态旅游业更好、更快地发展。

（3）资源整合、突出特色战略。玉树州生态旅游资源总量大、种类多，在全面了解生态旅游资源的基础上，分析各类生态旅游资源的优势和特点，整合其他自然和人文旅游资源，使之相互依托、相互融合，以突出玉树州的旅游特色，打造玉树州的生态旅游品牌，塑造玉树州的旅游形象。

（4）产业联动战略。生态旅游开发必须依托交通、住宿、餐饮、景区（点）、购物、娱乐等旅游配套服务产业，同时还与工业、农牧业、宗教、文化、金融、建筑、卫生、环保、城建等等众多产业或行业密切相关。在玉树州生态旅游开发中，应充分发挥旅游业的辐射、带动作用，协调好旅游业内部以及旅游业与其他产业的相互关系，实现旅游业与其他产业的共同发展。

（5）可持续发展战略。玉树州尤其是三江源地区生态环境脆弱，生态环境保护极其重要。在生态旅游开发中，应把生态环境的保护、恢复和建设置于首要地位，实施可持续发展战略，坚持生态立州，将旅游资源开发与生态环境保护有机结合起来，以推进旅游业的可持续发展。

3. 玉树州生态旅游产品开发

3.1 生态旅游产品开发总体思路

依托玉树州丰富多样、特色鲜明的生态旅游资源，如高山、湿地、湖泊、草原、森林、野生动植物等，进行生态旅游产品的策划、规划、包装与整合；通过建立自然保护区、森林公园、风景名胜区等，以生态旅游开发为主，兼顾探险旅游、科学考察旅游、修学教育旅游、休闲度假观光旅游等；对生态旅游资源的开发要以保护为前提，开发与保护有机结合，通过生态旅游开发来促进对生态环境的保护；通过整合全州6县优势旅游资源，重点培育各县特色生态旅游精品景区（点），实施错位开发，优势互补，相互协作，形成独具特色的玉树州生态旅游产品体系。

3.2 生态旅游支撑性旅游地（旅游景区/景点）

玉树州生态旅游支撑性旅游地（旅游景区/景点）主要包括：三江源自然保护区、可可西里自然保护区、隆宝滩自然保护区、岗日莱峻生态旅游示范区、邦永湿地保护区、杂多湿地（野生动物）保护区、江西林场、吉曲原始森林、白扎原始森林、谷青谷群原始森林、江荣沟原始森林、东仲林场、嘉塘草原、巴塘草原、扎西科草原、巴司公卡藏羚羊保护区、曲果阿玛藏野驴保护区、章尕日松雪豹保护区、扎河野狼保护区、当曲高原鸟类保护区、巴颜喀拉山、尕朵觉悟山、乃加玛山、喇嘛闹拉山、江嘉多德山（江多石）、下拉秀多杰森巴山（夏嘎冰）、玉珠峰、格拉丹东雪山、勒巴沟等。

3.3 生态旅游重点产品开发思路

（1）三江源生态体验游。三江源头区是我国面积最大的自然保护区和天然湿地分布区，有“中华水塔”之美誉，利用这些珍贵资源和形象称号，面向世界高端生态旅游市场，整合长江、黄河、澜沧江三江源头的垄断性生态旅游资源，开发集科考、教育、探险、观光为一体的世界级、多功能生态旅游体验活动。

（2）隆宝滩自然保护区观鸟游。以隆宝滩天然湿地为载体，以国家一级保护动物黑颈鹤、斑头雁、棕头鸥等名贵候鸟为名片，整合湿地、草原、鸟类等生态旅游资源，开发以鸟类观赏为主的鸟类观光生态游和以生物多样性研究、生态环境保护为主的科学考察游等。

（3）勒巴沟生态文化之旅。整合勒巴沟的原生态自然和人文旅游资源，将自然风光、佛教文化与历史文化融合起来。依托勒巴沟的原生态自然环境和大量宗教遗迹（如嘛呢石、佛教石刻、佛教壁画等），开展勒巴沟生态文化之旅和自然生态观光游等。

（4）森林生态度假休闲游。以囊谦县四大天然林区为主体，利用森林“天然氧吧”和森林野生动植物资源，开辟高原森林生态度假休闲地，重点开发集原始森林探险、科学考察、康体休闲度假于一体的森林生态度假休闲游。

（5）可可西里科学考察游。充分利用可可西里的原生态自然资源、原始生态环境与各种野生动物资源，以保护生态环境、维持生物多样性、维持生态平衡为宗旨，塑造“野生动物王国”、“高原精灵藏羚羊”等形象，整合可可西里生态旅游资源与生态环境，开展可可西里科学考察游。该旅游产品要特别注重其专业性和安全性。

（6）其他生态旅游产品。挖掘、整合、利用原生态民俗文化艺术，如《格萨尔王》说唱艺术、康巴土风歌舞、玉树赛马节等，开展民俗文化生态游；发掘文物古迹、历史遗迹、宗教遗迹等人文生态旅游资源，开展宗教文化生态游。

4. 玉树州生态旅游业建设

4.1 生态旅游业建设总体思路

依据玉树州“生态立州”战略，基于大旅游理念，积极贯彻、实施《国务院关于加快发展旅游业的意见》（国发［2009］41号），将玉树州旅游业所涉及的交通、住宿、餐饮、游览、旅行社、商品购物、文化娱乐和其他行业，整合并构建成为完整的“大旅游产业链”，通过统一的生态旅游规划与管理，使整个产业生态化，使其成为“生态旅游包”，着力培育低碳、循环和绿色旅游业，实现玉树州旅游业的可持续发展。

4.2 旅游交通行业

玉树州的大交通（玉树州的对外交通）相对通达，小交通（玉树州中心城镇到景区点及景区点之间的交通）不够通畅。玉树州应根据生态旅游发展需要，将玉树县结古镇城镇公交线路向周边景区（点）延伸，并开通去往重要景区（点）的旅游专线，建立汽车出租联网系统，逐步完善全州交通网络。应加快治唐公路建设，改造杂多县城—西藏那曲地区巴青县查吾拉、治多县—沱沱河河沿和曲麻莱县城—不冻泉三条通往青藏线的公路状况。在交通道路建设时，注重景观和文化建设，可以开辟生态旅游示范道路，例如109国道沿线的世界屋脊探险旅游景观带，既是交通运输道路，又是生态旅游景观示范道路。在交通道路建设方式上，尽可能选择最少占用和最小破坏生态环境的方式，与野生动物栖息地和自然保护区保持一定空间距离；在道路铺设时，就地取材，尽可能选择污染少、又节能的材料；在交通工具选择上，采用节能型、环保型和具有当地特色的交通工具，实现其多样化，使交通方式也具有生态旅游体验性质。重要景区可采用太阳能或电动型的环保车辆，景区（点）内小交通可采用无污染的交通方式。

4.3 旅游住宿行业

玉树州旅游住宿行业要逐步达到层次化、体系化，各类住宿设施在空间上要合理布局、在档次上要合理配置；结合旅游房地产开发，在住宿环境的营造上，让游客犹如回到原真的自然环境，更要有文化层面的享受；在建筑风格上，要外表民族化、内部现代化；在建筑装饰材料上，要尽量使用绿色环保产品；各个种类的房间用品、用具等也应是绿色环保产品；在住宿方式上，既要满足各类不同游客的需求，又要体现青藏高原生态人居的特点，采用野营地、宿营地、自助式青年旅馆、汽车旅馆、绿色饭店、生态木屋、帐房宾馆、主题客栈、少数民族生态家居等多种方式；在建筑外形上，要实现“本地化”，充分利用当地人创造的适合高原寒冷大风天气的民居建筑，如在牧区以建造流动性帐房宾馆为主，这些帐房可以是长方形、人字形、六角形、八角形的，在农业区可建造藏式土房宾馆和藏式“一面坡”式的宾馆，有条件的地方可建造装饰性较强的藏式阁楼宾馆，在囊谦县等东南部多山峡谷地区，可建设用片石垒砌的方形小楼，即“碉房”式宾馆。

4.4 旅游餐饮行业

玉树州旅游餐饮行业应逐步实现特色化、精细化、品牌化和生态化。依托当地高原土特产品（冬虫夏草、人参果、籽粑、牦牛肉、藏羊肉等），深度开发地方菜肴和风味小吃，引进其他菜系和西餐等制作工艺，开发具有品牌标志的冰清玉洁的“玉派”菜系；在食品选择上，必须是绿色食品甚至是有机食品，如青藏高原的肉食（牦牛肉、藏羊肉等）、奶食（酸奶、奶皮、奶茶等）、野菜（人参果、鹿角菜、柳花菜、地皮菜等）以及菌食等；深入挖掘餐饮文化，体现原生态的游牧文化和藏族风情，使餐饮活动也成为文化体验；在餐饮设施建设上，要突出生态和文化主题，要体现生态、环保、节能和以人为本等理念，建设各具特色的生态餐馆、主题餐馆等。

4.5 旅行社行业

玉树州应加快旅行社行业的建设，促进其旅游产品经营逐步生态化。应实行严格的优胜劣汰制度，不盲目扩大旅游社数量，鼓励旅行社的改造升级；实行承包、合作、股份制、股份合作制等多种经营方式，并组建大型旅游集团；在组团方式上，提倡“小团队”旅游，每个团队10~20人，配备专业的生态旅游导游，为团队提供精致服务；在市场营销上，鼓励采用绿色、环保、无污染理念的营销方式、营销渠道和营销媒介；对导游进行专业培训，培训内容侧重生态旅游，使其真正起到宣传、教育、交流的民间大使的作用；设计、推出具有玉树地方特色的生态旅游产品和线路。

4.6 旅游商品购物行业

玉树州应以生态旅游为经营理念，加快旅游商品购物行业开发。在玉树县结古镇建造大型旅游商品购物中心，开辟民族商品贸易一条街，在其他各县中心城镇建设购物街和不同档次的购物精品店，集中建设旅游商品销售点，并实施规范管理；专设绿色、生态商店，专卖各种绿色商品和生态商品，如中藏药材（知母、贝母、雪莲、雪灵芝、藏茵陈、冬虫夏草等）、天然食品（蔬菜类、水果类、肉类等）、天然饮品、天然化妆品、环保型/低碳型生活日用品、纯棉/毛/绒服装、手工艺品及宣传环境保护的纸制/电子图书；这些商品的原材料应是天然的，不含任何化学成分，且主要取自当地，主要在本地生产；商品包装也要实现简单、环保、节能，同时体现玉树州“冰清玉洁”的特点，以绿色、生态商品来突出其生态旅游内涵；在商品营销上，要做足文化特色，创造精品，树立具有民族特色的名牌，把腰刀、陶艺、藏毯、嘛呢石刻、民族服饰和佛教工艺品等具有民族特色的旅游商品做大、做强、做精。

4.7 旅游文化娱乐行业

玉树州应开发环境友好型或依托当地藏族民俗风情的文体娱乐活动和

项目。充分利用玉树州的文化艺术素材，推出以唐蕃古道寻访、高原山水欣赏、祭祖寻根朝拜、观学康巴歌舞、赛马节会纵情等为主题的旅游节庆活动，并建设一些固定场所，将这些传统民族娱乐活动项目提升到产业层次，作为一种经常性的文体娱乐活动加以推广，其活动内容要具有生态教育意义和文化宣传作用，让参加者在文体娱乐过程中潜移默化地接受环境保护教育、体验民族文化，从而达到促进生态环境保护和民族文化传承的目的。在各景区（点）应因地制宜地开展旅游娱乐活动，活动方式应突出参与性，内容要原汁原味，推出当地居民自愿参与的实景表演。应重视文化艺术人才培养，可组建专业文化娱乐团体，利用各种重大节庆活动举办大型文艺表演，也可到重要客源地巡回演出。应丰富、完善大众文化娱乐产品，开展生态环境保护和传统文化宣传。应建设音乐厅、歌舞剧院等高雅文化艺术场所，丰富游客晚间文化娱乐活动，同时开辟一些大众文体娱乐活动场所，如将城镇广场建成集知识性、趣味性、艺术性、参与性于一体的文体活动场所等。

4.8 文化创意产业

文化创意产业创造出的产品是具有高附加值的产品，文化创意产业是一种具有高附加值的资源节约型的生态产业。文化创意产业可与旅游业有效联动，尤其是与传统产业相比，文化创意产业与旅游文化娱乐行业的联系更为紧密。玉树州应加快文化创意产业开发，形成一个完整的产业体系。应建立文化创意产业培养机制，重点培养高层次的文化创意产业急需人才；依靠创意人才的智慧，以康巴藏族歌舞文化为基本素材，借助高新科技手段对其进行创造和提升，培育文化创意产业品牌，并使其成为玉树州文化创意产业的拳头产品，发挥其龙头带动作用；应与其他产业整体联动，围绕文化创意产业与其他产业的结合点，形成发展合力，扩展发展空间，不断扩展文化创意产业的内涵；尽快启动玉树州文化创意产业工程，通过光盘、图书、宣传册等形式重点对康巴藏族歌舞进行形象创意，通过文艺演出和节庆活动等形式打造康巴歌舞文化创意产品，扩大其文化影响力，使其渗透到旅游活动之中，形成玉树州个性鲜明、内容丰富、吸引力强的文化品牌效应。

4.9 其他相关行业

生态旅游活动除了涉及交通、住宿、餐饮、游览、商品购物和文化娱乐等6大基本要素之外，还涉及邮电、医疗、公安、卫生、教育、体育、环保和安全救援等多种行业和部门，生态旅游活动的顺利开展需要这些行业和部门的配合和支持。基于青藏高原的特殊地理环境，应建立高原生态旅游的医疗应急救助和安全救援体系，以及时救助受伤人员或危重病人；建立卫生保健体系，在主要景区（点）设置自动售药机，在重要景区设立医疗站，对游客进行医疗保健常识教育；旅游团队应配备保健医生，配置氧气发生装置；在基础设施建设上，积极使用节约型用水设备和污水处理设施；鼓励使用风能、生物能、地热能、太阳能等绿色清洁能源；等等。

5. 玉树州生态旅游空间布局

玉树州生态旅游空间布局的总体思路可以概括为：以玉树州本地和周边地区的社会经济发展为背景，以现有6个县的行政区划为基础，以旅游资源和旅游景区（点）、交通道路等基础设施及旅游接待服务设施等条件为依据，最终形成“点”—“线”—“面”—“块/圈”有机融合的玉树州生态旅游空间布局体系，详见表1。

表1 玉树州生态旅游空间布局体系一览表

形式	项目	级别	内容
点	2个中心	一级旅游发展点	玉树县结古镇、格尔木市唐古拉山镇（西大门）
	4个增长极	二级旅游发展点	治多县嘉吉博洛镇、曲麻莱县约改镇、称多县称文镇、囊谦县香达镇（南大门）
	4个发展节点	三级旅游发展点	称多县清水河镇（东大门）、治多县索加乡、曲麻莱县麻多乡（北大门）、杂多县萨呼腾镇

续表

<table>
<tr><th>形式</th><th>项目</th><th>级别</th><th>内容</th></tr>
<tr><td rowspan="3">线</td><td>两条发展主轴</td><td>一级旅游发展轴</td><td>巴颜喀拉山口—吉曲（214 国道）、昆仑山口—唐古拉山口（109 国道）</td></tr>
<tr><td>两条发展辅轴</td><td>二级旅游发展轴</td><td>称多县清水河镇—曲麻莱县约改镇—昆仑山口（308 省道、约改镇—昆仑山口县道），玉树县结古镇—治多县嘉吉博洛镇—扎河乡—索加乡—格尔木市唐古拉山镇（308 省道、规划建设中的治唐省道）</td></tr>
<tr><td>若干开发扩展轴</td><td>三级旅游发展轴</td><td>连接各景区（点）的交通道路（县道、乡道）</td></tr>
<tr><td rowspan="3">面</td><td rowspan="3">7 个旅游地系统</td><td>一级旅游地系统</td><td>玉树县—称多县南部文化体验旅游地系统、格尔木市唐古拉山镇科考探险旅游地系统</td></tr>
<tr><td>二级旅游地系统</td><td>治多县旅游地系统、曲麻莱县旅游地系统</td></tr>
<tr><td>三级旅游地系统</td><td>囊谦县旅游地系统、杂多县旅游地系统、称多县北部旅游地系统</td></tr>
<tr><td>块/圈</td><td>“大金三角”藏区旅游圈</td><td>大尺度宏观背景下的板块旅游</td><td>青海西宁、西藏拉萨、四川成都位于“大金三角”的顶点，玉树州位于“大金三角”的中心</td></tr>
</table>

参考文献

［1］张忠孝．青海地理［M］．北京：科学出版社，2009.

［2］唐仲霞．玉树州区域特色经济可持续发展研究［J］．青海科技，2008 年第 1 期：10－13.

［3］旦秀英．青海玉树藏式建筑艺术的魅力［J］．西藏艺术研究，2004·4：51－52.

［4］陈玮，马占彪．青海藏区社会主义新农村新牧区建设的模式及对策研究［J］．中国藏学，2008 年第 3 期：187－193.

［5］更阳．“三最”地区扶贫开发调查与思考——以青海省玉树藏族自治州为例［J］．老区建设，2004.2：6－8.

[6] 玉树旅游网 [EB/OL]. http://sjyly. gov. cn.

[7] 林越英等. 青海省玉树藏族自治州旅游开发研究报告 [Z]. 2010年2月.

Research on ecotourism exploitation and sustainable development in Yushu Tibetan Autonomous Prefecture

Lin Yueying, Zhang Lina

(*School of Tourism Development Research, Beijing International Studies University, Beijing*: 100024)

Abstract: The ecotourism exploitation and sustainable development in Tibetan areas was preliminarily researched in this paper with a case study of Yushu Tibetan Autonomous Prefecture in Qinghai province. On the basis of SWOT analysis of general situation of ecotourism in Yushe, this paper discussed the targets and strategies of ecotourism development and proposed some ideas on ecotourism products, industry and spatial distribution.

Key words: Tibetan Areas; Ecotourism; Sustainable Development; Yushu Tibetan Autonomous Prefecture

甘南藏族自治州生态旅游发展探析

马忠泽①

（甘南州旅游局，甘肃甘南 747000）

【摘要】：甘南藏族自治州建州近60年来，在党中央、国务院的关心支持和省委、省政府的正确领导下，全州上下坚持以经济建设为中心，以加快发展为主题，抢抓西部大开发和国家扶持少数民族地区发展的历史机遇，探索出一条适合民族地区实际的发展道路。近年来，甘南州经济快速发展，社会全面进步，民生不断改善。几届州委州政府领导班子，在科学分析了甘南发展形势以后，决定以发展旅游业为抓手，带动全州其他产业发展，2011年召开的州第十一次党代会上，更是提出了“生态立州、旅游兴州、文化撑州、产业富州、稳定安州”五大战略。如何把生态和旅游结合起来是今后一段时期内，甘南州旅游业发展的关键问题，同时也是甘南州能够完成两大战略目标的重要影响因素，甘南州发展生态旅游势在必行、迫在眉睫。

【关键词】：生态旅游；旅游发展；甘南州

1. 甘南藏族自治州概况

甘南藏族自治州是我国十大藏族自治州之一，位于青藏高原东北边

① 马忠泽，男，甘南藏族自治州旅游局副局长。

缘，甘肃省西南部，甘、青、川交界处。全州总面积4.5万平方公里，处于青藏高原和黄土高原过渡地带，地势西北部高，东南部低。境内海拔1100~4900米，大部分地区在3000米以上。全州分为三个自然类型区：南部为岷迭山区，山大沟深，气候比较温和，是甘肃省重要林区之一；东部为丘陵山地，高寒阴湿，农林牧兼营；西北部为广阔的草甸草原，是甘肃省主要牧区。甘南州府合作市海拔2960米，平均气温1.7℃，没有绝对无霜期。

自治州成立于1953年，辖七县一市，99个乡（镇、街道办）。州内有藏、汉、回、土、蒙等24个民族，总人口68.03万，其中藏族37.85万，占总人口的55.6%；农牧业人口54.56万，占总人口的80.2%。

甘南是古丝绸之路唐蕃古道的重要通道，是离内地最近的雪域高原，自然风光秀丽，民族特色浓郁，风土人情独特，有尕海—则岔国家级自然保护区、莲花山和冶力关国家森林公园以及桑科草原、黄河首曲、大峪沟、沙滩森林公园等几十处优美的自然景区；有全国文物保护单位夏河拉卜楞寺、卓尼禅定寺和碌曲郎木寺等121座藏传佛教寺院；有天险腊子口、俄界会议遗址和甘加八角城等20多处历史遗址；有香浪节、晒佛节、采花节、花儿会、插箭节等几十种民俗节庆活动。甘南境内河流众多，水能资源得天独厚，黄河、白龙江、洮河、大夏河四条河流及其120多条支流纵横全州，水力资源理论蕴藏量361.37万千瓦，占全省水能总蕴藏量的21%，可利用量215.86万千瓦，目前已开发利用量仅占可开发量的8.04%。甘南地下矿藏贮量丰富，现已探明有金、铜、铁、锑、硅石、铅、锌等各种矿产地270处，探明矿种24种，其中14个矿种贮量居全省前五位，黄金产量居全省第一位，矿产潜在经济价值100多亿元。境内有天然草原4084万亩，占土地总面积的70.28%，其中可利用草原面积3848万亩，80%的天然草场联片集中，是青藏高原天然草场中自然载畜能力较强、耐放牧性最大的草场，理论载畜量达620万个羊单位。森林总面积2580万亩，占全省森林资源总面积的30%，森林蓄积量占全省总量的45%，林区蕴藏着极其丰富的野生动物资源和药材、山珍野菜等植物资源。

甘南藏族自治州建州近60年来，在党中央、国务院的关心支持和省委、省政府的正确领导下，全州上下坚持以经济建设为中心，以加快发展为主题，抢抓西部大开发和国家扶持少数民族地区发展的历史机遇，探索出一条适合民族地区实际的发展道路。近年来，甘南州经济快速发展，社会全面进步，民生不断改善。几届州委州政府领导班子，在科学分析了甘南发展形势以后，决定以发展旅游业为抓手，带动全州其他产业发展，去年召开的州第十一次党代会上，更是提出了"生态立州、旅游兴州、文化撑州、产业富州、稳定安州"五大战略。如何把生态和旅游结合起来是今后一段时期内，甘南州旅游业发展的关键问题，同时也是甘南州能够完成两大战略目标的重要影响因素，甘南州发展生态旅游势在必行、迫在眉睫。

2. 发展生态旅游的意义

发展生态旅游是新时期甘南旅游业转换发展思路、提升产业内涵、实现可持续发展的关键选择。

2.1 生态旅游是生态文明的重要载体，是可持续发展理念在旅游业中的具体体现

建设资源节约型、环境友好型社会是全面实现小康社会的客观要求，是深入贯彻落实科学发展观的必然选择。旅游业是面向民生的服务业，是扩大内需、促进消费的重要领域。旅游与生态环境相互关联，互相促进。良好的生态环境是旅游发展的重要基础和必备条件，旅游业是促进生态环境建设的有效手段和重要渠道。

生态旅游是以可持续发展为理念，以保护生态环境为前提，以统筹人与自然和谐为准则，并依托良好的自然生态环境和独特的人文生态系统，采取生态友好方式，开展的生态体验、生态教育、生态认知并获得心身愉悦的旅游方式。因此，生态旅游是生态文明的重要载体，是可持续发展理念在旅游业中的具体体现。

2.2 生态旅游是新时期世界及中国旅游业发展的主要潮流

在世界范围内，生态旅游正处于快速发展阶段，强劲的发展势头体现

了人类尊重自然、珍视环境的可持续发展理念，反映了人类在开发利用自然生态环境过程中对自身行为的重新审视，推动了经济社会的可持续发展。

随着环保观念日益深入人心和可持续发展战略的实施，生态旅游在我国也获得了长足的发展。截至2006年，我国共建立了各类各级自然保护区2349个，总面积占陆地国土面积15%，各类保护区网络的建立，使全国90%的陆地生态系统类型、85%的野生动物物种和65%的高等植物群落以及300多种重点保护的野生动物和130多种重点保护的野生植物栖息地得以有效保护，并形成了一批生态旅游产品，同时旅游生态保护管理工作力度的不断加大也为规范生态旅游市场提供了保障。2005年6月，国家环保总局与国家旅游局共同下发了《关于进一步加强旅游生态环境保护工作的通知》，对旅游开发规划、建设、经营、服务等各个环节的环境管理提出更具体的要求，尤其是对各级环保和旅游主管部门在旅游活动中如何做好监督管理工作提出了具体要求，对促进旅游生态保护起到了积极的作用。2006年8月，国家环保总局、国家旅游局、建设部又共同召开了生态旅游现场会，推广经验，促进生态旅游健康发展。2007年，国家旅游局出台《全国生态旅游发展纲要》，明确规定了在我国发展生态旅游的指导思想、发展原则、发展目标、主要内容与要求、重点工作与保障措施等。发展生态旅游已经成为我国经济社会可持续发展战略和基本国策的重要组成部分。

2.3 生态旅游是甘南旅游业转换发展思路、提升产业内涵的关键选择

甘南藏族自治州拥有丰富的生态旅游资源。近年来，自然保护区、生态功能保护区、风景名胜区、森林公园、地质公园、湿地公园、国家公园等生态资源不断丰富，生态旅游产品多样化发展，生态环境保护工作力度持续加大，生态旅游发展环境日渐优化，环保观念日益深入人心，为甘南州发展生态旅游带来良好条件和发展机遇。

甘南州生态旅游的发展具有宏观、微观两方面的功能和意义。（1）宏观层面：一是能够获得国家和省上资金、技术、项目、管理等方面的大力

支持，为甘南生态旅游发展提供全方位的指导和帮助。二是创立独特的、高等级的旅游形象品牌，可扩大甘南旅游知名度和感召力，培育潜在旅游市场，增强区域旅游竞争力。三是形成规范的、系统化的生态旅游发展机制，促使甘南生态旅游发展建立在坚实的平台上，从起步之初就进入健康、有序的轨道。(2) 微观层面：一是能够保护和恢复甘南的生态旅游资源，这是甘南旅游业可持续发展的基础；同时，也有利于甘南全州生态环境的保护和优化。二是可促进甘南州加大扶贫开发力度，改善农牧区生产生活条件，增加农牧民收入，并带动生态畜牧业和高原特色农业的发展。三是通过建立生态补偿机制，促进农牧民转产专业，有效解决社区冲突等一系列问题。四是可加大发展社会事业的力度，提高社区公共服务能力，并间接提高社区科、教、文、卫事业水平。

3. 生态旅游发展的有利条件和制约因素

3.1 建设生态旅游的有利条件

3.1.1 政策优势

2007 年，胡锦涛总书记等中央领导对青海藏区经济社会发展作出了重要批示，提出要通过对西藏以外的藏区进行扶持以加快其全面发展。随后国家和甘肃省政府先后颁发了《国务院关于支持青海等省藏区经济社会发展的若干意见》(国发［2008］34 号)、《中共甘肃省委甘肃省人民政府关于进一步加强藏区工作的若干意见》(甘肃省委发［2008］40 号)、《甘肃省政府关于贯彻国务院支持青海等省藏区经济社会发展若干意见的实施意见》(甘政发［2009］30 号)、《中共中央国务院关于加快四川云南甘肃青海省藏区经济社会发展的意见》(中发［2010］5 号) 等文件。作为指导藏区加快全面小康社会建设、实现民族地区长治久安的纲领性文件，从国家、地区层面提出了一整套符合藏区实际的发展目标、重点领域、主要任务、重大项目和支持政策，为甘南等藏区发展提供了强大的政策保障。自从温家宝总理主持召开国务院第 30 次常务会议，审议并原则通过《关于支持青海等省藏区经济社会发展的若干意见》之后，甘南藏区的经济社会发展越来越受到国家和省级有关部门的重视，甘南的旅游业发展也受到了国家和甘肃省旅游局的特别关注。甘肃省旅游局的领导已经表达了初步意向，支持甘南申报并建设国家级生态旅游示范区。

3.1.2 自然地理优势

甘南地处青藏高原东北缘，地形复杂，地势高耸，自然地理环境垂直和水平分异特征显著，形成以高寒阴湿的草地森林景观为主的复杂自然地理环境。境内有黄河、洮河、大夏河、白龙江等120多条干支流，年径流量大于$1\times108m^3$的河流有19条，黄河流经甘南后，径流量增加了$108.1\times108m^3$，占黄河年均径流量的18.6%，白龙江径流量$27.44\times108m^3$，约占嘉陵江总径流量的60%，被誉为长江最大的二级支流。甘南是“黄河蓄水池”、“中华水塔”的重要组成部分，在涵养和补给黄河水源、调节气候、保持水土、维护生物多样性方面具有十分重要的特殊功能和生态地位，在我国主体功能区划中属全国重要的生态屏障区和限制开发区。从目前已正式批准的生态旅游示范区名单看，国家级的较大地域范围的生态旅游示范区尚不多见，甘南地理单元完整，区域特色鲜明，具备申报国家级生态旅游示范区的各项条件和独特优势。如果申报成功，将是全国30个少数民族自治州中第一个全州范围的生态旅游示范区，也是面积最大的生态旅游示范区。

3.1.3 地缘区位优势

甘肃省省委、省政府在统筹考虑甘肃区域经济发展与兰州城市未来发展的基础上，提出了构建大兰州都市经济圈的构想，形成以兰州为轴心，以交通时间为半径，以经济社会发展关联度为取向的“两圈五带”兰州都市经济圈空间构架。在兰州都市经济圈发展中，甘南州处于兰州—临夏—甘南的经济协作带前缘，属于兰州都市经济圈的外围边缘地区，是兰州都市经济圈向东南、西南方向扩散的前缘地带。除甘南州拥有独特的经济区位外，还拥有：（1）旅游区位：西北、西南旅游区间的重要交接地带。（2）文化区位：西北藏汉等多元民族文化的交汇融合区。

3.1.4 生态文化优势

甘南州旅游资源类型多样，为旅游产品的多功能开发创造了条件。由于该州生态环境受人为破坏较小，自然环境质量较高，加上当地民俗民风古朴，既有丰富的自然风景，又有独特的人文景观。具备发展以回归自然为主题的生态旅游、探险旅游、体验旅游和休闲度假旅游的良好基础。2004年，甘南被中国社科院西部发展研究中心评为“西部最具魅力的旅游景区”；2005年被美国最具权威的旅游杂志《视野》《探险》评为“‘让生命感受自由’的世界50个户外天堂”之一，被《中国国家地理》《时尚旅游》评为“人一生要去的50个地方”之一；2007年被联合国人居环境发展促进会、世界华人联合会评为“中国最具民族特色旅游目的地”。这些都是甘南建设国家级生态旅游示范区的独特优势和物质基础。

3.2 发展生态旅游的制约因素

3.2.1 经济制约：低水平经济致使旅游自我发展能力较弱

旅游发展可以通过产业融合、扩大内需等途径推动地方经济发展，但地方旅游开发与发展也需要大量资金的投入。而甘南是我国贫困较为集中的地区，2009年底临潭县、卓尼县、舟曲县、夏河县、合作市5个县（市）重点扶贫县，绝对贫困人口8.28万人，低收入人口30.66万人，占全州总人口比重分别为12.2%和45.2%。2009年，地方财政收入3.01亿元，自给率只有5%，经济实力较弱，地方财政收入较少，财政收入大部分用于行政和事业单位人员的工资，导致发展资金不足，“吃饭”与“建设”的矛盾突出。另外融投资渠道不畅，投资体系尚不完善。导致旅游开发资金投入严重不足，旅游资源得不到有效的开发利用。近年来旅游开发主要依靠国家财政拨款，致使旅游发展投入严重不足，旅游的自我发展能力较弱，景区（点）建设、产品深度开发和宣传促销受到很大制约。

3.2.2 设施制约：基础设施对旅游业发展的瓶颈制约突出

在国家、地方政府的大力支持下，甘南的旅游基础设施虽然取得了快速发展，但基础设施的建设依然较为滞后，吃、住、行、游、购、娱等旅游接待服务设施仍然较为缺乏，旅游综合服务水平依然有待提升。从甘南旅游交通条件看，普遍存在着道路等级低、路况差、断头路多及尚未建成交通网络系统等问题，全州交通运输仅靠公路，而且等级低，铁路、航空、水运还处于起步阶段，尚未形成综合交通运输网络体系，交通运输的

“瓶颈”制约还未从根本上打破。2010 年全州公路总里程 6613km，其中二级公路 291km，仅占 4.4%，等外公路 2383km，占到 36%。从旅游接待和服务水平看，许多景区接待服务设施较为缺乏，部分景区专业的旅游接待服务、管理人员缺乏，景区内交通、通信、住宿、餐饮、购物、游览等旅游设施建设比较滞后，基础设施配套性较差和综合管理服务水平较低的问题较为突出。

3.2.3 环境制约：脆弱生态环境中旅游发展的环境压力较大

鉴于甘南在全国生态系统中的重要性，自《中华人民共和国国民经济和社会发展第十一个五年规划纲要》起就一直将甘南划定为长江、黄河上游重要的水源涵养区、水源补给区、水土保持的重点预防保护区，在全国主体功能区划中属限制开发区域。近年来，受气候变暖、降雨量减少等自然因素和人口增加、超载过牧，森林过度采伐等人为因素的共同影响，甘南全州 90% 草地出现不同程度的退化、沙化和盐碱化，其中重度退化面积高达约 29%，水土流失面积 $118\times104\text{hm}^2$，占全州总面积的 26.2%。甘南特殊的重要生态地位和脆弱的生态环境，对甘南旅游发展具有长期性的导向、限定作用，使甘南旅游发展面临着保护生态的巨大压力，必将在旅游开发方向、规模和方式等选择方面对甘南旅游业发展产生显著影响。

4. 甘南州发展生态旅游业的原则和目标

4.1 发展原则

加快培育旅游支柱产业，推进“生态甘南”、“旅游甘南”建设，发挥好旅游业在带动全州社会经济发展的龙头作用，积极引导构建高原特色生态旅游示范区，对于优化经济结构，加快转变发展方式，拉动消费需求，扩大社会就业，推进全面开放，构建和谐社会，把甘南建设成为促进甘肃南部崛起的重要战略支点具有十分重要的意义，因此，要做到坚持政府主导与市场引导、重点突破与整体推进、产业升级与产业融合、加快发展与可持续发展、国内市场与国际市场“五个结合”，确定大旅游总体发展、突出生态旅游发展方向、以生态旅游示范区发展为载体、以产品创新为发展主线“四个发展”。

4.2 发展目标

“十二五”期间，通过培育特色旅游城镇，打造强势旅游区、点，构建精品旅游线路，打响生态休闲度假品牌，不断提升甘南旅游的市场知名度，加快实现旅游产业从州内一般产业向州内支柱产业的转变，加快实现甘南州从全省旅游资源优势区向全省旅游产业优势区的转变，提高旅游产业对全州经济增长、社会发展和生态建设的综合贡献率，进一步提高甘南在甘肃省旅游强省建设中的地位与作用，使我州成为特色鲜明、品质卓越、便捷舒适、质量上乘的国家级高原特色生态旅游示范区。

4.2.1 经济目标

“十二五”期间，要确保全州接待游客人数和旅游总收入的持续稳定增加，到2015年，接待国内外游客人数达到500万人次，年均增长25%，旅游综合收入突破10亿元，年均增长30%；旅游总收入占全州GDP的比重达到15%，确立旅游业在甘南州国民经济发展中的战略性支柱产业的地位。创建2个国家AAAAA级景区、5个以上国家AAAA级景区，10个以上国家AAA级景区。拉卜楞、冶力关两个景区打造成年接待过百万游客核心景区，夏河县建成中国旅游强县，合作市、临潭县、舟曲县、迭部县建成旅游示范县市。建成1～2个五星级酒店、5个以上四星级酒店、10个以上三星级酒店，重点扶持冶力关、郎木寺、新城、桑科、腊子口、木耳、立节等40个专业旅游村和1000户农（牧、林）家乐，提高乡村旅游的接待能力和服务水平。以合作市为代表的城市（县城）和拉卜楞寺、冶力关景区为代表的景区服务水平和接待能力进一步增强。

4.2.2 品牌目标

旅游产品的品牌目标定位应以“藏民俗文化游”和“生态休闲游”作为核心内容和标志性主题，重点开发宗教文化旅游、民俗风情旅游、生态科考探险旅游三大主题产品，形成藏传佛教文化旅游、藏民俗风情体验旅游、高原生态科考探险旅游三大旅游精品品牌，使“九色甘南香巴拉”旅游形象在国内外旅游市场具有较高的知名度和美誉度。

4.2.3 市场目标

“十二五”期间，在巩固甘肃、青海、四川、陕西、宁夏等邻近程主导客源市场的基础上，将环渤海、长三角、珠三角等经济发展水平较高的远程市场作为主攻目标，通过运用多种现代营销手段提高甘南州旅游产品在全国的知名度与市场份额，使甘南州成为我国藏区旅游的热点地区。依托拉卜楞寺、藏巴哇藏族风情、觉乃藏族民俗文化、勺哇土族风情等藏传佛教、民俗文化对国外游客具有较强吸引力的优势，以欧美市场为重点，同时加大对港澳台、韩国、日本、东南亚等客源地的营销力度，不断扩大甘南旅游在境外旅游市场的影响力和知名度。

4.2.4 社会目标

“十二五”期间，积极发挥旅游业在就业、扶贫和城乡统筹中的重要作用。充分发挥旅游就业容量大、就业门槛较低的优势，广开就业渠道、优化就业结构、强化就业政策，以旅游产业发展推动旅游就业；通过发展旅游业显著提高农民收入，带动乡村走上稳定致富的道路；通过城乡旅游业的互动发展，初步形成城乡统筹发展的良好局面。

4.2.5 生态目标

以建设国家级高原特色生态旅游示范区为目标，通过大力发展生态旅游，使全州旅游区（点）生态环境面貌得到明显改善，确保全州旅游区（点）生态环境质量达标率为100%。在创建国家级生态旅游示范区的基础上，建设若干旅游项目生态化、旅游设施生态化、旅游服务生态化为特色的高标准生态旅游区（点）。

多种叠加政策给甘南发展带来了机遇，同时也是甘南州旅游业大发展、大进步的重要机遇，如何把甘南生态产业和旅游产业有机的结合起来实现全面发展，生态旅游给甘南带来了机遇，以生态旅游为基点是实现“生态立州、旅游兴州”的唯一选择。所以，甘南州走生态旅游路线是正确的，也是科学的，必须坚持不渝地走生态旅游路线，以生态带旅游，以旅游养生态，走具有甘南特色的生态旅游路线。

参考文献

[1] 李巍. 甘南州旅游业十二五规划 [J] 西北师范大学旅游规划学院2011年7月.

[2] 李巍. 甘南州旅游业规划（修编）[J] 西北师范大学旅游规划设计院2011年7月.

Thinking on the Development of Ecotourism of Gannan Tibetan Autonomous Prefecture

MA Zhongze

(*Gannan Prefectural Tourism Administration*,
Gannan Prefecture 747000, *China*)

Abstract: Gannan Tibetan Autonomous Prefecture has been statehood for nearly 60 years, with the concern and support of the State Council and the correct leadership of the provincial government, all members of the state persist in taking economic construction as the center, taking development as its theme, seizing historical opportunities of development under the China's Western Campaign and Support Minority Development policy, exploring out a suitable and actual way to develop. In recent years, economy in Gannan Prefecture is developing rapidly, comprehensive social conditions are progressing, the people's livelihood is continuous improving. Sessions of leadership of the state government decided to take tourism as the starting point and led the statewide development of other industries with the scientific analysis of a form of Gannan development. Five big tactics "ecology upbuilds the state, tourism prospers the state, culture braces the state, industry richens the state, stability secure the state" were proposed on the eleventh party congress last year. How to make ecology and tourism combine is the key issues of Gannan Prefecture development and also the important aspect to complete the two major strategic objectives at the same time in Gannan Prefecture, so to develop ecotourism is imperative and urgent in Gannan Prefecture.

Key words: ecotourism; tourism development; Gannan prefecture

昆明市团结镇农家乐旅游产品“低碳度”研究[1]

莫延芬[2]，杨桂华[3]

（云南大学工商管理与旅游管理学院，云南昆明，650091）

【摘要】：本文提出“旅游产品低碳度”这一定量分析指标，结合我国旅游业向休闲度假转型升级的趋势，选取典型的休闲旅游产品——昆明市团结镇农家乐旅游产品作为研究对象，通过计算、分析昆明市团结镇农家乐旅游产品的低碳度，验证了“低碳度”这一指标的可用性、可行性和可靠性，提出了降低农家乐旅游产品低碳度的有效途径。

【关键词】：农家乐；低碳度；昆明市团结镇

低碳经济是人类社会经济可持续发展的未来，低碳化已经成为世界经济的一个重要发展方向和趋势，旅游业也面临着低碳化的发展目标。旅游业的低碳化程度可直接体现于旅游产品的低碳程度，因此，研究旅游产品的低碳程度并寻找降低其碳排放的途径，是推动旅游业低碳化发展的有益探索。本文创新性地提出“旅游产品低碳度”这一定量分析指标，结合我国旅游业向休闲度假转型升级的趋势，选取典型的休闲旅游产品——昆明

① 基金项目：国家自然科学基金资助项目“云南省旅游业多维生态效率及影响机理研究”（40961040）研究成果

② 莫延芬（1986—），女，重庆人，云南大学工商管理与旅游管理学院旅游管理硕士，主要从事生态旅游研究。E－mail：mobendan@ 163. com

③ 杨桂华（1957—），女，云南昭通人，云南大学工商管理与旅游管理学院教授、博士生导师，主要从事生态旅游研究。E－mail：yanggh99@ 163. com

市团结镇农家乐旅游产品作为研究对象，通过计算、分析农家乐旅游产品的低碳度，验证了“低碳度”这一指标的可用性、可行性和可靠性，提出了降低农家乐旅游产品低碳度的有效途径。

1. 理论与方法

1.1 旅游产品低碳度

低碳度是对部门、行业及产品等创收能力与 CO_2 排放量的综合分析，是对经济发展与环境保护问题的权衡考虑，着眼于经济和环境的协调、共同、可持续发展。低碳度站在经济发展与环境保护中间不偏不倚，直观反映了一个行业、部门、产品等对低碳经济发展的贡献程度与低碳潜力。

因此，旅游产品低碳度是旅游产品的消费所产生的 CO_2 排放量与经济量的比值，直观地反映了旅游产品每单位经济收入所产生的 CO_2 排放量。这一指标凸显了现阶段旅游经济发展与环境保护的同等重要性，追求经济与生态环境的协调、可持续发展。

1.2 农家乐旅游产品低碳度计算

1.2.1 计算公式

产品低碳度通过产品或服务的消费导致的 CO_2 排放量除以其创造的经济收入计算得到。

$$LCD = CE/EC \tag{1}$$

式（1）中，LCD（low - carbon degree）为低碳度，CE（CO_2 emission amount）表示 CO_2 排放量，EC（economic capacity）表示经济量。

旅游产品低碳度则是对旅游产品单位经济收入所带来的 CO_2 排放量的反映：

$$TPLCD = TPCE/TPEC \qquad (2)$$

式（2）中，TPLCD（tourism product low carbon degree）表示旅游产品低碳度，TPCE（tourism product CO_2 emission amount）标志旅游产品 CO_2 排放量；TPEC（tourism product economic capacity）表示旅游产品带来的经济收入。

低碳度越低，表明单位经济收入所产生的 CO_2 排放量越少，更有利于经济和生态环境的协调、可持续发展，反之则反。

旅游产品低碳度不仅能反映旅游产品的整体低碳程度，还能体现旅游产品各个组分的低碳度和低碳潜力，凸显减少旅游产品碳排放的关键环节。是发展低碳旅游经济制定决策、寻找方法和途径的前提和基础。

1.2.2 组分计算

农家乐旅游产品低碳度的计算采用成分法，首先计算出各个组分的低碳度，在此基础上整合计算得到产品的低碳度。

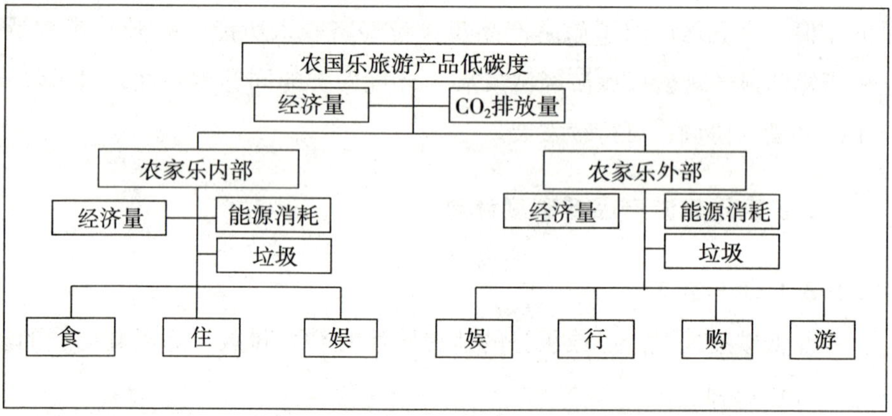

图 1　农家乐旅游产品低碳度计算模型图

（1）食、宿组分

由于农家乐特殊的经营模式，不能准确地区分在农家乐内部食、宿组分的能源消耗。为了避免强行分离食、宿组分所造成的误差，研究中对农家乐内部食、宿组分的低碳度进行组合计算。在此基础上通过农家乐之间食宿环节的对比，了解食、宿组分低碳度的高低差别。

（2）行

对于乘坐公交车前往团结镇农家乐的游客，“行”组分所产生的经济量即交通费，对于自驾车游客，“行”组分经济量为购买出游所消耗汽油的支出。计算方式为：C = S * N * P。其中，C为自驾车游客“行”组分的经济支出；S为农家乐距客源地的距离：17km；N为汽车每公里耗油量，根据Stefan Gossling（2005）的研究，汽车人均CO_2排放系数为0.075 kg-CO_2/pkm，结合汽油排放系数、产热系数、密度等可计算得到汽车人均每公里耗油量为0.035L/pkm；P为汽油单价。

表1　自驾车游客汽油消耗量计算相关系数

	排放系数	汽油排放系数	汽油产热系数	汽油密度
参数	0.075kgCO_2/pkm	69.03tCO_2/TJ	43.12GJ/t	0.725g/ml

由交通工具能源消耗产生的CO_2排放量计算公式为elit = βm * S。elit为游客出游过程中“行”组分所产生的CO_2排放量，单位为kg，βm为不同交通方式的排放系数，单位为kg/pkm；S为出游距离，单位为km。

表2　不同交通类型交通工具的排放系数

交通方式	飞机	火车	汽车	长途汽车/公共汽车	游船	其他
排放系数（kgCO_2/pkm）	0.14	0.025	0.075	0.018	0.07	0.075

数据来源： Stefan Gossling，Paul Peeters，Jean - Paul Ceron，Ghislain Dubois，Trista Patterson，Robert B. Richardson. The eco - efficiency of tourism. Ecological Economics，2005，(54)：417 - 434.

（3）游（农家乐外部娱乐）

根据不同的旅游吸引物和活动的能源需求量及能源形式，结合联合国国际会计和报告标准《生态效率指标编制者和使用者手册》（1.1版）所提供的各种能源的CO_2排放系数，可计算出游览团结镇各类景区的人均每次CO_2排放量。各类旅游吸引物及活动CO_2排放量见下表：

表 3　旅游吸引物及娱乐活动分类及旅游者人均消耗能量、所需电能

类型	亚类	具体形式	消耗能源（MJ/人次）	主要能源形式	旅游者人均 CO_2 排放（kg/人次）
吸引物	公园	水族馆、野生动物园、植物园	8.4	汽/柴油	0.622
	消遣娱乐	体验中心、运动场所、主题公园	22.4	煤、电	2.201
	工业	啤酒厂、农业展示、鸡尾酒品评	11.5	电	3.217
	自然吸引物	温泉	8.5	电	2.378
娱乐	表演	电影院、话剧院、戏剧中心	12.0	电	3.357
	其他	酒吧、俱乐部、购物	6.9	电	1.93
活动	机动水上运动	潜水、汽艇、航海	236.8	煤	23.270
	探险	皮艇、山地自行车、攀岩、漂流、滑雪	35.1	汽/柴油	2.6
	自然环境中的娱乐	自行车、高尔夫、骑马、垂钓、步行、导览	26.5	汽/柴油	1.963

资料来源： 整理自 Susanne Becken，David G. Simmons，Chris Frampton. Energy use associated with different travel choices. Tourism Management，2003，24：267 - 277. 有删减。

根据各景区接待人次以及接待收入的统计，计算得到各景区景点人均支出。

（4）购

Klaas Jan Kramer（1999）通过“交通”这一环节串联起来的四个方面分析了食品消费所产生的 CO_2 排放，并计算得到食品消费单位经济产出所对应的 CO_2 排放量。借鉴 Klaas Jan Kramer 的计算结果，可得到团结镇主要土特产（以水果为主）每单位经济量对应的 CO_2 排放。

表 4　团结镇农事体验活动与土特产购买低碳度

	苹果	红雪梨	平均值
排放系数 $kgCO_2$/荷兰盾	0.247	0.154	0.201
排放系数转换：$kgCO_2$/元	0.05	0.031	0.04

（5）娱

娱乐项目的类型决定了农家乐旅游产品的类型，对农家乐旅游产品娱组分低碳度的计算和分析，就是对不同类型旅游产品的低碳度的研究。基于娱乐组分与其他相关组分的如下紧密联系，本研究通过对比分析不同类型产品的低碳度来了解不同类型娱乐活动的低碳度：

目前团结镇农家乐内部的娱乐项目所产生的经济量及排放量都很难单独进行计算，因此，研究中的娱乐活动主要在庭院内的庭院娱乐型产品食、宿和娱三个组分进行整合计算和分析。

农家乐外部的娱乐项目主要包括农产品采摘等体验活动和景区内的娱乐活动，对应于田园体验型、景区休闲型两类产品。类似于庭院娱乐型产品低碳度的分析，将对田园体验型产品的购与娱组分、景区休闲型产品的游与娱组分的经济量、CO_2 排放量和低碳度进行整合计算和分析。

（6）垃圾

垃圾的存放产生垃圾瓦斯（CO_2 和 CH_4）、运输和处理过程都会产生 CO_2。

与日常生活相比，团结镇农家乐游客的垃圾排放主要在景区游览等环节有增加，而在餐饮环节的厨余垃圾有减少，消费景区休闲型产品的游客还要加上产生的公园垃圾：1kg/人·天。① 住宿游客按 1.5 天计算，不住宿游客按 1 天计算。

1.3 农家乐旅游产品低碳度分析

通过计算团结镇农家乐旅游产品低碳度水平，对比分析其与可持续发展目标、我国社会平均水平、观光旅游产品低碳度的差异，为我国旅游业、国民经济低碳化发展策略的制定提供借鉴；通过计算各类农家乐旅游产品的低碳度，对比分析各种农家乐旅游产品低碳度的差异；通过计算农家乐旅游产品各组分低碳度，探索降低各组分低碳度

① 资料来源，根据《基于温室气体排放的云南香格里拉旅游线路产品生态效率》所提供的计算标准和方法，结合团结镇实际情况，推算得出。

的可行措施。

2. 团结镇农家乐旅游产品低碳度计算

2.1 研究背景

2.1.1 团结镇农家乐旅游发展概况

团结镇农家乐旅游产品是昆明乡村旅游的品牌之一和昆明环城旅游度假带的重要组成部分。团结镇农家乐旅游产品充分体现了旅游业对相关产业的带动作用，成为现代旅游业渗透传统农业的示范区［云南省15个地、州、市，昆明市各县（市）、区都曾到团结镇考察、学习］，2004年4月，团结镇成为首批全国农业旅游示范点。对推动昆明“假日旅游”和“假日经济”的发展作出了贡献，成为了昆明市旅游的一大亮点。

在整个团结镇农家乐旅游格局中，龙潭片区的农家乐处于龙头地位。该片区已经形成分别以白族休闲园、生态旅游示范区、滑草场为中心的三大集中区域。本研究选取龙潭片区的农家乐为实证研究对象。

2.1.2 团结镇农家乐旅游产品体系

结合团结镇旅游产品中主要娱乐项目类型，以及研究中计算分析的可行性，本研究认为团结镇现有农家乐旅游产品主要有以下三类：A庭院娱乐型、B田园体验型、C景区休闲型；根据游客在团结镇停留时间，将团结镇农家乐旅游产品分为一日游和两日游两种形式；根据游客的交通方式，将团结镇农家乐旅游产品分为自驾车和公交车两种方式。

为了表述简洁，对上述两种形式、两种方式的三类产品进行编号，研究中统一使用如下编号体系。下文中也将省略其全称，只使用标号：

表5　团结镇农家乐旅游产品体系

区位 产品类型	生态旅游示范区 庭院娱乐型 A				白族休闲园片区 田园体验型 B				滑草场片区 景区休闲型 C			
形式	一日游 A^1		两日游 A^2		一日游 B^1		两日游 B^2		一日游 C^1		两日游 C^2	
方式	自驾车 A_1^1	公交车 A_2^1	自驾车 A_1^2	公交车 A_2^2	自驾车 B_1^1	公交车 B_2^1	自驾车 B_1^2	公交车 B_2^2	自驾车 C_1^1	公交车 C_2^1	自驾车 C_1^2	公交车 C_2^2

说明： A、B、C：产品类型；上标1：一日游；上标2：两日游；下标1：自驾车；下标2：公交车
对应于每类农家乐旅游产品。

2.2 数据来源

农家乐旅游产品是包含食、住、行、游、购、娱各环节，具有丰富内涵的组合项目。农家乐旅游产品经济量和 CO_2 排放量来源于农家乐内部食、宿、娱等活动能源消耗及垃圾处理排放，还来源于在农家乐外部交通、景区内参与活动以及购买以水果为主的农特产品采摘、购买等环节中耗能及垃圾处理所排放的 CO_2。因此农家乐旅游产品低碳度调查涉及六类主体：游客、农家乐业主及工作人员、土特产销售者、景区相关人员、农家乐周边居民、政府相关工作人员。通过对他们的调查和访谈，了解团结镇农家乐旅游发展的经济效益、环境影响等相关信息。

2.3 计算结果

经计算，团结镇农家乐旅游产品总体低碳度为 0.088kgCO_2/￥。一日游产品与两日游产品低碳度平均水平分别为 0.086kgCO_2/￥、0.098kgCO_2/￥。具体的，对于团结镇农家乐一日游产品，公交车游客对产品 A 的消费相对来说更为低碳，平均每单位经济量的 CO_2 排放量为 0.055kg，而自驾车游客对产品 C 的消费，每单位经济量对应的 CO_2 排放量最高，为 0.15kg。两日游产品，每单位经济量产生的 CO_2 排放量最少和最多的分别是公交车游客对产品 A 的消费（0.059kg）和自驾车游客对产品 C 的消费（0.119kg）。团结镇两种形式、两种方式的三类农家乐旅游产品的低碳度详见表6。

表6　团结镇农家乐一日游产品低碳度计算结果

项目	产品					
	产品 A		产品 B		产品 C	
	自驾车	公交车	自驾车	公交车	自驾车	公交车
排放量（kg CO_2）	5.880	3.942	6.682	4.744	6.586	4.648
经济量（¥）	58	72	88	102	44	58
低碳度（kg CO_2/¥）	0.101	0.055	0.076	0.047	0.15	0.08

表7　团结镇农家乐两日游产品低碳度计算结果

项目	产品					
	产品 A		产品 B		产品 C	
	自驾车	公交车	自驾车	公交车	自驾车	公交车
排放量（kg CO_2）	7.112	5.174	7.914	5.976	8.889	6.951
经济量（¥）	73	87	103	117	75	89
低碳度（kg CO_2/¥）	0.097	0.059	0.077	0.051	0.119	0.078

2.4 团结镇农家乐旅游产品低碳度计算结果分析

2.4.1 与社会平均水平、其他类型旅游产品比较、分析

（1）农家乐产品低碳度与我国社会经济活动平均水平的对比分析

团结镇农家乐旅游产品低碳度 0.542 kg CO_2/$ 比我国社会平均水平 2.6 kg CO_2/$ 和全世界水平 0.7 kg CO_2/$ 低，但与可持续发展理论目标 0.288 kg CO_2/$ 相比，仍然存在低碳潜力。所以说，就目前来看，农家乐旅游产品是发展低碳旅游和低碳经济进程中的积极推动因素，但要达到可持续发展的目标，还需要对其包含的组分、组分之间的整合进行必要地调整。

（2）农家乐与其他类型旅游产品低碳度的对比分析

在旅游业内部，不同类型旅游产品对低碳旅游经济的贡献程度有所差异。

旅游产品生态效率的已有分析指标多样，其中包括 CO_2 排放量与经济量这两个指标。通过这两个指标的对比分析旅游产品的生态效率，实质上就等同于对旅游产品低碳度的分析。例如，李鹏等人关于香格里拉观光旅游产品生态效率的分析就采用了产品经济量与 CO_2 排放量这两个指标，这为不同旅游产品低碳度的比较提供了可能。

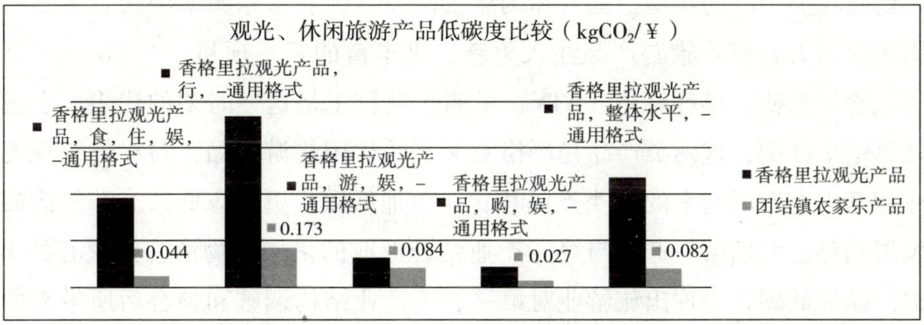

图2　观光、休闲旅游产品低碳度比较

如图2所示，就整体水平来看，香格里拉观光产品的低碳度是团结镇农家乐旅游产品的5.7倍，也即是说，每排放一单位 CO_2，团结镇农家乐产品产生的经济贡献是香格里拉观光产品的5.7倍。这由团结镇农家乐产品食宿行等组分相对香格里拉观光产品的优势形成。其中，食宿以及农家乐内部娱乐环节的低碳度是香格里拉观光产品的11.5%（约1/9），前者行组分的低碳度是后者的1/4，前者以景区观光、游览、运动等为主的游、娱组分低碳度是后者的2/3，而团结镇农家乐产品以采摘为代表的娱乐形式和购组分组合共同形成的低碳度，与香格里拉观光产品购组分的低碳度相比，也表现出绝对的低碳优势。

2.4.2 三种产品低碳度比较分析

团结镇三种产品分别对应三种不同的娱乐方式，这三种娱乐方式既是团结镇农家乐旅游产品娱乐活动的主要类型，也是目前我国农家乐旅游产品最主要的娱乐形式。其中，在农家乐院落内进行的垂钓、棋牌麻将、KTV等娱乐与食宿环节组合，形成了产品A；以采摘等农事体验为代表的娱乐活动与购物环节结合，与食宿等基本环节共同构成了产品B；而以景区游览、运动休闲为主的娱乐项目与游组分结合，与其他基本环节共同构成了产品 C。

据测算，团结镇三种农家乐旅游产品中，C 类产品最不低碳，低碳度为 0.107kg CO_2/￥，产品 B 最低碳：0.063kg CO_2/￥，产品 A 低碳度稍高于产品 B，处于中等水平：0.078kg CO_2/￥。

C 类农家乐产品是在传统观光旅游的基础上发展起来的，景郊型农家乐就是这类产品的典型。随着休闲旅游的发展，农家乐旅游经营者不断更新理念，为农家乐旅游产品注入更新、更丰富的娱乐项目，A、B 类产品所包含的垂钓、棋牌麻将、KTV、采摘等项目正是这一时期的代表。上述计算结果证明，这两类产品是严格意义上的休闲旅游产品，与在传统观光旅游基础上发展起来的 C 类产品相比，更加低碳，更顺应低碳旅游经济的发展趋势。而以第一产业与第三产业结合形成的采摘购物活动为核心的 B 类产品最低碳，表现出旅游业对第一、三产业结构调整和整合后所带来的低碳优势。

2.4.3 各组分低碳度分析

通过团结镇农家乐旅游产品各组分的低碳度的比较、分析，发现团结镇农家乐旅游产品各组分低碳度反映出的规律和存在的问题。

（1）行组分低碳度最高，购组分低碳度最低

据测算，首先，行组分低碳度最高（0.173kgCO_2/￥）；其次，产品 C 的娱乐与游览组合的低碳度位于第二，每单位经济产出的排放量为 0.084kgCO_2；第三，食、宿组分低碳度位于第三（一日游与两日游产品食宿组分低碳度分别为 0.043kgCO_2/￥与 0.044kgCO_2/￥）；最后，产品 B 对应的娱乐与购物组合形成的低碳度最低（0.027kgCO_2/￥）。低碳度最高的行组分每单位经济量对应的 CO_2 排放量是低碳度最低的食宿组分的约 4 倍。

（2）食组分低碳度 < 住组分低碳度

如图 3 所示，农家乐餐饮收入与住宿收入的比值与低碳度的变化呈相反的趋势。也即是餐饮部分收入在农家乐经营收入中所占比重越大，每单位经济量产生的 CO_2 排放量就越少，更低碳。由此可见，农家乐餐饮组分比住宿组分更低碳。

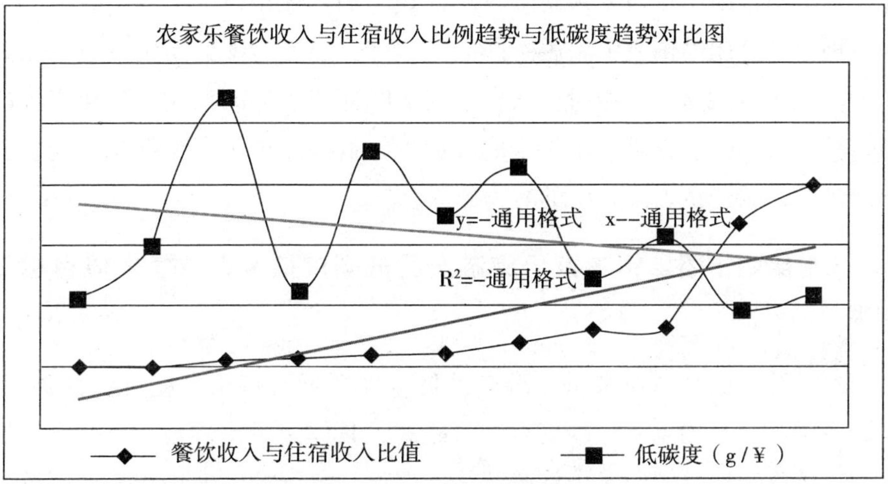

图 3　团结镇农家乐餐饮收入与住宿收入比例趋势与低碳度趋势对比

（3）行组分

在交通环节，团结镇农家乐自驾车游客的 CO_2 排放量是公交车游客的 4.17 倍，自驾车游客每单位经济支出对应的 CO_2 排放量是公交车的 11.5 倍，因此旅游交通低碳化，交通工具的选择起着决定性的作用。

（4）游、购、娱组分

娱乐是游客消费农家乐旅游产品的重要目的，团结镇农家乐为游客提供了棋牌麻将、KTV、垂钓、采摘、景区运动休闲等丰富的娱乐项目。这些娱乐项目与购、游组分往往合二为一，很难明确地区分开来。而不同的组合方式形成了团结镇农家乐旅游产品分类的基础。因此，对于游、购、娱组分低碳度的分析实质上就是 2.4.2 中对三种不同类型产品低碳度的分析。

3. 结论

3.1 构建了农家乐旅游产品低碳度测算模型

本研究经历了旅游产品低碳度内涵、计算公式、分析模型的理论构建，到昆明市团结镇农家乐旅游产品低碳度的实地调研，再到结合二手资料整理、计算团结镇农家乐旅游产品低碳度，到最后降低团结镇农家乐旅游产品低碳度的途径的探讨。从理论到实践证明了低碳度这一量化指标的可行性与可用性。在进一步完善的基础上，低碳度可被视作衡量、分析旅游产品对低碳经济贡献程度的有力工具。

3.2 昆明市团结镇农家乐旅游产品低碳度接近可持续发展目标低碳度

经计算，团结镇农家乐旅游产品低碳度接近可持续发展目标低碳度，而距我国社会平均水平低碳度有较大距离，具体定量比例是：可持续发展目标低碳度：团结镇农家乐旅游产品低碳度：我国社会平均水平低碳度 = 1:1.9:9。这说明团结镇农家乐旅游产品在一定程度上降低了我国国民经济低碳度水平，对我国国民经济的低碳化发展具有一定的带动作用。而与可持续发展目标之间仍然存在一定的差距，要求团结镇农家乐旅游产品还需在发挥带动作用的同时，寻求节能减排，降低低碳度的途径。

3.3 昆明市团结镇农家乐旅游产品比香格里拉观光旅游产品更低碳

经计算，团结镇农家乐旅游产品低碳度远远低于香格里拉观光旅游产品，具体的定量比例是团结镇农家乐旅游产品低碳度：香格里拉观光旅游产品低碳度 = 1:5.7。这说明不同类型的旅游产品对低碳经济发展目标的贡献有高有低，香格里拉观光旅游产品平均每单位经济收入排放的 CO_2 是团结镇农家乐旅游产品的 5.7 倍。相比于后者，在食、住、行三个组分采取有力措施节能减排是降低香格里拉观光旅游产品低碳度的工作重点。

3.4 昆明市团结镇农家乐旅游产品三种类型中的 B 类田园体验型产品最低碳

经计算，团结镇农家乐旅游产品的三种类型中，以第一产业与第三产业结合形成的采摘购物活动为核心的 B 类田园体验型产品最低碳，具体的定量比例是 A 类产品低碳度：B 类产品低碳度：C 类产品低碳度 = 12:10:17。这说明 A 类和 B 类这两种严格意义上的休闲旅游产品，比在传统观光旅游基础上发展起来的 C 类产品相比，更加低碳，更顺应低碳旅游经济的发展趋势。这也在一定程度上证明我国观光旅游向休闲度假旅游转型的趋势能助推我国旅游低碳化目标的实现。

3.5 昆明市团结镇农家乐旅游产品六个组分中，购组分最低碳，行组分最不低碳

经计算，团结镇农家乐旅游产品购组分低碳度远远低于其他各个组分的低碳度，特别是低碳度最高的行组分，具体的定量比例是团结镇农家乐旅游产品购组分低碳度：整体水平：行组分低碳度 =1∶3.1∶6.5。这说明团结镇农家乐旅游产品的低碳度存在下降空间，具体地，一方面要继续发挥购组分的积极作用，另一方面要采取有效措施减小行组分的消极作用。除此之外，还应结合研究中提出的团结镇农家乐旅游产品食、住、游、娱等组分节能减排的途径，降低农家乐旅游产品低碳度，让低碳的旅游产品发展得更加低碳。

4. 讨论

旅游产品低碳度作为衡量休闲旅游产品对低碳经济贡献程度的工具，其可用性、可行性、可靠性在本研究中得到了检验和证实。因此，将低碳度这一指标进行必要的调整和优化，应用到更广阔的范围内：其他旅游产品、旅游企业、旅游业，让低碳度成为具有普适性的指标，是对本研究的完善，以及理论与实践价值的扩大。

主要参考文献

［1］联合国贸易与发展会议，《生态效率指标编制者和使用者手册（1.1版）》［M］. 中国财政经济出版社，2005，9.

［2］Stefan Gossling , Paul Peeters, Jean - Paul Ceron, Ghislain Dubois, Trista Patterson, Robert B. Richardson. The eco - efficiency of tourism. Ecological

Economics, 2005, (54): 417-434.

[3] Susanne Becken, David G. Simmons, Chris Frampton. Energy use associated with different travel choices. Tourism Management, 2003, 24: 267-277.

[4] Klaas Jan Kramer, Henri C. Moll, Sanderine Nonhebel, Harry C. Wilting. Greenhouse gas emissions related to Dutch food consumption [J]. Energy Policy, 1999, 27: 203-216.

[5] 李鹏, 杨桂华, 郑彪, 张一群. 基于温室气体排放的云南香格里拉旅游线路产品生态效率 [J]. 生态学报, 2008, 28 (5): 2207—2219.

[6] 汪宇明. 倡导低碳旅游, 推进发展方式转型 [J]. 旅游学刊: 11-12.

[7] 王娟. 低碳化: 旅游业发展必须面对的课题 [N]. 中国旅游报, 2009-09-23 (011).

[8] 魏小安. 魏小安. 低碳经济与低碳旅游 [N]. 中国旅游报, 2009-11-30 (002).

[9] 杨敏, 骆静珊. 昆明市团结乡乡村生态旅游调查研究 [J]. 旅游学刊, 2006, 21 (2): 51-55.

Abstract: In these years, Chinese tourism is shifting from the traditional sightseeing travel to leisure travel, so a typical leisure tourism product—rural tourism product of Tuanjie Town in Kunming province was chosen as the study object in this study. According to calculate and analyze the low carbon degree, a new quantitative analysis index of rural tourism product creatively proposed in this paper, this paper demonstrated the availability and reliability of low carbon degree. Moreover, ways to decrease the low carbon degree of rural tourism product was put forward finally.

Key words: rural tourism; low carbon degree; Tuanjie Town

柳州城郊型休闲农业的方向及发展研究

杨颖瑜①

（柳州市旅游局，广西柳州 545000）

【摘要】：本文阐述了城郊型休闲农业的内涵，分析了柳州发展城郊型休闲农业产业具有的资源优势，对柳州城郊型休闲农业的现状和发展前景进行了深刻地阐述，论述了柳州城郊型休闲农业发展的潜力，强调了城郊型休闲农业对于加速柳州传统农业向现代化农业转化的重要意义，城郊型休闲农业是具有广阔市场前景的绿色朝阳产业，是推动柳州现代旅游业发展的新的经济增长点。

【关键词】：城郊型休闲农业；发展潜力；柳州城郊

没有强大的农业经济实力作为城市的大后方，是不可能造就一个现代化大城市的。摆在柳州市面前一个严峻的现实是，工业城市虽然工业较强但综合竞争力弱，其很大程度上是弱在六县的经济实力上。城郊型休闲农业一般是指依托城市、以城市市场需求为导向，以生产经营鲜活、优质、安全农产品及其加工产品为主的并为市民和旅游者提供休闲康体健身的区域化、集约化、标准化、产业化和高效化的农业。城郊型休闲农业是农业产业化发展过程中出现的一种新模式，是现代农业与旅游业相结合的一种新型产业，它是利用农业资源环境、农田景观、农业生产、农业产品、农业文化、农家生活，为人们提供观光休闲、体验农业、了解农村的一种农

---

① 杨颖瑜，男，柳州市旅游局调研员。

业经营活动，是实现六县经济实力增强的一个重要措施，也是促进柳州市社会主义新农村建设的重要手段。

近年来，柳州市依托丰富的农业资源，开发了一批富有地方特色的城郊型休闲农业项目，为增加农民收入，加快传统农业向现代农业转变，促进农业可持续发展和城乡经济一体化进程开辟了一条新路子。近期，笔者对全市城郊型休闲农业的发展情况作了粗浅的调查，分析了柳州发展城郊型休闲农业产业具有的资源优势和客源优势、发展的潜力，认为发展柳州城郊型休闲农业是推动柳州现代旅游业发展的新的经济增长点。

1. 柳州城郊型休闲农业发展现状

柳州市的城郊型休闲农业萌生于20世纪90年代初。这一新型农业生产经营形态一经出现，便显示出强大的活力和迅猛的发展势头，短短几年时间，就由早期萌芽阶段进入了规模扩张阶段，成为农业农村经济发展的一个亮点。20世纪90年代初，在农业产业结构调整的大背景下，三门江国家森林公园、君武森林公园、柳州农工商公司等单位，以林场、农场开展旅游逐渐形成规模，为城郊性休闲农业的发展奠定了基础。

1.1 总体效益显著

柳州的城郊型休闲农业在经营收入结构上，已基本形成以农业生产经营为主、以城郊型休闲经营为辅的格局。据抽样调查，2006年，全市城郊型休闲农业总收入中，农业生产经营收入占总收入的80%；共接待游客76.6万人次，服务经营收入占总收入的20%。这种经营模式有机地整合农业和旅游业两种产业优势，具有风险小、投资少、易成功的特点，对该产业的初期发展具有非常重要的意义。一方面，有稳定的农业生产经营收入为基础，另一方面，通过餐饮、购物、娱乐等服务产业，提高经营收入水平。

1.2 民俗文化发展与传承

柳州市是一座具有悠久历史的文化名城，是一座多民族聚居的城市，少数民族占总人口的54%，壮族的歌，瑶族的舞，苗族的节，侗族的楼，被称为广西民族风情旅游四绝，成为广西乡村风情旅游的典型目的地。壮歌：壮族人民素以能歌著称，善于以歌来表现自己的生活和斗争，抒发思想感情。男女恋爱有情歌；婚嫁有哭嫁歌；丧葬有哭丧歌；互相盘靠比赛智力有盘歌；宴请宾客有劝酒歌和节令歌；祈神求雨有祈祷歌；教育儿童有儿歌和童谣。每年春秋两季，男女青年盛装打扮汇聚在一起进行对歌。这种歌会形式称为“歌墟”亦称“歌节”。在市内几乎都能听到山歌对唱，但以农历八月十五的中秋歌会规模最大。瑶舞：柳州的东面有大瑶山，这里山高路远，地偏人稀，过去几乎与世隔绝。长期以来，瑶族人民为了美化和丰富自己的精神生活，表达对生产的和劳动的热爱，对祖先的怀念，创造了极为丰富的民间舞蹈，这些歌舞旋律与歌词、服装与舞姿、形象与道具均独立构成，民族色彩及其浓厚，尤以长鼓舞、黄泥鼓舞、盘古兵舞、最为盛行。苗节：苗族是一个古老的民族，在几千年的历史中，在长途迁徙的苦难生活和抵御外来侵略者的顽强斗争中，出现众多的忌日、纪念日、丰收日。这些节日经不断地补充、完善，最后演化成民族节日，所以融水苗族自治县被称为“百节之乡”。苗族人民每年都要举行隆重的、形式多样的节日庆祝活动，诸如苗年节、芦笙节、斗马节等众多节日。任何一个节日都可以听到苗族最动听的芦笙曲和优美的芦笙舞表演，到苗寨做客别有意趣。侗楼：楼是侗族特有的代名词，侗族的楼，其广义则包括鼓楼、风雨桥、凉亭、寨门、戏台、水井亭等木结构建筑。侗族得这种凿榫结构的建筑艺术源远流长，自成一体。这些桥、楼、亭构建了侗族村寨醒目的标志，成为中外游客寻觅的目标。

1.3 促进农民增收

城郊型休闲农业开展之前，市属的园艺场，以单一的种养为主，投入不大，产出不高，效益不高。因地制宜开展城郊型休闲农业以后，原来闲置的土地，改造成了人工湖，变成了观光果园，石山停止了开山炸石，土坡得到了绿化美化，创造了就业机会，安排了富余人员，增加了收入，改变了农场形象，提高了知名度。柳北区沙塘镇江湾村自然条件优越，山水环绕，有大大小小的鱼塘80个共1000多亩。过去江湾村发展经济主要靠养鸭、养鱼，传统种养殖业有一定基础。近年来，江湾村两委班子更是利用这里优美的湖光山色及近郊的地域优势，把农村建设搞得红红火火，开发观光休闲旅游更使得这里成了风水宝地。

柳州市的乡村旅游主要是在少数民族聚居区开展，这里的少数民族同胞，世居深山老林，交通不便，靠山吃山，完全出于一种自然经济的状态，年收入很低。开展乡村旅游以后，利用深山老林良好的自然生态和本民族浓郁的风情，吸引了众多的游客进山。融水苗族自治县雨卜村是以苗、侗族为主的少数民族聚居村，经济发展相对落后。雨卜村人意识到靠传统的农耕改变经济落后的面貌难度很大，但是这里青山如黛，碧水盈盈，秀美的自然风光加上特有的少数民族风情，走旅游是一条新路子。村干部结合新农村建设，在村中央的卜令大寨屯新建一个70户规模、木楼建筑精致的大型民俗风情村，开展民族歌舞表演，融入斗马、斗鸡、婚嫁习俗体验等丰富的民俗文化游乐内容。通过三年的努力，现在的雨卜村已成为远近闻名的旅游民族村，他们就地出卖风景资源，就地出卖劳务，就地出卖土特产品，收入倍增，过上了小康生活。

1.4 发展类型多样化

柳州的城郊型休闲景点以小城镇为依托，在整体上形成了以中心城区为圆心、呈扇形分布的城郊型布局特点，在市场导向的作用下，发展模式和开发类型呈现出多样化、个性化的鲜明特征。从产业分布看，柳州城郊型休闲农业已涉及农、林、渔、牧各个领域，大体形成了六种类型：一是以连片种植桂中特色农林作物而形成的农业景观为依托，辅之以休闲旅游设施，代表性的有柳州农工商公司、三门江国家森林公园、君武森林公园等；二是围绕“水”字做文章，依托柳江、融江和水塘水库养殖，开发垂钓、餐饮、棋牌、娱乐等项目，规模较大的有三江丹州田园度假村、融江大洲度假村等；三是以农村田园风光为基础，建造园林式人工景观和游乐设施，如君武森林公园、大桥休闲度假村等；四是集科研、产品研发、观光旅游于一体，兴建农业科技园区，如柳州农工商公司国家农业旅游示范点等；五是深入挖掘“林”资源，或以山区自然风景为依托兴建森林公园，或利用荒坡荒滩植树造林，在林区内开发餐饮、狩猎、垂钓等休闲项目，如元宝山国家森林公园、三门江国家森林公园等。从景观特点来看，各产业基地围绕“绿”字做文章，在积极开发“吃、住、行、游、购、娱”等一条龙服务的同时，都重视个性特色的培养，在景点布局、建筑格局和服务方式上积极创新，呈现出特色各异的休闲模式。如柳江县1.7万亩的荷塘为百朋镇“藕海之都”的称誉作了最生动的注脚。利用荷园着力营造置身荷园赏荷花、品荷茶的休闲风格；三江县丹州田园风景区开发的岛屿型景点，赏自然风景，摘地方名果沙田柚，品自产鲜鱼、土鸡的服务形式；融安县开辟大洲环岛游玩、珍稀植物鉴赏、沙滩式休闲等服务风格等等，使游客在不同的景区感受不同的服务，满足各自的消费需求。

2. 城郊型休闲农业发展意义

2.1 促进资源优势向经济优势转化

城郊型休闲农业属绿色产业的范畴，符合可持续发展的产业政策。从柳州的实际来看，柳州市作为珠江上游水资源保护地，保护生态环境具有十分重要的意义。市委、市政府多年来始终坚持实施可持续发展战略，正确处理加快发展与保护生态环境的关系。但随着市场经济的逐步建立，要真正形成“循环经济圈”，必须走市场化的道路，把良好的生态资源转化为经济优势，释放生态环境的潜力，使发展与环保相辅相成。市十次党代会明确了发展绿色产业、建设绿色柳州的战略部署，提出围绕绿色调整产业结构，实行产业“绿色转型”和“绿色再造”的战略决策，这为农业产业化的持续发展指明了方向。城郊型休闲农业正是一条现实的发展路子。从近几年的发展来看，各产业基地都把保护生态、美化环境作为发展城郊型休闲农业的基础性工作和前提条件，不断加大投入，植树造林、种草、育花，全面实施净化、绿化、亮化、美化工程，把一些荒坡、荒滩、荒沟、塘库等闲置资源也充分地开发利用起来，形成了变废为宝、良性循环的发展路子。

2.2 实现农业经营模式转变

从经营效益来分析，传统农业产业化经营在种、养、加，产、供、销等各环节产生的增值部分，都体现在农业生产的终极产品——农产品上；城郊型休闲农业在保持原有生产过程的增值部分的基础上，引入了服务产业的经营效益，产生了农业资源开发利用的“叠加效应”，使过去农业生产中不直接产生经济效益的生产加工环节也产生了可观的经济效益，使农业生产具有了加工农产品、满足生活需要的生产性功能，改善生态环境的生态功能和满足观光、休闲、度假的生活性功能的“三重”功能。从发展阶段来分析，柳州的城郊型休闲农业大体上经历了酝酿、萌芽、扩张三个阶段，即将进入整合竞争阶段。20 世纪 90 年代初至 2000 年，是第一阶段，全市出现了集中连片种植蔬菜、果品、花卉苗木的产业基地；2000～2003 年是第二阶段，各产业基地积极探索尝试城郊型休闲服务产业，城郊型休闲农业应势而生；2003 年至今是第三阶段，全市大部分镇、乡、办事处都先后出现了城郊型休闲项目，规模越来越大，特色更趋多样化。三个阶段的每一次转换，都带来了农业产业化发展上的深刻变化，分别导致了种植模式、经营模式、开发模式的重大转变，使农业产业化经营不断向纵深推进。从今后柳州的农业发展来看，由于柳州人多地少的矛盾比较突出。在农业种植养殖的利润空间越来越小的情况下，通过发展城郊型休闲农业，对扩大农业的增值空间，带动整个农业产业结构的调整，促进农民增收，都将产生积极而深远的影响。

2.3 拓宽农民增收渠道

城郊型休闲农业发展对农民增收的作用主要体现在三个方面：一是城郊型休闲农业的规模化扩张，增加了土地流转过程中农民的现金收入。二是土地流转后农民的务工收入。在城郊型休闲农业的发展过程中，各业主一般都与土地流转农户签订有用工合同。据统计，全市城郊型休闲农业共吸纳就业 800 多人，务工年总收入达 400 万元。同时，一些通过土地流转离开土地耕种的农民以进城务工和劳务输出的方式实现了就业，也增加了工资性收入。三是农户利用城郊型休闲农业的聚集功能，把握商机增加收入。一方面，土地流转户从土地上解脱出来以后，可以一心一意发展个体经营，增加收入。调查中发现，最初在发展城郊型休闲农业中，许多农户担心不种土地后无事可干，都把与业主签订用工合同作为土地流转的一项必备条件，但现在这种情况已发生了很大变化，许多土地流转户更多倾向于进城镇务工经商，业主用工反而要从其他乡镇甚至外县输入。另一方面，周边农民抓住休闲基地人流集中的机遇，围绕游客消费需求，积极发展配套服务增加收入。

2.4 促进城乡经济协调发展

柳州市经济的主体是城市工业经济，城市工业经济占全市经济总量的90%，农村经济仅占10%，以城带乡，统筹发展，借城市优势来发展农村，是市委、市政府审时度势所作出的一项重要决策。城郊型休闲农业作为立足农村、面向城市的新兴产业，为城市居民回归自然、享受田园风光、体验农村生产生活、接受生产教育提供了机会，拓宽了城乡交流的渠道，有利于吸引城市的资金、技术、人流向农村聚集，为农村经济的发展注入新的活力。同时，城郊型休闲农业的发展延长了生产链条，加速了农业、林业与加工业、服务业的融合，将农业与餐饮服务、交通运输、产品加工、市场销售等行业联结起来，极大地促进了农村二、三产业的发展，促进了城乡经济的优势互补和产业联动。从柳州加快旅游业发展的大方向看，旅游是服务业的龙头，城郊型休闲农业则是农村旅游业的龙头。城郊型休闲产业的发展，丰富了柳州民族风情和柳州旅游资源的内涵，成为柳州绿色旅游品牌的一个有机组成部分，对于统筹城乡发展也具有重要的作用。

3. 城郊型休闲农业发展策略

3.1 准确定位，合理规划

随着柳州城郊型休闲农业从探索起步阶段向规模扩张阶段发展，对城郊型休闲农业的内涵、特征、功能的认识水平和开发建设水平有了很大提高，但是从长远的发展来考虑，必须把城郊型休闲农业的自身特征和柳州的实际结合起来，找准定位，进一步理清发展思路，组织力量编制城郊型休闲农业总体规划。从柳州的区位特征来看，与周边各市相比，柳州受地域面积等条件所限，农业资源不及周边各市丰富，但有区域性中心城市这个城郊型休闲农业发展的目标市场；与周边的桂林、南宁等城市相比，柳州的城市建设水平处于中等水平。因此，在一定的区域范围内，柳州是最具有发展城郊型休闲农业优势的区域之一。我们应该从这一市情实际出发，立足本地、面向周边，最大限度地整合农业资源和旅游资源，着力构建城郊型休闲农业发展格局，既要建设成为区域性中心地区的城市城郊型休闲产业带，又要成为周边城市的花园和绿色生态屏障。围绕这个总的发展方向，要做好四个定位：在市场定位上，要把区内市场作为近期目标市场，待3~5年各景点设施逐步完善后，把贵阳、昆明、长沙、广州等城市作为目标市场，实现短线休闲和长线观光的结合。在功能定位上，要坚持经济功能、社会功能和生态功能的综合开发，走可持续发展的路子，达到人与自然的和谐、经济效益和社会效益的统一。在服务定位上，要瞄准周边城市，深入研究分析周边城市居民的消费需求，构筑“碧水蓝天、洁气净土”的农村特色，放大与城市“高楼大厦、汽车网吧”特征的反差，多种形式地开发利用农业资源，吸引城市消费群体；在发展模式定位上，立足于“农游合一”的产业特征，坚持以农业生产为发展基础，以服务业为经营手段，在巩固农业生产主导地位的同时，深度开发服务产业，但要适当限制人工园林的发展，以提高抵抗市场风险的能力。

3.2 构建特色城郊型休闲农业体系

特色是产业发展的生命。保持柳州城郊型休闲农业的良好发展势头和后劲，必须打好特色牌。从整体发展上，要围绕“绿色柳州”的大品牌，着力挖掘“华南小江南”、“东西过渡带”的地域特色，结合建设华南地区最佳人居城市的目标，全力打造环城市“1小时城郊型休闲圈”的旅游农业体系，建设“华南最佳休闲之都”。充分利用“住在柳州、游遍广西”的区位优势和服务产业优势，用环城市城郊型休闲旅游带来提升城市的品位和档次，吸引外地旅客到柳州观光。要坚持局部突破，整体推进的思路，精心策划、科学规划、包装一批精品项目，以元宝山国家森林公园建设为龙头，集中建设一批高知名度的风景区，再以其他城郊型休闲景点相配套，提高整体实力。服务内容上，要在目前餐饮、娱乐服务为主的基础上，积极开发技术性、艺术性、可观赏性和可体验性的农业生产服务，保护和挖掘好农业资源潜力。积极引导游客采摘、垂钓、购买或加工食用，创造游客亲身体验农业生产的条件和机会，增强农业生产过程的艺术性、趣味性，达到生产、生态、生活相互促进，共同发展的效果。在景点建设上，要坚持贵在综合、精在优化的思路，在巩固原有特色的基础上，合理取舍，加快个性化的进程，避免重复建设和雷同服务。要创造“净、绿、美、雅”的休闲氛围，尽可能利用自然特色，注重精神愉悦和生活体验，防止景点城市化倾向，近郊区要凭借贴近城区、交通便利的优势，重点发展集农业生产、科技示范、城郊型休闲为一体的综合性农业园区，特别是要抓住居民8小时工作外的分散消费，发掘、运动、健身、外出用餐、商务活动等服务项目，使之成为与城市闹市区的娱乐项目风格迥异、对比鲜明、更加大众化的消费场所。远郊区要抓住双休日、节假日的消费市场，重点发展以观光、采摘、垂钓、狩猎等专业型旅游城郊型休闲园区。山区要抓住青年消费群体和高收入群体，重点发展攀岩、探险等运动类、度假类的休闲项目，使各个层次的城郊型休闲方式互为补充，形成有机整体。

3.3 树立观念，强化服务

城郊型休闲农业兼有农业和旅游业的特征，生产经营过程更为复杂，涉及农业、交通、运输、商贸、金融、工商、税收、土地、林业、水利、电力、环保、卫生、科研等多方面。柳州的城郊型休闲农业发展时间较短，自身的发展运营机制还不完善，特别是在土地流转征用、道路交通、税费收取等方面，还存在许多困难和问题，政府应当发挥扶持、引导、协调作用，为其发展创造良好环境。一是要提供智力支持，积极引导经营业主搞好景区规划和开发建设。柳州的城郊型休闲农业项目，总体上看，建设档次较低、休闲模式单一，缺乏文化内涵丰富、有利于身心健康的高雅项目。针对这一问题，要积极引导，帮助经营业主把握市场需求，选准市场需求旺盛的农业生产经营项目，充分发挥各地的自然资源优势，积极探索，发展“新、奇、雅”等特色休闲项目，占据竞争优势，防止一哄而上，一哄而散。二是要在政策上予以扶持。在资金方面，积极协调金融机构，在贷款上提供方便，同时把城郊型休闲农业纳入柳州扶持农业产业化龙头企业的范围，设立城郊型休闲农业发展专项资金，用于城郊型休闲农业重点项目的小额贷款和贷款贴息；在税收方面，要严格执行发展农业的有关优惠政策，规范税种，对经营范围内的第三产业部分，在起步阶段实行适当的税费减免，待发展壮大后再足额征收。在价格收费方面，要对城郊型休闲农业相关收费项目统一定价，特别是在水电收费上，区分各种具体情况，该按农业水电价格收费的，要严格按农业水电价格政策执行。三是要积极协调好各方关系。城郊型休闲农业经营业主租用农民的土地，不可避免地会与农民发生一些经济利益纠纷，特别是一部分农民受思想认识的局限，只顾眼前利益，也会出现一些刁难阻挠的情况。对此，各级政府各部门要高度重视，积极协调化解矛盾，既要保护好群众利益，又要坚决打击“吃、拿、卡、要”现象，保护投资者的积极性。四是要努力改善生产经营条件。要积极实施农业综合开发，进一步加强水、电、路等基础设施建设，不断提高建设档次。要树立“大观光农业”的理念，加强通往各休闲景点的主干道路建设，道路两旁的绿化、美化和村容村貌建设。特别是要加强沿途的小城镇的环境卫生管理，延伸公交线路，科学设置车站站点，从整体上构建柳州的城郊型休闲农业。比如，可以借鉴外地以景区命名车站站点的方式，使公交线路在条件许可的情况下延伸到景区，也可以引导公交公司与景点业主合作开发旅游线路，为游客出游创造条件。四是要加大宣传推介工作力度。在推介方面，要积极促进其他服务业与城郊型休闲农业的联合，例如，可以把城郊型休闲农业作为摄影的外景基地，旅游系统把城郊型休闲农业纳入旅游项目，可以把外地客人推荐到城郊型休闲景点参观，政府部门的公务会议可以放在城郊型休闲农业景点举行等等。在宣传方面，可以采取“政府搭台、企业唱戏”的有效方式，通过每年举办桃花节、荷花节、柚子节、民族文化艺术节等形式，也可以通过制作电视专题片、报刊专题新闻等方式，将柳州的城郊型休闲农业宣传出去，形成柳州的城郊型休闲农业品牌优势。

3.4 规范管理，健康发展

一是健全管理体系，理顺运行机制。要制定城郊型休闲农业项目开发的管理办法和行业管理规范，明确立项条件、申请程序、审批办法、管理制度等，严格按标准审批，实行总量控制，确保城郊型休闲农业的有序发展。从目前情况看，各景点旅游半径显小，密度较大，因此不宜再发展新点，应把重点放在景区内部的深度开发上，努力把每个景点都建成精品。二是充分利用土地保护政策进行宏观调控。发展城郊型休闲农业，应以不改变土地使用性质为前提，以突出农村生活风貌和丰富乡土文化内涵为目的，对农业生产环境进行合理的改造和美化，切忌盲目追求大投资、大规模、高档次和高消费，防止造成对农业生态环境的破坏，特别是对耕地的破坏。要进一步完善土地流转政策，规范土地有偿转让，避免引发各方面的矛盾。三是要严格按城市发展规划限制业主在城市规划区内搞大规模的景点建设，以免给未来的城市发展造成负面影响，或者留下社会稳定的隐患。四是配套发展柳州城郊型休闲农业政策，通过示范引导，规范服务，在土地、工商、税务、资金、等多项政策性扶持培育，促进城郊型休闲农业健康发展。五是加大工业反哺农业的力度，鼓励大中型工业企业对口支持城郊型休闲农业点发展。六是加强监督管理，确保健康发展。要着力创造公平、平等、诚实信用的市场环境，加大市场监管力度，促使经营者依法经营。要保护经营者的合法权益，又要限制和制约利用城郊型休闲农业的名义，进行超范围建设和经营。要高度重视安全管理，严格质量标准，健全服务体系，防止出现食物中毒、交通事故、火灾等不安全事故，确保城郊型休闲农业的健康发展。

3.5 建设城郊型休闲农业示范基地

建设全市城郊型休闲农业示范基地，要点面结合、形态多样、功能互补，必须着力发挥和激活以下主要功能：

经济增收功能，改善农村经济结构，成为优质高产高效农业的发展基地，为较快增加农民收入和财政收入贡献份额。

社会示范功能，增进都市居民与农民接触与交流，拓展农村居民的人际关系，促进农民观念更新，缩短城乡差距，提升农村生活质量。成为现代农业的建设基地，为促进广西现代农业发展发挥典型示范、辐射带动作用。

教育创新功能，提供机会让都市居民认识农业，了解农村动植物生长过程，体验农村生活及认识农村文化生态，学习现代农业科普知识。成为体制、机制、科技、组织和管理等的创新基地，为激发活力、挖掘潜力、提高效益探索经营模式。

供给开放功能，成为无公害农产品、绿色和有机食品的生产基地；成为优质、特色农产品的出口基地。

环保生态功能，成为经济与环境良性互动的生态基地，为农业可持续发展和提高柳州城市生态质量创造优良的环境条件。

游憩保健功能，提供人们休闲场所，以利于人们康体健身，解除工作和生活的压力，达到舒畅身心的效果。

文化传承功能，农村特有的生活习俗和生活，少数民族文化、民俗技艺，可依靠休闲农业的发展使其得以继续传承，并创造出具有特殊风格的新的农村文化。

柳州城郊型休闲农业示范基地在产业方向上首先发展以下产业：突出发展养殖业；着力提升蔬菜业；加快发展林果业；全面优化粮油业；做大做强加工业；积极开发休闲农业。而围绕这些发展方向，首先必须在产业布局上进行精心规划，才能立足资源优势，因地制宜，合理调整结构，优化空间布局，培育区域特色，形成“三区六片”的区域格局，促进休闲农业向区域化、规模化和产业化方向发展。

“三区”：即根据自然条件和环境条件的差异性，实行专业化分工和协作，避免产业趋同和低水平重复，营造各具特色的城郊型休闲农业示范基地。

近城区：以 4 个城区的城市边缘区和 3 个县的城乡接合部为主，重点发展一批具有较高水平的园、林、景和高新农业科技设施，形成设施农业种植区、精品农业展示区、高效水产养殖区和观光农业休闲区，在广西最先建成城郊型休闲农业示范基地，率先基本实现农业现代化和城乡一体化。

喀斯特丘陵区：鹿寨、柳江、柳城、融水、融安等县的喀斯特丘陵区，重点发展水稻、水生作物、水产、水禽等种养业和园艺农业，在全市率先建成城郊型休闲农业示范基地。

山地区：三江、融水、融安、鹿寨、等县的山地区重点发展节水旱作农业、草食型畜禽业、生猪饲养业和林果业，其次发展林业和林牧结合的生态农业，到2010年基本建成城郊型休闲农业示范基地。

“六片”：即以具有传统特色的六县的重点乡镇和区域性规模种养基地为基础，突出发展菜瓜果栽培片、优质粮油生产片、生态林和经济林种植片、畜禽养殖片、水产养殖片、农产品加工片等六个重点产业片，在全市率先建成主导产业强大、产品特色鲜明的城郊型休闲农业示范基地。积极抓好以下重点项目：

（1）抓好设施农业示范基地项目：重点建设柳州农工商公司农业科技示范园（场）、产业园，大力发展菜瓜果大棚生产和设施栽培；在全市争创国家级农业科技示范园1个、省（区）级示范园7个，建设一批市、县（区）级农业示范园，有条件的乡镇各建1个农业科技示范场。种苗繁育集散基地项目：重点抓好农作物良种、畜禽水产优良种苗、林业种苗的引进、繁育、推广和种苗集散市场建设。

（2）抓好畜禽养殖基地项目：重点建设六县瘦肉型猪生产基地、肉禽养殖基地、草食型畜禽基地，建设一批畜禽专业养殖区，做大做强畜牧业，培育一批有规模、有品牌、有市场的主导产品，带动种植业结构调整。

（3）抓好水产养殖基地项目：重点抓好池塘精养、柳江、融江等大水面的休闲农业开发、稻田养殖和水禽养殖。

（4）抓好优质粮油基地项目：集中在柳江县、鹿寨县、柳城县、融安县连片建设优质商品粮油基地，优化粮油生产布局，实现规模化、集约化生产，提高种植水平和亩均效益，基本实现粮油优质化、专用化和多样化，达到增产增收的目的。

（5）抓好林业生态工程项目：重点保护元宝山自然生态系统，在2010年前争取列入人与生物圈保护名录。在三江县、融水县、融安县、鹿寨县的山区实施退耕还林，建设绿色长廊和农田林网，搞好城镇绿化，发展特色经果林和苗木花卉生产。

（6）抓好农业标准化工程项目：在六县推行农业标准化生产，发展绿色农业，实行严格的市场准入制度，基本实现主要农产品“从农田到餐桌”的全程标准化，实现与国际标准接轨，确保上市农产品的质量卫生安全。

（7）抓好农产品流通工程项目：重点建设一批具有区域特色的农产品产地批发市场，培育壮大农产品营销组织和队伍，发展产销直挂、连锁经营、物流配送、电子商务、网上交易等现代营销方式。

（8）抓好农业信息化工程项目：推进“信息入乡进村工程”入企到户，开发农业经济综合数据库，建立农业信息化示范基地，创建农业专家服务系统，推行农业和农村经济信息化管理。农业机械化工程：把发展水稻收割机作为农机化发展重点，不断拓宽农机化新技术、新机具的引进推广应用领域和范围，培育一批农机协会和农机大户，大幅提高全市农机装备水平和作业水平。

其次要扩大开放，构建开放型农业经济体系。突出抓好农业利用外资工作，加快各类农业科技园区建设，建立一批农业对外开放的窗口和农产品出口创汇基地。广泛开展农业对外交流和合作，积极引进国内外新技术、新品种、新设备、新材料，采用股份合作、技术参股、品牌入股、土地使用权入股等运行机制，高起点、高标准、多形式推进柳州建设全区城郊型休闲农业示范基地。

再次是依靠科技，构建农业科技推广与创新体系。加快建立以国家、自治区在柳大专院校和科研院所为依托、以市县科研机构为骨干、以民办科研机构为重要组成部分的农业科研组织体系，使其成为农业高新技术研究、孵化、开发和人才培训的中心。加强同国家、自治区在柳高校、科研院所的协作配合，以农业科研、推广项目为纽带，走产学研联合开发之路，促进农业科技成果转化及产业化开发。积极推动基层农技推广机构的管理体制和运行机制的创新，建立高效率的农技推广体系和高素质的农技推广队伍。

Study on Development Orientation of Leisure Agriculture of Suburban type in Liuzhou

YANG Yingyu

(*Liuzhou Travel Bureau*, *Liuzhou* 545000, *China*)

Abstract: This paper represented the concept of Leisure Agriculture of Suburban type, analyzed the resource advantage of leisure agriculture development in Liuzhou, profoundly represented the present situation and development prospect about leisure agriculture, thenanalyzed the development potential of Leisure Agriculture of Suburban type and its great significance. Leisure Agriculture of Suburban type is a rising sun industry with extensive market prospectandthe key "point" to promote tourism development in Liuzhou.

Key words: Leisure Agriculture of Suburban type; Development Potential; suburban in Liuzhou

鄱阳湖生态旅游发展理念探讨

曾宜富①

（江西省旅游局，江西南昌 330019）

【摘要】：鄱阳湖是特大优质生态湿地，具有发展生态旅游，建设生态乐园的优越条件。在鄱阳湖生态旅游发展过程中，需要强化公共生态意识和环保公德理念，研究生态规律，进行科学规划，促进万物的协调进化，建设和谐的人文生态环境。通过旅游开发，促进鄱阳湖的生态保护及和谐发展。

【关键词】：生态旅游；生态乐园；鄱阳湖

碧波连天涌，万类竞自由，这是鄱阳湖春夏的壮丽情景；芳草连天碧，鹤鹳舞蹁跹，这是鄱阳湖秋冬的真实写照。鄱阳湖是一处特大优质湿地生态公园。说其特大，是指其为世界六大湿地之一、亚洲最大湿地、中国第一大淡水湖；说其优质，是指其目前在国内同类中生态最优越、物种最丰富、景观最美丽、文化最厚重；说其湿地生态公园，是指其东部的鄱阳县已建有国内面积最大的国家级湿地公园，并可进一步拓展为国内外大型的湿地生态旅游胜地。这里可称为“地球上最美的母亲”、“万类向往的地球典藏”。

鄱阳湖既是江西的，也是全国和世界人类的，同时也属于飞禽走兽、花鸟虫鱼的。也就是说，鄱阳湖不为江西所独有，也不为人类所独有，而

① 曾宜富（1953—），男，江西九江人，江西省旅游局副巡查员，南昌大学旅游系兼职教授，硕士生导师，主要从事旅游行政管理和旅游发展战略研究。

是为以人类为主导的万类万物所共有。古往今来，万类万物在这里休养生息、繁衍后代，和谐共处、协调进化，才有了今天这片特大优质的生态湿地，才有了今天人们有关鄱阳湖许许多多的诗情画意，才有了今天建设鄱阳湖生态经济区的宏图伟业，才有了今天发展鄱阳湖湿地生态旅游的重大命题。

鄱阳湖湿地生态旅游是学者们多年以来就很想去破解的特殊课题。对此，作为一名旅游工作者，作者想就发展鄱阳湖湿地生态旅游理念问题进行一些探讨。

1. 努力完善自我，提高主导生态能力

1.1 完善自我是科学发展的需要

毋庸置疑，人类早就成了世界的主宰。但历史上的主宰多是强行的占领和统治，只是人类在与万类万物征战途中的阶段性成果，而绝非人类最终理想的胜利。由于人类曾经的暴行和恶习，不仅使同类遭受过无数的虐杀和涂炭，更使地球上众多生物走上了濒危和绝迹，也给自己招惹了来自大自然的一次又一次无情的报复和打击。古代也有圣贤明确提出“天人合一”的理念，这种先知先觉已演绎成为当代可持续发展的先进理念和和谐发展的科学思想。

今日的江西，生态环境之所以被人们称羡不已，是因为省委、省政府适时确立“环境是江西最大的品牌”和“既要金山银山，更要绿水青山，绿水青山就是金山银山”的发展理念与“生态立省，绿色崛起”的战略决策，是广大赣鄱儿女长期亲和自然、善待万类、呵护生态的环保行为所致。

当前，在建设鄱阳湖生态经济区的进程中，面对鄱阳湖优越的生态环境，探讨发展鄱阳湖湿地生态旅游问题，就显得比较轻松自如，这是由于鄱阳湖没有走别人以教训铺设的老路。但在此过程中，也面临着一些挑战和问题，经常碰到一些有违科学、相悖和谐的事情。因此，发展鄱阳湖湿

地生态旅游，我们不能不思而再思、慎之又慎，否则，会由于盲目而造成失误，由于失误而背离初衷，让生态旅游损害生态环境。

1.2 完善自我的有效行为及措施

在现有的情况下，应该从如下方面着手考虑鄱阳湖湿地生态旅游的发展问题。

一是强化各有关管理部门及所有工作人员、旅游开发经营者和旅游者的公共生态意识和环保公德观念，严守人类生存利益高于他类生存利益，他类生存利益高于人类非生存利益的生态伦理原则，确保生态环保在主观上自觉到位。

二是深入研究和准确把握生态环境和生物链的规律和特点，努力提高认识自然、亲近自然、融入自然、保护自然的能力，把万物正确地引入健康和谐进化的轨道，使人们更好地回归自然、了解自然、享受自然、并为保护自然作出积极贡献。

三是要制定科学的、严格的生态旅游发展规划和行动计划，使湿地生态旅游的开发建设和经营管理都置于科学的生态理念和规划之下。对目前尚不具备开展湿地生态旅游科学技术和组织管理条件的，则切忌急于求成、仓促上阵、盲目行事，而应加强资源保护、加快生态研究，努力提升自身能力。

2. 积极造福各类，促进万物协调进化

2.1 人类和谐进步的内在要求

人类需要进步，万物需要进化。人类的进步离不开万物的进化；由于人类在很大程度上是万物的主导者，万物的进化也离不开人类的进步。人类也只有在造福自己的同时造福他类，促进万类万物协调健康进化，创造条件实现人类更好更快的进步。如果人类只顾自己进步，不顾他类进化，甚至以牺牲他类的进化和繁衍来换取自己短暂的进步，最终将使自己失去

进步的基础条件，必定陷入灾难之中。

2.2 鄱阳湖生态旅游的内在要求

仁者希望人类世界是一个环球同此凉热的大同世界，善者冀望万物世界是一个物物相怜、类类相惜的众生世界。研究鄱阳湖湿地生态旅游的发展，应本着造福于包括人类在内的各类生物、促进万类万物协调健康进化的理念。先进的人类既是仁者、善者、而且是智者，不仅能够造福自己，而且有能力造福他类。所以，发展鄱阳湖湿地生态旅游，必须以保护各类生物、施惠各类生物、使各类生物更好地生存与进化为重要前提。这才是我们追求的真正意义上的生态旅游。能够做到这样，便达到了至仁至善至智的境界。

3. 致力共享家园，实现万类永久和谐

3.1 以生态乐园为鄱阳湖生态旅游建设目标

所谓万类家园，是指生物圈中的万类万物都能够长期生存、自由自在、和睦愉悦，最终作为归宿、永远守望的美好共享家园。自然界是包括人类在内的万类万物共有的世界，同时也应是万类万物共享的乐园。发展鄱阳湖湿地生态旅游，必须树立人类与他类友善相待、和睦相处、共享自然、相互赏享的理念。这里应是人鸟同乐、人鱼共欢、人兽并舞、人蛇相邀、人木传情、人草互怜，人类与他类相沟通、他类与人类相亲近，人类变主宰为主导、他类变食物为宠物的万类和谐世界。只有这样，才能实现人与自然的和谐，人类与他类的和谐，自然界万类万物的永久和谐。只有这样，人类才可获享无尽乐趣，有效促进身心健康，实现持续和谐发展。只有这样，万类万物才能同在一片蓝天下，共享快乐大世界。以上述情景为目标，将鄱阳湖建设成为世界上真正的、最具经典意义的湿地生态乐园。

反之，人类如果独霸自然、独享自然、弱肉强食，排他类于界外，将

其逼上难以生存的绝境，甚至将快乐建立在肆虐和灭杀他类之上，诸如恣意盗伐珍贵野生植物、捕杀稀有野生动物之类的反生态的恶劣行径，就等于绝了子孙的粮、断了后代的路，必将人类自己逼上极为危险的境地。这是鄱阳湖生态乐园打造过程中需极力避免的现象。

3.2 鄱阳湖发展生态旅游具有重要生态意义

人类已逐步进入后现代，人类应当而且也能够把万类万物引入健康协调进化的新世纪。通过积极科学地开展湿地生态旅游，使人们更好地回归自然、认识自然、完善自我、保护自然，促进人与自然和谐发展，促进世界万类万物持续和谐发展，这也是发展鄱阳湖湿地生态旅游的真正要义。

4. 打造人间天堂，同享幸福美好生活

4.1 以建设和谐的人文生态环境为目标

人间有天堂，敢问在何方？纵观鄱阳湖，顿悟心中央。人间天堂，应当既具有优越的自然环境，又具有豪华的享乐条件，更具有和谐的人文生态。这不仅是人间的美好愿景，而且人类也对此在进行孜孜不断的追求。作为国际性的湿地生态旅游胜地鄱阳湖，应既是投资者和旅游者的天堂，也是从业者和世居者的天堂。在这里，投资者投资环境好、成功概率高、社会贡献大；从业者待遇公平合理、人格受到尊重、价值充分体现；旅游者感受环境自然、实现消费自我、达到精神自觉；世居者民俗予以认同、文化得到传承、共享发展成果。在这里，人的心灵得到净化、实现自我超越，共享美好生活。

4.2 鄱阳湖和谐人文生态环境建设举措

要强力打造人间天堂，首先必须普遍树立人人人格平等、大家和谐至上、整体相生共荣的理念。其次必须依据新理念，制定统一、超前、可行

的大家认同的人文生态发展规则，规范人们的行为。其三，必须精心构建高品位湿地生态休闲度假旅游产品体系，以满足各种不同消费人群的需要。

要使人间天堂这一美好的愿景变为现实，还需具备强有力的措施作保障。开展宣传教育，达成共识共为；制定政策法规，严格依法治旅；科学设计体制，着力创新机制；加快制定标准，实行规范管理。

5. 结语

鄱阳湖是特大优质生态湿地，具有发展生态旅游，建设生态乐园的优越条件。在鄱阳湖生态旅游发展过程中，需要强化公共生态意识和环保公德理念，研究生态规律，进行科学规划，促进万物的协调进化，建设和谐的人文生态环境。积极科学的湿地生态旅游开发，不仅使人们更好地回归自然、认识自然、完善自我、保护自然，同时也是促进鄱阳湖的生态保护及和谐发展的有效途径。万类家园、人间天堂，是作者对鄱阳湖的美好憧憬，同时也是人类的美好愿景，为实现这一愿景，我们需要付出努力。美丽的鄱阳湖将成为万类万物的梦幻世界，世界可从这里领略到梦幻般的未来！

Discusion on development principle of ecotourism in Poyang Lake

Abstract: Poyang Lake is especially big ecological wetland with high quality, which has favourable conditions for ecotourism development and ecological amusement park. In the process of ecotourism development in Poyang Lake, public ecological consciousness and environmental ethics idea need to be strengthened, ecological discipline should be researched, scientific plan need to be made to promote the coordination and evolution among all kinds of lives, more important, humanistic environment need to be founded. Ecotourism development will promote the ecological protection and harmonious development in Poyang Lake.

Key words: ecotourism; ecological amusement park; Poyang Lake.

青海湖生态旅游区低碳发展研究

李炯华[①]，朱迎波，徐艳飞

（中华女子学院旅游发展研究中心，北京 100101）

【摘要】：全球气候变化与资源环境问题对人类可持续发展带来巨大冲击，发展低碳经济已成为各国应对气候变化和转变经济社会发展方式的重要途径。在低碳经济的时代背景下，低碳旅游成为旅游业对低碳经济的响应方式，生态旅游区低碳发展是旅游业实现可持续发展的必然选择。本文以世界著名的高原湖泊生态旅游地青海湖为例，从旅游开发建设、经营管理和游客行为等方面分析了青海湖生态旅游区发展存在的主要问题，探讨了生态旅游区低碳发展的意义，最后笔者认为科学规划和建设旅游区、以环境友好的方式经营管理旅游区、加强对游客的环境教育和管理以及争取政府的政策支持，是生态旅游区低碳发展的主要对策。

【关键词】：生态旅游区；低碳发展；青海湖

1. 引言

近年来，全球气候变化受到了前所未有的关注，引起了人们对传统经济发展模式的反思。低碳概念是在应对全球气候变化、提倡减少人类生产生活活动中温室气体排放的背景下提出的[1]。随着低碳理念的出现和发

① 李炯华，1970年生，男，湖南邵阳人，中华女子学院管理学院副教授，研究方向为旅游开发与管理。

展，低碳旅游成为旅游业对低碳经济的响应方式。2009年，在备受瞩目的哥本哈根联合国气候大会上，“低碳”被世界各国广泛关注。同年，《国务院关于加快发展旅游业的意见》提出把旅游业培育成国民经济的战略性支柱产业，推进节能环保，减少温室气体排放，大力倡导低碳旅游方式。2010年，《海南国际旅游岛建设发展规划纲要》提出大力提倡发展低碳经济，全力实施低碳旅游。在我国，各地积极实践低碳经济，建设低碳经济示范区、低碳城市、低碳旅游城市以及低碳旅游示范区和低碳旅游景区等，低碳理念已经在我国深入人心[2]。低碳旅游作为一种新型的可持续旅游发展形式，强调尽量减少旅游活动产生碳排放量，一经提出便得到各界迅速响应，许多旅游目的地纷纷提出建立低碳旅游区，低碳旅游也成为新的旅游消费方式。目前，国内外对低碳经济、低碳产业、低碳城市等方面的研究相对较多，而对于低碳旅游方面的研究还相对较少[3]。国外的研究主要集中在碳排放方面[4-8]，国内的研究主要集中在低碳旅游内涵和低碳旅游发展模式[9-13]。生态旅游区低碳发展是实现旅游业可持续发展的必由之路。青海湖生态旅游区是中国青海省的龙头景区和世界著名的高原湖泊生态旅游地，同时也是全球气候变化的敏感区，其生态地位极其重要。研究青海湖生态旅游区低碳旅游发展，不仅有利于旅游区内部生态环境的改善，而且对于推进其他生态旅游区的可持续发展也具有典型示范意义。

2. 青海湖生态旅游区概况

青海湖生态旅游区地处青海高原的东北部，青海省的东部。青海湖是中国最大的内陆湖和最大的咸水湖，是世界上海拔最高的湖泊之一。青海湖位于东经99°36′~100°16′，北纬36°32′~37°15′之间。东端距西宁市136公里，湖面东西长109公里，南北宽65公里，湖周长365公里，湖面海拔3196米，湖水最深28米，平均深度19米，流域面积30000平方千米，湖面面积4500平方千米。湖周为3600米至5000米高山环抱，从山下到湖畔，则是广袤平坦、苍茫无际的千里草原，而烟波浩渺、碧波连天的青海湖，就像是一盏巨大的翡翠玉盘平嵌在高山、草原之间，构成了一幅山、湖、草原相映成趣的壮美风光和绮丽景色。

青海湖先后被评为国际重要湿地、国家级自然保护区、国家级风景名胜区和国家5A级景区。2005年还被《中国国家地理》杂志社评为“中国最美的五大湖泊”之首，2008年被评为“中国国家旅游名片”和“2008年度中国最受关注旅游地”，青海湖生态旅游区是青海省旅游发展的龙头景区和旅游形象代表。青海湖是世界著名的湿地自然保护区，是青藏高原生物多样性最丰富的宝库之一。在青海湖流域及周边地区，其高原生物多样性、代表性和特有性是其他湿地所无法替代的。

青海湖生态旅游区地理位置和环境独特，自然和人文景观绚丽多彩，生态地位极为重要。青海湖地处中国西部干旱区、东部季风区和青藏高原区三大区域的交汇地带，是维系青藏高原东北部生态安全的重要水体，是控制西部荒漠化向东蔓延的天然屏障。也是高原高寒干旱地区重要的水汽源，是环湖周边及更广大地区气候的自然调节器，被誉为“中国的生态屏障”。

3. 青海湖生态旅游区发展存在的主要问题

总体上，青海湖生态旅游区的旅游开发注意了生态环境保护和合理利用旅游资源，但是由于不合理的旅游开发建设、不完善的经营管理以及不规范的游客行为等，在部分地域产生了一些负面影响。

3.1 不合理的旅游开发建设

青海湖生态旅游区内部及周边区域的不合理旅游开发建设，造成了部分景观的观赏性降低。例如，环青海湖公路的建设忽视环境修复工程，严重影响了景观美感。一些景点的建筑风格缺少特色，没有考虑整体基调而影响了景区的主题风格。环青海湖地区电缆线的架设，分割了青海湖与南山牧场、雪山等景观的完整性，影响了视觉审美效果。在卫生设施建设方面，青海湖生态旅游区乱建旱厕，缺少环保型厕所。有些景点内部依然采用“旱厕+渗井”的方式，对景区的土壤和地下水造成不同程度的污染。

垃圾桶数量不足是造成游客乱扔烟头和垃圾的客观原因之一。

青海湖生态旅游区不合理的旅游开发建设也会对野生动物产生影响。例如在沙岛腹地修筑了旅游专用公路，阻断了野生动物迁徙路径，干扰了迁徙候鸟的正常栖息。青海湖自然保护区的核心区海心山，目前已被开辟为旅游景点，大型船只频繁拉运游客登山观鸟。鸟岛作为青海湖自然保护区的核心区，观光通道的开辟很可能会影响鸟类的正常栖息与繁殖。可见，由于自然环境变化及人类活动的共同作用，大批的野生动物栖息地受到影响，一些大型兽类逐渐迁出，降低了青海湖自然保护区的生物多样性，破坏了原有生态系统的完整性。

3.2 不完善的经营管理

青海湖生态旅游区缺少有效的游客管理规定，在很多重要的景点内部都没有设立提醒游客注意保护环境的标示牌，这在一定程度上纵容了个别游客踩踏草场、乱扔垃圾等不规范行为。缺少具有丰富的生态旅游知识的生态导游员、讲解员，不能对游客进行良好的环境教育。周围牧场缺少规范管理，牛羊随意穿越围栏进入景区内部食草，并且在景区道路上留下大量粪便。游船排污管理不严，目前游船尚未安装油水分离器，含油废水直入湖体。景区内部没有严格规定停车场所，导致机动车辆乱开乱跑，破坏植被。

在管理方面，整个旅游区条块分割严重，多头管理，绕过青海湖自然保护区主管部门，在核心区随意实施旅游开发建设，造成了比较严重的生态环境、旅游资源和旅游景观破坏。另外，湖滨湿地、草场上乱搭乱建帐篷的现象也十分普遍，不仅破坏了草原植被，还损害了景区的整体形象。

3.3 不规范的游客行为

在青海湖景区，游客乱扔烟头和食品垃圾等行为对旅游环境产生一定的污染。这些行为与旅游区内垃圾箱少、环保警示语少有一定关系。游客自驾车辆带来一定的空气及噪音污染。大量游客产生的生活污水对青海湖水体环境造成了一定污染。

游客的不规范行为对青海湖生态旅游区内的景观造成了破坏。例如在鸬鹚岛顶部由于游客的踩踏已形成多条游径，杂乱无章，踩踏严重，既不美观又破坏了植被[15]。

4. 生态旅游区低碳发展意义

4.1 实现旅游业可持续发展

旅游业的发展是以旅游资源为依托的，尤其对自然资源有较强的依附性。因此，生态旅游业是容易受到气候变化影响的行业。在全球气候变化的背景下，低碳经济成为世界经济发展的必然趋势，旅游业的发展也必然走向低碳旅游。生态旅游区低碳发展，是应对全球气候变化和响应我国政府的节能减排政策，从而实现旅游业可持续发展的必由之路[14]。

4.2 推动相关企业低碳发展

旅游业是一个复合型产业，旅游活动涉及“吃、住、行、游、购、娱”六大领域，并且以旅行社、旅游交通、旅游饭店、旅游景区为支柱。此外，旅游业对其他产业还具有极强的依赖性和带动性。所以，旅游业低碳发展，就必然带动相关产业走低碳之路，从而有助于推动我国低碳经济的全面发展。

4.3 传播低碳理念

生态旅游业在低碳发展过程中，政府、企业和游客三大社会主体共同参与。尤其是政府与企业通过广播、电视及网络等媒体大量宣传低碳旅游，并将旅游活动的碳排放情况告知公众。例如，乘坐不同交通工具，碳排放量会有什么区别；住酒店把冷气调高一度，能减少多少碳排放量等。当公众对低碳旅游、低碳生活有所了解，便会逐渐改变生活习惯，形成低碳思维方式，增强环保意识，并把这种理念渗透到生活的各个方面[16]。

5. 青海湖生态旅游区低碳发展的对策

5.1 科学规划和建设生态旅游区

传统的旅游区开发建设模式技术含量低，许多先进的智能化技术和节能减排技术应用不足，只注重硬开发，忽视自然、人文环境的软开发。因此，低碳旅游区的开发和规划应注意以下问题：第一，旅游区建设要注重运用新能源、新材料、新技术等，严格控制能源消耗与资源损耗，提倡低碳建筑，同时还应注意建筑和环境的协调统一。第二，必须按照生态限度控制游客数量，科学设置游览项目与设施，使环境质量与游客数量之间保持一个“最佳值”。第三，加强旅游区的生态建设，设计较大比例的绿地面积。第四，做好环境清理的设计工作，合理处理旅游垃圾。旅游产生的污水必须经过严格处理后才能排放，或集中进入污水处理厂处理，生态保护理念应自始至终贯穿设计工作中，尽量减少人为破坏。

5.2 以环境友好的方式经营管理生态旅游区

改变传统的经营方式，将低碳化落实到经营管理的每一个细节。例如，旅游区内禁止机动车进入，而以电动车、混合动力汽车、自行车等低碳或无碳交通工具；节约办公用电，节约办公用纸，合理安排交通出行，合理压缩会议等，做到低碳办公；对旅游区的开发、管理和服务人员进行环境教育与培训，使他们具备生态和旅游两方面的知识和技能，不让“生态盲”去管理和经营生态旅游区；加强与国际生态旅游机构的交流与合作，学习国外生态旅游区开发、管理和保护的成功经验，建立既与国际接轨又符合中国国情的低碳旅游区管理模式和规范。

5.3 加强对游客的环境教育和管理

游客是旅游活动的主体，其旅游行为与消费方式对旅游区的碳排放量具有很大影响，因此对游客进行环境教育显得尤为重要，环境教育中的旅游消费道德教育应是其中的重点。第一，在旅游区内设立具有环境教育功能的基础设施，提倡精神消费为主，物质消费为辅，扭转奢华之风；提示游客在旅游区内消费时注意节约，不要强求过分的舒适，适当减少物质消费的数量，把满足精神需要放在重要地位；鼓励游客在旅行中为保护和改善环境做贡献。第二，做好环境清理工作，合理处理旅游垃圾，游览前做环保提示，谢绝在旅游区内使用一次性物品；要求旅游者自带垃圾袋，将自己产生的垃圾回收；在旅游区全面推行分类环保垃圾箱，在箱体相应位置上标识投放物的具体名称或对应图案，通过形象化的标志引导游客树立生态环保和资源持续利用的观念。第三，开展游客“碳补偿”活动。如鼓励游客种植纪念树，将导游图等留给后来游客继续使用，在游览过程中担任义务环保宣传员，设立环保事业捐款等，以此让游客有机会对自己的旅游行为所产生的碳排放进行适当补偿[17]。

5.4 争取政府的政策支持

低碳旅游区的建设离不开政府的支持和参与，政府的政策支持是低碳旅游区建设的关键。政府应出台更加细化的政策法规将低碳旅游标准化和制度化，从而加快进入低碳旅游的步伐。从资金、政策、土地等方面加大对旅游区低碳项目建设的扶持力度，激励旅游区加快推进低碳旅游方式。制定政策进一步发展壮大绿色环保企业，支持旅游景区、宾馆饭店、旅游运输等旅游企业利用新能源、新材料，及时全面引进节能减排技术，减少温室气体排放，降低碳消耗，最终形成全产业链的循环经济模式；制定行业准入标准，引入低碳旅游指标对旅游景区及相关企业进行常规考核与管理，让低碳旅游真正成为时尚，成为人们追求的健康生活方式[18]。

6. 结语

低碳经济关系到人类的未来，低碳旅游是当今旅游业发展的必然趋势，它是在低碳经济的大背景下产生的一种新型旅游形式，也是旅游业实现可持续发展的重要途径和最终目标。低碳旅游作为一种以低能耗、低污染、低排放为基础的绿色旅游，已经成为世界旅游业关注的焦点[19]。生态旅游区低碳发展，既对旅游开发建设提出了新要求，又对旅游区经营管理和旅游者行为提出了新要求，通过食、住、行、游、购、娱各个环节来节约能源、减少污染、降低排放，进而以实际行动来加强低碳旅游区的建设，以确保旅游区内社会、经济、环境的可持续发展。

参考文献

［1］E Dijkgraaf, R H J M Gradus. Cost Savings in Unit－based Pricing of Household Waste：the Case of the Netherlands ［J］. Resource and Energy Economics, 2004, 26 (4)：353－371.

［2］Sifeng Nian, Donghe Li, Tourism (Yang Yang. Domestic Research on the Driving Mechanism of Low－Carbon Development ［J］. Ecological Economy. 2011 (4)：81－84.［年四锋，李东和，杨洋．我国低碳旅游发展动力机制研究［J］．生态经济．2011 (4)：81－84.］

［3］Chengcai Tang, Linsheng Zhong, Shengkui Cheng. Study on the Con notations and Sustainable Development Strategies on Low－Carbon Tourism in China ［J］. Economic Geography. 2011 (5)：862－867.［唐承财，钟林生，成升魁．我国低碳旅游的内涵及可持续发展策略研究［J］．经济地理．2011 (5)：862－867.

［4］Mayor Karen, Tol Richard S J. The impact of the UK aviation tax on carbon dioxide emissions and visitor numbers ［J］. Transport Policy, 2007 (14)：507－513.

［5］Tol Richard S J. The Impact of a Carbon Tax on International Tourism ［J］. Transportation Research Part D, 2007 (12)：129－142.

［6］Mayor Karen, Tol Richard S J. The Impact of the EU US Open Skies Agreement on International Travel and Carbon Dioxide Emissions ［J］. Journal of Air Transport Management, 2008 (14)：1－7.

［7］Smith Inga J., Rodger Craig J. Carbon Emission Offsets for Aviation－

Generated Emissions due to International Travel to and from New Zealand [J]. Energy Policy, 2009, 37 (3), 438 -447.

[8] Kuo Nae - Wen, Chen Pei - Hun. Quantifying Energy Use, Carbon Dioxide Emission, and Other Environmental Loads from Island Tourism Based on a Life Cycle Assessment Approach [J] . Journal of Cleaner Production, 2009, 17 (1): 324 -330.

[9] Meng Cai, Yuming Wang. Low - Carbon Tourism: A New Mode of Tourism Development [J] . Tourism Tribune, 2010, 25 (1): 13 - 17. [蔡萌, 汪宇明. 低碳旅游: 一种新的旅游发展方式 [J] . 旅游学刊, 2010, 25 (1): 13 -17.]

[10] Wensheng Huang. On the Low - Carbon Tourism and the Creation of Low - Carbon Tourist Attractions [J] . Ecological Economy. 2009 (11): 100 -102. [黄文胜. 论低碳旅游与低碳旅游景区的创建 [J] . 生态经济, 2009 (11): 100 -102.]

[11] Xiao Liu. Low - Carbon Tourism: A Future Rural Tourism Model of Beijing [J] . Beijing Social Science. 2010 (1): 42 - 46. [刘啸. 低碳旅游: 北京郊区旅游未来发展的新模式 [J] . 北京社会科学, 2010 (1): 42 -46.]

[12] Jianping Ma. Analysis on the Connotation, Core Factors and Their Action Mechanisms of Low - carbon Economy [J] . Journal of China Women' s University, 2011 (4): 121 -124. [马建平. 低碳经济的内涵、核心要素及其作用机制分析 [J] . 中华女子学院学报, 2011 (4): 121 -124.]

[13] Qingzhong Ming, Ying Chen, Qinglei Li. Low - Carbon Tourism: The Strategic Choice of the Tourism Industrial Ecology [J] . Human Geography. 2010, 25 (5): 22 -26. [明庆忠, 陈英, 李庆雷. 低碳旅游: 旅游产业生态化的战略选择 [J] . 人文地理, 2010, 25 (5): 22 -26.]

[14] Benxing Wang. The Production and Sustainable Development of Ecological Environment [J] . Journal of China Women' s University, 2000 (4): 11 -14. [王本兴. 生态环境生产与持续发展 [J] . 中华女子学院学报, 2000 (4): 11 -14.]

[15] Institute of Geographic Sciences and Natural Resources Research, Chinese Academy of Sciences, Tourism Administration of the Qinghai Province. Tourism Master Planning for Qinghai Lake Scenic Spot [R]. [中国科学院地理科学与资源研究所，青海省旅游局. 青海湖景区旅游整体策划.]

[16] Zhe Li. Study on Scenic Spot Construction in Low - Carbon Tourism Times [J]. Modern Business Trade Industry, 2011, 25 (1): 32 - 33. [李喆. 论低碳旅游时代的景区建设 [J]. 长沙大学学报, 2011, 25 (1): 32 - 33.]

[17] Manqiong Zeng. On Scenic Spot Construction Based on Low - carbon Economy [J]. Journal of Harbin Vocational & Technical College, 2010 (4): 109 - 110. [曾曼琼. 论低碳经济下旅游景区的创建 [J]. 哈尔滨职业技术学院学报, 2010 (4): 109 - 110.]

[18] Qiong Lei. Study on Low - Carbon Tourism Spot Management [J]. Modern Business Trade Industry, 2010 (16): 46 - 47. [雷琼. 低碳旅游景区管理研究 [J]. 现代商贸工业, 2010 (16): 46 - 47.]

[19] Fei Zhu. Study on Low - Carbon Tourism Development methods, models and Evaluation of Tourism Spots [D]. Nanjing: Nanjing Normal University (2011). [朱飞. 旅游景区低碳发展的途径、模式与测度研究 [D]. 南京: 南京师范大学. 2011.]

Study on Low - Carbon Development of Qinghai Lake Ecotourism Area

LI Jionghua, ZHU Yingbo, XU Yanfei

(*Centre of Tourism Development Research, China Women's University, Beijing*, 100101)

Abstract: Global climate change and resources and environmental problems have great impacts on the sustainable development of human beings. The development of low – carbon economy has become an important way for countries to cope with climate change and change the way of economic and social development. Under the background of low – carbon economy, low – carbon tourism has become the response of tourism industry to low – carbon economy. The low – carbon development of ecotourism areas is the inevitable choice of the tourism industry to achieve sustainable development. Taking Qinghai Lake, the world – famous ecotourism destination of plateau lakes as an example, this paper analyzed the main problems of tourism development in the Qinghai Lake ecotourism area from the aspects of tourism development and construction, operation and management and tourists' behaviors respectively. Then it discussed the significance of the low – carbon development of ecotourism areas. Finally, the author held that scientifically planning and constructing tourism areas, operating and managing them in an environmentally friendly way, strengthening the environmental education and management of tourists, as well as competing for policy support from the government were the main countermeasures for low – carbon development in the ecotourism areas.

Key words: ecotourism areas; low – carbon development; Qinghai Lake

藏羌民族文化繁荣的生态启示

李梅，邓玉兰，刘海涛，金慧
（四川农业大学林学院，雅安 625014）

【摘要】：藏羌民族文化繁荣的基础是人类与自然和谐共振，蕴藏着深厚的生态智慧。民族文化繁荣启示着我们建设良好的生态家园，关注社区权益的实践。

【关键词】：生态智慧；藏羌民族文化

藏羌民族文化以地处四川阿坝藏族自治州的少数民族聚落为基质，集结而成的灿烂民族风情、神秘宗教文化和美丽自然风光绵延千里。溯岷江河而上，顺藏羌文化走廊而行，阿坝雪域高原的浓郁藏羌民族文化让人目不暇接。以汶川县大禹文化为起点、以壤塘觉囊文化中心为终点的阿坝千里藏羌文化走廊上水磨、绵虒、威州、薛城、甘堡、桃坪、坪头、牟托、卓克基、川主寺等古城村寨聚落，犹如明珠，颗颗耀眼；黄泥羌寨、石砌藏寨、艳丽藏羌服、精致羌绣、博巴森根、卡斯达温、羊皮鼓舞、神秘释比等文化精品，犹如神曲，曲曲动听。它们是藏羌文化特色最典型、最生动、最直观的写照。

每一部灿烂民族文化的谱写，无一例外的是人类对自然、对环境的智慧之举，是一个民族对所处的自然环境和社会环境的适应体系，更是生态文化与民族文化的和谐共振。生态文化则是一个民族在适应、利用和改造环境的过程中所积累和形成的对生态环境的适应性体系，包含着民族围绕环境与人的生态而形成的宗教信仰、生产方式、生活方式、社会组织和风俗习惯等等整体文化系统。

1. 藏羌文化蕴藏的生态智慧

生态智慧是指理解复杂多变的生态关系并在其中健康生存和发展下去的主体素质，使之具有生存实践的价值[1]。生态智慧的核心是尽心知性而知天，主张“天人合一”，其本质是“主客合一”，肯定人与自然界的统一。所谓“天地变化，圣人效之”，“与天地相似，故不违”，“知周乎万物，而道济天下，故不过”。生态智慧体现的是人以尊重自然规律为最高准则，以崇尚自然、效法天地为人生行为的基本皈依。

甘堡藏寨和桃坪羌寨便是藏羌文化的优秀代表，是民族文化与生态文化和谐共振的典范，其聚落选址、建筑形式、生产生活方式等无不体现着先民们超常的生态智慧。

甘堡藏寨位于藏羌文化走廊的中心，是一个典型的嘉绒藏族聚居的大寨子。它倚山傍河而建，即是“甘堡”得名的由来，藏语意为“坡上的村落”。寨子里一幢幢石头垒砌而成的碉楼般的屋楼，皆就地取材于河水中顺水冲下的花岗石（当地俗称麻子石）切割加工成大小不一的石块，用黏土垒砌而成。石屋冬暖夏凉，不易风化，又防震、防火、防水。还有其独特的“二牛抬扛”农耕文化，无不充分体现出甘堡人顺应自然、利用自然的智慧之举。

无论是在高高的后山俯瞰，还是伫立公路远眺，甘堡藏寨的石屋就像一组壮观的艺术群雕，给人以极富美感的艺术享受。对于一个信奉佛教的民族，他们深谙“深山开悟”的佛教生态关怀。佛教对生命的关切必然及于对生存环境的关切。

桃坪羌寨被喻为“神秘的东方古堡”。200 多年前，桃坪羌寨的先民们不仅在建寨的选址上十分考究，选择了当时土壤肥沃、水源丰富、光热条件好的地方建寨，并充分利用其良好的自然条件，广植桃树，使寨子掩映在桃红柳绿之中；寨子科学系统的地下水系及其多功能化，展示了这里的人们无与伦比的生态智慧。

可见，藏羌文化充分展示了人与自然和谐相处、顺应自然、利用自然、以“天地和生”作为处理人与自然关系的最高准则的生态智慧。

2. 藏羌文化与生态文明和谐共振

生态文明是人类遵循人—自然—社会和谐发展这一客观规律而取得的物质与精神成果的总和；是人与自然、人与人、人与社会和谐共生、良性循环、全面发展、持续繁荣为基本宗旨的文化伦理形态。生态文明认为人是价值的中心，但不是自然的主宰，人的全面发展必须促进人与自然和谐。

建设生态文明，不同于传统意义上的污染控制和生态恢复，而是克服工业文明弊端，探索资源节约型、环境友好型发展道路的过程。

藏羌传统文化中固有的生态和谐观，为实现生态文明提供了深厚的哲学基础与思想源泉，是生态文明建设与藏羌文化传承和谐共振的社会基础。

藏羌文化中反对自然生态破坏、轻视物质发展、重视人文和谐，是一种与世界主流文化（竞争文化）相异的生态文化模式。在自然生态与社会生态危机日益严重的时代，它对人类当前的发展观与和谐观具有不可忽视的生态启示意义，从藏羌文化的生态哲学中不啻获得的是一种智者的警醒。

3. 藏羌文化的繁荣需要生态保障

良好的生态环境是人类健康生存和有序发展的基本条件，是经济、社会可持续发展的环境基础，更是发展文化旅游和生态旅游的必然要求。

藏羌民族文化走廊同样也是一条生态美景长廊，这里有着米亚罗“三千里红叶，三千里江山”和毕棚沟、古尔沟泼彩斑斓的彩林景观，彰显出的恢宏气势、物种多样性、色彩饱和度令人震撼。以桦、槭、栎、松、柏等3600余种植物、多种珍稀动物、雪山、草甸、湿地、泉、瀑、岩、峰、谷等构建的森林生态系统，为藏羌文化走廊奉上了集壮美、秀美、奇美、艳美、韵味之美，且四季皆景等景观特质于一身的大美生态景观群和聚落的生态保护屏障。

历史告诉我们，良好的生态环境是文化传承和人类文明得以延续与发展的生态保障。

藏羌文化集中区，地处岷江上游干旱河谷流域，是长江上游主要的生态功能服务区。由于条件复杂的自然气候原因，如今河谷气候干燥，土壤严重缺水，形成干旱河谷地貌景观。加之近代以来，随着人口的急剧增长，人类对土地压力增大，加之地震等自然灾害，使该区域的植被和森林生态系统遭受了较为严重的破坏，生态环境问题比较严峻。

因此，加强区域生态环境建设与保护、恢复和重建森林植被系统，减少灾害是刻不容缓的事情。

可喜的是，通过几十年来的迹地更新造林，特别是近十多年来的天然林保护、封山育林及退耕还林等生态工程的建设，流域生态环境正在向着好的方向转变，2005年开始实施的碳汇项目造林工程，到2010年造林达700余万公顷；仅理县森林覆盖率就由1998年的33.3%上升到了36.7%。但是流域森林生态系统的林分结构优化、质量改善、森林覆盖率的进一步提高、农业生产结构的调整等将是未来生态建设工作的重点和难点所在。

4. 创新机制，促进民族文化与生态文化的共同发展

藏羌文化走廊有着富集程度高、资源品位高的民族文化资源和自然生态资源，发展与保护始终是一对矛盾，要有效地解决好矛盾，只有摒弃以环境恶化为代价、以低成本甚至是无成本消费利用环境和资源的传统经济增长模式，必须遏制资源开发利用中环境成本从企业外溢至社区的现象，关注社区发展的主体地位。勇于创新机制，探寻资源节约型与环境友好型经济发展模式，实现保护与发展的最优平衡。

4.1 创新社区共享收益机制，促进民族地区繁荣兴盛

藏羌文化走廊因其民族文化的厚重、生态景观的珍稀正在成为一条黄金旅游线，旅游业正在成为民族地区产业发展的重点。目的地居民的认知态度和利益保护以及文化的传承无疑对旅游产业的发展起着至关重要的作用。当前，社区参与模式的发展理念已为人们的共识并成为必然选择。创新社区共享收益机制，在资源开发与产业发展目标中，有效构建产业链本地化、经营者共生化和决策民主化发展思路，以社区为主导，提升社区参与的深度和广度，顾及社区居民的基本权益和长远发展，建立健全资源开发利用对资源保育的反哺机制。

4.2 建立生态环境补偿机制，促进社会可持续发展

（1）建立健全生态环境补偿长效机制

党的十七大提出了“建设生态文明”和“建立健全资源有偿使用制度和生态环境补偿机制”，并在中央、省、地方各级政府财政政策中有所体现，但在具体的资源开发、经营和管理模式中还有进一步落实、完善与强化的空间。森林、草原、湿地、水资源等生态资源不仅有着保护环境和改善环境的巨大生态服务功能，同时也为社会经济发展提供了不可替代的生态产品和服务，更是民族文化永葆青春的生态基础和发展文化生态旅游的环境基础。建立生态效益补偿机制，能够为生态修复提供长期稳定的政策保障和资金支持，有利于建设资源节约型和环境友好型经济发展模式，有利于民族文化的传承与发展。

（2）构建生态保护职责与生态环境补偿对称体系

生态环境和自然资源的消费和利用具有不可逆性，是构建生态环境补偿机制的自然要求和生态学基础，环境资源价值理论是生态环境补偿的价值基础和确定补偿标准的理论依据[2]。构建生态保护职责与生态环境补偿对称体系是创新生态补偿机制的技术关键。从维护生态安全、社会公平、民族地区的发展和稳定出发，有必要在借鉴国内外经验的基础上，积极研究和探索建立以“谁开发谁保护、谁受益谁补偿”为基本原则的生态环境补偿机制。

参考文献

[1] 张家成．中国传统文化中的生态智慧［A］．2011 中国武义·国际养生旅游高峰论坛暨乡村生态休闲养生文化研讨会论文集．北京：中国科学出版社，2012.

[2] 仇大勇．我国不可再生资源价格机制问题及对策研究［J］．改革与战略．2010，3.

Ecological Enlightenment from Prosperity of Qiang Nationality Culture

LI Mei, DENG Yulan, LIU Haitao, JIN Hui

(*Department of Forest Science, Sichuan Agriculture University, Ya' an* 625014, *China*)

Abstract: The prosperity of Qiang nationality culture was based on harmonious resonance of man and nature, showing profound connotation of ecological wisdom. Prosperity of nationality culture enlightens us to construct ecological homestead and concern on the practice of community rights.

Key words: ecological wisdom; Qiang nationality culture

柳州白莲洞考古遗址公园生态旅游价值及其可持续发展研究

蒋远金①

（广西柳州白莲洞洞穴科学博物馆，广西柳州 545001）

【摘要】：考古遗址公园是基于考古遗址本体及其生态环境保护与展示功能的公共文化空间。为有效延续和保护白莲洞考古遗址公园丰富而珍贵的文化和自然遗产的真实性与完整性，本文对白莲洞考古遗址公园生态旅游资源进行了综合分析，科学地揭示了白莲洞考古遗址公园的生态旅游价值，为建设具有特色的、可持续发展的白莲洞考古遗址公园提供依据和参考。

【关键词】：生态旅游价值；可持续发展；考古遗址公园；柳州白莲洞

1. 白莲洞考古遗址公园概况

柳州白莲洞考古遗址公园位于广西壮族自治区柳州市东南郊白面山南麓，距市中心约 12 公里。地理坐标为 24°12′53.9″N，109°25′39.2″E。东接柳石一级公路，南连柳南高速公路，西临白莲机场，距市中心约 12 公里，地理位置十分优越[1]。

白莲洞考古遗址公园规划占地面积 31.8 万平方米，由白莲洞古人类文

① 蒋远金，男，1966 生，研究员，硕士生导师，柳州白莲洞洞穴科学博物馆馆长．主要从事史前考古学、第四纪地质学研究。E－mail：jyj89@163.com

化遗址发掘现场、白莲洞、"探古乐园"、"古人类生态园"、综合陈列展示区等部分组成。主要为学生、观众普及岩溶地质知识和有关人类起源的科普知识。

白莲洞考古遗址公园自 1985 年对外开放以来，到 2011 年底共接待国内外游客近 500 多万人次，接待国内外来访的专家、学者近 10000 人次，取得了较好的社会效益和经济效益。白莲洞因其典型的岩溶地质现象而被前国际洞穴学会主席誉为"世界岩溶的心脏"，白莲洞古人类文化遗址亦因罕见的三个不同时代的文化堆积，被列入国务院公布的全国第六批重点文物保护单位。白莲洞考古遗址公园目前已经成为柳州乃至华南地区史前文化研究的基地、科普的阵地和旅游的胜地，成为广西乃至全国五十多所学校的社会实践基地。

"十二五"期间，柳州市人民政府斥资 2 亿元，利用白莲洞遗址周边秀丽优美的自然生态风光，以柳州史前文化为背景，引入考古遗址公园及园艺博览园的概念，按照四个区即古人类考古遗址公园主题陈列馆区、精品主题博物馆群落、古人类生态活动模拟区及自然风生态风貌展示区的构架进行规划建设。四个区相互连带，共同构筑一个集古人类遗址和古生态科研科普、文化休闲旅游等为一体的城市高端文化休闲旅游景区，彰显了柳州自古就是人类宜居之地的优良生态环境。

2. 白莲洞考古遗址公园生态旅游资源分析

2.1 宜人的亚热带气候

柳州地处亚热带，冬无严寒，夏无酷暑，四季常青，气候宜人[2]。游憩活动主要在室外，绝大多数游客喜爱不冷不热的舒适气候，同时石山奇特秀丽，岩洞瑰丽神奇，河水幽深，更衬托了气候的舒适性。宜人的气候，使得柳州常年都适合游览。

2.2 优良茂密的自然植被

白莲洞园区内森林覆盖率达 90% 以上。山得水而活，得草木而华，景区需要优良的小气候与清新的空气，使游客游览舒适，心旷神怡。茂密的森林，良好的植被，大面积绿地覆盖，可有效调节气温、湿度，降低周围物体的辐射温度，降低空气含尘与含菌量，营造良好的小气候。白莲洞周围森林茂密，绿地连片，景色秀丽，一碧万顷，特有的森林植被，有利于自然风景与历史文化和人文景观的融合。

2. 3 奇特秀丽的喀斯特地貌

白莲洞遗址所在的白面山海拔 249. 8m，高出附近溶蚀平原约 152m，白莲洞的地层为石炭系中统黄龙组，其基部与北侧的胡广岩等山相连，是一巨大的连座峰从山体的一部分。山南为溶蚀平原。地貌类型为：岩溶地貌中典型的孤峰平原。白莲洞洞前有湖泊，不远处有都乐河流过，周围群山环绕，植被良好，景色十分迷人，自然景观资源独特[3]。

2. 4 典雅丰富的岩溶地质现象

白莲洞因洞口有一巨大的白色钟乳石酷似含苞欲放的莲花得名。白莲洞分外厅和其后的长穴道两部分。洞穴自然环境奇特，迂回曲折，全长1870m，面积 7500 平方米，共有 5 个洞口。沿西北向的洞廊入内，洞体相当宽敞，并可分上下数层。白莲洞的喀斯特化经历了无数个喀斯特旋回。喀斯特洞穴的形成，可划分为三个阶段，即早期的潜水洞阶段、中期的地下水位洞、半充水洞阶段和晚期的完全脱离地下水位的旱洞阶段。关于洞穴的成因，现在越来越多的研究证明，是由洞穴内次生物理—化学沉积物长期沉积，逐渐积累的结果。它们具有形态多样而完美、类型稀有而珍贵、质地纯粹而白皙的特点。同时，又有碳酸盐类（文石与方解石）和硫酸盐类（石膏）的沉积并存。可溶性岩石特别是碳酸盐岩类的石灰岩和白云岩岩层，当含有二氧化碳的水遇到石灰岩时，在石灰岩的裂隙中流动就会发生碳酸化学反应，生成碳酸氢钙，因碳酸氢钙溶解于水，故而被水带走，久而久之，裂隙被溶蚀成洞穴。此外，不少适应于洞穴环境的微生物和藻类，也可以在洞穴中沉积各种沉积物，发挥它们特殊的功能。

白莲洞穴道多为厅堂式，廊道式及其水平状横向洞穴，各穴道立体交叉，为纵向连通式多维发展，它们大多形成干渗地带，多见于渗流带上部形成的高角度管道状洞及渗流带下部形成的地下河式廊道，两者的结合则形成地下河水系，白莲洞第一层溶洞即如此。第一层溶洞系地下河道，长370米，河道变化流向在340～360度之间，该地下河钻入岩体经白面山、葡萄山、磨盘岭等地，在洛维农场附近汇入柳江，全长7.25公里。白莲洞的形成，是岩性与构造（裂隙节理）控制洞穴的发育方向，而水动力条件，地层特征则控制洞穴发育形式，该洞穴的成层状立体分布，反映了新构造运动使地壳间歇性稳定上升的特征[4]。

2.5 神秘的古人类洞穴遗存

据不完全统计，仅在白莲洞周边的喀斯特溶洞中发现了40多处石器时代人类文化遗址。在这些众多的史前文化遗存中，除全国重点文物保护单位白莲洞遗址外，还有著名的柳江人遗址、鲤鱼嘴遗址及都乐洞穴遗址群，这些史前文化遗址显示了柳州自5万年前到5千年前这段漫长的史前发展史的传承演绎过程。它体现了历史的连续性、文化的传承和积累的新陈代谢过程，是祖先留给后人的一份十分珍贵的历史文化遗产，是垄断性、稀缺性文化资源。

2.6 罕见的全球性古气候信息的储存库

白莲洞遗址自1956年发现以来，经多次发掘清理，共出土动物骨骼化石3500多件、古人类牙齿2枚、石器500多件和2处用火遗址。白莲洞遗址保存了距今37，000年至7，000年以来的连续堆积，是华南地区洞穴遗址群中不可多得的晚更新世至早中全新世的标准剖面和典型地点[6]。白莲洞遗址地层产状、伴生动物群与孢粉谱系所表明的古气候、古生态环境变化特征与全球变化趋势同步，是亚热带地区罕见的晚更新世玉木冰期以来全球性古气候信息的储存库[7]。白莲洞遗址各文化层及相应古生态环境背景所揭示的白莲洞文化系列发展模式，即旧石器晚期经过渡期向新石器文化的演化，为探索华南乃至东南亚地区同时期遗址提供了对比标尺。

2.7 繁多的洞穴生物

白莲洞相对湿度在90%左右，湿度亦随离洞口距离加大而升高，洞内的温度20摄氏度，洞内的二氧化碳含量和负离子含量明显高于洞外，白莲洞现存的洞穴生物有无眼鱼和蝙蝠以及一些未经鉴定的昆虫，其中的蝙蝠厅聚集着数以万计的蝙蝠，号称蝙蝠王国[8]。这里的蝙蝠称为棕果蝠，主要住于山洞内，但亦会住于人工环境，例如引水道及矿洞之内。为食果性动物，食物包括果实和花粉。棕果蝠是一种寿命较长的哺乳动物，在冬寒地区，常成群结队匿在岩窟中冬眠，但在广西柳州白莲洞地区，冬天仍见其外出觅食活动。

3. 白莲洞考古遗址公园的生态旅游价值

柳州白莲洞考古遗址公园集自然科学和人文科学于一体，其学术性、科普性、国际性、观赏性价值不容低估。

3.1 学术性

首先，白莲洞遗址各文化层所揭示的文化系列发展模式，即旧石器晚期经过渡期向新石器时代文化的演化，具有典型性和普遍意义。它的发现与研究，不但为探索华南地区旧石器晚期文化如何经过渡期向新石器文化的转变提供了十分珍贵的实证材料，而且完全解决了中国南方中石器时代文化的长久不解之谜，清晰地印证了中国中石时代的客观存在。其次，洞穴穴道的成层立体交叉分布，导致该洞穴的穴道，形似巨大的岩窟洞厦，从上到下，潺潺流水之声不绝于耳，峡谷绝壁险峻又高耸，各种各样的喀斯特景观琳琅满目，洞穴与地下河融为一体等特点，其学术价值也不亚于该洞的古人类遗存。

3.2 科普性

白莲洞以普及古人类科学文化知识，普及喀斯特学、洞穴学等地学知识为主。白莲洞“探古乐园”为广大青少年学生提供了集趣味性、互动性于一体的模拟考古、原始制陶、打制石器、原始狩猎和钻木取火场所。“中国远古文明起源”陈列展则系统介绍了从人类起源到中国文明发生的全过程。白莲洞洞穴内的石柱、石笋、石幔、钟乳石、边石坝、石珠等喀斯特景观比比皆是，次生沉积在形态上或形似动物或形似植物。该洞解说词，摒弃以往旅游洞穴的象形解说，以丰富的古人类雕塑造型穿插在喀斯特景观中，整篇解说词生动、形象地讲解岩溶地质、人类进化的演变、形成过程，把深奥的科学词汇，简化为通俗易懂的讲解，寓教于乐，使游客在参观游览中得到了地质科学知识的熏陶和史前文化的教育。

3.3 国际性

白莲洞古人类遗址的发掘和研究始终得到国内外知名专家和教授的支持和关心，我国古人类学家、白莲洞遗址的发现者裴文中教授为该馆题词："中国可以成为世界上古人类学研究的中心，而广西是中心的中心"，日本东京大学人类学教授植原和郎先生通过实地考察后得出了"柳江人与日本人同宗共祖"结论。1988 年 10 月柳州召开国际洞穴学术讨论会，来自八个国家的 60 多名专家学者参观游览了白莲洞，带队的国际洞穴协会主席福特教授对白莲洞的科研成果给予了高度评价。1994 年 11 月，"中日古人类与史前文化渊源关系国际学术研讨会"在柳州白莲洞召开，来自中国、日本、韩国、美国、越南等十多个国家的 120 多位专家、学者与会，共同探讨柳州古人类与日本、东南亚国家的渊源关系，引起了国际上古人类学家的关注。目前，白莲洞已成为国际古人类学研究的热土。

3.4 观赏性

人们把白莲洞上下连通，立体交叉的大型岩厦式洞窟被比为"天宫"。在天宫内上下左右前后，到处是大大小小的钟乳石、边石坝，其造型酷似各种人物、动物、植物，千姿百态极具可观性。洞内的蝙蝠王国聚居着上万只蝙蝠，地下河有盲鱼在游戏，洞穴生物形成的景观在我国著名的游览洞穴中并不多见，因此它的吸引功能优于其他的洞穴。

白莲洞考古遗址公园的生态与人文环境特色，在于奇特秀丽的天然山水、丰富的岩溶地质现象和厚重的古人类文化内涵融为一体，这种珠联璧合既有优美的自然景观，又有丰富的人文景观的载体在全国乃至世界的考古遗址公园中都是极为罕见的。

4. 白莲洞考古遗址公园的可持续发展对策

考古遗址公园是基于考古遗址本体及其环境的保护与展示，融合了教育、科研、休闲等功能的公共文化空间。考古遗址公园不仅仅立足于文化资源保护，更承担着构建经济社会发展与遗产保护、生态资源保护和谐关系的重任。它不是一般的公园，也不仅仅是一块生态绿地；它不仅承载着城市的历史，也萌动着城市的未来。

“十二五”期间，白莲洞考古遗址公园建设已进入了一个关键时期，更需要我们解放思想，赶超跨越，迎难而上，妥善解决存在的问题。基于前面白莲洞考古遗址公园生态旅游资源和生态价值的分析，为此，白莲洞遗址的保护和考古遗址公园的建设必须正确处理好两个关系：

（1）必须正确处理好白莲洞遗址保护与考古遗址公园建设的关系。建设考古遗址公园是大遗址保护的一种有效模式。我们既要积极推动白莲洞遗址建设成为考古遗址公园，提高遗址保护、展示和利用水平，充分发挥白莲洞遗址特有的人文价值和生态旅游价值；同时，也要结合白莲洞特有的自然生态环境背景，不断研究丰富遗址展示和利用手段，全面推动白莲洞遗址保护工作向纵深发展。

（2）必须正确处理好白莲洞遗址保护、生态保护与合理利用、可持续发展的关系。确保遗址本体及其背景环境的真实性、完整性，是遗址合理利用与可持续发展的首要前提。合理利用又是实现遗址有效保护、可持续发展的有力支撑。通过多种方式、多种模式对遗址进行展示利用，深入发掘遗址的价值与内涵，充分发挥遗址保护对改善生态环境、优化城市面貌、促进经济发展的作用，激发社会各界的责任心和使命感，让人们亲近遗址、敬重遗址，亲近自然、敬重自然，从而达到人与自然的和谐统一。

为处理好这两个关系，必须坚持三个原则：

（1）坚持规划先行。在开展保护和建设中要坚持规划先行，结合白莲洞遗址自身保存现状和文化价值、生态价值，编制具有较强针对性、操作性和前瞻性的遗址保护规划、生态保护规划和考古遗址公园规划，科学指导白莲洞遗址保护和考古遗址公园建设的各项工作，发挥大遗址保护工作的综合效益。

（2）坚持尊重科学。要坚持科学保护，以确保遗址本体和周边生态环境的真实性与完整性为首要条件。要坚持科学展示，服从特定生态环境保护的需要，不断提升展示水平和品位。要坚持科学管理，不断创新白莲洞遗址保护的管理模式，使白莲洞遗址保护和考古遗址公园建设走上规范化轨道。

（3）坚持社会效益优先。要坚持惠及民众，积极指导和引导当地居民参与大遗址保护和考古遗址公园建设工作。要坚持惠及子孙后代，为后人保护好祖先留下的珍贵历史文化遗产和自然遗产，让白莲洞遗址保护展示园区和考古遗址公园成为青少年教育的第二课堂和文化遗产传承基地。为柳州五万年悠久历史得以不断传承和延续，让祖先创造的辉煌文明得到应有的尊重和敬仰。

参考文献

［1］柳州白莲洞洞穴科学博物馆．广西柳州白莲洞石器时代洞穴遗址发掘报告．南方民族考古，1987，（1）．

［2］柳州地市方志编纂委员会．柳州市志·自然环境志［M］．南宁：广西人民出版社，1998.

［3］唐民一，钱小鄂．柳州市喀斯特地貌的基本特征［A］．喀斯特地貌与洞穴．北京：科学出版社，1983.

［4］杨颖瑜，白宇．白莲洞的地质遗迹及其可持续发展［A］．洞穴探测、研究、开发与保护．北京：地质出版社，2008.

［5］蒋远金．柳州白莲洞［M］．北京：科学出版社，2009.

［6］原思训．阳春独石仔和柳州白莲洞遗址的年代测定［A］．纪念北京大学考古专三十周年论文集．北京：文物出版社，1990.

［7］刘兴诗，谢静波．白莲洞遗址地层学研究及其科学意义［A］．中日古人类与史前文化渊源关系国际学术研讨会论文集。北京：中国国际广播出版社，1994.

[8] 柳州白莲洞洞穴科学博物馆．古人类遗址白莲洞探秘［J］．生命世界，2012，（5）．

Study on Ecotourism Value and Sustainable Development of Bailiandong Archaeological Park in Liuzhou

JIANG Yuanjin

(*Bailiandong Cave Scientific Museum of Guangxi*, *Liuzhou* 545001, *China*)

Abstract: Archaeological Park is the public space of culture based on archaeological sites and the protection and exhibition of ecological environments of the sites. In order to make continuous to ensure the authenticity and integrity of rich cultural and natural heritages of the Bailiandong Archaeological Park effectively, this paper makes comprehensive analysis on ecotourism resources of the Bailiandong Archaeological Park, and scientifically reveals the value of ecotourism of the Bailiandong Archaeological Park and laying a firm foundation for building up the Bailiandong Archaeological Park which has own special features for sustainable development accordingly.

Key words: value of Ecotourism; sustainable Development; archaeological Park; Bailiandong Site of Liuzhou

尤溪县建设闽中朱子文化与生态休闲旅游胜地的思考

朱邦衍①

（尤溪九阜山生态旅游发展有限公司 福建三明 365100）

【摘要】：旅游产业发展对地方经济社会具有显著影响，其效应是显而易见的。文章着重分析了尤溪旅游资源的特点，客观阐述尤溪发展旅游业的优势因素及发展的重大意义，以及存在的问题和弱势影响，提出了相应的对策措施。本研究是对资源型山区县和旅游业尚未真正起步的县域发展旅游业的探索。

【关键词】：资源特色；发展战略与目标定位；发展路径；尤溪县

国务院《关于加快发展旅游业的意见》中提出："把旅游业培育成国民经济的战略性支柱产业和人民群众更加满意的服务业"。对旅游业发展的这一定位，具有历史和里程碑的意义，给旅游业建设与发展带来了千载难逢的机遇。福建省是国务院确定的"我国重要的自然与文化旅游中心"，福建省委、省政府提出"把旅游业作为我省的支柱产业"。与之相对应，尤溪县委、县政府认真总结尤溪经济社会发展经验，集中了全县人民智

① 朱邦衍，男，福建省尤溪县人，现任尤溪县政协经济与港澳台侨委员会主任委员、尤溪九阜山生态旅游发展有限公司总经理、尤溪县旅游协会会长、政协尤溪县第九届委员会常委、中国摄影家协会会员。复退军人，曾在乡（镇）、林业、旅游、经贸、武装、文联、工会等基层和部门工作，长期关注并致力于旅游建设与发展，摄影作品曾在全国影赛中入选、获奖。

慧，立足尤溪实际，着眼尤溪长远发展，按照“理念、商机、旅游、品位”要求，适时提出了“建设闽中朱子文化与生态休闲旅游胜地”的旅游发展定位，这对于立足尤溪县实际，把握发展机遇，开发旅游资源，推进旅游发展，将起到强大的引领作用，必将全面推进县旅游业实现实质性和跨越式发展。

1. 尤溪旅游发展优势

尤溪是宋代理学家、教育家朱熹的诞生地，素有“朱子故里”之称。境内群峦叠嶂，含烟凝翠，林海茫茫，森林覆盖率达74.2%，是天然的绿色宝库。丰富的森林资源造就了优越的生态环境：满目青山，让人心旷神怡；碧波绿水，令人心境愉悦。独具魅力的朱熹诞生地及朱子文化，造就了深厚的历史文化氛围：追寻智者，探索着理学的博大精深；探古访圣，感受“尤溪风月无今古，学海扬帆有后人”的勃勃生机。秀美的山川，清新的空气，亮丽的小城，文化的熏陶，定将给游人留下不虚一行的深刻印象。

1.1 资源丰富

尤溪是林业大县，是森林的世界，其“八山一水一分田”的地理和资源特征，决定了尤溪集天地之灵气、集万物之精华，十座大山，巍然矗立，座座雄奇、山山竞秀。九阜山流泉飞瀑，蓬莱山如梦如幻，枕头山云海奇观，倒排岩秀美东南，罗汉山层峦叠翠，白岩山雄踞一方，棋盘山演绎传奇，太华山述说辉煌，文笔山飞来神韵，文公山闽中尼山。以九大古建筑为代表的古民居如珍珠般点缀在尤溪大地：桂峰村风月曾谙，玉井坊古韵悠长，后山渡风云际会，聚奎堡固若金汤，卢公馆豪庭依旧，古经通风华可探，大腹圳气势恢宏，土堡群阅尽沧桑，唯南溪书香传扬。拥有极具诗情画意的国家水利风景区——闽湖，享有盛誉和极富特色的“发现海西之美·十佳景点”、中国最具魅力五大梯田之一——联合梯田及获得十佳提名奖的龙门场古银杏群。更有独一无二的朱熹诞生地的文化品牌，构成丰富多样的自然生态与历史人文旅游资源，是一个不可多得的开发建设旅游胜地的处女地。

1.2 特色鲜明

朱熹是儒家学说的集大成者，是福建十大名片之一，具有不可替代的广泛影响，是一个世界级品牌，而作为一代圣哲诞生地的尤溪，更享有其他地域不可复制的历史文化资源。而联合梯田、龙门场古银杏，亦是我省极具特色的旅游资源。这种差异大、品牌亮、影响广、效应好的旅游资源，是极其可贵和不可多得的自然与文化旅游资源，如果得以充分保护、开发和利用，必将打造成海西旅游的特色名片。

1.3 气候适宜

尤溪地处北纬26度以南，属中亚热带季风性湿润气候，年平均气温15.8℃～19.6℃，夏季暖热，冬季温凉，常年都适宜开展旅游活动，是人们休闲度假的好去处。

1.4 交通便利

福银高速公路贯穿县境，并在境内设立两个互通口；省道206线西城至街面通往德化的二级公路，是尤溪通往闽南沿海地区的要道；国道316线是尤溪出县的又一干道。建设中的向莆快速铁路、过境尤溪的厦（门）沙（县）和湄（福建莆田）渝（重庆）高速公路，将使尤溪的交通条件发生质的根本性变化，为尤溪旅游业的建设与发展插上飞翔的翅膀。

2. 旅游发展意义

旅游业是新世纪最耀眼的行业之一，前景看好，潜力无限。据旅游业的发展历史和专家的研究表明，旅游业在国民经济中具有重要的、不可替代的作用。对于尤溪县而言，其意义和作用主要体现在以下三个方面。

2.1 有效地开发利用资源，带动经济发展

尤溪生态优良、景观丰富、物种多样、水质清澈，空气清新，有着得天独厚的自然生态环境，是开展生态和森林旅游的理想之地。尤溪人民崇文重教，又拥有朱熹诞生地之文化品牌，尤溪有上千个村落繁星般散落在青山间、绿水旁、湖畔边，以传统民居建筑风格为特色的乡土村落，尽显乡野田园风光之本色。这些文化、山水和乡村资源的开发利用，不仅可以成为旅游业界的亮点，而且以旅游业关联度很强的特性，对促进和带动尤溪经济社会又好又快发展将起到不可估量的作用；对交通、宾馆、餐饮、娱乐、购物、建筑等相关行业的发展具有很强的促进作用；对调整产业结构，促进农村劳动力转移具有很好的带动作用。近几年来，随着尤溪县旅游资源的初步开发，旅游业强劲的发展势头已初见端倪。2009 年尤溪县接待游客 20.2 万人次，旅游收入 5100 万元，分别比 2008 年增长 48.9% 和 49.2%，两项增幅连续两年位居三明市首位。

2.2 有效地树立尤溪形象，提高知名程度

一个地方的知名度、美誉度与其历史和经济发展有关，与旅游业的发展程度更有着千丝万缕的关系。为外界甚至世界所了解和称道的因素很多：既可久负历史的传奇色彩，又可凭借经济高度发达的时代气息，还可利用得天独厚的资源优势。如今一个名不见经传的地方，通过发展旅游而一举扬名的已不鲜见。因此，对于尤溪这样的山区县来说，要在较短时间内提高知名度，通过发展旅游业，建立宣传的窗口和渠道，应是一条积极而有效的途径，一个一举多得的选择。随着朱熹被评为福建十大名片，桂峰古民居、闽湖分别获得“中国历史文化名村”、“国家水利风景区”称号，被誉为福建最美的梯田——联合梯田被评为“发现海西之美·十佳景点”、龙门场古银林被评为十佳提名奖，尤溪在省内外的知名度、美誉度持续提高。

2.3 有效地转变思想观念，促进文明开放

旅游是一个窗口，一种交流，一种文化。一方面，旅游者既是参观

者、消费者；另一方面，旅游者来自四面八方、五湖四海，甚至世界各地，他们又是不同思想、不同观念、不同文化的携带者、传播者和交流者，对旅游地将产生积极的作用和影响。对于人们的思想观念、生活方式、待人接物等也不可避免地产生冲击和变化，有利于人们接受新思想、新潮流、新观念，也有利于不同文化的融合和交流，促进、带动文明建设和思想的开放。

3. 思考与建议

旅游业的建设与发展，是一个系统工程，具有投资大、要求高、管理难等特点，需要一个过程，既不可急功近利，也不可不求作为。从尤溪县的实际情况分析，以旅游业标准要求和衡量，还存在着不少的困难和问题。主要表现在：一是资金短缺。由于尤溪县的经济发展水平不高，可支配财力不足，能直接用于旅游业建设的资金更是有限。因此，仅靠自身力量来发展旅游是远远不够的。二是基础薄弱。旅游资源开发程度低，与旅游业密切相关的基本设施不够完善。如道路交通方面，路网建设及标准还不能适应旅游业需要；餐饮业方面，其品种、质量、布局设施还相对滞后；宾馆业方面，无论是饭店等级，还是床位数量都远远不能满足市场需求；文化娱乐业方面，还未能与旅游业相衔接和配套；旅游商品方面，无论是体现地方特色的产品，还是旅游商品开发以及与之相配套的商场购物网点配置，都还处于相对落后状态。三是人才匮乏。旅游专业人才严重不足，如旅游经营管理人员、技术人员、导游员（讲解员）等明显缺乏，懂得旅游开发建设和经营管理的人才更为缺乏。

针对以上问题，要在认真领会和贯彻国务院在《意见》中提出的“改革、创新、管理、服务”要求的基础上，开拓进取发挥优势，积极主动力求作为，立足县情寻找对策。起步就要充分做好调查研究，分析优势与不足，正视困难与问题，找准定位与目标。要紧紧围绕“建设闽中朱子文化与生态休闲旅游胜地”这一目标定位，做强文化（打响朱子文化品牌），做足绿色（做好生态旅游文章），做靓城区（构建景城一体特色旅游），做好特色（开发乡村旅游和建设特色旅游精品景区），做特民俗（挖掘整理尤溪民俗文化），突破和解决制约尤溪县旅游业建设与发展的困难和问题，为建设生态尤溪、人文尤溪、特色尤溪、活力尤溪、和谐尤溪打下坚实基础。

3.1 统一思想，强化组织领导

要深刻认识到建设以“打造朱子文化城”为核心的“闽中朱子文化与生态休闲旅游胜地”是一项造福尤溪、造福人民的千秋大业，必将对尤溪的改革与发展、开放与建设产生积极而深远影响，对经济建设产生强大带动力，对展示尤溪形象具有强大推动力，对增强尤溪人民自信心具有强大冲击力。要在全县上下树立和强化“抓旅游就是抓调整、抓结构、抓开放、抓就业、抓环境”的思想，广泛宣传建设闽中朱子文化和生态休闲旅游胜地的重大意义、目标任务和办法举措，使这一目标成为全县干部群众的共识，从而调动各方积极因素，为建设和发展旅游献策献力。要强化组织领导，要有专门的领导、机构、人员长期抓，建立强有力的组织领导机构，培养一支高素质战斗团队，建立一套灵活高效适应现代旅游业发展的管理体制；要改善投资环境，提高办事效率，为投资者创造便利、宽松的创业环境。同时，要明确目标任务、落实目标责任，确保各项工作有序高效地推进。

3.2 搞活投入，解决资金困难

在发展旅游业初始阶段，为克服政府财力有限、投入不足等问题，应采取多形式投资建设方式。如招商引资、利用民资、开发民力、外商独资或合资、股份制投资等，逐步改善“吃、住、行、游、购、娱”基本条件。要充分动员社会力量，调动积极因素，运用社会力量办旅游。如解决接待能力不足问题，可以采取对现有宾馆设施进行改造升级，提高档次来适应业界要求，也可以利用民间力量和资源，鼓励创办农家旅馆、家庭旅馆的办法，以满足不同层次、不同需求、不同爱好游客的选择。在餐饮业方面，可以由政府牵头，鼓励开发富有尤溪特色的地方小吃品种，让游客吃得香、吃得美、吃得廉、吃得好。在旅游商品方面，要大力鼓励开发适销对路的旅游产品，注重和引导地方特色和传统产业与旅游业的结合，如茶籽油、尤溪老酒、笋竹、金柑、茶叶等系列产品以及食用菌、农家菜、森林食品、民间传统工艺品和富有文化气息的朱子文化旅游纪念品等，以满足游客购物需求。在交通方面，要进一步加强县域内道路基础设施建设，大力改善交通条件，真正实现和满足旅游通道和景区道路畅通、安全的要求。

3.3 做好规划，分步组织实施

无论是景区开发，还是城区建设，都应严格做到高起点规划，高水平建设。规划是建设的前提和基础，建设是规划的实施和制作。只有好的高起点规划，才能实现好的高水平建设，才能从根本上避免盲目建设、重复建设甚至违规建设。首先，要高站位、宽视野、大手笔做好旅游顶层设计；其次，要高水准做好县域旅游总体规划；第三，要精心做好每一个项目的设计。因此，在规划中要坚持国家政策法规准许，坚持与社会经济发展水平相适应，坚持全面规划、分步实施、综合利用，坚持保护和开发并重，坚持经济效益、社会效益、环境效益相一致和可持续发展的原则，把每一个片区、每一个景区都建成精品、形成亮点、凸显特色。尤溪是一方森林的天地，绿色的世界，这是最大的优势，也是最可宝贵和不可多得的资源条件。尤溪是福建母亲河闽江上游的重要支流。由于地处闽中，又被称为福建的“肺部”，又有“闽心”之称，足见地理位置的独特性和生态环境的重要性。

因此，要在保护的前提下，充分利用和开发这一资源，变资源优势为产品优势、品牌优势和市场优势，以适应和迎合都市人们向往绿色、回归原始、崇尚自然、健身养生的心理和需求。要围绕森林生态，在绿色上做足文章，在生态上打好品牌。同时，要充分利用和挖掘宣传朱熹诞生地这一独特资源，以文化为媒，发挥名人效应。经过 5～10 年坚持不懈、持之以恒的努力，把尤溪建设成：以朱子文化为品牌，以生态旅游为主体，以乡村旅游为特色、以红色旅游为带动、以休闲农业为依托、以民俗风情为品位，打造极具魅力和独具吸引力的闽中朱子文化与生态休闲旅游目的地。

3.4 注重人才培养，广纳旅游人才

现代意义上的旅游，需要一大批有一定技能和经验的劳动和管理者。旅游人力资源的培养、教育、构成，是旅游业发展与建设的重要因素。从近期来看，尤溪县旅游技术和管理人才严重缺乏的问题短期内还将存在，加大对这方面的人才培养、教育和管理，是一项紧迫而重要的工作。为此，一要做好人才的调查。有关部门要对现有人才进行调查，建立健全旅游人才库。二要注重人才的培养。要有计划地从高校旅游专业中接收毕业生，以补充新鲜血液；要积极引进有特殊技能和管理经验的专业人才，以充实旅游人才队伍的力量。三要注重人才的使用。创造用人的宽松环境，给人才发挥才能的空间和平台，做到人尽其才，才尽其用，发挥人才的最大效益。四要加强人才的管理。建立旅游专业人才的跟踪、考评、使用、教育和培养机制，建立一支管理优良、技能过硬、素质全面、结构合理、文明高效的旅游人才队伍。

3.5 高效运作，强力扩大宣传

现代社会是一个信息时代，一个品牌，一个产品要为人所知，为大众所接受，就必须做好产品的包装和宣传，这是市场经济条件下的一般规则。为此，做好产品的促销、宣传和策划，是推介产品、提高知名度必要的途径、渠道和手段。因此，除了借助各种媒体、制作专题片，参加各种类推介会、博览会外，很重要的一点就是要搭建有自身特色的宣传和推介平台。要特别注重旅游市场的拓展、旅游产品的宣传、推介和营销，要根据尤溪县旅游产品特点，科学合理地确定目标市场，开展市场调查，细化市场分析，准确设立一级市场和二级市场。针对目标市场，适时、集中和持续开展行之有效的旅游推介和旅游营销。并根据形势发展和变化，适时开拓和建立新的目标市场。同时，要针对旅游是“知名度经济”、“眼球经济”的特点，大力开展造势活动，如借助“中国金柑之乡”品牌，举办闽中尤溪“金秋金柑”游览采摘文化节；利用“朱熹诞生地”举办全国性乃至世界性的文化论坛或朝圣大典；利用联合梯田秀丽丰富的自然景观，举办梯田文化节、摄影大赛等系列活动；利用“中国竹子之乡”和“中国绿竹之乡”品牌，举办竹子文化节、

竹子博览会；借助全省最大的古银杏群落，举办富有特色和浪漫色彩的“携手海西·相约金秋婚纱摄影节”等等。通过多渠道、多方位宣传，建立多途径、多层次平台，吸引人群、吸引眼球，做大品牌、做足人气，只要以市场化手段运作得当，一定可以收到事半功倍的成效，达到预期目的，使旅游业成为宣传尤溪、推介尤溪、展示尤溪、发展尤溪的宽阔舞台，为尤溪县经济社会又好又快发展做出更好更大的贡献。

参考文献

[1]《国务院关于加快发展旅游业的意见》(国发［2009］4号).

[2]《中华人民共和国国民经济和社会发展第十二个五年规划纲要》.

[3]《国务院关于支持福建省加快建设海峡西岸经济区的意见》(国发［2009］24号).

[4]《中共中央、国务院关于加大统筹城乡发展力度进一步夯实农业农村发展基础的若干意见》(2010年中央一号文件).

[5]《尤溪县县域旅游总体规划》.

[6]《尤溪县“十二五”旅游发展专项规划》.

[7]《中国旅游报》相关文章及数据.

[8] 尤溪县旅游统计数据.

Thinking on Construction of Ecological Leisure Resort based on Zhu Zi Culture in Longxi County

Zhu Bangyan

(*Jiufu mountain ecotourism development corporation*, *Sanming* 365100, *China*)

Abstract: Tourist industry development has notable effect on the development of economy and society in this area, the effects of tourism are obvious. This article emphatically analyzed the characteristics of tourism resource in Longxi county, objectively expounded the superior factors of tourism development in Longxi county and its great significance, and the existing problems and weak influence. Finally, some countermeasures were put forward. This study contributed to tourism development of the resource – based mountain county and the county which tourism industry was not really developed.

Key words: characteristics of tourism resource; development strategy and target location; development path; Longxi county

芦芽山旅游开发对植被影响的生态模式研究①

牛莉芹②1，程占红③2

（1. 山西财经大学环境经济学院，山西 太原，030006；

2. 山西财经大学旅游管理学院，山西 太原，030031）

【摘要】：本文基于地理因子和衡量植被特征的各方面指标，利用逐步回归分析的方法，研究和建立了芦芽山旅游开发对植被影响的生态模式。结果表明：6个回归模型的相关系数都比较高，说明地理因子和植被特征指标之间的吻合度较好。其中，海拔是影响敏感水平、景观重要值、物种多样性信息指数和阴生种比值的关键地理因子，而敏感水平对旅游影响系数的作用则是最大的。6个逐步回归模型的建立，有助于景区实施生态管理。

【关键词】：旅游生态；逐步回归分析；芦芽山

芦芽山自然保护区位于吕梁山北端，属于森林生态系统类型的国家级自然保护区，总面积21 453hm^2，森林覆盖率36.1%，主要保护褐马鸡和

---

① 国家自然科学基金项目（40701175）、山西省高校科技开发项目（20091017）、山西省高校哲学社会科学研究项目（2011314）和山西省软科学研究项目（2012041058－01）资助。

② 牛莉芹，女，1976年生，山西吕梁人，硕士，讲师，从事旅游生态学研究。E－mail：nlq1976@126.com

③ 通讯作者：程占红，男，博士，教授，从事旅游生态学研究。E－mail：chengzhanhong@163.com

暖温带森林植被类型。自然保护区与生态旅游有着天然的亲和力。芦芽山自然保护区具有丰富的生态旅游资源，这为旅游业的发展奠定了坚实的基础条件。其中，植被不仅仅是其重要的风景资源，更是协调其生态平衡的杠杆所在。近20余年来，随着游客量的不断增长，旅游活动给自然保护区的生态环境带来很大的影响。而植被是一定地域各种自然要素相互作用的最直接表现，它能充分客观地反映其生态环境的质量优劣[1]。因而探讨植被对旅游活动干扰的响应规律，对于指导保护区的管理实践，具有一定的理论和现实意义。

国内学者已从多方面对芦芽山做过研究，尤其是植被生态学方面的研究[2~4]。本课题组在以往工作中，主要围绕旅游开发与植被环境的关系，从植被环境质量分析[5]、旅游影响系数及指标分析[6]、植被景观的类型及其排序[7]、以及物种多样性[8]等方面进行了集中报道。本文则是在以往研究的基础上，基于地理因子和衡量植被特征的各方面指标，利用逐步回归分析的方法，研究和建立旅游开发对植被影响的生态模式。

1. 研究方法

关于本研究的野外取样调查，详见文献[5]。关于衡量植被特征的评价指标主要有敏感水平、群落景观重要值、物种多样性信息指数、阴生种所占比值和旅游影响系数。这些评价指标的含义和计量如下。

（1）敏感水平（Sensitive level，简称为SL）：是指公众和社会对风景景色的关注，其值采用游览频率，这样同时反映了该景区旅游开发的程度水平[9]。即：SL = 某景点游览人次/进入游览区总人次。敏感水平愈高，说明该景点植被景观旅游价值愈大，但长时间过高的敏感水平，则会造成植被景观破坏而丧失其旅游价值。

（2）群落景观重要值（Community landscape importance value，简称为LIV）：是以物种多样化、群落结构和美学因素来反映植物群落的旅游价值和环境质量[1,9]。群落景观重要值越大，说明该群落的旅游价值越大，其生态环境越好。在借鉴以往学者对景观重要值研究的基础上，结合该研究区为温带的实际问题，对此加以修改。其计算方法为：$LIV = X_s + X_h + X_w$，式中 LIV 为景观重要值，X_s 为相对物种系数（Relative species index）=样地物种量/景区总种数（根据调查记录共 99 种）；X_h 为相对林高系数（Relative tree height index）=样地平均林高/最高林高；X_w 为乔木相对冠幅系数（Relative width index of tree canopy）=乔木平均冠幅/最大冠幅。

（3）物种多样性信息指数（Information index of species diversity，简称为 H′）：表示物种的丰富程度和各物种组成的均匀性程度。一般而言，信息指数愈大，表示物种多样性愈大，生态环境质量愈好。其计算公式是：$H' = -\sum (P_i \ln P_i)$，式中 i = 1，2，…，S 为物种总数，P_i 为第 i 个种的盖度比例，即 $P_i = N_i/N_0$，N_i 为第 i 个种的盖度，N_0 为所有种的盖度之和[10]。

（4）阴生种比值（Negative species proportion，简称 NSP）：指样地中阴生植物种类所占的比例[1]。阴生种适生于低温阴湿的环境，其环境敏感性大，即环境的微弱变化即可引起阴生种的变化。阴生种比值愈大，表明群落所依存的生态环境质量愈佳。

（5）旅游影响系数（Tourist Influencing Index，简称 TII）：是反映旅游活动对植被景观的干扰程度和景区旅游管理水平。旅游影响系数越大，说明其受影响愈大，旅游管理质量越差。旅游影响主要包括垃圾、践踏、折枝损坏现象等。旅游影响系数是各种旅游影响因子之和，即：$TII = C_r + C_d + C_t + C_p + C_w + C_m$。$C_r$ 为垃圾影响系数（rubbish influence index）；C_d 为折枝影响系数（damaging branches influence index），利用林木死枝下高来表示，死枝下高愈高，折枝损坏现象愈严重，旅游影响程度愈强；C_t 为践踏影响系数（treading influence index），利用枯枝落叶层和腐殖层来说明践踏程度，厚度愈大，影响程度愈小；C_p 为剔除树桩影响系数（influence index of picking tree stake out），利用树桩数量来反映，因为自然保护区禁止砍伐已众所周知，新砍伐的树桩并不存在，现存的树桩已腐烂变质，保存了很多年，强烈的旅游活动便可剔除树桩。故树桩量愈多，剔除程度愈小，即旅游影响愈小；C_w 为林木更新影响系数（influence index of woods renewing），利用树木幼苗量表示，幼苗越多，生态环境质量愈好，林木更新程度愈强，旅游影响程度愈小；C_m 为草本层现状系数（meadow situation index)，利用草本层盖度表示，盖度愈大，影响程度愈小。

逐步回归分析方法的基本思想是：按照一定的标准，在众多的自变量中，根据它们对变量的影响的大小，逐次选入回归方程。在此过程中，如果先已选入的某些变量，由于新变量的引入而失去其重要性时，则及时地将它从方程中剔除掉，继续这一过程，直到既无新变量可以添加也无旧变量可以剔除时为止，即得最终建立的回归方程[11~12]。

在本文中，衡量植被特征的指标，主要采用敏感水平、景观重要值、物种多样性信息系数、阴生种比值和旅游影响系数。地理因子包括自然地理因子和人文地理因子，文中自然地理因子主要包括海拔、坡度、坡向、物种数以及乔木的平均树高和平均冠幅。人文地理因子主要指反映旅游活动的人文要素，如游径宽度、距离、垃圾影响系数、折枝影响系数、践踏影响系数、剔除影响系数、林木影响系数和草本影响系数。基于这些基本数据，本文利用多元统计软件（SPSS 软件）进行逐步回归分析。

2. 结果分析

通过运用逐步回归分析的方法，芦芽山旅游开发对植被影响的生态模式主要有如下结果：

SL = −0.24 −0.515 乔木平均冠幅 −0.556 距离 +0.383 海拔，（$F = 17.645$，$P < 0.0001$，$R = 0.876$，$R^2 = 0.768$）

该式表明，乔木平均冠幅、距离和海拔是决定敏感水平的主要因子，乔木平均冠幅和距离与其呈负性变化，海拔与其呈正性变化。

LIV = −0.007 +0.738 乔木平均冠幅 +0.53 平均树高 +0.249 物种数，（$F = 9605.019$，$P < 0.0001$，$R = 1$，$R^2 = 0.999$）

该式表明，乔木平均冠幅、平均树高和物种数是决定景观重要值的主要因子，并且这三个因子与其呈正性变化。

H' = −0.114 +0.426 乔木平均冠幅 +0.57 物种数^2 +0.439 海拔^2，（$F = 8.729$，$P < 0.001$，$R = 0.788$，$R^2 = 0.621$）

该式表明，乔木平均冠幅、物种数和海拔是决定物种多样性的主要因子，并且这三个因子与其呈正性变化。

NSP = －19.312 + 18.118 海拔 －17.548 海拔^2 －0.292 坡向^2，（F = 16.073，P < 0.0001，R = 0.867，R^2 = 0.751）

该式表明，海拔和坡向是决定阴生种比值的主要因子，坡向与其呈负性变化，海拔的一次方与其呈正性变化，海拔二次方与其呈负性变化。

TII = 0.187 + 0.192 剔除影响系数 + 0.247 践踏影响系数^2 + 0.265 林木更新影响系数 + 0.225 垃圾影响系数 + 0.181 折枝影响系数 + 0.279 草本现状系数，（F = 992.208，P < 0.0001，R = 0.999，R^2 = 0.998）

该式表明，剔除影响系数、践踏影响系数、林木更新影响系数、垃圾影响系数、折枝影响系数和草本现状系数是决定旅游影响系数的主要因子，并且这五个因子与其呈正性变化。

TII = 5.584 －0.351 物种多样性信息指数 + 0.685 敏感水平^2 －0.434 阴生种比值，（F = 26.102，P < 0.0001，R = 0.911，R^2 = 0.830）

该式表明，物种多样性信息指数、敏感水平和阴生种比值是决定旅游影响系数的主要因子，物种多样性信息指数和阴生种比值与其呈负性变化，敏感水平与其呈正性变化。

3. 结论

本文利用多元统计的思想，结合 SPSS 软件，将衡量植被景观的 5 个特征指标和多种地理因子相结合，对其进行逐步回归，结果表明 6 个回归模型的相关系数都比较高，不仅说明这 5 个特征指标与相关地理因子之间的吻合度较好，而且说明建立的 6 个逐步回归模型具有一定的可靠性，同时也大大提高了其预测的精度。

根据敏感水平、景观重要值、物种多样性信息指数和阴生种比值分别与地理因子之间的逐步回归方程可知，海拔是其中一个关键的地理因子。同时，根据这 4 个特征指标与旅游影响系数之间的逐步回归方程可知，敏感水平所起的作用是最大的，而景观重要值的作用则最小。

本研究适用于研究旅游活动影响下山地型景区的生态管理。文中 6 个逐步回归模型的建立，有利于我们根据样地的实际地理因子来预测芦芽山旅游开发对植被影响的程度，同时，也有助于景区管理者根据关键因子的生态变化，来实施有效的生态管理。

参考文献

[1] 程占红，张金屯．天龙山旅游开发对植被的影响［J］．地理科学，2000，20（2）：144－147.

[2] 张金屯．山西芦芽山植被垂直带的划分［J］．地理科学，1989，9（4）：346－353.

[3] 上官铁梁，张峰，邱富财，等．芦芽山自然保护区种子植物区系地理成分分析［J］．武汉植物学研究，1999，17（4）：323－331.

[4] 张丽霞，张峰，上官铁梁．芦芽山植物群落种间关系的研究［J］．西北植物学报，2001，21（6）：1085－1091.

[5] 程占红，张金屯，上官铁梁，张峰．芦芽山自然保护区旅游开发与植被环境的关系 I．植被环境质量分析［J］．生态学报，2002，22（10）：1765－1773.

[6] 程占红，张金屯，上官铁梁．芦芽山自然保护区旅游开发与植被环境关系—旅游影响系数及指标分析［J］．生态学报，2003，23（4）：703－711.

[7] 程占红，张金屯，吴必虎，牛莉芹．芦芽山自然保护区旅游开发与植被环境的关系—植被景观的类型及排序［J］．生态学报，2006，26（6）：1940－1946.

[8] 程占红，牛莉芹．芦芽山旅游干扰下不同植被景观区物种多样性的比较［J］．干旱区资源与环境，2009，23（5）：138－142.

[9] 李贞，保继刚，覃朝锋．旅游开发对丹霞山植被的影响［J］．地理学报，1998，53（6）：554－561.

[10] 张金屯．数量生态学［M］．北京：科学出版社，2004.

[11] 包凤达，翁心真．多元回归分析的软件求解和案例解读［J］．

数据统计和管理，2000，(5)：56 -61.

[12] 李晓红，杨有．一种基于逐步回归的国家财政收入模型 [J]．统计与决策，2006，(12)：147 -148.

The ecological models on the impact of tourism development on vegetation in Luya Mountain

NIU Li - qin[1], CHENG Zhan - Hong[2]

(1. *College of Environment Economics*, *Shanxi University of Finance and Economics*, *Taiyuan* 030006; 2. *Tourism College*, *Shanxi University of Finance and Economics*, *Taiyuan* 030031)

Abstract: Based on geographical factors and various indices of vegetation characteristics, the ecological models on the impact of tourism development on vegetation in Luya Mountain are studied and constructed by stepwise regression analysis. It shows that: the correlation coefficients are more in the six regression models, which shows the goodness of fit between geographical factors and various indices of vegetation characteristics is better. Among all the factors, elevation is the key factor of impacting sensitive level, community landscape importance value, information index of species diversity and negative species proportion, and the effect of sensitive level on tourist influencing index is the most. The establishment on six stepwise regression models helps to carry out the ecological management for Luya Mountain Nature Reserve.

Key words: stepwise regression analysis; tourism ecology; Luya Mountain

普达措国家公园社区生态补偿调查研究①

张一群②[1,2]，孙俊明[1]，唐跃军[1]，杨桂华③[1]

（1. 云南大学工商管理与旅游管理学院，云南昆明 650091；
2. 安徽农业大学经济管理学院，安徽合肥 230001）

【摘要】：保护地与社区矛盾的普遍性使社区生态补偿成为广大发展中国家保护地管理不可回避的重要问题。基于实地调研，从生态补偿机制和生态受偿认知两方面对中国大陆国家公园的实验地——普达措国家公园的社区生态补偿实施情况进行分析，认为普达措国家公园社区生态补偿在资金渠道、补偿方式与补偿力度方面的做法值得借鉴，但在政策理念、制度设计、执行机制等方面还存在明显问题。总体而言，普达措国家公园社区生态补偿工作在公园与社区之间的利益协调方面发挥了较大作用，赢得了社区居民对于国家公园建设的普遍支持，但生态补偿对生态建设与保护行为的激励功能还远未体现，当前的实施效果停留在表面层次，未涉及生态补偿之内核。

【关键词】：社区生态补偿；机制；认知；保护地；普达措国家公园

---

① 基金项目：国家自然科学基金“社区特许经营视角下的自然遗产地旅游开发造血式生态补偿模式研究”（41161089）、安徽省教育厅人文社科项目“休闲度假视角下的乡村舒适性资源经济价值实现机理实证研究”（2011sk106）.

② 张一群，云南大学工商管理与旅游管理学院博士生，安徽农业大学经济管理学院讲师，主要研究方向为生态旅游、景区管理。

③ 杨桂华，云南大学工商管理与旅游管理学院教授、博士生导师、主要从事生态旅游研究。E－mail：yanggh99@163. com

1. 引言

在发展中国家，保护区域人口密度较高，出于保护目的的种种限制性政策不可避免地对保护地社区产生负面影响，社区生产生活的干扰也已成为大量保护地“没有保护好”的主要原因[1]。作为涉及生态、经济、社会多领域的利益协调与激励机制，生态补偿对于缓解保护地与社区矛盾，促进区域可持续发展具有重要意义。然而，经费短缺作为我国保护地发展的最大障碍，严重制约了生态补偿作用的发挥。在此背景下，通过自然资源的可持续开发补偿保护地的发展机会，出现在各地的生态补偿实践中[2]。作为我国保护地与社区贫困高度重叠的地区，云南省积极引入国家公园保护模式，在具有明显三极特征（极度脆弱、极端贫困、极品资源）的三江并流世界自然遗产区域建设香格里拉普达措国家公园。从 2006 年 8 月试运行到 2011 年底，普达措国家公园共接待游客 373 万人次，旅游收入 6.2 亿元，通过对 2.3% 面积的开发利用，实现了对 97.7% 范围的有效保护[3]，并以多种形式帮助社区发展，产生了良好的生态、社会和经济效益，为全省乃至全国的国家公园建设提供了实践经验和科学研究的平台。本研究聚焦于普达措国家公园的社区生态补偿，从生态补偿机制与生态受偿认知两方面，对普达措国家公园以游憩利用形式实施的社区生态补偿进行分析，以期为其他保护地社区与生态问题的解决提供借鉴。

2. 普达措国家公园社区生态补偿机制分析

普达措国家公园位于云南省迪庆藏族自治州香格里拉县，由国际重要湿地碧塔海自然保护区和三江并流世界自然遗产红山片区之属都湖景区两部分构成。该区域海拔较高，生产生活条件恶劣，社会发展水平低下，畜牧、采集等传统生产方式对生态环境具有较强的依赖性。直到 20 世纪 90 年代，在“迪庆香格里拉”的强势旅游促销下，普达措区域游客量迅速上升，周边社区以牵马、烧烤、租衣照相等形式大量参与碧塔海及属都湖的旅游服务，社区收入大大增加，生活水平才得以提高。普达措国家公园建立后，出于保护和规范管理的需要，社区的旅游经营服务项目被全面取消，其传统的生产生活方式也受到限制，为补偿社区损失，公园方采取了一系列措施，经过四年多的摸索，形成了社区生态补偿机制的初步框架，见图1。

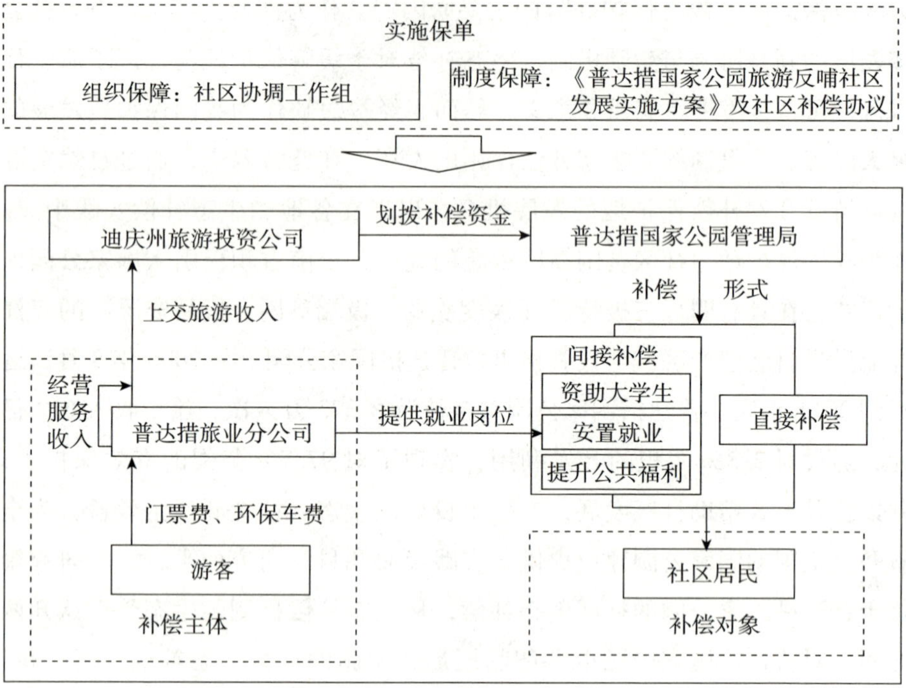

图1　普达措国家公园社区生态补偿机制初步框架

Fig. 1　Preliminary framework of Community Eco－compensation of POTATSO National Park

资料来源：根据2011年1月实地调研资料整理而成

2.1 补偿的主体与对象

普达措国家公园的社区生态补偿资金完全来自公园的旅游收入，公园经营者——普达措旅业分公司和公园游憩体验的直接享用者——游客，是普达措国家公园社区生态补偿的主体。普达措国家公园社区生态补偿的对象为公园建设涉及的23个村民小组，分属2个乡镇、3个村委会，有藏、彝两个民族。根据补偿标准的高低，受偿社区被分为一类、二类和三类区。受偿社区基本情况见表1：

表1 普达措国家公园生态受偿社区基本情况

Tab. 1 General information of the object of Community Eco－compensation of POTATSO National Park

受偿社区分类 Classification of community	行政范围 Range	相对于普达措国家公园的位置 spatial position in relation to POTATSO	人口及民族 Population and Nationality
一类区	香格里拉县建塘镇红坡村的4个村民小组：落茸、基吕、下浪、次吃顶	一类区4个村在所有受偿社区中距离国家公园最近。其中，落茸是目前唯一位于国家公园内部的村子，基吕、下浪、次吃顶3村位于国家公园门景区外	共108户，537人；均为藏族
二类区	1. 香格里拉县建塘镇红坡村的5个村民小组：吾日、浪顶、落东、扣许、崩加顶	分布于进出国家公园的西线主干道两侧，与一类区相比，距离国家公园稍远。其中，吾日、浪顶、落东3村与一类区的基吕、下浪、次吃顶紧密相连	共196户，1046人；均为藏族
	2. 香格里拉县洛吉乡九龙村的11个村民小组：九龙上村、九龙下村、高峰上组、高峰下组、联办等	位于国家公园南部，距离国家公园南线入口较近，但距离主入口和游客活动范围较远，与公园联系相对较弱	共335户，1173人；均为彝族
三类区	香格里拉县洛吉乡尼汝村的3个村民小组：尼中、白中和普拉	距离国家公园最远，但根据《迪庆藏族自治州香格里拉普达措国家公园总体规划（2010－2020）》，三类区位于新的规划范围之内	共119户，650人；均为藏族

资料来源：根据2011年1月实地调研资料整理而成

2.2 补偿的标准与形式

普达措国家公园社区生态补偿标准的制定总体上以各社区与普达措国家公园生态联系的紧密程度以及社区在公园建设过程中受损失的程度为主要依据，一方面，参照丽江玉龙雪山景区的经验，制定了人均与户均的基本补偿标准，另一方面，结合不同社区遭受损失的具体情况，针对性的设置了旅游经营服务项目补偿、门景区征地补偿等，具体额度是公园管理方与社区反复协商与博弈的结果；此外，公园管理方结合公园运营管理的实际需要，还为一些社区提供了村容环境整治资金、基础设施建设等补偿。由此使得具体补偿标准在不同村民小组间呈现出明显的差异化特征，补偿形式也较为多样：不仅包括基本补偿金、旅游经营服务项目补偿金等输血式的直接补偿；还包括安置就业、特许经营、资助大学生、提升公共福利等造血式的间接补偿。具体见表2。

表2　普达措国家公园社区生态补偿的标准与形式

Tab. 2　Standard and method of Community Eco－compensation of POTATSO National Park

	一类区 No. 1 area	二类区 No. 2 area	三类区 No. 3 area
直接补偿 direct compensation	基本补偿金：户均5000元/年＋人均2000元/年 旅游经营服务项目补偿金：公园建设之初，一类区所有牵马服务被取消，2006.6.18——2008.6.18共向4村兑现牵马补偿157.5万元；2008年国家公园运营过程中，为避免火灾隐患、规范经营，取消落茸村在公园内部的烧烤、租衣、动物陪照等服务，2008.6.18——2013.6.18每年给予该村10万元补偿资金。项目补偿金按户数均分 门景区征地补偿金：基吕、下浪、次吃顶3个村民小组40多亩土地被公园征做门景区建设之用，2008.6.18——2013.6.18每年给予3村25.5万元补偿资金，按户数均分	基本补偿金：户均500元/年＋人均500元/年 村容环境整治资金：根据二类区内部各村民小组保护损失的不同，每年给予九龙村高峰上组、高峰下组、干沟、丫口、联办、大岩洞6个村民小组，和红坡村吾日、浪顶、落东3个村民小组各20万元，作为村容环境整治资金，按户数均分	基本补偿金：户均300元/年＋人均300元/年；村容环境整治资金：每年给予3个村民小组15万元，按户数均分

续表

	一类区 No. 1 area	二类区 No. 2 area	三类区 No. 3 area
间接补偿 Indirect compensation	安置就业：已安置6位村民成为公园正式员工：1名检票员、3名驾驶员、1名护林员、1名导游；所有家庭轮流参与公园环卫工作，每户每两年轮到一次，一次出工一人，做工一年，40元/人/天 资助大学生：高中、中专生2000元/人/年；专科生4000元/人/年；本科生5000元/人/年 基础设施建设：2009年起，3年投资300万元扶持落茸村民俗文化生态旅游村建设；3年投资300万元用于基吕、下浪、次吃顶的基础设施建设 特许经营：作为征地补偿，特许基吕、下浪、次吃顶3村拥有门景区公厕、藏房、烧烤房的经营权 其他临时性用工：旅游旺季时召集4村村民在门景区跳锅庄，40元/人/天	安置就业：已安置红坡村5个村民小组5位村民成为公园正式员工，均为驾驶员；已安置九龙村11个村民小组6位村民成为公园正式员工：5名驾驶员，1名护林员	安置就业：已安置5位村民成为公园正式员工：2名驾驶员，2名导游，1名调度员

资料来源：根据2011年1月实地调研资料整理而成

2.3 补偿的机制

从具体工作机制来看，迪庆州旅游投资公司及其下属子公司——普达措旅业分公司是补偿资金的直接提供者，普达措国家公园管理局是社区生态补偿的推动与具体实施者，临时性质的社区协调工作组是社区生态补偿工作的协调者。州旅游投资公司每年从普达措旅业分公司上交的旅游收入中划拨470万元左右的资金到普达措国家公园管理局账户，直接补偿款项由管理局依据补偿协议发放到村民家庭，以建设项目和安置就业形式提供的补偿则需要在管理局的监督下，由普达措旅业分公司安排实施。

3. 普达措国家公园生态受偿社区的认知分析

为充分了解普达措国家公园社区生态补偿的实施情况，课题组于2011

年1月、12月先后两次对受偿社区进行走访，以访谈的形式完成了280份访谈问卷，均为有效问卷，其中，涉及一、二、三类区的问卷数分别为78、152、50份，分析结果如下：

3.1 受偿社区普遍对普达措国家公园持支持态度

从调查结果来看，尽管绝大多数社区居民并不理解“国家公园”的含义，但由于其自身感受到的实实在在的利益，86.9%的受偿居民都对普达措国家公园持支持态度，其中一类区支持率最高，为90.7%。这一状况在很大程度上缘于普达措国家公园社区生态补偿政策的实施。

首先，社区生态补偿给社区带来了普遍的利益。根据“国家公园给你生活带来的好处”的调查，社区居民认为国家公园带来的利益主要有：带来经济收入、工作机会多、重视教育、基础设施提升等。其中，“带来经济收入”在各类受偿社区中均被认为是普达措国家公园给自己带来的最大好处。事实上，普达措国家公园的建立取消了周边社区所有的旅游服务项目，使700多户家庭失去了多年来的重要经济来源，社区居民所反映的“带来经济收入”是指国家公园给予的直接经济补偿，此外，“工作机会多”、“重视教育”均为实施社区生态补偿的直接结果。其次，社区生态补偿对于受偿社区具有显著的重要性。根据调查，仅通过直接补偿，社区获得的经济收入占家庭年总收入的比例在三类受偿区中分别可以达到87%、58%和40%。国家公园成立前，一类区居民的收入几乎全部来自依托区域生态资源发展的旅游业，公园成立后，生态补偿就成了他们最重要的经济来源，直接补偿资金占家庭年总收入比重超过80%的家庭占到一类区家庭总数的65%。此外，安置就业、资助大学生、基础设施建设等间接补偿不仅能为受偿社区带来间接的经济收入，更能对其全面发展产生深远影响。

3.2 受偿社区对补偿原因的认识符合生态补偿的基本理念

在对“国家公园为什么给你们补偿”的调查中，“不让牵马”；“公园是我们保护的”“我们保护的好”；“公园是我们的地盘”“我们在公园中有集体林和牧场”是受偿者的主要回答。受偿社区对补偿原因的认识完全符合生态补偿的基本理念。

首先，“不让牵马”是普达措国家公园保护资源环境的重要措施。自1993年碧塔海自然保护区旅游业起步到国家公园建立的10多年间，骑马一直是该区域的特色游览项目，一、二类区的20个村民小组家家户户参与牵马服务，一千多匹骡马常年奔走在碧塔海南线2km和西线8km的马帮道上，草甸被反复践踏，植被受损。由于空间狭小，马匹及旅游者离开游径行走的现象时有发生，造成严重的土壤践踏[4]。同时，牵马者的吃饭、取暖等活动均在草甸内完成，不仅对生态环境造成污染，更存在严重的火灾隐患。骑马项目与国家公园以保护为前提的理念明显不符，在公园建立之初就被全面取缔，这直接威胁到社区的经济来源，也影响到他们的发展机会成本。因此，社区居民认为“不让牵马”是国家公园给予其生态补偿的首要原因。其次，受偿社区世代居住于普达措区域，在以神山圣湖崇拜为核心的藏民族传统生态文化观的约束下，社区居民对自然有着天然的敬畏，创造出一系列与自然和谐相处的原则，如，神山的一草一木、一鸟一兽，均不能砍伐或猎取；圣湖中的水要保持洁净，水生动物不能捕食。各村都有自发组织的护林队，定期巡山，有效保护了区域内的植被和动植物资源。即使在国家公园建立后，有专职部门负责保护工作的情况下，社区居民依然按照传统惯例巡山护林，有效保护了该区域的生态资源。此外，普达措国家公园地域广阔，纳入了社区的部分集体林和牧场。因此，“公园是我们保护的”、“我们保护的好”、“公园是我们的地盘”、“我们在公园中有集体林和牧场”也是受偿社区认为其得到生态补偿的主要原因。

根据以上分析和生态补偿的基本理念：“生态补偿不仅包括对损害资源环境的行为进行收费，也包括对保护资源环境的行为进行补偿”、“还包括对因环境保护丧失发展机会的区域内居民进行补偿”[5,6]，我们认为普达措国家公园实施社区生态补偿具有充分的合理性与必要性。

3.3“安排工作”与“直接发钱”是受偿社区最认可的补偿方式

调查将“你希望以什么方式进行补偿”设置为开放式问题，希望充分了解受偿社区对补偿方式的看法，但调查结果显示社区居民的回答只集中于“安排工作”与“直接发钱”，选择两者的受偿者比重分别为67.2%和31.6%。在社区居民看来，这两种补偿方式与其自身的关系最为密切，他们也较为清晰地认识到，“安排工作”是一种可持续的利益给予方式，认为“发钱不可能长久”。希望以“安排工作”方式进行补偿的受访者在具体职业方面的选择依次是“驾驶员”（34%）、“清洁环卫”（25%）和“导游”（12.5%），还有一些社区居民表示“只要能去工作，干什么都行”（21.9%）。

需要强调的是，社区居民所认知的“工作”是指普达措旅业分公司的正式工作，其对于社区自主开展的旅游经营服务并不认可。这一点从一类区居民将公园授予的租大衣、公厕的经营权又转包给外地人即可看出。一方面，村民认为自身的资金周转能力、经营服务水平与抗风险能力有限。另一方面，这一情况也与该区域社区参与旅游的经历有关，10 多年来，他们一直以各户轮流、利益均分的形式参与牵马、烧烤、租衣照相等旅游服务，受淡旺季、区域旅游政策变动的影响，收入并不稳定，而且需要耗费大量的人力、物力和财力。当稳定、体面、低成本、有美好前景的工作机会出现时，他们更愿意选择到国家公园工作。调查中除个别认为自己年龄太大或家中劳动力不足而无法就业外，所有受访者都愿意到国家公园工作，但同时，村民也认识到自身文化素质及服务水平的不足，98% 的受访者都愿意参加文化知识或服务技能方面的培训。

3.4 受偿社区对社区生态补偿实施情况的满意率不高

由受偿社区对普达措国家公园的拥护程度、生态补偿对于受偿社区的重要程度，可以看出社区生态补偿在受偿社区中产生了较好的直接效果，但从调查结果来看，社区的受偿满意率并不高：49% 的社区居民对现有补偿感到满意，其中，一、二、三类区居民的满意率分别为 57%、42%、42%。满意率较低的原因主要有以下方面：

第一，人类追逐利益的本性以及在此影响下的心理失衡。调查中不少村民表示“补偿越多越好”；一些二类（突出表现在与一类区紧密相连的吾日、浪顶、落东 3 村）、三类区村民将自己得到的补偿与一类区对比，也有村民将自己得到的补偿与国家公园的总收入相比较，因“与别人相比，我得到的太少”而感到不满。

第二，对以往利益博弈方式的“路径依赖”。在与相关部门的长期利益博弈中，社区往往需要通过反抗，甚至采取过激行为才能获得相应利益。由此造成社区居民普遍存在“如果表示满意，补偿标准就不会再提高”的意识。调查中，一些村民直接告知“（我们）本来没有（补偿），闹了之后才有”；也有三类区居民表示，之所以三类区补偿标准最低，是因为“我们没有去闹”。

第三，补偿协议未完全兑现。公园招工的不公平激起了受偿社区的普遍不满，他们认为普达措旅业分公司在招工时存在关系户现象，违背了补偿协议中“同等条件下，优先录用周边社区居民”的规定。此外，补偿协议给唯一位于公园内部、受到公园政策较多限制的落茸村“3 年内投资 300 万元扶持民俗文化生态旅游村建设”的承诺，然而建设缓慢，期满之时，村中仅增加了一处尚未启用的鱼塘和一座刚刚完工的酒店，“民俗文化生态旅游村”没有实质性进展。

第四，国家公园给社区带来的不便。传统生产生活方式受限（不能在公园内放猪、牧人不能在公园内过夜）；公园道路系统对放牧、松茸采集活动造成不便；进出公园车辆过多轧死牲畜，也对道路两侧社区的人身安全造成威胁，这些因素都影响到了社区居民对现有补偿的满意程度。其中有些损失已经由公园实施了相应的补偿，有些影响还没有引起公园管理方的重视。

4. 普达措国家公园社区生态补偿的经验与问题

4.1 经验

4.1.1 游憩利用为保护地提供了生态补偿的市场化渠道

在“保护为首、适度利用”的理念指导下，通过对生态资源与环境的游憩利用，普达措国家公园从旅游收益中获得了较为稳定的社区生态补偿资金。同时，游憩活动的开展也为社区生态补偿提供了就业岗位、特许经营等补偿方式。游憩利用是保护地生态补偿市场化途径的有益探索，游憩功能的发挥也使国家公园这种保护地类型具备了一定的自补偿能力，有利于发展与保护的良性循环。

4.1.2 多样化的生态补偿方式有利于受偿社区的全面发展

灵活多样的补偿方式对于社区的帮助也是多层次的。从基本层次来看，直接补偿资金为社区提供了收入来源，保障了社区基本的生产生活需求。从发展层次来看，安置就业、资助大学生、公共设施建设等间接补偿有利于提升社区的整体素质和社会福利，培养受偿社区的造血机能与自我发展机制。由于到公园就业需要满足一定的文化素质要求，社区居民对就业岗位的渴望以及生态补偿政策中的教育资助措施已经对社区的传统教育观念产生了较大影响。

4.1.3 较大的补偿力度保障了受偿社区的基本利益。

补偿力度大首先表现在补偿强度上。以一类区为例，户均每年可从补偿政策获得四到六万的直接经济收入，纯收入至少四万元①，足以弥补牵马、烧烤等服务项目被取消的经济损失（公园成立前户均每年可赚得二到四万的毛收入）。二、三类区的基本补偿金虽然相对较低，但补偿方以"村容环境整治资金"的形式又给每户分配了为数不少的经济收入。调查中，反映补偿不如牵马、烧烤收入高的村民仅着眼于直接补偿金，并未考虑到之前从事旅游经营服务的成本因素。其次，补偿力度大还表现在补偿广度上。初期的社区生态补偿只涉及4个村民小组，2009年以后根据社区发展与稳定的需要，补偿范围进一步扩大到两个乡镇，23个村民小组。较大的补偿力度保障了受偿社区的基本利益，使得其生活水平不因国家公园的建立而降低，在此基础上，又在教育、生态、基础设施建设等方面帮助社区发展，赢得了社区对于国家公园建设的普遍支持。

4.2 问题

4.2.1 政策理念未达到生态补偿应有高度

生态补偿是以保护和可持续利用生态系统服务为目的，以经济手段

---

① 注：户均五千和人均两千的基本补偿金、户均三千的旅游经营服务项目补偿金保障了受偿社区年均一万八千元左右的家庭纯收入，特许经营权出让带来年均两万二千元的家庭纯收入，两年轮到一次的公园做工机会可为每户带来六千元的年均劳动收入，门景区征地补偿、正式工作及临时用工也都能为社区带来一定的经济收入。

为主调节相关者利益关系的制度安排[7]。其重要性不仅体现在对生态利益相关者的利益协调功能，更在于其作为利益协调机制所要实现的终极目的——保护和可持续利用生态系统服务。结合本次调研，可以看出普达措国家公园实施社区生态补偿具有充分的合理性与必要性，然而，当前普达措国家公园实施的一系列生态补偿政策更多地被视作协调公园与社区利益冲突的经济手段，补偿的目的主要在于消除不稳定因素、营造有利的经营环境，而很少考虑补偿的生态保护效果。仅从利益协调角度看待社区生态补偿政策的行为，不仅忽视了国家公园以保护为前提的功能定位（将国家公园的社区生态补偿视作通常意义上的旅游利益分配问题，便将国家公园与一般的旅游区混为一谈），更大大削弱了生态补偿对于生态建设与生态保护行为的激励效果（现有制度设计未能在社区居民作为经济人的自利特性与生态保护行为之间建立良性互动），使得普达措国家公园的保护管理与社区管理效率大为降低。

4.2.2 管理体制不顺是补偿执行不力的根源

社区居民大量反映的招工不公平、部分承诺不予兑现等问题从表面来看，需要相关部门加大监管力度予以解决。但从源头而言，该问题的产生与普达措国家公园尚未理顺的管理体制有必然关系。虽然我国进行国家公园试点的目的之一就是消除保护地多头管理的弊病，但从普达措国家公园的实践来看，这一问题依然存在：普达措国家公园涉及旅游局、林业局、普达措国家公园管理局等多家管理主体和普达措旅业分公司一家经营主体。公园管理局与旅业分公司体制不顺，矛盾重重：普达措国家公园管理局是州政府派出机构，主要负责公园的政策制定、规划编制、资源保护、社区管理与协调，而普达措旅业分公司是国有企业迪庆州旅游投资总公司下属的分公司，接受总公司的统一管理与领导，这就决定了管理局对公园的生产经营无法实施有效的监管。旅业分公司以国企身份对国家公园进行经营管理，有自己的经营理念和管理目标，每年有硬性的经济指标需要完成，对社区生态补偿的认识有限，在为社区生态补偿提供资金、就业岗位方面缺乏积极性。此外，普达措国家公园管理局在公园成立之初全权负责公园的建设和管理，由管理局下属一经营公司负责经营活动，2008 年起公园经营活动转由普达措旅业分公司全面负责，管理体制的不稳定也直接导致了管理局在2008年以前承诺给社区的部分补偿在旅业分公司接管之后难以兑现。

4.2.3 执行机制不健全大大降低了补偿效率

（1）宣传与沟通不畅。一方面，政策宣传不到位。受偿居民对于补偿政策的具体内容知之甚少，一些人在拿到补偿金时不清楚该款项发放的目的，还有不少人对具体的补偿额度、补偿方式不甚清晰。这一问题导致社区居民无法对自己的损失与获得的补偿做出客观、公正的评价，直接影响其受偿满意率。另一方面，社区与公园的沟通不畅。多部门组成的社区协调工作组只是一个临时机构，在处理国家公园与社区的“大型”冲突中发挥了重要作用，但社区生活中一些“小”的、尚未以冲突形式体现的问题却较少引起管理方关注，社区居民对补偿政策的误解与不满得不到及时的疏导与排解，对公园的意见与建议也得不到相关方的及时响应。

（2）监管机制缺失。在完善的制度框架下，社区生态补偿的监管应包括对补偿过程的监督和对补偿效果的监控。普达措国家公园在这两个方面都是缺失的：管理体制的不顺畅使得公园管理局难以对经营公司的补偿执行情况实施有效监督，同时，管理局自身所负责的社区生态补偿工作也缺乏必要的监督。另一方面，补偿实施后社区的自我发展能力是否得以提升、对生态资源的依赖程度是否降低，生态保护行为是否得到加强等能够真正体现补偿效果的方面都缺乏必要的监控，从而无法为补偿机制的调试与完善提供科学依据。监管机制的缺失，是以特许经营为代表的间接补偿方式未能收到造血式生态补偿模式应有效果的重要原因。

（3）缺乏充分的社区参与。当前，普达措国家公园社区居民在整个社区生态补偿政策的制定、实施过程中处于被动的接受地位，缺乏主动、积极的参与机制。从政策制定来看，补偿政策形成过程中有利于社区的几次变动多是社区居民以极端形式与管理方对抗的结果。如，落茸村村民曾因烧烤、租衣被取消，又未被安排合适的替代产业，便以低价将游客强行带入公园；基吕、下浪、次吃顶3村曾因景区征地补偿未得到妥善解决，抵制公园购物店正常营业，致使购物店建成后闲置两年之久。从政策实施来看，虽然当前国家公园以就业补偿的形式吸纳社区居民从事护林、环卫等方面的工作，部分体现了社区共管的思想，但总体参与层次较低，社区参与缺乏必要的保障措施。

（4）制度设计中的人情化因素为新矛盾的出现埋下隐患。根据实地走访，普达措国家公园实际的社区生态补偿范围比公开的范围要大，对于某些社区的实际补偿金额也比公开的金额要多。虽然与补偿协议中的条款相比，社区的受偿面更大，获得的利益更多，但是这一状况很容易引发补偿实施过程中各环节的寻租行为，也使得补偿资源被无效地分配给生态利益没有因国家公园建设而受到损失以及没有为国家公园做出生态贡献的群体，违背了生态补偿的公平与正义原则。最终导致补偿效率降低，并为普达措国家公园社区生态补偿工作中新矛盾的出现埋下隐患。

5. 结语

在社区生态补偿机制的形成与完善过程中，补偿对象与补偿主体发挥着同样重要的作用。本研究从社区生态补偿机制的构建和生态受偿社区的认知两个视角，对普达措国家公园社区生态补偿的实施状况展开分析，认为其在制度设计和执行层面存在的种种问题应该引起广大保护地的普遍重视，但另一方面，其通过游憩利用这一市场化渠道为保护地筹集补偿资金，多方式、多途径地补偿社区生态及其相关利益的做法，对于如何有效缓解保护地与周边社区日渐加剧的利益冲突、促进保护与发展的良性循环做出了积极的探索和有益的尝试，极具启发和借鉴价值。此外，本研究基于一手资料的分析也揭示了保护地社区生态补偿研究中值得进一步关注的问题，如，旅游业对于生态补偿的二重性[8]、造血式生态补偿效果的保障与测评。

参考文献

[1] 王蕾，苏杨，崔国发. 自然保护区生态补偿定量方案研究——基于“虚拟地”计算方法［J］. 自然资源学报，2011，26（1）：34 -47.

[2] 刘平养．发达国家和发展中国家生态补偿机制比较分析［J］．干旱区资源与环境，2010，24（9）：1－5.

[3] 郑劲松．香格里拉：守护净土还缺什么？［N］．中国环境报，2011－08－31.

[4] 陈飙，杨桂华．旅游者践踏对生态旅游景区土壤影响定量研究——以香格里拉碧塔海生态旅游景区为例［J］．地理科学，2004，24（3）：371－375.

[5] 毛显强，钟瑜，张胜．生态补偿的理论探讨［J］．中国人口资源与环境，2002，（4）：38－41.

[6] 吕忠梅．超越与保守：可持续发展视野下的环境法创新［M］．北京：法律出版社，2003.

[7] 中国生态补偿机制与政策研究课题组．中国生态补偿机制与政策研究［M］．北京：科学出版社，2007.

[8] 张一群，杨桂华．对旅游生态补偿内涵的思考［J］．生态学杂志，2012，31（2）：477－483.

Investigation on Community Eco – compensation of POTATSO National Park

ZHANG Yi – qun[1,2]**, SUN Jun – ming**[2]**, TANG Yue – jun**[2]**, YANG Gui – hua**[2]

(1. *College of Economics and Management*, *Anhui Agricultural University*, *Hefei* 230036, *China*; 2. *College of Tourism and Business Management*, *Yunnan University*, *Kunming* 650091, *China*)

Abstract: Conflict between protected area and communities is general in developing countries, which enables community eco – compensation to become an unavoidable subject in the management of protected area. Based on field survey, the overall situation of community eco – compensation of POTATSO National Park was analyzed from two aspects: eco – compensation mechanism and recipients' perception. The investigation generalized the experience of community eco – compensation of POTATSO National Park that merit for reference, such as fund channel, compensating method and compensating intensity. Yet there still are some obvious faultiness such as policy idea, system design, and enforcement mechanism. Overall, community eco – compensation of POTATSO National Park has played a major role in coordinating the interests between community and POTATSO National Park, which received the general support of residents. But the current eco – compensation hasn' t perform its due function in encouraging the ecological conservation and construction action of local people, the practical effect is still superficial and hasn' t probed into the essence of ecological compensation.

Key words: community eco – compensation; mechanism; perception; protected area, POTATSO National Park

天目村农家乐游客旅游偏好研究

王祖良[①]

（浙江天目山国家级自然保护区 管理局，浙江 临安 311311）

【摘要】：旅游偏好是影响旅游决策的重要因素，了解旅游偏好不仅有利于预测居民旅游行为，而且有助于规划和营销人员开发游客喜爱的旅游产品。近年来，我国乡村旅游发展迅速，已成为旅游业发展和解决三农问题的新亮点。“农家乐”旅游因开发成本低、需求多、见效快等特点迅速在全国遍地开花，呈现出良好的发展态势，成为国内旅游业最“热”的旅游活动之一。农家乐在吸引大量游客同时，也面临需求的个性化与市场的细分化，农家乐的经营模式需要进行相应的改变。不同地区的游客有着不同消费偏好，研究游客旅游偏好可以使农家乐的开发更有针对性。本文以天目村农家乐的游客为调查对象，研究游客旅游偏好。

【关键词】：旅游管理；旅游偏好；农家乐；天目村

1. 引言

农家乐在我国经过将近30余年的发展，作为我国乡村旅游的一个组成部分，已成为我国居民休闲度假的重要形式，目前乡村旅游景区（点）每

---

① 王祖良（1973 -），男，浙江临安人，高级工程师，硕士，从事自然保护区管理与研究工作，研究方向为植物生态学、旅游生态学、自然资源学。E - mail：wzuliang@126. com

年接待游客超过3亿人次，旅游收入超过400亿元人民币。乡村旅游已经成为旅游业新的成长点，成为带动农村脱贫致富的一个亮点。由国家旅游局在全国倡导的创建全国农业旅游示范点已达359家，遍布内地31个省区市，覆盖了农、林、牧、副、渔及种植业、养殖业、加工业等农业的各种业态[1-3]。

随着旅游观念的改变和旅游经验的不断丰富，游客对于农家乐的要求也越来越高。农家乐目前存在的诸多问题，如盲目和无序的开发，缺乏科学论证及合理规划；项目雷同化，游客重复消费率低；乡土文化挖掘不够，发展后劲不足；基础设施不完善，生态环境保护意识淡薄；农特产品开发程度浅，产业链有待进一步延伸等问题严重制约着农家乐的可持续发展[4-6]，而在这市场细分日趋明显市场结构下，要想获得可持续发展，就必须得到消费者的认可。通过了解消费者偏好可以获知市场需求，进而可以有针对性的改善经营模式，满足旅游者需求。

偏好是指在一定的时期内，在一定的消费市场环境和营销因素的影响和作用下，旅游消费者在旅游过程中（包括旅游前、旅游中和旅游后）对旅游产品的实物和服务所表现出来的优先购买的主观意愿或实际行为。而偏好是影响人们旅游决策的重要因素，了解居民偏好不仅有利于预测人们的旅游行为，而且有助于规划和营销人员开发游客喜爱的旅游产品。消费者偏好作为经济学研究的主要内容之一[7-10]。对目标市场的不断细分使得对消费者行为的研究不断深入，消费者的心理状况就愈加的重要。消费者偏好从心理学角度被定义为消费者针对两个或两个以上对象的评价性判断，其中包含了态度偏好和属性偏好。认为旅游偏好是人们趋向某一旅游目标的心理倾向，作为个体的一种心理倾向，旅游偏好包含了认知、情感和意向因素[11-14]。

本文意在通过对天目村农家乐旅游消费偏好的分析研究，拓展对旅游消费者行为研究的思路，借以帮助旅游业经营者全面深入了解消费者的消费需求和偏好，为旅游产品开发和市场营销策略的制定提供有益的指导[15-17]。特别是从问卷调查得出的旅游消费偏好的特点，可以对旅游企业提供以下几个作用[18-21]：（1）有利于更好地实施旅游目标市场战略，旅游消费偏好的分析是旅游市场细分和旅游业经营者实施目标市场战略研究的基础性工作。(2) 有利于更好地开发新旅游产品，旅游企业经营者应该努力去了解旅游者的消费心理和消费行为。(3) 有利于更好地制定和调整营销策略，为不同的顾客群提供不同的市场营销组合。(4) 有利于更好地研究旅游者的购买行为。(5) 有利于更好地满足旅游者的需要，消费者的消费需求都与其心理活动和行为有关，研究农家乐旅游者的心理和行为，尤其是消费偏好。这样才能有针对性地组织旅游产品的开发和供应，更好地满足农家乐旅游者的需要。

2. 天目村农家乐旅游游客旅游偏好研究

2.1 天目村农家乐概况

天目村地处浙江省西北部临安市境内，为西天目乡辖地，北毗文化名山、生物宝库——天目山，东距杭州市 80 公里。现有农家 405 户，人口 1042。天目山自然保护区周边的"农家乐"最早出现于 20 世纪 90 年代初，旅游人数剧增、旅游接待设施无法满足市场需求是其中主要原因，周边的农家逐渐成为游客的"归宿地"，但这还不是真正意义上的"农家乐"。这以后，每年出现一批"回头客"，并一带十、十传百，使这一群体逐年扩大，农家乐经营户也逐年增加。现在随着自然保护区旅游经营体制改革成功，旅游形式大好，农家乐又出现了新一轮膨胀，并逐渐蔓延到外围村庄。

天目村由于"农家乐"的兴起，几乎是家家户户盖了新房，接待来自五湖四海的游客，人均收入有明显提高。2008 年全村经济收入 80.8 万元，其中一二三产分别为 10.4、32.0、30.0，另纳入其他收入的 8.4 万；人均收入为 1.04 万元[26]。

2.2 研究方法

本文在收集国内农家乐发展和旅游偏好的相关文献资料的基础上[22-25]，总结农家乐的发展阶段、类型、存在的问题和新农村建设的现有模式、存在的问题，通过问卷调查法，结合心理学、管理学、组织行为学等科学理论，对天目村农家乐旅游者消费行为进行研究。将收集资料运用 SPSS13.0 统计软件进行分析、统计。根据变量性质和研究需要，主要运用描述性分析（Descriptive Statistics）、频数分析（Frenquencies）和交叉列联表分析（Crosstabs），最后，针对案例出现的问题进一步深入分析，探讨相应解决方法。

2.3 数据来源及内容

此次调查采用随机抽样的方法进行调查。采用现场填好直接回收的方法，共计发放问卷 225 份，回收率达 95.43%，其中有效问卷 206 份，有效问卷率为 96.23%。调查地点是天目村，调查对象是天目村的旅游者，调查时间为 2010 年 7 月。问卷内容共有三个大部分，分别包括：游客特征、旅游动机及对当地的认知度、对目的地环境的评价。

2.4 游客基本属性分析

2.4.1 人口学特征分析

（1）被调查的游客中男性占 54.4%，女性占 45.1%。

（2）70 岁以上的占全部游客量的 42.7%，55 至 70 岁占 26.2%，46 至 55 岁占 10.2%，16～25 岁和 15 岁及以下一共占 6.8%。

（3）国家机关、党群组织、企业、事业单位负责人和专业技术人员占到了 45.9%，办事人员和有关人员和商业、服务业人员占到了 21%

（4）本科以上教育水平的比例最高，占 35.4%，大专教育水平的占 24.3%，高中、中专教育水平的占 23.8%，初中及初中以下占 16.1%。

（5）月收入在 2000～2999 元为主，比例达到 27.2%。月收入在 3000～3999 元有 20.9%，4000 元以上占到了 32%。

2.4.2 客源地特征分析

上海和杭州是天目村农家乐的主要客源市场，占到 75%，其余游客大部分来自浙江省内。外省的游客数有 29 人，占 14.2%，以临近的江苏省为主，占 10.3%。

2.5 游客旅游偏好分析

2.5.1 第一次来天目山农家乐的时间

表1 游客过去“农家乐”旅游次数统计表

第一次来天目山农家乐的时间					
		频率	百分比	有效百分比	累积百分比
有效	2006 以前	25	10	12.2	12.2
	2006	13	5.3	6.3	18.5
	2007	24	9.8	11.7	30.2
	2008	22	8.9	10.7	41.0
	2009	38	15.4	18.5	59.5
	2010	83	33.7	40.5	100.0
	合计	205	83.3	100.0	
缺失	系统	41	16.7		
合计	246	100.0			

从游客第一次来天目村农家乐的时间来看，2010 年的旅游人数最多，而其相较 2009 年有成倍的增长。其中最早来天目村的时间是 1996 年。从中可以看出，天目村“农家乐”旅游的发展时间比较久，但最近四五年才真正的有了发展。

2.5.2 住宿停留天数偏好

调查问卷显示，住宿一个月以上和一个月左右的游客占游客总数的 58.4%，1～2 天和一周左右的游客占 32.5%，住宿天数呈两头突出的“U”字形，这显示了农家乐旅游的特性，与其他研究结果相类似：目前景区依赖型“农家乐”的投宿者大部分为住宿一天的游客，而绝大多数游客住宿的上限为两天。而长时间住宿这与游客年龄组成相关，天目村的游客以中老年游客为主，因其闲暇时间较多，没有家庭事务的牵扰，而且多来自上海和杭州等城市，向往农村安逸的生活，因而停留时间较长。

2.5.3 出游方式偏好

调查问卷显示，自驾车和客运公交车的比例分别为 48.5% 和 43.7%，说明游客出游自主意识强，喜爱自助游的方式。

2.5.4 获知天目山农家乐信息渠道偏好

从被测游客获知天目山农家乐信息来源来看，亲朋好友的介绍占到了64.1%，而以前曾到过，网络，路边广告，由其他旅游景点或旅馆推荐也占到了25.7%，这说明传统的媒体宣传方式对旅游信息传播仍具有重要作用。另外由于互联网的普及，有7.3%的人通过网络了解旅游目的地的信息。因此在今后的营销中应注重充分利用传统的营销广告来扩大景区的知名度，并兼顾其他方式，以使游客能够从多个角度、多途径及时准确地了解天目村农家乐。

2.5.5 陪伴您来旅游的是

从调查分析的数据可以发现游客与陪伴人员的关系多为家人、亲戚（占62.1%），朋友、同学或同事（占28.6%）等关系比较亲密的人，体现了农家乐的亲密性。

2.5.6 本地整体环境满意度

据调查统计，对本地环境满意的占了66%，非常满意的占15%，一般的占17%，另外有2%为非常不满意或不满意，说明对于天目村农家乐的整体环境的认可度比较高。

2.5.7 是否再次光顾

此次实地调查中，游客在对“您会再次光顾该地”这句话作判断时，一定会的占59.8%，可能的占40.2%。可以看出，游客选择再次投宿的比例超过一半，相对于本地整体环境满意度，游客回头率的预期比例降低了，显示了游客忠诚度内部结构的复杂性。

2.5.8 出游主要时间偏好

在出游时段上，73%的人选择了暑假，这与夏季避暑出游的特点相关联，还有可以陪同家里的孩子一起进行亲情游。选择周末和节假日的时间分别为10.2%和8.3%。

2.5.9 建筑形式偏好

水泥钢筋结构的比例达到40.8%，而原生态的木结构与竹结构比例为25.2%，庭院式建筑占21.8%，这与农家乐追求自然，原生态的居住环境相违背，有待进一步分析。

2.6 游客旅游偏好交叉分析

2.6.1 性别与停留时间偏好

表2　性别＊停留时间

		停留时间					
		1～2天	一周左右	半个月左右	一个月左右	一个月以上	合计
性别	男	20	14	9	33	36	112
	女	16	16	8	27	26	93
合计		36	30	17	60	62	205

从调查分析的数据可以发现男性较女性的停留时间长，而停留时间越久，差别越大。究其原因是男女在出游动机和目的上的不同：男性更倾向于到大自然中探险、猎奇、健身游览等活动，而女性则更倾向于观光、休闲度假等乡村旅游活动。

2.6.2 年龄与停留时间偏好

表3　年龄＊停留时间

		停留时间					
		1～2天	一周左右	半个月左右	一个月左右	一个月以上	合计
年龄	15岁以下	2	0	1	2	1	6
	16～25岁	3	1	1	0	3	8
	26～35岁	3	1	0	7	3	14
	36～45岁	0	3	2	3	7	15
	46～55岁	6	3	2	5	5	21
	55～70岁	6	14	4	14	16	54
	70岁以上	16	9	7	29	27	88
合计		36	31	17	60	62	206

统计分析显示随着年龄的增长选择住宿天数高于一夜的比例逐渐增加。由调查数据的结果来看，潜在乡村旅游者的偏好不论是在出游方式偏

好，还是感兴趣的旅游资源以及旅游活动方面都呈现出较大的年龄差异。在出游方式上，年轻人多为朋友结伴和散客出游，中年人出游多由单位组织和家庭出游，而老年人则多以家庭出游，老年人闲暇时间较多，并且文化意识和健康意识强烈，他们旅游的目的主要是欣赏自然风光和瞻仰历史遗迹等，因而集自然风光和历史遗迹为一体的乡村旅游自然成了老年游客们经常光顾的地方。

2.6.3 年龄与信息途径选择偏好

表4　年龄 * 信息途径

		如何知道天目山农家乐的							
		以前曾经到过	网络	报刊杂志	路边广告	亲朋好友的介绍	由其他旅游景点或旅馆推荐	当地旅游信息服务中心介绍	公家安排
年龄	15岁以下	0	0	0	0	4	0	1	0
	16~25岁	0	0	0	0	8	0	0	0
	26~35岁	0	0	0	1	9	1	0	0
	36~45岁	5	2	0	0	8	0	0	0
	46~55岁	2	2	0	3	10	1	0	0
	55~70岁	5	3	0	2	36	3	1	1
	70岁以上	7	8	1	4	57	4	1	0
合计		19	15	1	10	132	9	3	1

统计分析显示，年龄越高，亲友推荐和曾经到过的比例越高，同时广告和网络对各年龄段发挥的作用所占比例都很小，但也发现，在使用网络的人群比例中，中老年人占到了三分之二，这与此次调查人群受教育程度有关。

2.6.4 受教育程度与住宿合理的费用选择偏好

表 5 受教育程度＊住宿合理的费用

		住宿合理的费用							
		20~30元	30~50元	50~70元	70~100元	100元以上	32.00	1234.00	合计
受教育程度	本科以上	6	29	24	7	3	0	1	70
	大专	3	25	18	2	1	1	0	50
	高中、中专	3	24	19	2	1	0	0	49
	初中	1	9	9	2	1	0	0	22
	初中以下	1	4	5	1	0	0	0	11
合计		14	91	75	14	6	1	1	202

统计分析显示，本科以下学历的“农家乐”投宿者主要选择每天花费30~50元，本科学历的“农家乐”投宿者主要选择每天花费50~70元。这显示了教育程度与日住宿花费的正向关系。但是同时，硕士及以上阶段的景区依赖型“农家乐”投宿者却大部分集中在31~60元，一个可能的解释是，硕士及以上教育程度的景区依赖型“农家乐”投宿者中，学生占相当大的一部分，这表明了多项因素对住宿花费的影响。

2.6.5 平均月收入与住宿合理费用选择偏好

表 6 平均月收入＊住宿合理的费用

		住宿合理的费用							
		20~30元	30~50元	50~70元	70~100元	100元以上	32.00	1234.00	合计
平均月收入	1000以下	0	1	1	0	0	0	0	2
	1000~1999	0	11	10	3	2	0	0	26
	2000~2999	6	25	20	2	1	1	0	55
	3000~3999	4	21	14	1	2	0	1	43
	4000~4999	2	16	9	3	1	0	0	31
	5000以上	2	13	14	5	0	0	0	34
	无固定收入	0	5	7	0	0	0	0	12
合计		14	92	75	14	6	1	1	203

从调查分析的数据可以发现平均月收入越高，对价格的敏感度相对较低，但这也得考虑到家庭出游带来的影响。在月收入在5000以下，选择30～50元的比例最高。5000以上选择50～70元的比例最高。

3. 结论与建议

通过文献搜集、问卷调查和与被调查者的访谈交流，本文对天目村农家乐游客旅游偏好做了阐述，对旅游偏好做了分析和研究。从中发现，个人态度、主观意识、客源地等因素对游客的出游偏好都有不同程度、不同方面的影响。本文着重就这些方面提出一些建议，希望可以对天目村农家乐的发展有所帮助。

第一次到天目村农家乐的时间是2010年占到40.5%；在出游信息搜寻阶段，这一过程我们用“如何知道天目村农家乐”的题项来考察。结果显示，64.1%选择了“亲朋好友介绍”这一途径来获取信息，位列其后的分别有“以前曾来过”“网络”和“路边广告”。亲友是我们人际交往不可缺少的，口口相传在农家乐信息的传递过程中发挥着比较重要的作用，这就提示旅游企业要诚信经营、以质为本，千万不能忽视口碑的力量，也说明农家乐网络信息传播的建设比较滞后。

在出游时段上，73%的人选择了暑假，这与夏季避暑出游的特点相关联，以及学生放假，有比较多的时间。在停留时间上，住宿一个月以上和一个月左右的游客占游客总数的58.4%，1～2天和一周左右的游客占32.5%，住宿天数呈两头突出的“U”字形。在交通方式的选取上，自驾车和客运公交车的比例之和达到了93.1%，说明天目村的交通比较便利，非常有利于游客的到达。自驾游的比例几乎占到一半左右，而由于经济收入的增加，越来越多的家庭开始拥有私家车，说明自驾游日益成为新的旅游方式。在住宿形式意向的选择上，40.8%选择水泥钢筋结构，25.2%选择原生态的木结构、竹结构。可见人们外出旅游对住宿的要求仍受原居住形式的影响。

3.1 加大宣传力度，树立良好的口碑

通过调查发现，在获取农家乐信息方面，口口宣传的直接宣传占了很大的比重，消费者跟愿意相信自己身边亲戚、朋友、同事的亲身体会，因此，经营者要在消费过程中提高良好的服务，树立可信的口碑才能赢得更大的市场。同时，还要加强网络等媒介的宣传。

3.2 保持本地区特色，维持乡土性特色

旅游的差异性决定了旅游的产生，保护乡土文化，有助于突出特色，形成鲜明的乡村旅游形象，维护乡村旅游区的乡土性特征，增强乡村旅游地的竞争力。通过“农家乐”旅游的开发，进一步深入挖掘和宣传推广传统乡土民俗文化，不仅保留了这些历史传承，加深了农村村民的地方认同感与自豪感，而且增强了乡村历史人文景观的可读性与观赏性。因此，维持本地区的特色才能更长久地吸引客源。

3.3 针对潜在客源，细分市场

潜在客源市场主要以企事业管理人员、公务员离退休人员为主。这部分游客有较高的出游意愿和较高的收入，旅游消费潜力大，而且闲暇时间比较多。应针对其开发质量高的产品，并着力提高服务质量。潜在客源的受教育程度以大专及本科以上学历为主。高学历游客大多思想开明，消费观念先进，出游意识强烈，偏爱自然生态环境优美的旅游目的地。因此在开发项目上，要着力满足其寻求异文化的心理，开发本地区特色产品。

3.4 设计新的旅游产品，提高服务质量

潜在客源市场的出游方式以家庭自助游为主，因此，应开发适应家庭市场的产品。结合天目村旅游的特色产品，特别是当地乡土特色、农家产品的开发，可以设计中档的产品，满足大部分消费者的需求，同时，在食宿设施建设上，注意旅游环境和接待设施的卫生标准。潜在客源市场出游所能接受的旅游费用都较低，因此，要在景区增加旅游项目，延长游客居留时间。

4. 结语

“农家乐”旅游正处于迅速崛起阶段，但随着“农家乐”旅游的发展，如何合理开发我国的农业和民俗旅游资源，保持乡土性，发挥地方特色，提供别具特色的“农家乐”旅游产品，加快我国农业旅游的发展，已成为重要课题。本文通过对游客旅游偏好的研究，以期了解游客选购农家乐旅游产品的偏好，进而为农家乐的发展贡献绵薄之力。

参考文献

[1] 王云才．国际乡村旅游发展的政策经验与借鉴［J］．旅游学刊，2002，17（4）：45－50.

[2] Nilsson．Staying on farms：an ideological background［J］．Annals of Tourism Research，2002，29（1）：40－53.

[3] Aliza Fleiseher，Abraham Pizam. Farm Tourism in Israel［J］Tourism Management，1997，18（6）：367－372.

[4] 蔡恩泽．迪斯尼的利润神话［J］．中外企业文化，2006（2）：34－35.

[5] 陈美吟．游憩体验之研究一以枫林瀑布、擎天岗、太平山实例调查［D］．硕士学位论文，台湾大学森林研究所，1985.

[6] 刁陈娅玲，马耀峰．基于旅游市场的游客旅游体验研究——以桂林市为例．西北农林科技大学学报（社会科学版），2006，6（2）：102－106.

[7] 杨桂华，王秀红．农家乐经营手册［M］．北京：中国旅游出版社，2006：25.

[8] 董观志，杨凤影．旅游景区游客满意度测评体系研究［J］．旅游学刊，2005，20（1）：27－28.

[9] 李德明，. 新农村建设为乡村旅游发展创造广阔空间 [J]. 旅游学刊，2006，(5).

[10] 王云才，许春霞，郭焕成. 论中国乡村旅游发展的新趋势 [J]. 干旱区地理，2005，(6)：862-868.

[11] 李海廷. 基于体验层次的品牌竞争策略. 当代财经 [J]. 2003 (11).

[12] 卢军霞. 基于游客体验的古城镇旅游产品开发研究 [D]. 硕士学位论文，浙江大学，2005.

[13] 谭力，朱太文，刘万厦，森林. 川西平原上一个城乡交融的新亮点—成都"农家乐" [J]. 小城镇建设，2000，(2)：40-42.

[14] 李学东，郭焕成. 西南地区观光农业发展与经营特点初探—以成都市龙泉驿区"农家乐"为例 [J]. 经济地理，2001，22 (3)：367-370.

[15] 田喜洲，论"农家乐"旅游经济 [J]. 农村经济，2002，(11)：61-62.

[16] 胡卫华，王庆. "农家乐"旅游的现状与开发方向「J」. 桂林旅游高等专科学校学报，2002，13 (3)：79-83.

[17] 卢璐，刘幼平. 关于湖南乡村旅游突出分片发展的思考 [J]. 零陵学院学报，2002，23 (4)：45-47.

[18] 马艳霞，等. 以村野文化内涵塑农家乐旅游核心：浅析重庆市农家乐旅游开发现状及发展趋势 [J]. 西南民族学院学报，2003，(4)：228-232.

[19] 周荣华. 成都"农家乐"发展现状调查研究 [J]. 社会科学家，2004，(5)：93-94.

[20] 陈卫东. 郴州农家乐休闲旅游业发展的现状及对策研究 [J]. 湘南学院学报，2005，26，(3)：113-115，118.

[21] 王秀红. 河南农家乐发展现状及对策探析仁 [J]. 商场现代化，2005，(452)：186.

[22] 张晓双. 绿色消费的生态经济伦理思考 [D]. 长沙：湖南师范大学，2002.

[23] 贺小荣. 我国乡村旅游的起源、现状及其发展趋势探讨 [J]. 北京外国语学院学报, 2001 (1): 90 - 94.

[24] 陈文君. 我国现代乡村旅游深层次开发探讨 [J]. 广州大学学报: 社会科学版, 2003, 2 (2): 86 - 88.

[25] 王琼英, 冯学钢. 乡村旅游研究综述 [J]. 北京第二外国语学院学报, 2006 (1): 115 - 120.

[26] 中华人民共和国国家旅游局. 中国旅游年鉴 2008 [M]. 北京: 中国旅游出版社, 2008.

Research on tourism preference of farm tourists to Tianmu village

WANG Zuliang

(1*Tianmushan National Reserve Management Bureau*, *Lin' an* 311311, *China*)

Abstract: Travel preferences have been regarded as a critical element in travel decision - making process. A better understanding of people' s preferences is not only beneficial in predicting their travel behaviors, but also useful to travel planners and marketers to develop satisfying products. In recent years, the rapid development of farm tourism has become the new luminescent spot to solve the problems of tourism development and three agricultural. Farm tourism, for its low cost of development, more demand, quick achievement, have been developing rapidly in China, presenting a good development momentum, becoming the most "hot" tourism activity of domestic tourism. while attracting many tourists to village, farm tourism faces its growing segment of the market, the management mode of the farm need for corresponding change. Different regions of the tourists have different consumption preferences; Research on tourists traveling preferences can make more targeted farm development. Based on investigation of the visitors to Tianmu, tourism preference was analyzed.

Key words: tourism management; tourism preference; farm tourism; Tianmu village

汶川灾后重建发展乡村旅游途径探析

邓玉兰[1]，李梅[2]，金慧，刘海涛

（四川农业大学林学院，四川雅安，625014）

【摘要】：汶川在经历5.12特大地震灾害后，各级政府、企业与社区等充分借力灾后重建机遇，以科学制定规划、加强政府引导入手，紧紧抓住以民族文化为内核的休闲产品开发，增强产品吸引力，以精心策划节庆宣传活动助推市场发展，通过休闲农业与乡村旅游产业的推进，有力地促进了民族地区新农村建设。

【关键词】：乡村旅游；新农村建设；汶川

民族地区新农村建设是中国社会主义新农村建设的重要组成部分，具有改善民族地区人民生活水平、加快民族地区现代化建设进程、维护民族团结与社会稳定的重大历史意义。汶川在经历了5.12特大地震灾害后，各级政府、企业与社区等牢牢抓住灾后重建、对口援建、扩大内需、西部大开发等机遇，深入挖掘当地藏羌民俗文化、大禹文化以及灾后重建凝聚的“汶川精神”，大力发展乡村旅游，促进新农村建设，造福一方百姓，取得了良好的经济效益和社会效益。

---

① 邓玉兰：四川农业大学林学院硕士研究生，研究方向：景观评价与生态旅游。

② 李梅，四川农业大学林学院教授，博士生导师，研究方向：景观评价与生态旅游。

1. 乡村旅游推动新农村建设

新农村建设是我国进入“工业反哺农业、城市支持农村”新阶段的大背景下提出来的，是中国现代化进程中的重大历史任务，是改善民生、惠及亿万农民的工程，是解决我国“三农”问题的有效途径之一。乡村旅游是发展农村经济新的增长点，是增加农村劳动力就业新的突破点，是提高农村文明程度新的切入点和加快旅游业调整新的着力点[1]。2007 年，农业部、国家旅游局签署《关于促进社会主义新农村建设与乡村旅游发展合作协议》，充分利用“三农”资源发展旅游业，扎实推进社会主义新农村建设，积极促进农民增收致富。通过发展休闲农业与乡村旅游，农民在旅游接待服务中了解到新的信息促进观念更新、学习新的技术提高农业生产技能、增加经济收入奔小康生活、保护旅游发展赖以生存的农村环境、保护乡土文化，加速推进社会主义新农村建设，促进社会和谐进步。

少数民族地区由于交通不便、文化教育落后等原因，其新农村建设步伐相对迟缓。但是少数民族所处的地区一般比较偏远僻静，自然景观独特，造就了一处处深幽古朴的世外桃源，又因少数民族本身承载着悠久的历史以及所附带的多样化且神秘化的民族民俗文化，对城市游客具有极强的吸引力，因此少数民族地区所拥有的自然和民俗文化资源是旅游开发中难得的宝贵资源。而汶川在灾后重建中交通得到了极大的改善，为其乡村旅游发展提供了良好的可进入性。

乡村旅游与新农村建设可共生发展，发展乡村旅游需要优美的乡村环境、便利的交通条件以及高素质的旅游接待管理人才。乡村旅游发展促使农村环境和交通状况的加速建设和改善，培养一批知荣辱、讲文明、有文化、懂技术、会经营的新型农民，缩短新农村建设的时间，为新农村建设提供资源保障、经济保障以及人力保障。多位专家学者也提出开发少数民族地区乡村旅游产业是促进少数民族地区新农村建设的有效途径之一[2-4]。

2. 汶川乡村旅游发展条件评析

2.1 汶川概况

汶川县位于四川省阿坝藏族羌族自治州境内，因汶水得名，全县辖6镇7乡，117个行政村。全县地震前总人口105436人，其中羌族人口36705人，占总人口的34.8%，是中国四个羌族聚居县之一。汶川地处四川盆地西北缘，龙门山脉和邛崃山脉分别位于县域东北与西南部；岷江及其支流杂谷脑河、草坡河、寿江为境内主要河流。汶川县是阿坝州的南大门，有“川西锁钥”和“西羌门户”之称。

2008年“5·12”特大地震给汶川县经济社会发展带来了深重灾难，给人民群众的生命财产造成重大损失，全县基础设施全部瘫痪，城乡房屋损毁严重，产业经济遭受重创，文物古迹遭受严重毁损，生态环境遭受巨大破坏，直接经济损失达643亿元。地震发生后，在党和国家的坚强领导下，在世界和全国人民的大力支持下，依托对口援建地区政府和人民的无私帮助，通过灾区人民的艰苦努力，汶川各项经济社会事业逐步恢复和提升。

2.2 区位优势明显，交通状况良好

汶川县城威州镇距省城成都146公里、州府马尔康246公里，国道213和317穿城而过。汶川是阿坝藏族羌族自治州的门户，进出川西北高原的咽喉，素有阿坝藏族羌族自治州南大门之称。南与都江堰毗邻，县境距成都仅68公里，列入国家重点项目规划的都江堰至汶川高速公路建成后，汶川与成都的通行时间缩短为1小时，极大地促进了成都与汶川、阿坝州之间便利的交通往来。地震灾后恢复重建加大了对县域内公路主干道以及乡村公路的建设：都江堰至映秀高速公路已通车，都江堰至水磨古镇、三江生态旅游风景区全部是沥青二级路面，汶川至川主寺、汶川至马尔康等公路改建工程已全部完成，映秀至汶川县城高速公路将在2012年下

半年建成通车，汶川至九寨沟和马尔康高速公路将在5年内建成，县内交通状况得到了极大地提升。

2.3 以世界自然遗产为依托的自然景观旖旎多姿

“四川大熊猫栖息地”卧龙自然保护区、三江自然保护区是汶川县乡村旅游业发展的导向性旅游资源。四川大熊猫栖息地是世界自然遗产，也是四川对外旅游营销的形象。卧龙是国家级自然保护区，建设有中国大熊猫研究中心，是四川大熊猫栖息地的代表性载体，也是四川“老五大”精品旅游区之一。三江自然保护区内森林覆盖率达90%以上，一年四季杜鹃花、鸽子花、雪花纷至沓来，四季景色美不胜收，与卧龙共享“世界动植物宝库”的美誉，其中最为宝贵的资源为被誉为“植物活化石”的万亩珙桐林。

汶川自然景观资源丰富，地貌景观、水域景观、生物景观和天象景观交相辉映，让人流连忘返。区内群山巍峨，峰丛耸峙，峡谷幽深。代表性景点有“蜀山之后”之称的四姑娘山、盘龙山、九龙山、南海子、黄龙杠、蒿子坪等。境内地形地貌丰富多变，有阿尔沟、板桥沟等沟壑地，有猴耳洞、神仙洞等洞穴，有岷江河谷汶川大地震遗迹，有四姑娘山、布瓦、月里、桃关沟、小雪隆包等冰川遗迹。丰富的地形地貌景观使得区内水景旖旎多姿，天然湖泊、池沼、悬瀑、温泉、冰雪地等水体资源形态多样。生物景观如珙桐原始森林、原始杜鹃林、巴郎山高山草甸、四姑娘山高山草甸、飞水岩古楠、常乐寺古银杏、红白茶古树、藤缠树、笼竹园香樟、南海子白杜鹃、鹿耳坪黄杜鹃、红路沟杜鹃林、珍稀莵兰等美景让人叹为观止，野趣盎然。更有盘龙山云海日出、佛光，雾瀑，三江及卧龙的雾凇、冰挂、冰瀑等天象奇景。

2.4 历史传说、遗迹以及民族民俗文化灿烂辉煌、丰富多彩

有关专家对大禹的民间传说故事、文献记载和实地遗迹考察后认为汶川县绵虒乃大禹的出生地。大禹是中华民族的治水英雄，其故事家喻户晓，耳熟能详，民间有大禹治水“三过家门而不入”的典故，大禹还是华夏建国立制的开国之君。《史记·六国年表》说“禹兴于西羌”。《吴越春

秋．越王无余外传》也说大禹“家于西羌，地曰石纽。石纽，在蜀西川也”。《艺文类聚》卷 11 与《太平御览》卷 82 引皇甫谧《帝王世纪》说：“伯禹夏后氏，姒姓也，生于石纽……长于西羌，西羌夷也。”谯周《蜀本纪》说：“禹本汶山广柔县人也，生于石纽”。《水经注》说广柔县：“县有石纽乡，禹所生也”。据清嘉庆《汶志纪略》记载，广柔废县在咐县城（威州）西南 72 里的大邑坪，自汉至晋皆然，清初尚存遗址。众多文献记载都说大禹出生于石纽刳儿坪。绵虒镇自汉至清都是古汶川县城之旧址，今镇南 5 公里处高店村新店组与羊店村相交的高山，就是石纽山。绵虒在地震灾后重建中修建了禹帝祭坛，恢复了禹王宫，打造了绵虒老街，成为大禹故里及大禹文化重要的旅游载体。

汶川县是藏、羌、汉等民族的聚居区，羌族人口占总人口的三分之一以上，羌族的主要聚居区集中在四川。羌族的“羌”字在汉文献中解释为牧羊人，故字形从羊从人。羌人就是从事畜牧并以养羊为特色的民族，其文化也具有浓郁的牧羊民族特色。羌族服饰朴素而具有特色，羌族男子和妇女都喜缠包青色和白色头帕，一般都穿长衫，外套羊皮背心，缠绑腿，束腰带。妇女的衣服袖口和襟边均绣有鲜艳美丽的花边，衣领上镶有一排小颗的梅花形图案银饰，腰系绣花围裙和飘带，喜戴耳环、项圈、簪子、银牌等饰物。绣花鞋有状似小船，鞋尖微翘，鞋帮上绣有各色云彩图案，俗称“云云鞋”。羌寨的建设既是其建筑技术的具体表现，又作为羌族物质文化的典型代表。早在《后汉书·南蛮西南夷列传》中就有记载，羌族先民“皆依山而居，累石为室，高者至十余丈，为邛笼”。一般聚族而居，三五十家聚集成为村落。寨中建有石碉楼，方形，底大上小，高达数丈。羌碉以功能分有战碉、哨碉、界碉、风水碉、官寨碉。羌族有自己传统的民族节日，大多与农事活动和宗教信仰有关。以布瓦寨、萝卜寨、阿尔寨、羌锋村为代表的古羌寨及羌族民族民俗文化是汶川羌民俗旅游资源的重要载体，2008 年汶川地震灾后国家设立了“国家级羌族文化生态保护实验区”，汶川县是其主要区域。藏族民俗文化旅游地有三江水乡藏寨、草坡藏乡民居、藏家风情园等村寨。藏、羌、汉等多民族聚居，形成了丰富多彩的藏羌民族民俗风俗以及羌族祭山会、土主会、出丛会等民间节庆，为汶川休闲农业与乡村旅游发展增添了不少特色资源和神秘色彩。

3. 汶川发展乡村旅游促进新农村建设的途径探析

汶川乡村旅游发展成效卓著。早在20世纪90年代末，汶川县三江乡、雁门乡的农民随着旅游业的发展开始自发从事旅游业，成为汶川县最早发展乡村旅游的地区之一。近年来，特别是灾后重建完成后，汶川县休闲农业与乡村旅游发展势头十分迅猛，获得“国家休闲农业与乡村旅游示范县”、“四川省乡村旅游示范县”及“十一五四川省乡村旅游发展先进县”等称号。截至2011年底，汶川县共有农家乐500余家，其中星级农家乐69家，四星级1家，三星级7家，二星级58家，一星级3家。据不完全统计，2011年全年乡村旅游接待游客达到170万余人次，休闲农业与乡村旅游收入达到8.7亿元，有力地推动了汶川旅游的跨越式发展，带动了汶川新农村建设和农村经济的快速增长，促进了汶川经济、社会的可持续发展。

3.1 推动农业转型，促进农村产业结构调整

发展乡村旅游是农村产业结构调整升级的重要切入点。乡村旅游的发展是将农业生产过程、农村风光风貌、农民生产劳动等传统的农业资源进行加工转化形成旅游产品，就地形成旅游销售市场，实现产业增值，促进农村农业产业结构调整。乡村旅游使农产品创造出了更多的附加值，有力地促进了农村经济结构、就业结构和社会结构的改善。作为一个新兴产业，农民“种风景”所带来的财富空间正在不断被拓宽，多元化的产业结构优势和竞争力凸显。汶川县按照“稳一转二进三”的产业转型升级模式发展思路，全面实施“四千万工程”，突破性发展甜樱桃、猕猴桃、花卉、现代畜牧业的“两桃一花一牧”，带动性发展茶叶、小家禽，连点成线、连线成片、连片成面，建成一批河谷花园式村庄，加速引领汶川观光农业发展。另外与高等院校、科研院所合作，推动了高端产品的研发生产，建设了永君鸭业加工基地和汶川大樱桃加工基地，促成农畜产品就地转化增值并提高产品市场竞争力，并加强“西羌牌”、“岷江牌”两个商标的宣传

推广和五个蔬菜水果绿色标志的认证、统一包装、品牌注册，开发特色农副产品，提升特色农业产品档次，打响汶川特色农业品牌，促进资源持续利用和产业结构调整，形成一三互动、接二连三的产业格局，建设县域经济增长极 。

3.2 加大扶持力度，带动农民增收致富

乡村旅游是一项投资少、收益高的农村新型产业，有利于挖掘乡村产业增收潜力，开拓非农业增收渠道。发展乡村旅游，通过积极引导和吸引农民参与旅游接待服务，为农民开辟一条“离土不离乡”、增加就业、脱贫致富的道路，有利于全面建设小康农村，逐步缩小城乡收入差距。汶川县委、县政府结合当地发展乡村旅游实际情况，针对在春节期间离城返乡的农民务工者，对于一次性接待能力100人以上的农家乐给予4000元的补助，促使大批农民从事乡村旅游接待。2009年，汶川县农民人均纯收入3338元，同比增长19.6%，是震后第二年灾后重建农民增收致富的首要表现，且随着灾后重建的深入和完善，农民人均收入一直保持上升的良好势头。国家AAAA级景区水磨古镇是汶川灾后重建具有代表性的乡村旅游景点，被联合国人居署授予“全球灾后重建最佳范例”，在周末和节假日期间，这里车水马龙，游客来往络绎不绝，餐饮接待、特色农产品销售两大业态成为该景区主要的经济收入来源。乡村旅游业成为水磨镇新的支柱产业，水磨人民也过上了富裕的物质生活。

3.3 提高农民素质，促进观念更新

开展乡村旅游有利于提高农民的生活质量和自身素质，有利于推动社会进步，促进和谐农村的建设。随着乡村旅游产业的推进，大批城市游客给偏远山区农民带来了新观念、新文化、新资讯以及新科技，促进了城乡居民感情交流，加强民族团结，形成了积极向上、健康的民风，促进城乡和谐社会的发展。为搞好乡村旅游，提高农民整体旅游接待服务水平，汶川县相关部门积极邀请四川省旅游培训中心专家、教授对县内从事乡村旅游的管理人员、讲解人员、农民接待户等进行培训。2011年培训人员达3500人次，占全县乡村旅游从业人员总数的70%以上，有效地提高了从业

者的综合素质和业务能力。

3.4 推动农村基础设施和生态环境建设

发展乡村旅游可有效促进农村环境卫生全面改善，加快基础设施建设和村容村貌的提升，加快清洁能源、高效能源的推广与使用，如沼气池、太阳能等，减少依靠柴、煤等自然资源的使用量，有利于农村污水、垃圾的处理。旅游业的开展离不开便利的交通和完善的基础设施，因此汶川县政府加大了基础设施建设投资力度，村村普及有线电视、卫生厕所等。另外，水、电、通信、环卫、医疗、服务、绿化等各项公共设施逐步建设完善，投资环境、生活环境和人文环境得到了跨越式的提升。地震后灾后重建，汶川县内部道路交通设施得到了极大程度的改善，通乡、通村公路数量和等级都有很大的提升。主干线公路全部达到国家二级公路标准，道路交通四通八达，旅游团队、自驾游客完全可以方便地从各大入口自由进汶川旅游。休闲农业与乡村旅游的开展，让农民们看到了旅游业的巨大效益，促使他们认识到农村优美的环境、健全的基础设施能增强旅游景点的吸引力，吸引游客的到来。

3.5 以文化为发展乡村旅游的核心亮点

文化是旅游发展的灵魂，没有文化的旅游是难以持久的。汶川县政府抓住当地独特的羌民俗文化、藏民族文化、大禹文化、灾后重建中形成的“汶川精神”和大熊猫故乡文化等大做文章，经过4年多的灾后重建，以映秀为核心的震中纪念地旅游区、以威州为核心的羌民族民俗文化旅游区、以绵虒为核心的大禹文化旅游区、以卧龙为核心的大熊猫栖息地旅游区、以草坡为核心的藏乡文化旅游区内的景点及基础设施各项建设已经初具规模，每年吸引大批旅游者参观游览体验，是汶川县内旅游业的支撑点和亮点。

地震及救灾过程中，汶川、映秀、卧龙、羌文化保护受到全世界广泛关注，知名度大幅度提升。汶川县以羌民俗文化、华夏始祖大禹文化、灾后重建形成的精神文化遗产——“汶川精神”以及大熊猫文化为依托，围绕“精品景观、精美村寨、精致农庄”方向，打造了“水磨羌城”“大禹故里绵虒”“映秀新镇”等文化旅游地，推动境内休闲农业与乡村旅游的发展。旅游的开发让当地居民对其所承载的文化进行重新评估，认识到自身民族文化、历史文化的价值，增强自豪感，激发其保护传统文化的意识和内在动力。

3.6 科学制定规划，政府引导先行

汶川县政府在深入调研的基础上科学制定明确目标，提出措施，分类指导，统筹协调。县人民政府及其分管领导按农业“四千万工程”的目标，细化、硬化、量化到部门和乡镇，明确完成任务的时限和激励措施，一月一变化、一季大变化、全年展新貌。汶川县各级政府、各级领导高度重视旅游产业的发展，把旅游产业定位为未来经济发展的主导产业，并制定了《汶川县农家乐（乡村酒店）补助办法》，安排300万元资助发展农家乐（乡村酒店）星级标准的农家旅游经营接待户。为适应休闲农业与乡村旅游迅猛发展、老百姓从事旅游业的高涨热情和服务岗位需求量大的机遇，县相关部门积极做好涉旅工作人员的培训工作，提升乡村旅游服务质量。

3.7 以节庆造势，强化宣传促销

汶川县政府本着“高标准要求、高节奏工作、高水平展示”的原则，精心策划、精心组织、精心实施、精心打磨，在汶川水磨成功举办了2011中国四川国际文化旅游节开幕式，充分展示了汶川灾后重建成果、人民群众精神风貌，推动旅游业的全面复苏和振兴。同时，2011年成功举办了第二届大禹文化旅游节、大樱桃节、三江首届珙桐文化旅游节等节庆活动，进一步扩大汶川对外知名度和影响力。旅游节庆的开展使得更多的游客来到汶川旅游，提升了汶川休闲农业与乡村旅游的品位，促进了当地基础设施的建设和环境卫生的改善，加大了城市游客与当地居民的交流，缩小了城乡差距，同时促进新农村的建设，促进了民族团结与和谐相处。

参考文献

[1] 窦志萍. 乡村旅游与新农村建设的协调发展 [A]. 郭焕成, 郑健雄等. 乡村旅游与新农村建设——第五届观光休闲农业与乡村休闲产业发展学术研讨会论文集 [C]. 徐州: 中国矿业大学出版社, 2008. 253 – 259.

[2] 廉同辉, 王金叶. 民族地区乡村生态旅游开发与新农村建设研究 [J]. 西南民族大学学报 (人文社科版), 2010, 31 (11): 169 – 172.

[3] 赵丽珍. 少数民族地区新农村建设问题探讨 [J]. 社会主义论坛, 2006 (2): 24 – 25.

[4] 郭京福, 李鸿, 杨玉文. 略论少数民族地区新农村建设 [J]. 大连民族学院学报, 2008, 10 (4): 313 – 316.

Analysis on Development Ways of Rural Tourism with Reconstruction Work after Earthquake in Wenchuan

DENG Yulan, LI Mei, JIN Hui, LIU Haitao

(*School of Forest Science, Sichuan Agriculture University, Ya' an* 625014, *China*)

Abstract: After the serious earthquake in Wenchuan, government at all levels, corporations and communities made full use of the reconstruction chance to construct the city. They began with scientific planning and government' s guidance to grasp the core of nationality culture to develop leisure products, then use the celebration of sections to boost the marketing. Through the promoting of leisure agriculture and rural tourism, new countryside construction of nationality areas will be booming.

Key words: rural tourism; new countryside construction; Wenchuan

昆嵛山国家森林公园生态旅游资源分析及其开发构想

李平[①]，张程

（山东师范大学商学院，山东济南 250014）

【摘要】：文章从动植物资源、人文旅游资源、地貌资源等方面分析昆嵛山生态旅游资源特征和开发前景。分析表明，昆嵛山国家森林公园生态旅游资源丰富而完整，符合生态旅游发展的基本资源特征，可以通过度假旅游等模式进行开发，发挥本区生态旅游资源优势。文章还从昆嵛山旅游发展现状和开发中存在的问题入手，提出昆嵛山生态旅游发展的建议和开发构想。

【关键词】：生态旅游；旅游资源开发；昆嵛山国家森林公园

随着经济的增长、科学技术的发展和社会的进步，在人们生活水平日益提高的同时，环境和生活质量问题也日显突出。工业化和城市化给人们生活带来物质享受的同时，也带来了环境压力。回归大自然、欣赏自然美景、享受原野风光和自然地域文化的需求与日俱增。近年来旅游发展也感受到了环境压力，许多旅游区不同程度地遭受到环境污染和生态破坏，影响了旅游业的进一步发展。因而，如何能够满足人们追求大自然的需求又不破坏旅游区的环境，如何使旅游业的增长与环境保护协调发展，达到既发展旅游业，又保护好自然生态环境，既开发旅游资源，又保证可持续利

① 李平，男，山东师范大学旅游学院副院长，教授。

用的目的，诸如此类的问题迫切需要寻求新的解决方法和应对措施。在此关键时期，生态旅游应运而生。生态旅游，它不仅被用来表征所有的观光自然景物的旅游，而且强调被观光对象的自然属性和不受损害性，是在可持续管理思想指导下开展的旅游活动。昆嵛山国家森林公园生态旅游资源丰富而完整，符合生态旅游发展的基本资源特征，通过度假旅游等模式进行开发可发挥本区生态旅游资源优势。

1. 昆嵛山概况

昆嵛山位于北纬37°11′50″~37°25′22″，东经121°40′34″~121°48′04″，坐落于山东半岛东部。昆嵛山国家森林公园是1992年经林业部批准成立的，总面积4745公顷。同时还是国家AAA级旅游景区，全国青少年科技教育基地，全国农业旅游示范点。昆嵛山主峰泰礴顶，海拔923米，为半岛东部第二高峰。昆嵛山森林覆盖率达到90%以上，区内拥有大量的国家珍稀动植物资源、水资源、山岳景观资源、人文文化资源等。因此，需要合理科学开发昆嵛山森林公园，使其自然资源得以保护的同时，生态经济价值也得到充分发挥。

2. 昆嵛山生态资源特点

2.1 植物资源丰富

昆嵛山国家森林公园是一个庞大的自然植物博物馆，无论是在类型还是数量上，在我国北方地区都实属罕见。据调查原有木本植物60科，340余种，草本植物51科，600余种，其中可供观赏的花卉348种，国家重点保护的一、二级植物14种，有分布于我国最北界的刺杉、最南界的红松，也有山东最大的世界树木“活化石”水杉，并有300多年树龄的杜松、古银杏，还有颇具欣赏价值的鹅掌楸、华山松、美国火炬松等。90%以上的森林覆盖率使得昆嵛山即使在炎炎夏日，也有着舒爽的温度，造就了都颇具特色小气候带。正因为得天独厚的植物资源储量优势，使得昆嵛山的生态旅游开发有了基本的物质条件。

2.2 动物资源种类繁多，特点鲜明

昆嵛山广阔的植被以及舒适的气候环境，使得这里成为了良好的动物栖息地，种类之繁多，数量之庞大，俨然一座天然的动物园。据不完全统计，除有狼、狐狸、梅花鹿等野生动物外，还有鸟类100余种，有隼形目的游隼，鸽形目的珠颈斑鸠，佛法僧目的戴胜、三宝鸟，还有雀形目的褐柳莺、金翅雀、山鹡鸰等。

2.3 水体和山体景观秀美

昆嵛山山岳内部有着复杂的水系系统，在表面看来，则以河流，小溪，湖泊，瀑布等形式表现。昆嵛山气候特征与该地区其他地方相比，个性差异较大，其原因之一就是因为“水”的存在。水不但起到了湿润气候和调节温度的作用，而且还构成了秀美的旅游景观资源。位于山北麓的九龙池池水清澈见底，终年长流。位于无染寺景区内的无染溪长4 km，河道迂回曲折，沿河分布着仙女池、翡翠池、王母娘娘洗脚盆等18潭，此处有卵石、清潭、飞瀑，形状各异，碧波荡漾，常年不枯，两岸绿树掩映，苍山青翠欲滴，构成一幅迷人的画卷。另外，昆嵛山主体山脉高耸入云，其主峰泰礴顶，胶东屋脊，海拔923米，山峰高耸，轩昂挺拔，雄伟奇峻，峥嵘高峭。据传泰礴顶名称乃取泰山支脉而气势磅礴之意。山地景观是重要的旅游资源，昆嵛山山体群落拥有得天独厚的地理优势和自然风光，旅游开发潜力较大。

2.4 人文生态旅游资源品位高

昆嵛山是道教全真派的发源地，金大定七年（1167），咸阳道士王重阳自东南山云游东下，聚徒讲道于烟霞洞中，创立了道教中的一个新的宗派——全真派，收有丘处机等7个弟子，后称海上“七真人”。无染寺建于东汉桓帝永康年间，庙宇规模宏大，旧时为胶东第一古刹，现有遗址。

此外还有新修复麻姑庙、三官殿、财神殿、月老祠等。古刹、名观多建于有溪流、瀑布和绿树环绕处，环境幽雅，景色迷人。

昆嵛山的人文景观和自然景观融合为一体，充分体现了其“秀”“古”“奇”“俗”“幽”的特色，更体现了昆嵛山悠久的历史文化。昆嵛山的生态环境是自然生态环境和人文生态环境的复合体，是开展生态旅游的宝贵资源。

3. 昆嵛山生态旅游开发中存在的主要问题

3.1 生态资源没有充分利用

昆嵛山的生态旅游资源的优势是全方位的，自然资源和人文资源是紧密联系在一起的，目前开发的旅游形式比较单一，主题开发大多围绕已有的人文景观，如无染寺、烟霞洞等进行，大片环境优美、野趣横生的纯自然资源只是处于游人自然使用中，未在旅游上做足文章。农家乐、鹿苑等的内容比较单调，游客停留的时间不足，旅游经济效益不好。

3.2 缺少完整的生态旅游发展规划

规划可以借助专家“站得高、看得远、观念新、特色浓、项目奇”的思维和智慧，提高昆嵛山整体游览价值、联动效应和视觉形象，减少实际工作过程中的盲目性，避免不必要的重复建设，既保护现有宝贵的、不可再生的人文自然资源，又充分挖掘它的开发利用价值发挥生态旅游的经济效益、社会效益、生态效益三赢效应。编制总体规划应注意前瞻性和实际性相结合，始终贯穿“住在昆嵛山、游在昆嵛山、购在昆嵛山、吃在昆嵛山”功能，充分发挥昆嵛山整体生态环境的功能和效应。项目设计上以养生休闲度假旅游为中心的发展重点，满足人们回避喧闹，回归自然、陶冶情操、休闲养性的精神需求；还可以打造休闲度假品牌，增加民俗文化亮点。也可以通过旅游带动交通、农业、商业、房地产等相关行业的发展，促进产业结构优化，推动经济快速发展。但目前昆嵛山生态旅游开发还缺少整体的、思路一致的总体发展思路。

3.3 管理和教育功能不完善

昆嵛山旅游开发需要大量高素质的专业管理人才，从管理者到基层工作者，都需要经过系统的培训，具有专业基础知识和服务技能，但目前昆嵛山景区管理和服务人员不足，素质偏低，这直接影响到昆嵛山旅游服务的质量。缺少专业导游，旅游团进昆嵛山，导游只起到了带路的作用，达不到环境教育的结果。区内有蝴蝶博物馆一处，也只具备参观功能，没有进行环境教育功能的开发与挖掘。生态旅游购物不规范，游客想购物到找不到地方，只有在山上碰到零星的几个当地居民摆的地摊才能稍微满足一下购买欲，这也制约了昆嵛山景区对当地经济的推动作用，消费刺激力度非常有限。旅游业是一个整体产业，旅游活动具有“吃、住、行、游、购、娱”六大要素，如果配套行业的发展跟不上，旅游业就难以形成产业优势，从而就难以形成新的经济增长点。

3.4 景区生态旅游宣传力度不够、缺乏品牌意识

昆嵛山要想形成生态旅游规模经济，当地政府就应当加强扶植力度，为景区生态旅游发展提供必要的初期资金保障，铸造昆嵛山旅游品牌，提高影响力。这不但能盘活景区附近经济发展水平，改善当地居民生活水平，而且有利于招商引资，整体提高地方经济水平。景区管理部门应当和当地政府协商达成一致，运用各种宣传手段，扩大宣传范围，增大宣传力度。昆嵛山目前客流量不多，主要由于外界对于景区知之甚少，宣传力度不够，主管部门对待这个问题没有给予足够的重视。没有宣传，没有具备影响力的品牌作支撑，旅游业很难做大做强。昆嵛山森林公园的旅游宣传力没有足够的覆盖面和到达率，极大地制约着其旅游业的发展。

3.5 基础设施和配套服务体系不完善

旅游基础设施和公共配套设施是旅游开发的基本前提之一，生态旅游也不例外。目前，昆嵛山附近基础设施情况还有待改善。

4. 昆嵛山国家森林公园生态旅游开发构想

4.1 旅游开发与环境保护并举，坚持环境教育效益、社会服务效益和经济产出效益三结合

旅游资源是旅游业发展的基础，开发不当会使旅游资源遭到破坏。因此，旅游资源的保护应纳入整个旅游业的规划之中，从旅游发展总体布局的高度来看待旅游资源的保护。规划时要合理区分保护区或保护带，通过划分不同等级的保护区，确保资源保护和开发利用的合理性。

4.2 建立一流管理班子，重视人才作用和政府扶植功能

旅游开发需要高质量的管理人才，昆嵛山森林公园目前开发程度还相对较低，更加需要高端管理人才的注入。当地政府可以从其他景区选调有经验的管理人员到昆嵛山景区来负责专门工作，可面向省内高校大学本科毕业生进行招聘，同时定期针对各项工种进行培训，建立培训效果考察制度和工作绩效考核制度，同时积极学习和借鉴国内外先进的管理理念并应用到实践中，以提高管理精度和管理效率。

4.3 充分利用道家文化自然思想，全方位挖掘区内生态旅游资源价值

昆嵛山历史文化厚重，是中国道教全真派的发祥地，道教文化独具特色，各种文化相互辉映，文物古迹遍布，古代的神话小说，以及各朝代的历史文化，都可以相借鉴，仔细研究，尽心策划，完善文化与自然交融特点与方式的研究，充分发挥道家“天人合一”、“道法自然”等人和自然和睦相处的理念，策划合理的、符合自然的生态旅游，建设道家文化休闲和养生内涵的景点，如观日（景）台、天然氧吧、针对晚间留宿客人，结合道教文化特点编排参入性强、喜闻乐见的娱乐活动，如大型石质的中国围棋、象棋、军棋、跳棋以及其他民间棋类。采用木质结构，体现道教和生态旅游“人与人、人与自然、人与社会和谐相处”的理念，设计景观造型

的亭台，建设休息、赏景、展览等诸功能于一体的生态文化教育长廊，使游客可以在此休憩、纳凉、避雨中体验自然、欣赏美景；另外可以考虑建设部分运动社区，将道家修身养性与强身健体相结合，给现代人以运动时尚的理念，走健康路线，可以与上面的生态旅游结合。在昆嵛山这个大的天然氧吧中从事体育锻炼，不仅仅是体育运动，更是一种都市所无法给予的身心享受，是休闲与健身的有机结合，也可以发展道教保健游。习武应强调强身健体，而道教的许多著名功夫如太极拳、八卦拳等都是很好的健身功夫，若将其与昆嵛山这座生态环境优美、道教文化深厚的名山相结合，开发道教保健游可谓真的是“天人合一”、人地和谐生态游。尽量丰富亲情、爱情元素，给游客们一个展示沟通加强情感联系的机会。

4.4 充分利用景区丰富的自然资源，建设休闲度假养生基地

昆嵛山的自然资源十分丰富，花岗岩地貌山形俊美，山中溪流淙淙，水景资源丰富，植物种类好，森林郁闭度高，空气环境十分优良，适合开发自然资源底蕴养生度假旅游：（1）农业旅游。昆嵛山中有许多苹果林、杏林等经济果林分布，可以参照乡村游进行设计，建设农业旅游示范基地，让游客更多地参与进去。体验农事和采摘的美妙与快乐，满足游客多样性的需求，同时增加景区收入；（2）观光休闲游。吸引近距离城市居民，以放松和闲暇为目的来本区体验享受山里的宁静、悠闲感，放松身心、呼吸新鲜空气，观赏清澈山溪，品尝甜美山泉、体验蓊蓊郁郁的树林等；（3）养生游。昆嵛山的山山水水，优越环境最适合人修身养性。昆嵛山可以大力宣传它的“天然森林氧吧”。自然条件方面只需保持和维护就可以，只要在硬件的设施设备，如住宿的楼房，锻炼的场地和设备等方面，以及服务人员的配备方面做一些努力就够了；（4）生态游。现在“生态”是个热门话题，可以利用昆嵛山的有利条件开发这个项目。在开发上，我认为目标市场应该定位为高素质人群，就是以那些学者、专家之类的游客为主，他们懂得生态的重要性也在为此努力，比较容易接受。同时，可以结合实际，如利用绿色奥运及其产生的效应加强“生态”的宣传，必定达到预期的效果，吸引更多热爱自然的游客。

4.5 扩大实习学生来源，开展学生环境生态教育，建设全国青少年科技教育基地

这个是旅游开发中独特的开发，昆嵛山在这方面操作相对比较成熟。昆嵛山是国家级森林公园，动植物资源丰富，是教育实习的优良场所，现在已有北京大学、清华大学、山东大学、山东师范大学等几十所高校在昆嵛山建立了实习基地。每年有大批学生和老师在昆嵛山长期实习。可以考虑在大学生实习基地基础上，建设中小学生的夏令营基地，可以通过各种电视台的野外娱乐基地，提高知名度。

4.6 加强宣传力度，重视当地居民参与

这里的宣传有两层含义，第一是针对自身的旅游项目进行宣传，以吸引游客进入景区消费；第二，则是针对提高景区周边居民进行环保意识宣传。在生态旅游活动中，当地社区及其居民既是积极的推动者，又是潜在的破坏者，没有社区积极参与的旅游活动注定是失败的。宣传教育的方式可以包括电视、广播、报刊等各种媒体。此外，还要积极鼓励当地居民参与到开发建设活动中来，充分发挥他们保护生态资源和重视环境质量的积极性。最有效的宣传方式是让当地居民直接参与到生态旅游的开发中来，让其感受到环境保护的重要意义和价值，所以，当地政府应建立有效的社区参与机制，利用各种手段激励当地居民参与环保，宣传环保，这样才能建立起和谐有效的环保大环境，才能真正开发出有实际经济效益和社会公益效益的生态旅游，也只有建立这种以社区参与为基础的生态旅游发展模式，才能真正实现经济、生态、社会效益统一的旅游目标。

5. 结语

昆嵛山国家森林公园是一处有待开发的旅游瑰宝，但是开发过程不能盲目，应当做到有计划，有针对性并且要规划好开发后的防护措施，走可持续发展的生态旅游开发道路。生态旅游的开发，既要考虑到旅游经济效益，同时也应当考虑环境保护和资源可持续利用。通常，生态旅游目的地

应有三点特征：（1）自然性与和谐性和教育功能；（2）经济效益产出的多样性；（3）政府和社区居民参与性。从以上特点来看，生态旅游开发是一个解决社会道德问题和地方经济问题的过程，要做到既能提高旅游地的旅游效益，又能得到社会公众道德上的认可。

A Primary Consideration of Ecotourism Development Based on Resources Analysis in National Forest Park of Kunyushan Mountain in Shandong Province

Li Ping, **Zhang Cheng**

(*School of Business*, *Shandong Normal University*, *Jinan* 250014, *China*)

Abstract: The paper mainly analyzed the characteristics of tourism resources and the prospects of ecotourism development in forest park case of Kunyushan Mountain from aspects of plant and animal resources, cultural tourism resources and landscape resources respectively. The analysis showed that tourism resources of the park were abundant and intact which accorded with the characteristics of ecotourism basic resources. Resources advantage could be given full play by the model of vocation tourism. Based on the analysis of ecotourism resources' advantages and existing problems in Kunyushan Mountain National Forest Park, some development considerations were summarized in aspects of ecotourism and finally the reasonable proposals were put forward.

Key words: ecotourism resources; tourism development; Kunyushan Mountain